少年刑事事件の基礎理論

津田 雅也

少年刑事事件の基礎理論

✿✾✿
学術選書
141
少年法

信 山 社

　　　　　　　は し が き

　本書は，2013 年 1 月に東北大学大学院法学研究科に提出した博士学位論文に必要な加筆・修正を加えたものである。
　2000 年以降の数次にわたる少年法改正においては，少年事件における刑事処分選択に関する規定や少年に対する刑罰の特則について，大きな改正が行われた。本書は，こうした状況においてわが国少年法が採用する保護優先主義を維持するためには，少年法に求められる多様な要請の調和に資する基礎理論を自覚的に展開することが必要であるという問題意識に立脚した上で，アメリカ少年法学における「少年司法モデル論」を参考に，少年刑事事件の手続の流れ（刑事責任年齢，刑事処分選択，少年に対する刑罰）に即して，その解釈の指針となるような基礎理論を展開しようと試みるものである。このような趣旨から，本書は『少年刑事事件の基礎理論』と名付けられている。
　本書の公刊に至ることができたのは，非常に多くの方々のご指導のおかげである。恩師である東北大学大学院法学研究科教授の成瀬幸典先生には，東北大学法学部に入学し，学部一年生向けの「プレゼミ」を受講してから現在に至るまで，公私ともに温かく，親身なご指導をいただき，感謝の言葉が尽きない。先生には，研究者の道に進むことをお認めいただき，研究の基礎や研究者としての心構えを教えていただいたばかりでなく，私が様々な壁にぶつかり悩んでいるときには，そのつど激励し，自分がなすべきことの道筋を示していただいた。そのような先生のご指導にお応えするには不十分で未熟な内容ではあるが，今後も研鑽を重ねることをお約束して，ここに謹んで本書を先生に捧げさせていただきたい。
　学内外でも，様々な先生方からのご指導をいただいたことに感謝したい。東北大学名誉教授の阿部純二先生，岡本勝先生には，刑事法判例研究会や刑法学会仙台部会等の場において，ご指導をいただいている。東北大学大学院法学研究科教授の佐藤隆之先生には，大学院に進学して以来，英語文献講読やアメリ

はしがき

カ刑事法全般についてご教示いただいたほか，アメリカ留学の際には様々なアドバイスをいただき，また，研究についての私のとりとめない思いつきにも耳を傾けて議論をしていただくなど，懇切なご指導を賜っている。立教大学大学院法務研究科教授の廣瀬健二先生にも，東北大での集中講義の折や，先生が研究代表者である科研費の調査・研究において，ご多忙にもかかわらずご指導をいただいている。早稲田大学大学院法学研究科教授の松澤伸先生にも，研究会や科研費の調査・研究においてご指導をいただき，様々なお心遣いをいただいている。

私が留学したデューク大学ロースクールのロビンソン・エヴァレット元教授には，授業やゼミで指導をしていただいたばかりでなく，刑事施設の見学や実務家の講演会に気さくに招いていただくなど，大変お世話になった。留学生課の責任者であったジュディ・ホロヴィッツ氏は，言葉もままならないのにLL.M. 課程への入学を目指して渡米した私を常に見守り，勇気づけ，同課程への入学を認めてくれたほか，帰国後も折に触れて連絡をとり，励ましてくれている。これらの方々にも，併せて感謝の意を表したい。

出版に際しては，信山社出版の柴田尚到氏に作業全般にわたって，大変お世話になった。出版企画の当初から，出版に至るまで，様々なご配慮をいただいたことに感謝したい。ここに記して御礼申し上げる。

最後に，私事にわたり恐縮であるが，大学院に進学して研究者を目指すことを認め，また，留学を温かく後押ししてくれるなど，今に至るまでいつも私を応援してくれている父・德郎，母・美和子に心より感謝したい。そして，闘病生活の最後に至るまで私を心配し，見守ってくれた叔母・光子に，本書の完成を報告したい。

2014 年 12 月

津 田 雅 也

＊本書は，JSPS 科研費 265139，26780039 の助成を受けたものである。

目　次

序　章 ·· 1
　第 1 節　問題の所在──少年刑事事件を研究する必要性 ······················ 1
　　第 1 款　少年法における少年刑事事件の位置づけ ···························· 1
　　第 2 款　わが国における少年の刑事処分に関する議論状況 ············ 3
　第 2 節　本書の分析視角──アメリカにおける「少年司法モデル論」········ 7
　　第 1 款　従来の議論の不十分さ ··· 7
　　第 2 款　分析視角としての少年司法モデル論 ·································· 8
　第 3 節　本書の構成 ·· 9

第 1 章　少年刑事事件の基礎理論としてのモデル論 ······················· 11
　第 1 節　わが国における少年刑事事件の基礎理論 ································· 13
　　第 1 款　少年法の基本概念と少年刑事事件の特則 ·························· 13
　　　1　少年の可塑性 ·· 13
　　　　(1)　少年法制の事実的基礎としての「可塑性」························ 13
　　　　(2)　可塑性概念の限界 ·· 15
　　　2　少年法の目的としての「少年の健全な育成」と少年刑事事件 ···· 17
　　　3　小　括 ··· 20
　　第 2 款　わが国における少年刑事事件の基礎づけに関する議論 ············ 21
　　　1　国親思想と「正当なパターナリズム」の立場から見た
　　　　　少年刑事処分 ·· 21
　　　　(1)　国親思想 ··· 21
　　　　(2)　「正当なパターナリズム」の考え方 ··· 22
　　　2　教育刑論による少年刑事処分の基礎づけ ································· 23
　　　　(1)　牧野英一博士の見解 ··· 23

目　次

　　　　　　　　　(2)　円井正夫判事による具体化 …………………………… 25
　　　　　3　非行少年の介入原理から見た少年刑事処分 …………………… 26
　　　　　　(1)　保護処分の制裁的性格を指摘する見解 ………………… 26
　　　　　　(2)　保護原理と侵害原理からの考察──佐伯仁志教授の見解
　　　　　　　　　………………………………………………………………… 28
　　　　　4　近時の展開──廣瀬教授，川出教授の見解 ………………… 30
　第2節　アメリカにおける少年司法の理論的基礎──少年司法モデル論
　　　　　………………………………………………………………………… 32
　　第1款　少年刑事事件の基礎理論としてのモデル論の意義 …………… 32
　　　　　1　本書における「モデル論」の意義 ……………………………… 32
　　　　　2　モデル論を分析視角として用いる理由 ………………………… 34
　　第2款　アメリカにおける少年矯正に関するモデル論 ………………… 35
　　　　　1　更生モデル …………………………………………………………… 35
　　　　　　(1)　更生モデルの内容 ……………………………………………… 35
　　　　　　(2)　更生モデルに対する批判 …………………………………… 37
　　　　　2　公正モデル …………………………………………………………… 38
　　　　　3　犯罪統制モデル ……………………………………………………… 39
　　　　　4　均衡のとれた修復的正義モデル ……………………………… 40
　　　　　　(1)　概　要 ………………………………………………………… 40
　　　　　　(2)　3つの基本概念 ……………………………………………… 42
　　　　　　(3)　実施目標としての修復的正義 ……………………………… 44
　　　　　5　証拠に基づく発達モデル …………………………………………… 46
　　　　　　(1)　概　要 ………………………………………………………… 46
　　　　　　(2)　発達モデルにおける「少年観」 …………………………… 48
　　　　　　(3)　「成人・少年二分論」の否定 ……………………………… 49
　　　　　　(4)　減軽アプローチと刑法理論──比例原則と非難可能性
　　　　　　　　　………………………………………………………………… 51
　第3節　少年刑事処分の基礎理論に関する本書の立場 ………………… 53
　　第1款　わが国における少年刑事事件の基礎理論に関する議論の検討 …… 53

第2款　本書の採用する少年刑事事件の基礎理論――少年司法モデル論
　　　　　　　………………………………………………………………………… 57
　　　　　1　更生モデルの検討 ……………………………………………… 59
　　　　　　（1）　更生モデルの意義 ………………………………………… 59
　　　　　　（2）　更生モデルの限界・不十分さ …………………………… 60
　　　　　2　発達モデルの検討 ……………………………………………… 61
　　　　　3　均衡のとれた修復的正義モデルの検討 ……………………… 63
　　　　　4　小　括 …………………………………………………………… 64

第2章　刑事責任年齢 ……………………………………………………… 65

第1節　日本における刑事責任年齢規定に関する立法過程と学説における議論 …………………………………………………………………… 68

　　　第1款　旧刑法下の立法過程における刑事責任年齢の意義に関する議論
　　　　　　　………………………………………………………………………… 69
　　　　　1　責任能力を判定する基準としての事理弁識能力 ………… 69
　　　　　2　刑の必要的減軽に関する規定 ……………………………… 73
　　　第2款　旧刑法下の学説における刑事責任年齢に関する議論 ……… 74
　　　　　1　犯罪成立要件としての責任概念と刑事責任年齢制度の意義
　　　　　　　に関する議論 ……………………………………………………… 75
　　　　　2　責任能力の判定方法としての相対的責任年齢制度の
　　　　　　　規定形式に関する議論 …………………………………………… 77
　　　　　3　責任能力を判定する基準としての「是非ノ弁別」の意義 …… 78
　　　第3款　現行刑法の立法過程における刑事責任年齢の意義に関する議論
　　　　　　　………………………………………………………………………… 81
　　　　　1　刑事政策的考慮の必要性 ………………………………………… 82
　　　　　2　相対的責任年齢制度から絶対的責任年齢制度への変更 ……… 85
　　　　　3　少年に対する法律上の減軽規定の削除――必要的減軽制度
　　　　　　　に対する疑問 ……………………………………………………… 87
　　　第4款　現行刑法下の学説における刑事責任年齢規定の意義に関する議論
　　　　　　　………………………………………………………………………… 90
　　　　　1　現行刑法の刑事責任年齢規定に対する学説上の評価 ………… 90

v

目　次

　　　　　　　⑴　相対的責任年齢制度の廃止についての評価 ……………… 90
　　　　　　　⑵　刑の必要的減軽規定の廃止についての評価 ……………… 91
　　　　　　　⑶　小　括 ……………………………………………………… 94
　　　　　2　刑法41条の基礎づけをめぐる学説上の議論
　　　　　　　――責任能力の観点と刑事政策的観点 ……………………… 95
　　　　　　　⑴　責任能力の観点からの刑事責任年齢制度の基礎づけ …… 96
　　　　　　　⑵　刑事政策的観点からの刑事責任年齢制度の基礎づけ …… 97
　　　　　　　⑶　責任能力の観点と刑事政策的観点との関係 ……………… 101
　　　第5款　日本における刑事責任年齢制度の意義に関する議論についての
　　　　　　　まとめ ……………………………………………………………… 103
　第2節　アメリカにおける刑事責任年齢の意義に関する議論 ……………… 104
　　　第1款　アメリカ刑法理論における犯罪成立要件と免責事由の体系的
　　　　　　　位置づけ …………………………………………………………… 105
　　　　　1　アメリカ刑法理論における犯罪成立要件――コモンローと
　　　　　　　模範刑法典 ………………………………………………………… 105
　　　　　　　⑴　コモンロー ………………………………………………… 105
　　　　　　　⑵　模範刑法典 ………………………………………………… 106
　　　　　　　⑶　両体系の比較 ……………………………………………… 108
　　　　　2　抗弁事由としての「免責（excuse）」概念の意義 …………… 109
　　　　　　　⑴　アメリカ刑法理論における「抗弁」 ……………………… 109
　　　　　　　⑵　二種類の抗弁――正当化と免責 ………………………… 110
　　　　　　　⑶　免責の抗弁と主観的犯罪成立要件との区別 ……………… 112
　　　第2款　コモンローにおける刑事責任年齢制度――免責事由の性質から
　　　　　　　刑事責任年齢を基礎づける立場 ………………………………… 113
　　　第3款　模範刑法典における刑事責任年齢制度――管轄権の問題として
　　　　　　　刑事責任年齢を捉える立場 ……………………………………… 116
　　　第4款　最近のアメリカにおける刑事責任年齢に関する学説――少年の
　　　　　　　特性と社会・被害者からの要請を考慮する立場 ……………… 121
　第3節　モデル論の見地からの刑事責任年齢制度の意義に関する考察
　　　　　　　………………………………………………………………………… 126

第 1 款　刑事責任年齢制度の管轄権確定機能──刑事処分の前提
　　　　　　としての有責性 ··· 126
　　　第 2 款　刑事政策的観点を用いて刑事責任年齢制度を説明する必要性 ··· 128

第 3 章　少年事件における刑事処分選択 ······································· 133
　第 1 節　日本における少年の刑事処分選択に関する議論 ················· 136
　　第 1 款　刑事処分選択基準としての「刑事処分相当性」判断の困難性 ··· 136
　　　1　「刑事処分相当性」の判断基準──保護不能説と保護不適説 ·· 136
　　　2　刑事処分選択を積極的に基礎づける基準の必要性──保護
　　　　　不能説の不十分性 ·· 138
　　　3　刑事処分と保護処分の必要性を比較する困難性──保護
　　　　　不適説による刑事処分相当性判断 ·································· 139
　　第 2 款　「刑事処分相当性」の判断基準の具体化──原則逆送制度を
　　　　　　手がかりに ·· 141
　　　1　少年法 20 条 2 項を手がかりとした刑事処分相当性の基準の
　　　　　具体化 ··· 141
　　　2　刑事処分の必要性を基礎づける要素──犯罪の重大性と
　　　　　犯罪時の年齢 ··· 144
　　　3　保護処分の必要性を基礎づける要素──「罪質及び情状」
　　　　　と保護の必要性 ·· 147
　　第 3 款　刑事裁判所における保護処分選択──刑事処分の不選択 ··········· 150
　　　1　少年法 55 条の意義 ·· 150
　　　2　家庭裁判所における刑事処分選択と 55 条における刑事処分
　　　　　不選択との関係 ·· 151
　　第 4 款　日本における刑事処分選択に関する議論のまとめ ··············· 152
　第 2 節　アメリカにおける少年の刑事処分選択に関する議論 ················· 153
　　第 1 款　前提的考察──アメリカにおける少年の刑事処分選択に関する
　　　　　　法制度 ·· 154
　　　1　近年のアメリカにおける少年の刑事処分に関する法制度
　　　　　の動向 ··· 154
　　　2　アメリカ法における少年年齢と年齢の基準時 ······················· 155

目　　次

　　　　第 2 款　アメリカにおける少年の刑事処分選択の判断基準に関する議論 ………………………………………………………………………… 157
　　　　　　1　少年裁判所の「管轄権放棄」制度 ……………………………… 157
　　　　　　2　検察官裁量による管轄権放棄の決定――管轄権放棄基準の明確化の要請 …………………………………………………… 159
　　　　　　3　裁判官裁量による管轄権放棄の決定――管轄権放棄基準の具体化の動き …………………………………………………… 161
　　　　　　4　法律による必要的放棄の決定――管轄権放棄対象犯罪の法定による明確化 ………………………………………………… 166
　　　　　　5　アメリカにおける刑事処分選択の基準についてのまとめ …… 168
　　　　第 3 款　アメリカにおける少年の刑事処分選択の背後にある刑事政策的考慮 ……………………………………………………………………… 169
　　　　　　1　少年裁判所の管轄権放棄における刑事政策的考慮 …………… 169
　　　　　　2　少年裁判所の管轄権放棄と少年司法に関するモデル論との関係 ……………………………………………………………… 171
　　第 3 節　モデル論の見地からの刑事処分選択基準に関する考察 ………… 173
　　　　第 1 款　刑事責任年齢と刑事処分選択との関係 ……………………… 174
　　　　第 2 款　刑事処分選択の判断方法と判断基準 ………………………… 176
　　　　　　1　刑事処分選択に働く要素の相互関係 …………………………… 178
　　　　　　2　刑事処分選択の判断の具体化 …………………………………… 179

第 4 章　少年に対する刑罰 ……………………………………………………… 181
　第 1 節　問題の所在 …………………………………………………………… 181
　　第 1 款　少年に対する刑罰の特則の概観 …………………………………… 181
　　第 2 款　現行法における少年に対する刑罰の特則の問題点とその解決の必要性 ……………………………………………………………… 182
　　第 3 款　少年に対する刑罰を考察する際の分析視角――少年という行為者属性の評価 ……………………………………………………… 184
　　　　　　1　刑罰における少年の年齢（若年性）が有する機能――刑罰排斥機能と刑罰軽減機能 …………………………… 184
　　　　　　2　少年の年齢の刑罰排斥機能 ……………………………………… 187

	3	少年の年齢（若年性）の刑罰軽減機能	188
第4款	少年に対する刑罰ついての分析の素材		188
第2節	日本における少年に対する刑罰の特則		190
第1款	少年法の理念と刑罰の目的との関係		190
	1	刑罰の目的と「少年の健全な育成」との関係	190
		(1) 量刑事情説	191
		(2) 少年法の目的重視説	192
	2	検 討	193
第2款	少年に対する死刑		195
	1	犯罪時18歳未満の少年に対する死刑禁止の趣旨	195
		(1) 旧少年法立法前の学説	196
		(2) 旧少年法下の学説	197
		(3) 現行少年法下の学説──旧少年法下の学説との異同	199
	2	日本の裁判例における犯罪時18歳以上の少年に対する死刑の量刑基準	202
		(1) 犯行時18歳以上の少年に対して死刑を言い渡した裁判例の概観	203
		(2) 裁判例における少年に対する死刑の量刑基準の分析	213
第3款	少年に対する無期刑──少年法51条2項の解釈		215
	1	平成12年改正による少年法51条2項の意義	215
	2	刑法上の減軽と少年法上の減軽との関係	216
		(1) 立法者による51条2項の説明	216
		(2) 刑法上の減軽との関係	217
		(3) 少年法51条1項との関係	219
第4款	少年に対する不定期刑		219
	1	少年に対する不定期刑制度の趣旨	219
		(1) 泉二博士による不定期刑の理解	219
		(2) 旧少年法下の学説における不定期刑の理解	221
		(3) 現行少年法下における不定期刑の理解	222

目　次

　　　　　2　少年に対する不定期刑の問題点 ·· 223
　　　　　　（1）　旧少年法下の学説における不定期刑に対する問題提起
　　　　　　　　 ·· 223
　　　　　　（2）　近年の学説における不定期刑に対する疑問 ··························· 224
　　第 5 款　日本法における少年に対する刑罰制度の問題点——小括と検討
　　　　　　 ·· 227
　　　　　1　死　　刑 ·· 227
　　　　　　（1）　少年法 51 条 1 項の意義 ·· 227
　　　　　　（2）　死刑事件の量刑における「少年であること」の意義 ··· 230
　　　　　2　無期刑——少年法 51 条 2 項の意義 ·· 231
　　　　　3　有期刑（不定期刑）——刑法との格差・少年法内部での格差
　　　　　　 ·· 232
　第 3 節　アメリカにおける少年に対する刑罰の特則 ································ 234
　　第 1 款　アメリカにおける少年に対する刑罰の問題点の概観 ············· 234
　　第 2 款　少年に対する死刑の絶対的禁止に関する連邦最高裁判決の変遷
　　　　　　 ·· 236
　　　　　1　Thompson 事件以前の州裁判所における少年の死刑事件
　　　　　　　に関する判断 ·· 236
　　　　　　（1）　Valencia 事件（1982 年）··· 236
　　　　　　（2）　Trimble 事件（1984 年）·· 237
　　　　　2　Thompson 事件（1988 年）·· 239
　　　　　　（1）　法廷意見の概要 ·· 240
　　　　　　（2）　法廷意見 ··· 240
　　　　　3　Stanford 事件（1989 年）·· 242
　　　　　　（1）　相対多数意見 ··· 242
　　　　　　（2）　反対意見 ··· 243
　　　　　　（3）　同調意見 ··· 246
　　　　　　（4）　本判決の意義 ··· 246
　　　　　4　Roper 事件（2005 年）·· 247
　　　　　　（1）　法廷意見 ··· 247

　　　　　　(2) 反対意見 248
　　　5 小　括 250
　第3款 非死亡事件を犯した少年に対する仮釈放なしの無期刑の禁止に
　　　　関する連邦最高裁の判断——Graham 事件（2010 年） 250
　　　1 事案の概要と問題の所在 250
　　　2 法廷意見 252
　　　3 同調意見 254
　　　4 反対意見 255
　第4款 死亡事件を犯した少年に対する仮釈放なしの無期刑を必要的に
　　　　科すことの合憲性に関する連邦最高裁の判断——Miller 事件
　　　　（2012 年） 257
　　　1 事実の概要と問題の所在 257
　　　2 法廷意見 258
　　　3 同調意見 260
　　　4 反対意見 261
　第5款 アメリカの議論の小括 262
第4節 モデル論の見地からの少年に対する刑罰の特則についての考察 263
　第1款 刑罰における「少年」であることの意義 263
　　　1 刑罰の目的と少年の健全育成 263
　　　2 刑罰において「少年」というカテゴリーを設定する
　　　　ことの意味 265
　第2款 モデル論の見地からの少年に対する刑罰の意義に関する考察 267
　　　1 各モデル論からの少年に対する刑罰の位置づけ 267
　　　　　　(1) 更生モデル 267
　　　　　　(2) 犯罪統制モデル 268
　　　　　　(3) 公正モデル 268
　　　　　　(4) 発達モデル 269
　　　　　　(5) 均衡のとれた修復的正義モデル 272
　　　2 均衡のとれた修復的正義モデルから見た少年に対する

　　　　　　　刑罰の特則の根拠 272
　　　　　　　(1) 複数の刑罰目的を考慮する必要性 272
　　　　　　　(2) 複数の刑罰目的の調和 273

終　章　モデル論に基づく少年刑事事件の特則の理論的基礎づけ
　　　　　　　　　　　　　　　　　　　　　　　　　　277

第1節　少年刑事事件の理論的基礎 277
第1款　わが国における少年刑事事件の理論的基礎の再検討 277
第2款　事実的基礎としての少年の特性 278
　　1　少年の特性 278
　　2　「少年」というカテゴリーの設定 280
　　　(1) 年齢による一律取り扱いの基礎づけ 280
　　　(2) 若年成人層の設定可能性 283
　　3　少年という行為者属性の有する機能 284
第3款　モデル論が考慮する諸要素の分析 284
　　1　少年の健全育成と少年刑事処分——出発点としての更生モデル 285
　　2　責任と制裁の比例——制約原理としての公正モデルと発達モデル 286
　　3　均衡のとれた修復的正義モデルの考慮要素と各モデル論の相互関係 286

第2節　モデル論に基づく少年刑事事件の理論的基礎づけ 287
第1款　刑事責任年齢制度 287
第2款　刑事処分選択 288
第3款　少年に対する刑罰 289

結　語 291

参考文献一覧
事項索引
判例索引

序　章

第 1 節　問題の所在
―― 少年刑事事件を研究する必要性 ――

第 1 款　少年法における少年刑事事件の位置づけ

　刑法 41 条は「14 歳に満たない者の行為は，罰しない」と規定し，14 歳未満の行為者を責任無能力者としている[1]。刑法典においては，14 歳以上の者の責任能力を限定する規定が置かれていないため，少なくとも刑法上は，14 歳以上の者の行為は犯罪と評価され，当該少年に対して刑罰を科すことが可能になる。しかし，少年法上は，罪を犯した少年を保護処分に付すのが原則であり，刑事処分を選択することは例外とされている。さらに，犯罪少年に対して刑事処分が選択され，刑罰が科される際にも，刑の緩和や不定期刑といった種々の特則が用意されている。

　このように，犯罪少年[2]を含む非行少年への対処として，保護的な措置を

---

[1]　刑法 41 条における「罰しない」の意義については，責任無能力を理由とするという見解が圧倒的多数説であり，異論はほぼ見られない。例外的な見解として，塩盛俊明「刑事責任能力の体系的位置づけ」広島法学 32 巻 3 号（2009 年）105 頁は同条文を家庭裁判所と（通常の）裁判所との管轄を振り割るための手続的規定として位置づける。この見解については，第 2 章第 1 節第 4 款 2(2)を参照。

[2]　少年法 3 条 1 項 1 号にいう「罪を犯した少年」のことを指す。なお，犯罪少年を保護処分に付す際に，責任能力を必要とするかどうかの争いがあるが（学説・判例については，丸山雅夫「審判に付すべき少年(1)――犯罪少年，触法少年」廣瀬健二編『少年事件重要判決 50 選』（2010 年）103 頁以下を参照），刑事処分を考察対象とする本書では責

序　章

優先する少年法の立場のことを保護優先主義と呼ぶ[3]。次に引用する最高裁の判示[4]は，現行少年法が採用する保護優先主義の内容を簡潔に示している。

「少年法は，少年の健全な育成を期し，非行のある少年に対して性格の矯正及び環境の調整に関する保護処分を行うことを目的としている（1条）。そして，同法によれば，犯罪の嫌疑のある少年の事件については，その全件を家庭裁判所に送致すべきものとされ（41条，42条），家庭裁判所は，送致を受けた事件について調査の結果，審判に付することができないか，又は審判に付するのが相当でないと認めるときは，審判を開始しない旨の決定をしなければならず（19条1項），審判の開始を相当と認めるときに限って，その旨の決定をすることとされている（21条）。さらに，審判の結果，保護処分に付することができないか，又は保護処分に付する必要がないと認めるときは，不処分決定をしなければならず（23条2項），保護処分に付する必要があると認めるときは，決定をもって少年を保護観察，少年院送致等の保護処分に付するものとしている（24条）。そして，事件が検察官に送致されるのは，本人が20歳以上であるため家庭裁判所が審判権を有しない場合（19条2項，23条3項）のほかは，送致のとき16歳以上の少年が死刑，懲役又は禁錮に当たる罪を犯したとされる事件につき，家庭裁判所がその罪質及び情状に照らして刑事処分を相当と認める場合に限られている（20条）[5]。このような少年法の趣旨，目的及び構造に照らすと，同法は，少年が一般に未成熟で，可塑性に富むことにかんがみ，少年の健全な育成のためには，現在及び将来に様々な不利益をもたらす刑罰によって成人に対するのと同様にその責任を追及するよりも，教育的手段によって改善，更生を図るべきであるとの理念

　　任能力のある犯罪少年のみがその対象である。
3)　廣瀬健二編『裁判例コンメンタール少年法』（2011年）2頁は「保護・教育主義」と呼んでいる。そのほか，保護処分優先主義，保護主義とも呼ばれる。たとえば，丸山雅夫『少年法講義（第2版）』（2012年）74頁，澤登俊雄『少年法入門（第5版）』（2011年）35頁等を参照。
4)　最判平成9・9・18刑集51巻8号571頁。本件は，保護処分決定が抗告審で取り消された場合，差戻しを受けた家庭裁判所が当該事件を逆送できるかが争われた事件である。
5)　平成12年改正前の少年法20条。

に基づくものであって，少年に対しては，保護処分その他同法の枠内における処遇を原則とし，刑罰によってその責任を追及するのは，その罪質及び諸般の情状に照らし，このような教育的手段によることが不適当な場合に限定しようとするものであり，刑事処分は，少年にとって，保護処分その他同法の枠内における処遇よりも一般的，類型的に不利益なものとしていると解するのが相当である。」[6]

この判示は，未成熟で可塑性に富むという特性を持つ少年に対する刑事処分の不利益性を示すことにより，保護優先主義の根拠を間接的に明らかにしているといえよう。

第2款　わが国における少年の刑事処分に関する議論状況

前款で見たような少年に対する保護優先主義の下において，少年の刑事処分の意義をどのように考えるかは困難な問題である。なぜなら，保護優先主義においては原則である保護処分に対して刑事処分は例外として位置づけられることになるが，例外である刑事処分をどのような場合に科しうるのかが，直ちには明らかにならないからである。刑事責任年齢に達した少年に対して，家庭裁判所が検察官送致を決定する際の基準や，少年に対する刑の量定基準を検討する際に，刑事処分の不利益性を強調して，「少年に対しては保護的な取扱いが優先され刑事処分は例外である」というだけでは，どのような場合に刑事処分を選択し，いかなる刑罰を科すのかについての解釈指針は得られないであろう。

もっとも，保護優先主義の下では少年に対する刑事処分はあくまで例外なのであるから，原則である保護処分を適用する基準のみを明らかにし，刑事処分は保護処分が課されない場合のみに補充的・例外的に科せばよく，さらに，刑

---

[6] 刑集51巻8号575-576頁。なお，本判決には，「少年法は……処遇の選択に当たっては，何が当該少年にとって最適，最善の処遇であるかを唯一の理念として判断すべきこととしており，保護処分が原則であって刑事処分が例外的，不利益的処分であるといった枠組みを前提とはしていない」（刑集51巻8号580頁）として法廷意見の理解を批判する井嶋裁判官の反対意見が付されており，その視点はきわめて重要であるが，後に検討することとしたい。

罰を科す場合もなるべく軽くするという考え方も成り立ちうる[7]。こうした考えの下においては，保護処分についての議論に傾注すれば足り，刑事処分を科すべき範囲はいわば反射的に明らかになるに過ぎない。実際，少年の保護処分についてはその意義やこれを課しうる場合について数多くの議論の蓄積がある一方で，少年の刑事処分についてはその例外性のためか，これまでの議論の蓄積は十分であるとは言いがたい状況にあった[8]。たとえば，円井正夫裁判官は「少年法の領域では少年保護に重点が注がれる余り軽視されがちであり，また，刑事裁判の領域では成人の刑事事件処理との一環において取扱われ……少年刑事全般に関する処遇理念は，まだ研究し尽くされない，いわば未開拓の領域である」と評され[9]，また，最近の教科書において廣瀬健二教授は「我が国の少年事件は保護優先的に扱われ刑事処分の選択も極めて限定的に行われてきた。この裏返しといえようが，少年に対する刑事手続き（刑事裁判）やその刑の運用についての議論・研究の蓄積は十分とはいいがたい」とされている[10]。こうした少年手続に実際に携わってきた実務家による指摘は，最近に至るまで少年の刑事処分に関する議論が乏しかったことを端的に示すものである。

　しかし，近年，少年の刑事事件に関する重要な改正が行われたことから，少年の刑事処分を考察する必要性は高まってきている。平成12年（2000年）の少年法改正[11]により原則逆送制度をはじめとする少年の刑事処分に関する改正が行われ[12]，さらに，平成21年（2009年）から施行された裁判員裁判にお

---

7) 後述する「更生モデル」はこうした考え方と親和性を有する。第1章第2節第2款参照。牧野英一博士はさらに進んで，「わたくしは，諸国の少年法が，止むを得ない場合についての刑事処分を留保していることを知らないではないが……やはり，少年法は，諸国にわたって，かような留保にもかかわらず，刑事処分はこれを好まないのである……わたくしはそう解している」と述べられる（牧野英一「少年法に関する若干の考察」同『刑法の国際化（刑法研究第15巻）』（1956年）339頁）。
8) 詳細は第1章第1節を参照。
9) 円井正夫「非行少年に対する保護処分と刑事処分」最高裁判所事務総局家庭局編『家庭裁判所の諸問題（下巻）』（1970年）48頁。
10) 廣瀬健二『子どもの法律入門（改訂版）』（2013年）71頁。
11) 平成12年改正についての立法担当者の解説書として，甲斐行夫ほか著『少年法等の一部を改正する法律及び少年審判規則等の一部を改正する規則の解説』（2002年）がある。

いて一定の少年事件[13]が対象となったこと，さらには平成26年（2014年）に少年に対する刑の特則の改正が行われたことに鑑みると，従来のように保護処分の議論のみにとどまるのではなく，犯罪少年の刑事処分の選択基準や少年に対する刑罰の意義や量刑基準について正面から考察し，その理論的基礎づけを行う必要があろう。たとえば，平成12年少年法改正においては，保護優先主義の例外として一定の重大犯罪についていわゆる原則逆送規定が導入され，また，無期刑の必要的減軽が裁量的減軽に変更されるなど，少年の刑事処分に関する重大な改正が行われたが，これらの規定を少年法の中でどのように位置づけ，解釈していくかを検討する必要がある。また，裁判員裁判においては少年に対する死刑判決が言い渡されるケースや[14]，またこれとは対照的に，強盗致傷罪により逆送・起訴された少年を少年法55条の規定により家裁に移送したケース[15]が見られるため，少年に対する刑の量定基準や刑罰の意義について考察を深め，実務における解釈指針の参考となる理論的基礎づけを示す必要

---

[12] 平成12年以降も，三度にわたって少年法の改正が行われている。すなわち，①触法少年による重大事件における捜査および処遇の適正化（14歳未満の者の少年院への収容を可能にすること，触法・虞犯少年に対する警察の調査権限の整備など）に関する平成19年改正，②少年犯罪の被害者に対する配慮の充実（被害者による少年審判の傍聴許可や記録閲覧等）に関する平成20年改正，③検察官関与および国選付添人の対象事件拡大，少年刑改正に関する平成26年改正である。
　これらの改正の概要については，廣瀬健二「少年法制の現状と展望」立教法務研究4号（2011年）114頁以下，廣瀬健二「少年刑事事件の課題と展望」岩瀬徹・中森喜彦・西田典之（編集代表）『刑事法・医事法の新たな展開・下巻（町野朔先生古稀記念）』（2014年）411頁，椎橋隆幸「少年事件における犯罪被害者の権利利益の保障（上）」法曹時報62巻9号（2010年）1頁，同「少年事件における犯罪被害者の権利利益の保障（下）」法曹時報62巻12号（2010年）1頁を参照。

[13] 裁判員の参加する刑事裁判に関する法律2条1項1号，同2号参照。原則逆送事件（少年法20条2項）は，裁判員裁判の対象となりうる。少年の裁判員裁判の審理における証拠調べや処遇選択の評議等の問題について論じたものとして，手﨑政人「少年の裁判員裁判について」判例タイムズ1353号（2011年）42頁。

[14] 仙台地判平成22・11・25 LEX/DB文献番号25443083。

[15] 東京地決平成23・6・30家月64巻1号92頁。同事件の被告人である中国国籍の少年は，東京家裁に移送され，2011年7月20日に中等少年院送致の保護処分を言い渡された。

がある。この点，廣瀬健二教授の「少年に対する量刑（刑の量定）は成人より一般的に軽減されているが，これは，その人格の未熟性や改善更生可能性が高いことなどに基礎づけられている。しかし，どの程度刑を減じるべきかについては……先例も多くはなく，実務運用も定まっているとはいいがたい。また，少年の刑事責任論についても定説があるとはいえないと思われる。少年法制全般に厳罰化の激流が押し寄せている感があり，裁判員裁判も実施されている現在，この責任論の説得的な構築は，理論および実務の喫緊の課題というべきである」という指摘は，きわめて重要であると思われる[16]。

もっとも，少年法は少年に対する処分として保護処分のみを想定しているわけではなく，これと並んで刑事処分をも想定していること，前者の検討のみを重視し後者を軽視してよいわけではないこと自体は平成12年改正前からも変わらない。しかし，同改正により少なくとも制度的には[17]刑事処分選択の可否を判断する機会が増え，さらには裁判員制度が導入されたことにより，少年の刑事処分について検討する必要性が改めて意識されるにようになったと評価できよう。こうした現状において必要なことは，少年の刑事処分を保護処分との関係において位置づけ，少年に対して刑罰を科することの意義を明らかにすることであると思われる。

以下では，このような本書の問題意識を踏まえて，少年の刑事責任についていかなる観点から分析を加えるのかについて概要を述べ（第2節），本書の検討対象と明らかにしようとしていることの概略を述べる（第3節）こととする。

---

16) 廣瀬・前掲注10) 86-87頁。
17) 運用上，逆送事件が著しく増加はしていないと指摘されている。田宮裕＝廣瀬健二編『注釈少年法（第3版）』(2009年) 211頁（以下，本書において，田宮＝廣瀬『注釈（第3版）』として引用する）。

第 2 節　本書の分析視角
——アメリカにおける「少年司法モデル論」——

第 1 款　従来の議論の不十分さ

　少年の刑事処分に関するこれまでの議論の問題点は，①少年の刑事処分は例外として扱われており，原則である保護処分と例外的な処分とされる刑事処分との関係について十分な考察が行われてきたとはいいがたいこと，②少年の刑事処分を基礎づける原理としては，少年の可塑性・更生可能性などが挙げられるにとどまっており，少年の刑事処分に関する個々の手続を理論的に基礎づける原理に関する考察に乏しいことの二点であると本書は考えている[18]。

　従来，少年刑事事件の種々の特則は，「少年の健全な育成」(少年法 1 条)という法の目的と，少年に可塑性が認められることによって基礎づけられてきたといえる。このことは，本書が検討対象とする，刑事責任年齢，刑事処分選択，刑の量定のそれぞれの段階においても同様であった。もちろん，少年の健全育成という理念，および，少年の可塑性は，少年刑事事件の特則の根拠づけにおいても，指導理念とされるべき重要な概念であることは否定し得ない。しかし，犯罪の成立・刑事処分の選択・刑の量定はそれぞれ別個の問題であって法的効果もそれぞれ異なることから明らかなように，「少年の健全育成」や「少年の可塑性」が少年手続のそれぞれの局面においてどのように機能するかは，それぞれ個別的な検討を要する問題なのである。少年の健全な育成という法の目的は刑事処分のみならず保護処分やその他の少年法の規定全てに及ぶ解釈指針であることには疑いがなく，そして，少年法の解釈を行う際に少年の可塑性がその事実的基盤となりうるといえるものの，これらの概念それ自体からは，各種の特則それぞれを理論的に基礎づけることまではできず，別角度からの検討が必要であると思われる。

　このように，「少年の健全な育成」という法の目的や少年の可塑性という特

---

[18]　第 1 章第 1 節参照。

序　章

質を踏まえて少年の刑事処分に関する特則を考察すること自体は必要かつ妥当であると思われるが，それにいかなる法的効果をどのような根拠で与えるかについては，それぞれの制度に応じた考察が必要であるし，また，より具体的かつ実践的な理論的基礎づけが必要であろう。この点，本書はこのような理論的基礎づけを行う際の分析視角として，アメリカにおける少年司法モデル論という考え方を用いるが，款を改めて，その意義について概観しよう。

第2款　分析視角としての少年司法モデル論

本書における「少年司法モデル論」とは，アメリカの少年法学において主張されている少年司法のあり方や少年矯正の目的に関する理念である。19世紀末のアメリカに少年裁判所が設立されて以来，アメリカの司法は，非行少年に対する法的な対応として保護と刑罰のいずれによるべきかという問題に絶えず直面し続けてきた。そうしたアメリカにおいて展開されたモデル論は，少年刑事事件の特則を理論的に基礎づける際の手がかりを示すものであり，有益な示唆を与えうる。

わが国においても，少年刑事事件の特則の理論的基礎づけについて，参考になる議論が全くなかったわけではない。伝統的には，教育刑論の立場が，保護処分の教育的性格を刑罰にも及ぼすべきであると主張することで少年刑事事件の特則の理論的基礎づけを行っていた。また，最近，佐伯仁志教授は，保護処分も刑事処分と同様に制裁としての性格を有していることから，これを受ける者には「実質的な意味での責任能力」が備わっていなければならないこと，保護処分も刑罰も少年の更生をはかることを目的としており両者の違いは質的なものではなく量的なものに過ぎないこと，などを主張されている[19]。

そこで，第1章においては，これまでのわが国の議論と現在の到達点，その限界について確認した上で，アメリカにおける少年司法モデル論を概観し，それが，少年刑事事件の基礎づけとして有用であることを示したい。

---

[19]　佐伯仁志「少年法の理念──保護処分と責任」猪瀬慎一郎ほか編『少年法のあらたな展開──理論・手続・処遇』(2001年) 38頁。

第3節　本書の構成

　ここまで概観したとおり，本書の目的は，少年司法モデル論を分析視角として，刑事責任年齢制度，刑事処分選択，少年刑のそれぞれの特則を，理論的に基礎づけることにある。なお，本書の表題では「少年刑事事件」という用語を用いているが，これは，少年法1条の「少年の刑事事件」に関する特則のうち犯罪成立から刑の量定に至るプロセスの全体を対象としていることを表現するためであり，手続的な問題まで検討を加えるものではない。

　次章以下では，前提的な考察として少年の刑事処分についてモデル論の見地から考察する意義を述べた上で，本書が少年刑事事件の特則を分析する際の理論的基礎として採用するモデル論の内容を明らかにし，本書の問題意識と分析視角を示す（第1章）。ついで，第1章で示したモデル論を分析視角として，少年の刑事処分に関する手続の流れに沿って，刑事責任年齢制度（第2章），少年に対する刑事処分の選択（第3章），少年に対する刑罰（第4章）に関する考察を行う。最後に，これまでの検討を踏まえて，モデル論の見地から少年の刑事処分に関する個々の制度・手続に関する総合的な考察を行い（終章），少年刑事処分に関するそれぞれの特則を理論的に基礎づけることを目指したい[20]。

---

[20]　なお，逆送の大半を占めるのはいわゆる罰金見込検送であり，少年刑事事件の研究においては，その理論的検討は不可避である（田宮＝廣瀬『注釈（第3版）』210頁）。本書は，一般刑法犯のような比較的重大な犯罪を念頭に置いており，罰金見込検送については扱いえなかった。この点は，少年刑事事件の理論的基礎付けという本書の課題からは不十分であると言わざるをえないが，その検討については他日を期したい。

第1章　少年刑事事件の基礎理論としてのモデル論

　本書の目的は，アメリカにおいて展開されている「少年司法モデル論」を用いて，犯罪成立から刑事処分選択，量刑に至る一連の手続における少年刑事事件の特則を理論的に基礎づけることである。第2章以降においては，個別の特則について検討するが，本章においては，そうした各論的検討の基礎となるべき「少年司法モデル論」の意義と内容について，検討を加える。

　従来のわが国の少年法研究には，少年に対する保護処分や保護主義の基礎づけなどに比べると，少年刑事事件の理論的な基礎づけについての議論は少なかった[1]。もっとも，これは，保護処分に関する議論に比べると少なかったということであって，従来から，有力な実務家（特に裁判官）は少年刑事事件に関する示唆に富む論考を発表している[2]。研究者による研究としても古くは泉

---

[1] すでに，1970年代の円井正夫判事の論文において，「少年刑事に関し，少年法の領域では少年保護に重点が注がれる余り軽視されがちであり，また，刑事裁判の領域では成人の刑事事件処理との一環において取扱われるなど，いずれも継子的存在を余儀なくされ……少年刑事全般に関する処遇理念は，まだ研究し尽くされない，いわば，未開拓の領域である……少年法は少年の特別処遇を信条として，少年保護と少年刑事との二重構造によって構成されているのであるから，独り，少年刑事の部面のみを看過してよいわれはなく，まず，少年刑事処遇理念の体系化と，それを基盤とする合目的な制度の実現こそ，現在強く希求せられるべき重要な課題である」という指摘がなされている。円井正夫「非行少年に対する保護処分と刑事処分」最高裁判所事務総局家庭局編『家庭裁判所の諸問題（下巻）』(1970年) 48頁。

[2] 注1) に引用した円井判事の論文のほか，早川義郎「少年の刑事被告事件の取扱いについて」家月25巻8号 (1973年) 1頁，大森政輔「少年に対する刑罰処遇について——刑事処分の選択基準とそれをめぐる審理手続——」家月28巻4号 (1975年) 1頁，廣瀬健二「保護処分相当性と刑事処分相当性——移送裁判例（少年法55条）の研究——」家月41巻9号 (1989年) 1頁，廣瀬健二「少年責任の研究についての覚書」龍岡資晃ほか編『小林充先生・佐藤文哉先生古稀祝賀刑事裁判論集（上巻）』(2006年)

二新熊博士，牧野英一博士，小野清一郎博士らの論考があり³⁾，最近も少年法研究者の手になる研究書が公刊されている⁴⁾。しかし，少年刑事事件の特則の背後にある理論的基礎を明確に意識した上で，一貫した理論的基礎づけに基づく議論を行うという作業はまだ緒に就いたところであり⁵⁾，展開の余地は十分に残されているのではないかと思われる。本書は，少年司法モデル論をその理論的基礎づけとして使用するものである。

　2000年（平成12年）以降の数次にわたる少年法改正の一つの柱が少年刑事処分規定の改正であり，法改正による新規定の解釈指針を示し，改正の妥当性を検討する必要性があることに鑑みると，現在のわが国の学説の到達点と解決すべき課題を確認した上で，アメリカにおける議論を参照することを通じて，わが国の少年刑事事件の理論的基礎を明らかにすることには意義が認められよう。

　以下では，わが国における少年刑事事件の基礎づけに関する議論を概観してその意義と課題を明らかにした上で（第1節），アメリカにおける少年司法モデル論の展開を紹介し（第2節），日米の議論の比較検討を行うことにより本書が依拠するモデル論の具体的内容を示したい（第3節）。

　　610頁，植村立郎「少年刑事被告事件における刑罰法規の問題状況に関する若干の考察」同『少年事件の実務と法理――実務「現代」刑事法』（2010年）347頁，廣瀬健二「少年刑事事件の課題と展望」岩瀬徹・中森喜彦・西田典之（編集代表）『刑事法・医事法の新たな展開・下巻（町野朔先生古稀記念）』（2014年）411頁，など。

3) 牧野英一「少年法の成立――法律に於ける原則と例外――」法学志林24巻6号（1922年）99頁，泉二新熊「不定期刑トハ何ソ」法学新報29巻10号（1919年）53頁，小野清一郎「少年法の哲学的考察」司法保護研究所（編）『少年法全国施行記念　少年保護論集』（1943年）3頁など。

4) 本庄武『少年に対する刑事処分』（2014年），武内謙治（編著）『少年事件の裁判員裁判』（2014年），武内謙治『少年司法における保護の構造』（2014年）。

5) 後述する佐伯仁志教授（少年に対する介入原理を検討するという視点から保護処分と刑事処分の関係を研究される）や，廣瀬健二教授（少年保護と犯罪対策という二つの要請の調整が少年司法の役割であるとする）がその例である。

第1節　わが国における少年刑事事件の基礎理論

　わが国における少年刑事事件の特則の基礎づけに関する具体的な議論の検討に入る前に,「少年の可塑性」と「少年の健全育成」という二つの概念について確認する。

　少年刑事事件の対象が「罪を犯した少年」（少年法3条1項1号）であることは言うまでもないが, その特殊性の一つは, 対象者が少年であることである。手続の対象者である「少年」の属性は, 少年法制の事実的基礎であるといえ, 検討の前提として明らかにしておく必要があろう。この点, わが国では, 少年の特性として「可塑性」が認められることが指摘されているが, 同概念が少年刑事事件の特則をどのように根拠づけているのかについて, 明らかにする必要がある。

　また, 少年法1条は,「この法律は, 少年の健全な育成を期し, 非行のある少年に対して性格の矯正及び環境の調整に関する保護処分を行うとともに, 少年の刑事事件について特別の措置を講ずることを目的とする」と規定し,「少年の健全な育成」が法の目的であることを明らかにしている。「少年の健全な育成」という法の目的は, 保護処分のみならず,「少年の刑事事件」にも及ぶと解するのが一般的な理解であるから,「少年の健全な育成」という法の目的の内容と, それが少年刑事事件の基礎づけにおいてどのような意味を持つのかについても, 検討する必要がある。

第1款　少年法の基本概念と少年刑事事件の特則

1　少年の可塑性
(1)　少年法制の事実的基礎としての「可塑性」

　少年の刑事処分に関する特則の基礎づけとしては, 少年の「可塑性」が挙げられることが通常である。可塑性とは, 少年が心身ともに未成熟で成長の途上にあることから, 犯罪や非行にも陥りやすい一方で, 自分自身の成長や周囲の影響で容易に立ち直りうる特性のことを意味する[6]。

　刑法41条は,「14歳に満たない者の行為は, 罰しない」と規定している。

第 1 章　少年刑事事件の基礎理論としてのモデル論

　犯罪時に 14 歳に満たない行為者は，刑罰法令に触れる行為を行った場合であっても，絶対に処罰されることはない[7]。その根拠の一つとして，ほとんどの学説において指摘されるのは，少年には可塑性が認められることである[8]。

　刑法は少年に関係する規定として 41 条を置くのみであるが，少年の刑事処分については少年法において各種の特則が認められている。まず，少年が犯罪を行ったという嫌疑がある場合であっても，検察官は当該少年に対して直ちに公訴を提起して刑事訴追を行うことはできず，事件を家庭裁判所に送致しなければならない（少年法 42 条 1 項）。罪を犯した少年に対して刑事訴追を行うことができるのは，家庭裁判所から刑事処分を相当と認めて逆送された場合である（少年法 20 条 1 項）。さらに，家庭裁判所から事件が検察官に送致され刑事訴追が行われた場合であっても，当該少年について保護処分が相当であると認められる場合には，事件を家庭裁判所に再び送致しなければならない（少年法 55 条）。これらの特則が認められている根拠は，罪を犯した少年に対しては保護処分を以って臨むべきであるという保護優先主義であり[9]，その根底には，

---

6)　井田良『講義刑法学・総論』（2008 年）371 頁。

7)　刑法 41 条における「罰しない」の意義については，犯罪成立要件としての責任を阻却するものであると解されている。刑法 41 条の意義に関する立法史および学説における議論については，第 2 章第 1 節を参照。

8)　たとえば，大塚仁『刑法概説〔総論〕（第 4 版）』（2008 年）456 頁。

9)　この意味における保護優先主義については，阿部純二「保護と刑罰──一つの概観──（特集(1)「少年法改正をめぐる諸問題」）」刑法雑誌 18 巻 3・4 号（1972 年）220 頁における保護主義の定義が示唆に富む。

　　阿部教授は，ドイツの学説の分析を参考にして，保護と刑罰との関係を①刑罰にかえて保護という関係，②保護のために刑罰という関係，③保護にもかかわらず刑罰という関係，④刑罰における保護という関係の 4 つに分類する（阿部・同論文 221 頁）。

　　①は「犯罪少年は責任能力を有し，したがって刑罰を科しうるにもかかわらず，あえてこれを科さないで保護処分に付するということ」を意味しており，少年は精神的に未熟であるので刑を科することは苛酷であり情操を害すること，少年は人格的に可塑性に富んでいるため少年に適合した教育的処遇による改善矯正の可能性が大きいことがその根拠とされている（阿部・同論文 222 頁）。

　　②は「保護処分によってはもはや改善矯正の見込みがないもの……については，刑罰による矯正を考えるべきである。かかる場合に刑罰を科することは保護主義の制限ではなく，その延長といえる」ということを意味しており，少年法 20 条の刑事処分相当性

少年が可塑性を有するため，刑罰よりも保護処分の方が適当な処分であるという考慮があると考えられる。

　少年に対して刑事処分を選択し，刑罰を科する場合にも，いくつかの特則がある。まず，犯罪時に18歳未満の少年に対しては，処断刑として死刑を選択すべき場合であってもこれを科すことはできず，無期刑に必要的に減軽しなければならならず（少年法51条1項），処断刑として無期刑を選択すべきときは裁量的に減軽を行い10年以上20年以下の範囲内において懲役刑または禁錮刑を科すことが可能である（少年法51条2項）。また，少年に対して有期の懲役もしくは禁錮刑をもって処断すべきときは，処断刑の範囲内において長期と短期を定めて刑を言い渡すことができる（不定期刑。少年法52条）。刑罰に関するこれらの特別の取り扱いの根拠となるのは，やはり少年には可塑性が認められ，教育の必要性が高いことである[10]。

(2) 可塑性概念の限界

　以上見たように，少年刑事事件の特則の根拠として，可塑性概念は重要な役割を果たしている。本書も，第5章で再論するように，可塑性概念には重要な意義があると考えている。しかし，以下に述べるように，可塑性概念は，少年の刑事処分に関する特則に関する個々の制度の趣旨を考察し，条文解釈の基準を定立するための具体的な指針としては，不十分であると思われる。

の解釈において問題となるものである（阿部・同論文226頁）。

　③は「保護主義と法益保護の要求とのアンチノミー」が生じる局面であって「社会の一般的法意識」の観点から保護処分の必要性と刑事処分の必要性の対立が考慮される（阿部・同論文227頁）。

　最後の④は，「刑の内容を少年に適合した教育的なものに再構成する」ことが問題であり，不定期刑・死刑・無期刑・禁固刑の無意味さ，懲役刑の内容の教育化等々がその対象となる領域である（阿部・同論文228頁）。

　阿部教授の以上のような類型化のうち，本章において問題となるのは①である。②と③は第3章において検討する刑事処分選択の局面において問題となり，④は第4章において検討する少年に対する刑罰の局面で問題となる。これらについては，後述の各章において随時検討を加える。

10）　たとえば，丸山雅夫『少年法講義（第2版）』（2012年）344頁は「未熟な半面で可塑性の高い少年犯罪者には，成人以上に社会復帰の観点が重視されなければならない」とする。

第1章　少年刑事事件の基礎理論としてのモデル論

　荘子邦雄博士は，1960年代後半の少年法改正議論[11]について考察した論考[12]において，少年に対する取扱いと成人に対する取扱いとの差異は流動的なものでなければならないとして，次のように述べられる。すなわち，「論者は，人格の形成可能性とか可塑性という概念をもちだし，少年と成人とのあいだに本質的な差異をもうけるべしという。しかし，それぞれの少年について，人格の形成可能性ないし可塑性を測定することじたい，きわめて困難であるばかりでなく，また，それぞれの少年の「人格」および「人格の形成可能性」の測定が，はたして，少年法の場において必要なのかという疑問も提起される」とし，また，「行為者とは行為をおこなった者であるのだから，行為と行為者とをまったく切り離して考えることはできない……少年であるということを理由として，もっぱら行為者を中心としてことがらを考察することは許されない」とされる[13]。この荘子博士の見解は，①可塑性・人格の形成可能性を測定することは困難であるから，これをもって少年と成人との取り扱いを本質的に異なるものとすることは妥当でない，②少年という行為者の属性のみではなく，その少年が行った行為の性質も考察すべきである，という趣旨であると思われる。

　荘子博士の見解①の点は，事実認識についての疑問である。すなわち，可塑性の有無を判定できないのであれば，刑事責任年齢，少年の刑事処分の選択，少年に対する刑罰というそれぞれの法制度を基礎づける指針となりえない，ということである。もちろん，この点は科学的知見の問題でもあるし，また，刑事政策的な擬制であるとして反論することは可能であろう。したがって荘子博

---

11) 少年審判においてデュー・プロセス的観点を導入すべきか否かといった問題や18歳・19歳の少年を「青年」として17歳以下の少年とは異なる取り扱いを与えることを目的としたいわゆる青年層設置の問題等をめぐる議論が行われた。この少年法改正の概要としては，廣瀬健二「少年法制の現状と展望」立教法務研究4号（2011年）112頁以下を参照。

12) 荘子邦雄「少年法の理念と国親思想（特集(1)「少年法改正をめぐる諸問題」）」刑法雑誌18巻3・4号（1972年）250頁。

13) 荘子・前掲注12) 273頁。なお，同所において，荘子博士は，可塑性や人格の形成可能性という概念が「矯正可能性とか保護の必要性という特殊刑事政策的概念」と同一であるのであれば，「それほど問題は生じない」とも指摘している。

士の指摘でより重要なのは，②の点である。すなわち，少年によって行われたものであっても，少年が可塑性・人格の形成可能性を有しているという行為者の側面だけではなく，それに加えて，犯罪行為の態様や重大性等については，刑事処分相当性や刑罰の判断において軽視されてはならない。少年法20条1項の「罪質及び情状」という文言，及び平成12年少年法改正において導入された原則逆送制度が示す通り，少年の保護優先主義は無制限に認められるものではなく，少年という行為者の属性以外の事情をも考慮する必要がある。

さらに，より根本的には，事実として少年に可塑性が認められることと，その事実を前提としてどのような法的効果を認めるかは別個の問題であることに注意が必要であろう。すなわち，少年に可塑性があることを事実として認めるとしても，刑事責任年齢，刑事処分選択，刑罰の選択のそれぞれにおいて，その機能の仕方は異なる。たとえば，刑事責任年齢や行為時18歳未満の少年に対する死刑の禁止の局面では可塑性は刑罰を排斥する根拠とされる一方で，不定期刑制度においては成人には認められない特殊の刑罰制度の根拠とされている。それぞれの局面において少年の「可塑性」がどのような意味を持つかを個別的に明らかにしなければならない。可塑性という概念は少年法制の事実的基礎ではあるものの，直ちに具体的な解釈指針を示すものではないのである。

2 少年法の目的としての「少年の健全な育成」と少年刑事事件

先述のように，少年法1条は「少年の健全な育成を期」すことを法の目的としているが，この目的は少年の刑事手続にも及ぶ[14]。少年の健全な育成とは，少年に非行を繰り返させないようにすること，および，「その少年が抱えている問題を解決して，通常の社会生活を営むことができる「健全な社会人」に成熟させること」を意味すると解されている[15]。具体的には，少年法1条におい

---

14) 廣瀬健二編『裁判例コンメンタール少年法』（2011年）1頁（廣瀬健二執筆）。条文の構造上も，「少年の健全な育成を期し」の句の後に読点があることから，その後に続く「保護処分を行うとともに」と「刑事事件について特別の措置を講ずること」の双方に，健全育成の趣旨が及んでいると読むことが素直かつ妥当である。
15) 澤登俊雄「「非行のある少年」の「健全育成」」澤登俊雄＝高内寿夫編著『少年法の理念』（2010年）5頁。同書18頁に収録されている守屋克彦「「少年の健全な育成」と手続的機能」をも参照。さらに，実務家による「少年の健全な育成」のイメージについ

第 1 章　少年刑事事件の基礎理論としてのモデル論

ては，少年が行った過去の非行に対する応報として少年を処罰することが法の目的ではなく，その少年が将来非行を行わないように改善教育するべきだという基本的考え方が示されているということができる[16]。

　少年に対する刑罰は，全て少年の健全育成にとって有効な場合にのみ科されると説明することができれば，それは理論的に首尾一貫した説明である。澤登教授は，少年の健全な育成という法の目的を「少年が非行を克服し成長発達を遂げること」と定義したうえで，「少年事件を取り扱う手続のすべての過程が，この目的に従って運用されるべきであり……少年に対する強制・非強制の手段のすべてが，この目的のもとに用いられるべきである」とされているが[17]，少年法 1 条の条文の構造とも整合するから形式的にも妥当であるし，また，保護優先主義を採用する現行法の立場からは実質的にも妥当な考え方であるとも思われる。

　しかし，少年の健全な育成という観点のみで，少年に対する刑事処分の特則を正当化できるのかには疑問がある。なぜならば，少年法自体が「少年の健全な育成」の観点から説明することが困難な規定を置いているからである。すなわち，少年法は行為時に 18 歳以上の少年に対する死刑を禁止しておらず（少年法 51 条 1 項の反対解釈），また，14 歳以上の少年に対して無期刑を科すことも可能である（少年法 51 条 1 項，2 項）[18]。少年に対する死刑や無期刑を，先に見たような意味での「少年の健全な育成」という観点から正当化することは困難であろう[19]。現行少年法は，「少年の健全な育成を期し……少年の刑事事件

　　て，同書 315 頁以下の座談会が示唆に富む。
16)　川出敏裕「少年法の概要と基本理念」法学教室 331 号（2008 年）146-147 頁。
17)　澤登俊雄『少年法入門（第 5 版）』（2011 年）27 頁。
18)　もっとも，51 条 1 項による必要的減軽の結果としての無期刑の場合も仮釈放期間の終了に関する特例（59 条 1 項）があり，51 条 2 項による無期刑の場合は仮釈放期間の特例（58 条 1 項 1 号）があるので，少年に対する無期刑においても「健全な育成」の理念はなお放棄されていないとみることも可能であろう（両者ともに，言い渡し時に少年であれば足りるとしている点も重要である）。
19)　守屋克彦＝斉藤豊治編『コンメンタール少年法』（2012 年）45 頁（斉藤豊治執筆）。斉藤教授は，死刑や無期刑は少年法の目的である健全育成理念にそぐわないから，刑罰による矯正可能性が認められる限り，死刑や無期刑の適用を控えるべきであるとされる。

について特別の措置を講」じたとしても，「健全な育成」の観点からは正当化しがたい重い刑罰を科さなくてはならない場合を認めていると言わざるを得ない。さらに，死刑や無期刑という例外的な重い刑罰の場合を別としても，不定期刑や罰金刑といった少年に対する刑も刑罰であることには変わりはないのであるから，応報と予防という刑罰目的と少年の健全な育成という法の目的がどのように関係するのかが検討されなければならない。したがって，「少年の健全な育成」単独で少年刑事事件の特則が基礎づけられているわけではなく，「少年の健全な育成」と対立しうる要請をも考慮して，少年刑事事件の特則を根拠づける必要があろう。

　もっとも，「少年の健全な育成」が法の目的である以上，その概念の内容を明らかにして，少年刑事事件の特則の解釈指針とすることは当然である。2000年（平成12年）以降の数次にわたる改正においても，少年の健全育成という法の目的が否定されたわけではない[20]。本書も，「少年の健全な育成」を少年刑事事件に関する特則を基礎づける際の基本概念であると捉えている。本書が意図しているのは，少年法に対しては，「少年の健全な育成」以外の様々な要請が期待されていることを率直に認めた上で，それらの要請と少年の健全な育成という法の目的とのバランスをどのようにとるかを自覚的に検討すべきである，ということである[21]。すなわち，どのようにして「少年の健全な育成を期」するという法の趣旨に反しない範囲で応報や予防の要請を考慮できるのか，個々の少年刑事事件に関する法制度や法解釈が「少年の健全な育成」に沿うものであるか否かを，どのような基準・視点から判断するのかを明らかにすべき

---

[20]　詳細な検討として，廣瀬健二「少年法の基本理念——法改正との関係を中心に」澤登俊雄＝高内寿夫編著『少年法の理念』（2010年）30頁（平成12年，19年，20年改正について），廣瀬健二「少年刑事事件の課題と展望」岩瀬徹・中森喜彦・西田典之（編集代表）『刑事法・医事法の新たな展開・下巻（町野朔先生古稀記念）』（2014年）411頁（平成26年改正について）。

[21]　守屋＝斉藤・前掲注19）「はしがき」ⅱ頁（守屋克彦＝斉藤豊治執筆）は，「少年法については，法の目的である少年の健全な育成を実現するために，今日あるべき保護主義の内容をきちんと構築するとともに，それと矛盾しかねない公益や被害者の利益保護などの理念をいかに調整するかという難しい作業が要求されるようになっている」としている。

である。こうした基準ないし視点は、「少年の健全な育成」だけを検証の対象として取りあげることによってではなく、公益や被害者保護等のその他の要請をも加味して、それとの調和を図るという観点から分析を行うことが有用であろう。

このような本書の立場に対しては、「少年の健全な育成」という法の目的を調整原理として骨抜きにしてしまうという批判がありうるであろう。たとえば、葛野尋之教授は、「少年法の理念が、たんに政策目的として捉えられるならば、他の政策目的によって伸縮自在に相対化され、社会的・政治的な厳罰要求の高まりのなかでは、その前に膝を屈することもありえよう」とされた上で、「少年法の理念を少年の成長発達権、すなわち成長発達途上にある子供の個人の尊厳を具体化する権利（憲法13条）の保障として捉え直そうとする方向が強まっている」とされているが[22]、こうした見解からは、本書のような理解は少年法の理念をたんに政策目的として捉えるものとして批判されよう。しかし、この見解に立脚したとしても、少年の「成長発達権」[23]と応報や被害者保護といったその他の要請が衝突する場合はありうるが、その場合にどのような視点からその衝突を解決をするかという問題は残されるのである。

3　小　括

以上、「可塑性」と「少年の健全な育成」という少年法の二つの基本概念に

---

[22]　葛野尋之「少年法の歴史と理念」法学セミナー714号（2014年）15頁。外在的な疑問であるが、一定の年齢層の者に成長発達権を認めるということ自体が一つの政策的な立場でもあると考えられる（たとえば、少年年齢を高めて、22歳程度にすることも一つの政策であろう）。

[23]　武内謙治「少年の「保護」と「健全育成」」法学セミナー692号（2012年）123-124頁も参照。本書において成長発達権という概念には詳細な検討を加えることはできないが、成長発達権という概念によって少年法制の<u>全て</u>を基礎づけることには疑問がある。なぜなら、少年法制の中には刑事処分のように本人の意思にかかわらず強制的な措置を施す制度も含まれているが、そうした制度は成長発達という「権利」による基礎付けにはなじまないからである。山口直也『少年司法と国際人権』（2013年）153頁は「権利自体を放棄することは基本的にできないし、子どもという基盤そのものを存立ならしめている成長発達権についてはなおさらである」とするが、放棄し得ないものを「権利」と捉えることはできないであろう（たとえば、「黙秘権」を想起）。

ついて検討を加えた。平野博士は，「少年法の問題は，しばしば世界観的な問題であるかのようにいわれる」分野であると述べられたが[24]，そのような分野において相互に検証・批判が可能な実質的な議論を行うためには，解釈の前提として「可塑性をもつ少年」という行為者の事実的な性質を踏まえた上で，少年法制に求められる様々な要請を，法の目的に照らしてどのように調和させるかという視点が重要になるであろう。そして，そうした調和を行うためには，抽象的・理念的な指針にとどまらない，確固たる理論的基礎を打ち立てる必要があると思われる。本書は，そうした理論的な基礎としてアメリカにおける少年司法モデル論が有用であると考えているが，その紹介・検討に入る前に，次款において，わが国における少年刑事事件の特則がどのように基礎づけられているかを確認しよう。

第2款　わが国における少年刑事事件の基礎づけに関する議論

1　国親思想と「正当なパターナリズム」の立場から見た少年刑事処分

(1)　国親思想

国親思想とは，非行等の問題を抱えた保護の必要のある少年に対して，国家が親に代わって保護を行うべきであるという考え方のことをいう[25]。

国親思想の淵源については，本書において実証的な検討を加えることができないが[26]，一般には19世紀の後半にアメリカにおいて設立された少年裁判所の理念として位置づけられている[27]。進歩主義時代（Progressive era）のアメリ

---

24) 平野龍一『刑法の基礎』(1966年) 86頁。平野博士のこの表現は，少年に対する処分選択（刑罰か保護処分か）をどのように考えるかの文脈で述べられているものである。平野博士は，同所において「刑罰と保護処分とをカテゴリカルに考える傾向が，問題を混乱させているといえ……どのような少年をどのように処遇したら最もいい効果をあげることができるか，という経験的に判断しうる問題なのである」と述べられているが，これは抽象的な理念に（のみ）基づいた少年法の解釈が妥当ではないということを示していると理解することができるであろう。

25) 澤登俊雄『少年法入門（第5版）』(2011年) 37頁，川出敏裕「少年非行・少年犯罪（特集・刑法典の百年）」ジュリスト1348号 (2008年) 153頁。

26) 国親思想の淵源に関する最近の研究として，吉中信人「パレンス・パトリエ思想の淵源」広島法学30巻1号 (2006年) 29頁。

27) 澤登・前掲注25) 37頁。

カにおいては，非行少年は無垢の (innocent) 存在であり，虐待された少年と同種の存在として位置づけられ，そうした存在である少年に対しては保護が必要であり，刑事責任を負わせ刑罰を科すことにはなじまないとされた[28]。国親思想は「個々の児童の利益と福祉を図ること」を目的とし，弱く，他者に依存している (dependent) 社会の構成員を保護する社会道徳的な義務に基づくとき，国家は国親として振舞うことができるとされているのである[29]。

このように，国親思想は，少年は保護の必要がある存在であり，国家により保護が与えられるべき存在であるとする考え方であるので，少年に対しては本来的に保護処分のみが課されるべきであり，少年に対する刑事処分は極めて異質な措置であるとみなされる。この意味において，国親思想は保護処分と刑事処分の質的差異を強調する見解であると位置づけられるといえよう[30]。少年裁判所は少年に対して刑罰ではなく保護を与えるための制度であるとするならば，誕生当初の国親思想においては，刑罰は例外中の例外ないし少年に対してはおよそ想定し得ない処分と言うことになるであろう。

(2)「正当なパターナリズム」の考え方

国親思想の延長線上に位置づけられるが，その保護強制的な点を批判し，かつ現行少年法を前提として，その保護優先主義を理論的に基礎づけようとするのは，澤登教授の「正当なパターナリズム」という概念である。

澤登教授は，国親思想が少年に対して行き過ぎた干渉をしている点については批判しつつも，その根拠であるパターナリズムそのものは妥当であるとし，「正当なパターナリズム」の立場を主張される[31]。澤登教授は，パターナリズムを「ある個人の行動が他者の利益を侵害することがなくても，そのまま放置することによってその個人自身の利益が侵害されるという理由で，その個人の行動に介入・干渉することができる」という原理であると定義づけられ[32]，国

---

28) Elizabeth S. Scott & Laurence Steinberg, Rethinking Juvenile Justice (2008), 87.
29) Id. at 69-70.
30) 次節で取り上げる「更生モデル」はこうした国親思想と親和的である。
31) 澤登・前掲注 25) 38 頁。
32) 澤登俊雄「「非行のある少年」の「健全育成」」澤登俊雄＝高内寿夫編著『少年法の理念』(2010 年) 11 頁。

家による介入・干渉の目的および手段が「個人の尊厳の尊重」の理念に適合していること，憲法が保障している人権条項に抵触していないこと，が認められる場合，当該介入にはじめて「正当性」が認められるとされる[33]。

澤登教授は，「犯罪少年に対する刑事処分も保護処分も，正当根拠について相違がなく，したがって決定された処分形式の中で具体的に選択される処遇内容についても，本質的な相違はないと考えられる」とされている[34]。

2　教育刑論による少年刑事処分の基礎づけ

(1)　牧野英一博士の見解

新派刑法学の立場から教育刑論を主張され，その理念を少年に対する処分にも及ぼすべきであるとする代表的論者は，牧野英一博士である。牧野博士が著された少年法に関する論考は数多くあり，現在ではなぜかほとんど顧みられることがないものの，そこには現代的な視点から見ても注目すべき主張が含まれている。戦後すぐに書かれた論文における次の記述は，牧野博士の立場を端的に表している。

「伝統的な理論を唱えるものは，成るべく改善の効果をも挙げることに異存はないのであるが，理論として，贖罪を，刑罰の本質に属し，その目的たるものとする結果，場合に依っては，改善を犠牲にしても贖罪の必要であることを主張するのである……しかし，犯罪少年に対しては，これを改善することが社会の保全にとって有利であるばかりでなく，その不運な者をかく救い出すことが，また実に国家の倫理的な働きということになるのである。そうして，そうであるとするならば，成年犯罪者に対しても，おなじく改善を要点として事を考えるということが許されないものであろうか。それは，その者に贖罪を要求して，害悪刑に依り，改善というのにむしろ逆行する結果をもたらすのに比し，社会の保全の方法としては賢明なことであり，そうして，倫理的には高次のものであるというべきではなかろうか。」[35]

---

[33]　澤登・前掲注32）15頁。

[34]　澤登・前掲注25）241頁。

[35]　牧野英一「少年法に関する理論問題」同『理論刑法と実践刑法（刑法研究第14

第 1 章　少年刑事事件の基礎理論としてのモデル論

　この記述は,「不運な者」を改善し救い出すという少年法の立場を, 成年犯罪者にも及ぼすべきであると述べていることから, 牧野博士の主眼は, 少年に対する刑の特則の意義を明らかにするところにあるというよりは, 自らの教育刑論を基礎づけるところにある。実際, 大正少年法の制定と同年に発表された論文において, 牧野博士は次のように述べられている。「少年法案は, 之を刑事立法一般に対比するにまさしく一種の例外的立法である。其の対象とする者に於て, 其の採る所の手続きに於て, 其の探る所の手続に於て, 其の審判を担当する人に於て, 其の講ぜんとする処置に於て, 換言すれば, 法案の精神の全般に亘って従来の刑事立法に対する大きな例外である」[36] とされる。そして, 少年法という例外的立法の原則が刑法のもつ原則に包括されることにより「旧原則が新原則へと次第次第に進化し……『原則は例外を認めることに依って進む』」, と [37]。ここでも, 牧野博士は, 少年法の持つ少年の改善更生という理念が, 刑法においても影響を与えるべきであることを示唆しているのである。

　また, 牧野博士と同様に教育刑論に立たれる市川秀雄博士は,「社会防衛の処置は, 各個人の年齢にかかわりなく, 統一的性格を有つことになる。しかし, その処置は各個人に相応して個別化されて適合するものでなければならぬので, それは, あらゆる反社会的な徴表に対する一定の処置ではなくして, 個人のうちに認められる反社会性に因って決定されるそれぞれの人に個別化された予防処置でなければならないことになる」という社会防衛論を基礎として [38], 成年者に対する刑罰の目的においても「教育と改善と治療」が考慮されるべきであり, こうした行刑の目的は単に少年に留まるものではなく, 成年者にまで拡大することが検討されてしかるべきであると述べている [39]。

　　　巻)』（1952 年）314-315 頁。牧野博士は, 少年に対して改善的な処置を施すべきとの
　　　主張は, 刑事政策上のものであるとされる。牧野英一「少年法に関する若干の考察」同
　　　『刑法の国際化（刑法研究第 15 巻）』（1956 年）317 頁以下参照。
36)　牧野英一「少年法の成立 —— 法律に於ける原則と例外 ——」法学志林 24 巻 6 号
　　　（1922 年）105 頁。
37)　牧野・前掲注 36) 106 頁。
38)　市川秀雄「未成年者, 年少成年者（青年）及び成年者の犯罪者の法律上の地位及び
　　　処遇における相違を正当化する程度」法学新報 69 巻 11 号（1962 年）9 頁。
39)　市川・前掲注 38) 7-8 頁。

(2) 円井正夫判事による具体化

このような牧野博士の見解をさらに具体化したものとして注目されるのは，1960年代の少年法改正議論の際に発表された円井正夫判事の論文である[40]。

円井判事は，保護処分と刑事処分との性格を解明することを目的とし，その前提として両処分の基盤にある「特別処遇論」について考察する必要があるという問題意識から[41]，「少年刑事処遇理念の体系化と，それを基盤とする合目的な制度の実現こそ，現在強く希求せられるべき課題である」と問題を設定される[42]。

円井判事は，新派が主張する教育刑理論を背景とした刑事政策理念の台頭に伴い，刑罰目的論おいて犯罪者の改善が優先されるようになったことを指摘した上で[43]，次のように述べられる。すなわち，「社会的責任論の立場は，社会防衛のため，犯罪行為によって徴表された社会的危険性格者に対しては，処罰するより，むしろ科学に基き犯罪原因を探求してその原因を除去することが望ましいとして……目的観念に基く刑事政策的立場を主張する……この目的刑理論は更に積極性を持つ教育刑理論にまで高められ，社会的危険性格者を改善教化して社会に順応できる少年にして，一面，このことによって社会保全の目的を達しようとする。従って，少年刑事処遇理念は応報刑的理論でなく，教育刑理論に基く改善主義に求むべきものと考える」。

こうした円井判事の見解においては，保護処分と刑事処分はともに「性格の改善を目的とする教育刑理論を基礎とするもの」であり，「前者が刑罰観念を一応払拭して純化したものであるから教育刑理論の理想的発現……後者は刑罰観念を保有しているのであるから教育刑理論の現実的発現」であると位置づけられることになる。結論として，「かくして，少年保護と少年刑事は理念的に共通の基盤を有して，少年法の目的である「少年の健全な育成を期し」とする

---

40) 円井・前掲注1）。なお，円井判事自身は，牧野博士の教育刑論を支持する旨をその論文中に明示しているわけではないが，その論旨から推測すると牧野博士の見解の延長線上に位置づけることが可能である。
41) 円井・前掲注1）44頁。
42) 円井・前掲注1）48頁。
43) 円井・前掲注1）45頁。

方向に統一され，融合されることになると考える」とされる[44]。

　これらの見解は，少年法の理念である少年の改善更生を成人に対する刑罰の目的にも及ぼすべきであるとするものであり，その主眼は，成人の刑罰の目的を教育刑論によって基礎づけるところにある。そこでは，保護処分と刑罰の目的が同一のものであることを強調し，少年法の理念を梃子にして教育刑論の正当性を基礎づけることが，むしろ積極的に意図されているのである。

3　非行少年の介入原理から見た少年刑事処分
(1)　保護処分の制裁的性格を指摘する見解

　2で検討した教育刑論は，少年に対する保護処分と刑事処分を同一の原理で基礎づけることを意図していたため，刑事処分の基礎づけを正面から論じていた。これに対して，本項で紹介する見解は，保護処分の理論的基礎づけを主眼にしているため，刑事処分の基礎づけを正面から扱っていない。これらの見解は，保護処分は，刑罰同様に制裁としての性質を有すると論じているので，保護処分の議論を扱う際に，いわば反射的に刑事処分の基礎づけを行っているといえよう。

　さて，保護処分の制裁としての性質を強調するものとして最近注目されるのは，佐伯仁志教授の見解である。後にみるように，佐伯教授の見解は，少年に対する国家の介入の正当化根拠に関する議論の活発化を招来したものであり，きわめて興味深いものであるが，実は，1960年代後半の少年法改正議論の際にも，保護処分の「害悪」としての性質に着目した見解が主張されていた。そこで，佐伯教授の見解の紹介・検討に入る前に，1960年代後半以降の議論か

---

44)　円井・前掲注1) 49頁。佐藤昌彦判事も，「……家庭裁判所は刑事裁判所の進んだかたちなのである。そこには本来の司法機能である人権の保障が根本の理念となっていることはいうまでもないが，その基調の上に少年法は新たな任務即ち少年の健全な育成という仕事を家庭裁判所に与えているのである。伝統のある刑事裁判所においてさえ執行猶予があり，あるいは近い将来には宣告猶予の制度が採用されるかもしれない。このような段階における矯正的な活動を刑事裁判所に拒否することは時代に逆行するものであろう」と指摘され，成人の裁判所においても矯正の理念が適用されるのであり，家庭裁判所においてはなおさらその理念が強調されるべきであることを示唆される。佐藤昌彦「少年非行処理の基本問題」家月18巻5号（1966年）14頁。

ら紹介することとしたい。

　草野隆一判事は，1970年に発表した論文において，刑罰の性質として応報やそれに付随する害悪性を抜きにして考えることはできないが，保護処分は倫理的に無色なものであり害悪性を付与しなくても良いとの前提に立たれた上で，理念的にはそのように言えるとしても，実際的には保護処分は少年に対して苛酷なものであることを指摘される。すなわち，「文化的水準が向上し，社会生活がますます近代化し，その自由化合理化が進むにつれ……施設に収容されていること自体が自由に対する高度の制限と見られるようになって来ている……近年，刑罰と保安処分との差異は，質の差から量の差に過ぎなくなって来ているといわれるようになってきている。殊に，保護処分のように責任能力のある14歳以上20歳以下の者に課する保安処分については，それは，刑罰に近いものであって，社会的非難に裏打ちされており，責任に対する応報という意味をもち，したがって害悪性を全く否定し去ることは不可能となってきている」とされるのである[45]。

　この見解が刑罰の目的（の一つ）として応報およびそれに付随する害悪性に着目し，保護処分と刑事処分の関係を論じているのに対して，少年を処遇する際の有効性という観点から両者の関係を論ずる見解も有力に主張された。平野龍一博士は，刑罰は非難に基づく措置であり保護処分は非難ではなく改善更生を目的とする措置であるというように両者の差異を質的なものとして捉える見解を批判し，「刑罰といえども受刑者の改善更生をはかるものであり，保護処分といえども非難としての意味をもつ……両者の差は，質的なものではなく，量的なものにすぎ（ず）……どのような少年をどのように処遇したら最もいい効果をあげることができるか，という経験的に判定しうる問題なのである」とされる[46]。また，阿部純二教授も，少年に対する刑事処分の意義について「少年刑事政策として何が有効かという合目的的考慮にほかならないから，ある種の少年にとっては保護処分より刑罰のほうが有効だというのであれば，刑罰を科してもかまわない」とされ，両者の差異は刑事政策的な有効性という目的的

---

[45]　草野隆一「少年審判の司法的性格」最高裁判所事務総局家庭局編『家庭裁判所の諸問題（下巻）』（1970年）72頁。

[46]　平野・前掲注24）84頁。

な観点から決定される相対的なものであるとの分析をされている[47]。

(2) 保護原理と侵害原理からの考察——佐伯仁志教授の見解

以上のような保護処分の性質論,すなわち,保護処分の制裁としての側面や,保護処分や刑事処分を受ける少年にとっての処遇の有効性という観点から少年の保護処分と刑事処分との関係を考える平野博士や阿部教授の見解を発展させたものと位置づけうるのが,佐伯仁志教授の見解である。

佐伯教授は,国家が個人の自由を強制的に制限することを正当化するための原理として,「その個人の行為が他者の利益を侵害したことを理由とする」侵害原理と,「その個人の利益の保護を理由とする」保護原理を挙げられ,少年法の保護処分の正当化根拠を保護原理に求めることには疑問があると主張する[48]。その理由としては,①刑事未成年の少年も実質的な意味での責任能力(是非弁別能力・制御能力)を有しており,判断能力を有する主体である少年に対する保護処分は侵害原理により正当化する必要があること,②侵害原理により正当化される保護処分は刑罰と同様に制裁としての性格を有していることを挙げられる[49]。

こうした佐伯教授の見解の実践的な狙いは,少年の保護処分および刑事処分において行為者の改善更生を目的とする「改善更生モデル」を擁護するところにある。すなわち,佐伯教授は,「刑罰が行為者の責任を前提とした制裁であるのに対して,少年の保護処分は「犯罪行為」に対する少年の責任を前提としない文字通りの保護を目的とした処分として対比……峻別」する見解を「峻別論」と名づけたうえで,次のように主張される。すなわち,「峻別論は,理論的に妥当でないだけでなく,その意図とは逆効果になっている点で,実践的にも妥当でない……少年法の保護処分を少年の責任と無関係の文字通り宙に浮いたものとしてしまい,かえって厳罰論に口実を与えることになっているからで

---

47) 阿部・前掲注9) 222頁。阿部教授は,少年に対する刑罰について「保護主義の制約というよりは,その具体的展開に含まれよう」とされ,保護主義の観点から説明することも可能であるとされている。

48) 佐伯仁志「少年法の理念——保護処分と責任」猪瀬愼一郎ほか編『少年法のあらたな展開——理論・手続・処遇』(2001年) 38-39頁。

49) 佐伯・前掲注48) 40-41頁。

ある。少年が行った犯罪行為について，少年に全く責任を問わないですますことができるはずがない」のであるから，少年法の保護処分が少年の責任と無関係なものであるならば，少年の責任を問うためには刑罰を科さざるを得なくなる[50]。峻別論に対して，佐伯教授の見解は，刑罰と保護処分とを共に少年の責任[51]に基づく制裁として理論的に基礎づけることによって，保護処分の適用領域を確保するものであるといえる。

佐伯教授の見解は，「保護処分と刑罰をどちらも行為者の責任を前提とした同質のものととらえ」ることを前提としているので，両者の選択は「少年の責任の量」と「処遇の適合性」から定められることになり，責任の低さから少年には軽い制裁を科すことが要求され（責任の量の観点），改善更生の可能性が高い（処遇の適合性の観点）から，保護優先主義が基礎づけられることになる[52]。

こうして，佐伯教授の見解においては，保護処分と刑事処分の連続性・同質性が強調されることにより，両者の基礎づけおよび目的について，統一的な理解が示されている。佐伯教授の見解は，少年に対する保護処分と刑罰の同質性を指摘している点においては1960年代後半に主張された見解と基本的には同一であるが，「峻別論」に対して理論的・実践的な観点から批判を加えた点において，より洗練されたものであるといえる。また，次節において述べる，アメリカのモデル論のうち，発達モデルとの親和性を見いだすことができる。このような意味において佐伯教授の見解はきわめて興味深い議論である[53]。

---

50) 佐伯・前掲注48) 37頁。佐伯教授は，峻別論は，刑罰を応報・一般予防のために犯罪者に苦痛を加えるためのものとして理解するものであって，日本の刑罰制度の実体にそぐわないものであると評価されている。佐伯・前掲注48) 47-48頁。
51) ここでいう責任は，犯罪成立要件としての責任ではなく，事実として事理弁識能力及び行動制御能力を有していることを意味している。佐伯・前掲注48) 44頁。
52) 佐伯・前掲注48) 38頁。
53) 具体的には，「成人・少年二分論」を否定し，少年の責任を考慮することを主張する発達モデルと共通の問題意識を有しているといえる。この点については，本章第2節5(3)を参照。

4　近時の展開——廣瀬教授，川出教授の見解

　このような佐伯教授の見解は，少年に対する制裁（保護処分と刑事処分）を，侵害原理と保護原理という新たな視点から理論的に根拠づけるものである。これに対して，その問題意識の的確さおよび理論的な明快さを評価しつつも，その不十分な点を批判する見解が主張されている。これらの見解は，少年の保護処分と刑事処分に関する現在のわが国の学説の到達点といえるものであるので，これらの見解を確認しておこう。

　まず，佐伯教授の見解について評価されている点は，少年の保護処分を刑罰と同一の原理によって基礎づけるという理論的な明快さである。たとえば，川出敏裕教授は，佐伯教授の見解を，非行少年に対する国家の正当化原理に関する「従来の議論のあいまいさを克服した極めて明快な論理」であり，「刑罰と保護処分とを同一線上に位置付けた上で，少年の改善更生にとっての適切な処遇を考えることも可能になる」ものであると評価される[54]。また，廣瀬健二教授も，佐伯教授の見解は「理論的な側面のみならず少年審判実務の運用に当たっても傾聴すべき点が多いように思われる」とされ，実務的にも示唆に富むものであるとされる[55]。

　一方で，佐伯教授の見解は，①保護処分に対して制裁としての性格のみを与えている点，②侵害原理によって基礎づけられる少年には実質的な意味での責任能力が備わっていなくてはならず，それを有しない少年に対しては保護処分を科すことができない点，③虞犯少年が保護処分の対象となっていることを説明できない点，などが批判されている。①の点について，廣瀬教授は，保護処分は少年に対する利益処分としての側面を有しており，その必要性・有効性も明らかであることから，制裁としての側面のみで一元的に理解することには違和感があるとされている[56]。また，廣瀬教授の指摘と別の側面から批判を加える川出教授は，「保護処分に刑罰と同様の意味での非行事実の重さとの均衡を要求すると，場合によっては，少年に対して，改善更生に効果のない処分を課

---

54)　川出・前掲注25) 159頁。
55)　廣瀬健二「少年責任の研究についての覚書」龍岡資晃ほか編『小林充先生・佐藤文哉先生古稀祝賀刑事裁判論集（上巻）』(2006年) 616頁。
56)　廣瀬・前掲注55) 617頁。

さざるを得なくなり，保護処分が改善更生のための処分であることと矛盾する」と述べられる。さらに，②の点については，とくに虞犯少年に対して保護処分を正当化することができない点，精神的な障害がある少年に対する保護処分が言い渡せない点が指摘されている[57]。

これらの佐伯教授の見解に対する批判は，少年の保護処分と刑事処分を侵害原理から一元的に説明するという理論的な明快さを認めつつ，多種多様な保護処分を一括して基礎づけを行うのではなく，保護処分の性質をより細かく分析する必要性を指摘するものである。この点に関して示唆的なのは，廣瀬教授の次の指摘である。すなわち，廣瀬教授は，「非行・少年の問題性，保護処分の種類・内容に応じて，それぞれの理念・論拠の妥当する範囲・限界を見極め，保護処分の処遇内容・性質等に即して妥当な運用についての掘り下げた考察が必要となるが……さしあたり，保護処分にはその処遇内容からみて刑罰に類似性の強いものと福祉・保護的な処分に近いものがあること，前述のように刑罰の対象とならない者に対する補充的なものと刑罰に代わる性格のものがあることなどがその考察の手がかりとなることを指摘しておく」とされ，保護処分の性格に応じてその基礎づけや刑事処分との関係について考察することを示唆される。また，川出教授は，非行少年に対する国家による介入の正当化根拠としては，侵害原理と保護原理の双方を用いることが可能であるという前提に立脚されたうえで，侵害原理によって基礎づけられる範囲においては保護処分と刑罰は共通性を持つが，応報や一般予防は刑罰のみの目的であり，保護処分は特別予防のみを目的にするとされ，両者の共通点・相違点を明らかにしている[58]。

---

[57] 廣瀬・前掲注55）617頁は，「放浪癖のある家出少年や暴力団の食い物にされている少女，虐待を受けていながらも親を庇って保護を拒む家で少年など，強制的な保護を要する触法少年や虞犯少年などの事例において，侵害原理の充足まで要求するのでは，さらなる深刻な問題を生じさせることも懸念される……精神的な障害のある少年が責任能力のない場合にもその者に対する保護処分の必要性・合理性が認められる場合が指摘されている」とする。

[58] 川出・前掲注25）159-160頁。なお，川出教授は，保護処分相当性の判断において一般予防を考慮する見解（川出教授はその見解を主張するものとして，田宮裕＝廣瀬健二編『注釈少年法（改訂版）』（2001年）260頁を挙げられる）について，「重大な非行

第1章　少年刑事事件の基礎理論としてのモデル論

　これらの批判は，刑事処分と保護処分を基礎づける原理や両者の振り分け基準をより細かく探ることの重要性を指摘するものであって，佐伯教授が刑事処分と保護処分との連続性を主張している点に向けられたものではないことに注意が必要である。佐伯教授も，保護処分と刑罰を行為者の責任を前提としたものであると理解したうえで，「犯罪を犯した少年と犯罪から守られるべき社会の双方にとって，刑罰と保護処分のどちらがより適切であるかを説明していくこと……刑罰も犯罪者の改善更生をはかるためのものと考えるべきこと」の重要性を強調されている[59]。そこで，次に検討すべき問題は，少年刑事事件の特則の基礎づけをどのような理論的観点から行えばよいかである。この点，本書は，アメリカにおける「少年司法のモデル論」が，そのための基礎理論としてふさわしいと考えている。次節で，「少年司法のモデル論」とは何かを明らかにしたうえで，これを基礎理論として採用することの意義について検討を加えることとする。佐伯教授，川出教授，廣瀬教授らの見解を含む，わが国の少年刑事事件の基礎理論については，アメリカにおける議論を紹介したのち，第3節で検討を加える。

第2節　アメリカにおける少年司法の理論的基礎
——少年司法モデル論——

第1款　少年刑事事件の基礎理論としてのモデル論の意義

1　本書における「モデル論」の意義

　少年司法の「モデル論」という概念は文脈に応じて，様々な意味で用いられており，確定的な定義があるわけではない。たとえば，斉藤豊治教授は，国際的な少年司法の展開をふまえて，「少年司法の発展のモデルないしパラダイムの変遷を検討する必要がある」という認識から，「分離・累積モデル」を提唱

　　事件の場合には，少年の改善教育に役立たない保護処分を言渡すことになり，保護処分の目的に照らして相当ではない」と批判され，保護処分の目的を特別予防のみであるとされる。

59)　佐伯・前掲注48) 38頁。

している[60]。斉藤教授は、少年司法は、「①実体刑法における刑事責任年齢の制度の成立、②監獄における成人と少年の分離、③少年に対する特別な処分と処遇施設の確立、④少年審判制度の成立、⑤少年に対する特別な警察活動の成立」という段階的な発展の各段階において、「成人との分離が、少年司法の各段階においてどのように進行してきたのか」を、日米の学説や裁判例における議論を参照しつつ、検討している[61]。このように、斉藤教授の提唱される「分離・累積モデル」は、刑事司法制度、児童福祉制度の中間に位置づけられる少年司法制度の形成過程を説明するモデル論なのである[62]。斉藤教授の「分離・累積モデル」は、少年法制の沿革を検討対象とする基礎研究であり、少年司法が刑事司法から分離する変遷過程に焦点を当てた基礎研究であると位置づけられる[63]。

　斉藤教授の提唱されるモデル論が少年司法の変遷過程を説明する理論であるのに対して、本書が依拠する「モデル論」は、アメリカの刑事法・少年法の専門家であるBartollasらによって提唱された少年矯正の基本理念のことを意味する。Bartollasによれば、「今日の少年司法システムが直面する課題の一つとして……少年矯正のための根本原理ないし戦略の対立によって引き起こされる混乱」があるが、この「少年矯正のための基本理念ないし戦略（philosophies on and strategies for correcting juveniles)」が、本書で分析の基礎として用いる「モデル論」の定義である[64]。Bartollasが掲げるモデル論は、更生モデル（rehabilitation model[65]）、公正モデル（justice model)、犯罪統制モデル（crime control model)、

---

60) 斉藤豊治「少年司法の歴史とサイクル」岡本勝ほか編『刑事法学の現代的課題（阿部純二先生古稀祝賀論文集)』(2004年) 397頁。

61) 斉藤・前掲注60) 400頁。

62) 斉藤教授の分離・累積モデルの全体像としては、斉藤・前掲注60) 435頁に掲げられた図表を参照。

63) 本書の「モデル論」と斉藤教授の「モデル論」は分析対象が異なるだけであって、相互排他的なものではないと思われる。なお、斉藤豊治「日本における少年司法の形成とサイクル」甲南法学50巻4号（2010年) 291頁において、斉藤教授は、「分離・累積モデル」をさらに深化させているが、斉藤教授の提示されるモデル論と本書のモデル論がどのように関係するのか、斉藤教授のモデル論それ自体の検討は、今後の課題としたい。

64) Clemens Bartollas & Stuart J. Miller, Juvenile Justice in America (4th ed., 2005), 18.

均衡のとれた修復的正義モデル（balanced and restorative justice model）の4種類である[66]。

さらに，本書は，Bartollasによって提唱された4種類のモデルに，ScottとSteinbergによって最近提唱された，証拠に基づく発達モデル（evidence-based development model）を加え，5種類のモデル論を取り上げる。発達モデルとは，心理学的・精神医学的知見に基づいて明らかにされた少年観を基礎として，少年の責任と社会福祉を重視しながら構築された少年司法政策の基礎となる理論である[67]。

本書で取り上げるこれらのモデル論については，第2款でその詳細を検討する。それに先立って，こうしたモデル論を用いた分析にどのような意義があるのかについて，考えてみたい。

2 モデル論を分析視角として用いる理由

本書がアメリカにおけるモデル論を分析視角として用いるのは，刑事責任年齢から量刑までの少年刑事事件の全般を対象とし，それを理論的に一貫した形で説明するためのツールとして有用であると考えるからである。

本章第1節第2款で検討したように，わが国においては，「正当なパターナリズム」の考え方，教育刑論，非行少年に対する介入原理からの考察などが，保護処分と刑事処分両者の関係について，種々の議論を展開していた。これらの議論は，それぞれに参考になるものであるが，刑事処分をどのように位置づけるかについては，まだ議論の一致を見ていない。

これに対して，本節で取り上げるアメリカにおけるモデル論は，より実質的な観点から，少年に対する刑事処分・保護処分の意義を明らかにするものであり，わが国における少年刑事処分の特則の根拠を考察する際の理論的な基礎と

---

65) Id. at 19においては，処遇モデル（treatment model）という用語を用いているが，後述のように，処遇モデルは更生モデル（rehabilitation model）と実質的に同内容であるので，訳語の統一の観点から，「更生モデル」という用語を用いることにする。

66) Id at 19-23. なお，この四分類は，Clemens Bartollas & Frank Schmalleger, Juvenile Justice（11th ed. 2011）303-306においても引き継がれている。

67) Scott & Steinberg, supra note 28.

して示唆的である。また，アメリカのモデル論を取り上げることは，同国の少年司法に関する歴史的な変遷が多様であることからもわが国にとって示唆に富む。わが国においては，とりわけ平成12年の少年法改正以降の数次に渡る少年法改正において，それまでは少年に対する保護的な取り扱いのみが中心的に考察されてきた状況が一変し，少年に対する刑事処分を理論的に基礎づける必要性が増したといえる。一方，アメリカにおいては，すでに少年司法における適正手続的観点が導入された1960年代以降，厳罰化の必要性が強く主張された1980年代から1990年代の議論を経て，再び少年の保護・更生にも目が向けられるようになった1990年代後半から2000年代といったように，少年司法の保護教育的側面と刑事司法的側面の関係をどのように考えるかという問題について様々な議論が展開されて来ており，少年法のいわば二面的な性格についての様々な議論の蓄積が見られる。本書におけるモデル論も，こうしたアメリカにおける少年司法に対する考え方の変遷に沿って展開されており[68]，この意味においては，少年に対する刑事処分をどのように位置づけるかという課題を解決するための前提である少年刑事処分の基礎づけに関するわが国の議論にとっても参考になる。そこで，次款では，アメリカにおける代表的なモデル論を，それらが登場してきた時系列的な順序に即して概観する。

第2款　アメリカにおける少年矯正に関するモデル論

1　更生モデル

(1)　更生モデルの内容

本書において紹介するモデル論のうち，歴史的に最初に主張されたのは，更生モデル[69]である。更生モデルとは，少年の非行傾向を弱めるために，犯罪

---

[68]　本書は，各モデルが提示された当時の時代背景，各モデル論が先行するモデルを克服して主張されるに至った経緯，各モデル論とアメリカ各州における立法状況との関係の検討等の系譜研究を行うことができなかった。これらの点については，別稿において論じ，本書における叙述を補強することとしたい。

[69]　Clemens Bartollas & Frank Schmalleger, Juvenile Justice (11th ed. 2011), 304. 更生モデルは，処遇モデル (treatment model) と呼ばれることもある。See, Clemens Bartollas, Stuart J. Miller, Juvenile Justice in America (4th ed., 2005), 20. 同書における「処遇モデル」は「医療モデル」をも含むとされていることから，「更生モデル」とほぼ内容的に

者の性格，態度，行動を変えることを少年矯正の目的とする考え方のことをいう [70]。1899 年にイリノイ州で成立した少年裁判所法（Juvenile Court Act）は，成人と分離された少年審理システムを創設したが，そこでは，専門的な裁判官と社会福祉部門の職員の組織による温情的な（benevolent）な処遇が行われた。更生モデルは，「少年は刑罰を受けるべきではない存在であって，その感情的および行動的問題に対する手当を受けるべきである」という前提に基づいている [71]。こうした少年司法モデルは，更生モデルとして知られることとなったのである [72]。

こうした更生モデルの理論的基礎にあるのは，国親思想（parens patriae：パレンス・パトリエ）である。国親思想とは，自分自身では立ち直ることが不可能な少年という存在に対して，国家が治療と処遇を提供するという考え方のことである [73]。すなわち，「国家は少年裁判所を通じて，成人とは異なった形で少年を処遇し，より形式的でない，柔軟な手続を適用し，親密で愛情あふれた少年裁判官が，優しく，親しげな態度で，子供の問題が何に由来するのかを調べる」とされる [74]。この記述において示されているように，少年裁判所は，少年の問題性を明らかにし，少年を社会復帰させるためにまさに「親」のように振る舞うのであって，社会病院（social clinic）として機能することになる。

更生モデルには，以下の 3 つのバリエーションがあると言われている。第 1 のバリエーションは医療モデル（medical model）である。医療モデルは国親思想から発展した最初の処遇モデルであり，非行は，その原因を特定し，隔離，治療し，完治させることができるとする。この見解は，非行をあたかも病気のように扱い，違法行為を行った少年は選択の自由と合理的な判断能力を持っていないという推定を前提にしていることから，少年に消極的な自己イメージを

は同じである。

70) Bartollas & Schmalleger, supra note 69 at 304.
71) Christopher Slobogin & Mark R. Fondacaro, Juvenile Justice: The Fourth Opinion, 95 Iowa L. Rev. 1（2009），31.
72) Allison Boyce, Notes: Choosing the Forum: Prosecutorial Discretion and Walker v. State, 46 Ark. L. Rev. 986（1994）．
73) Id.
74) Id.

与える刑罰は治療に役立たないものとして回避される。第2のバリエーションは，調整モデル（adjustment model）と呼ばれるものであり，医療モデルが少年を治療の対象として扱ったことに対する批判から生じたものである。非行少年は，自らを犯罪に走らせた原因に対処するに当たって援助を必要としているとし，現時点における非行少年の責任を強調する。若年犯罪者は過去に感情的・社会的逸脱状態にあったことは事実であるが，現在において責任ある振る舞い（responsible behavior）をとることはできる。逸脱状態の改善には治療が必要であるが，刑罰にはそうした要素が乏しい。したがって，このモデルにおいても刑罰は医療モデル同様に基本的には回避される。最後に，第3のバリエーションは，再統合モデル（reintegration model）である。このモデルは，少年非行の問題はそれが発生した地域社会で解決されるべきであり，社会は違法行為者が地域社会の生活へと再統合されることを援助する責任を負うと考える。重大犯罪者を除いて，地域社会に根ざした矯正（community-based correction）が推奨される。こうした再社会化（re-entry）プログラムを通じて少年は家族の絆を修復し，雇用と教育を得られるとする。この理論の支持者は，1970年代に広範な処遇プログラムを主張した。ダイバージョンや昼間処遇，薬物治療プログラムがそれである[75]。

(2) 更生モデルに対する批判

更生モデルは，少年裁判所の設立期から少年犯罪に対して厳しい態度で臨むことが求められた1980年代後半まで有力であった考え方である。更生モデルにおいては，少年の保護のみならず，社会統制も重要な目的とされていたが，こうした目的は少年を更生させることで達成されると信じられてきたのである[76]。

こうした更生モデルは，少年の更生を目的とするものであるから，少なくとも理論上は，罪刑の均衡という概念が存在しない。このため，更生モデルは，少年司法に対しても合衆国憲法修正第14条が保障するデュー・プロセスが適用されるとしたGault判決[77]を契機として，その非形式性や人権保障の弱さの

---

75) Bartollas & Schmalleger, supra note 69 at 304.
76) 以上の記述につき，Scott & Steinberg, supra note 28 at 87.
77) In re Gault, 387 U.S. 1 (1967). Gault判決の事実の経過は次のとおりである。行為当

点において批判にさらされることとなった。すなわち，処遇可能性・更生可能性だけでは，当該少年の自由を奪うことを正当化することはできないとされた[78]。

さらに，こうした適正手続の観点からの批判のほか，1980年代後半からの少年犯罪の増加に対する政治的な対応の一環として厳格な対応政策（get tough on crime）が採用されたために，更生モデルは少年の犯罪防止にとって有効ではないとして批判された。すなわち，更生モデルは，①罪を犯した子どもを福祉法の対象となる貧困少年と同視するような不当な少年観を前提としている，②少年の利益と社会の利益が衝突する場合があることを見落としている，③少年の更生を追求するという名目で裁判官に広範な裁量権を与えた結果少年自身の利益をも害している，④適正手続の保障がない少年手続は，犯罪の防止に役立たないどころか少年の利益を害している，等の厳しい批判が投げかけられたのである[79]。

2　公正モデル

公正モデルとは，アメリカ連邦憲法修正第14条のデュー・プロセスの観点を少年司法においても適用することにより，少年に対してよりよい保護を与えようとする考え方のことである[80]。公正モデルの理論的基礎となるのは，違法行為に対する「公正な報い（just deserts）」という概念である。すなわち，犯罪

　　時15歳であった被告人のGaultは，隣人に品位を欠いた電話をかけた容疑で保安官に身柄を拘束されたが，その際，Gaultを拘束することについて彼の両親になんらの告知も為されなかった。また，保護観察官（probation officer）から裁判所に提出された審判申立書には，具体的な非行事実の記載がなかった。さらに，審判においては被害者が出廷せず，警察官による被害者の調書が読み上げられただけであり，宣誓に基づく証言も行われなかった。審判の結果，ゴールトには21歳まで州立の職業学校で教育を受けることが命じられた。連邦最高裁は，非行手続においても，少年の自由が失われている点においては成人の被告人と同様であるから，修正14条によりデュー・プロセスの権利を有すると結論付けられた。

78) Christopher Slobogin & Mark R. Fondacaro, Juvenile Justice: The Fourth Opinion, 95 Iowa L. Rev. 1 (2009), 32.

79) Scott & Steinberg, supra note 28 at 92-93.

80) Bartollas & Miller, supra note 64 at 21.

者が処罰される理由は，犯罪者は自由意思を持った有責な人間であり，その行為は非難に値し，その非難の表れとして刑罰が科される必要があるとする。公正モデルによると，刑罰は抑止や更生といった目的のために科されるのではなく，刑罰に値するために科されるとされる。公正モデルにおいては，「公正な（just）」処罰が目的であるので，刑罰は犯罪の重大性と均衡を保たなくてはならず，少年が受ける刑罰もその犯罪の深刻さに比例するものでなければならない[81]。

公正モデルは，少年に対して刑罰を科すことを認めるが，後述の犯罪統制モデルとは異なり刑罰を積極的に用いるものではない。公正モデルは，更生モデルに対する批判として主張されたという経緯からも推察されるように，適正手続の観点や公正な報いを少年司法においても導入することを目的とするものなのである。少年司法にも「公正」の観点を導入しようとする狙いから，公正モデルを支持する論者は，少年裁判手続における改革（適正手続の導入，裁判官の裁量権制約など），量刑実務における改革（不定期刑の廃止，比例原則の導入など），少年処遇における改革（訓練学校における処遇プログラムの人道化，損害回復・地域社会奉仕命令の導入など）を提唱し[82]，アメリカ法律家協会の少年司法基準共同委員会が作成した基準もこうした改革の一部を導入している[83]。

3 犯罪統制モデル

犯罪統制モデルとは，刑罰は少年犯罪者への救済（remedy）であり，刑罰こそが犯罪を抑止するのに最も効果的であるという観点から，少年司法の理論的基礎付けを行う考え方をいう[84]。犯罪統制モデルが有力化した背景には，1970年代の少年犯罪の増加を契機として，少年犯罪に対する有効な対応が求められるようになった社会的実態がある。そうした対応の具体例としては，①通常裁判所への移送年齢の引き下げ，②重大犯罪を行った少年を必要的に通常裁判所へ移送すること，③刑の長期化や混合的量刑（blended sentence）の採用を内容

---

81) Id.
82) Id. at 21-22.
83) Id.
84) Id. at 22.

とする制裁の加重などが挙げられる。

　犯罪統制モデルは，少年司法の目的を社会の保護と少年犯罪により発生する社会的コストを低減するところにあると考えている[85]。本モデルは，少年が違法行為を行う原因は性格の欠陥（character defect）にあるが，その欠陥は刑罰を科すことによってこそ正すことができると主張する[86]。犯罪統制モデルは，少年の矯正を行うという点においては伝統的な更生モデルと同一の考え方に立脚しているが，刑罰という手段を用いる点において異なっている。その理由は，犯罪統制モデルが，司法が最も優先すべき目的として，一般人の生命・財産の保護を掲げているところにある。また，公正モデルと犯罪統制モデルは刑罰を用いるという手段の点において共通しているが，公正モデルが違法行為に対する相応の報いとして刑罰を捉えていたのに対して，犯罪統制モデルは社会・一般人の安全保護というより積極的な目的を打ち出している点において，公正モデルを一歩進めたものであるということができる。実際，現在のアメリカでは，多くの州が公正モデルと犯罪統制モデルとを併用した少年司法システムを持っているとされる[87]ことからも，2つのモデルの親和性が伺えると言えよう。

4　均衡のとれた修復的正義モデル[88]

(1)　概　要

　均衡のとれた修復的正義モデル（balanced and restorative justice model）とは，

---

85)　Scott & Steinberg, supra note 28 at 100. 同所においては，犯罪統制モデルが実際の政策で実行された例として，カリフォルニア州における"Proposition 21"（提案 21）という改革が挙げられている。「提案 21」とは，犯罪を行った少年に関する規制を刑事司法化するものであり，少年暴力事犯についてのメディアの関心・少年犯罪に対する社会の恐怖感・有権者の恐怖感を自らの選挙に利用しようとする政治家の思惑などがその原動力になったとされている。See also, Id. at 102.

86)　Bartollas & Miller, supra note 64 at 22.

87)　Id. at 23.

88)　均衡のとれた修復的正義モデルの紹介として，キャサリン・ライアン，佐伯仁志・柑本美和（訳）「アメリカ少年司法制度の新たな展開──均衡のとれた修復的正義のアプローチをめぐって」ジュリスト 1195 号（2001 年）46 頁，小澤真嗣「アメリカ合衆国オレゴン州における少年司法の実際──少年・被害者・地域社会のニーズのバランスを目指して──」家月 53 巻 10 号（2001 年）143 頁，服部朗『少年法における司法福

少年司法の目的は被害者の利益，少年の利益，地域社会の利益を調整することにあるとする見解であり，1980年代後半からの刑罰モデルによる刑罰志向の改革に対抗するものとして主張された[89]。均衡のとれた修復的正義モデルは，更生モデルと同様に少年の更生を少年司法の主たる目的にするが[90]，これに加えて，地域社会の基本的なニーズに応えるために考案されたものである。ここで地域社会のニーズとは，少年に対して制裁を加えることによって，犯罪者の改善更生と社会復帰，犯罪の予防と統制によって公衆の安全が強化され，さらには被害者に生じた損害を修復すること，と定義されている[91]。

均衡のとれた修復的正義モデルは，1997年に公表されたアメリカ司法省の「少年司法及び非行予防局（Office of Juvenile Justice and Delinquency Prevention: OJJDP）」[92]の報告書である「少年のための均衡のとれた修復的正義モデル──21世紀における少年司法枠組」[93]によって体系化された。また，報告書の中心

祉の展開』（2006年）256頁以下。本書で用いた同モデル論の訳語は，佐伯教授と柑本准教授の翻訳に依拠した。

89) Scott & Steinberg, supra note 28 at 95. 佐伯仁志教授は，1999年の論考において，Bazemoreの論考（Gordon Bazemore, What's "New" about the Balanced Approach?, 48(1) Juv. & Fam.Ct.J. 1）を引用して，均衡のとれた修復的正義モデルの基礎となっているbalanced approachが「リハビリテーション・モデルでも刑罰モデルでもない第三のモデルとして，今後定着していくかどうかが注目される」と述べられている。佐伯仁志「アメリカ少年司法制度の現状と将来」法律のひろば52巻1号（1999年）58頁。

90) Charlyn Bohland, No Longer a Child: Juvenile Incarceration in America, 39 Cap. U.L. Rev. 193（2011）225.

91) Bazemore, sura note 89 at 2.

92) OJJDPは，アメリカ司法省の司法プログラム部門（Office of Justice Programs）の一部局であり，その任務は，「州当局，地域社会，原住民の法域（tribal jurisdiction）が，少年のための効果的なプログラムを発展し，実施する手助けをすること」を目的としている。OJJDPは，公衆の安全を守り，犯罪者に責任（accountable）を果たさせ，少年とその家族にとって必要なサービスを提供することに努めている少年司法を強化しようとしている。なお，OJJDPというのは公式略称である。以上について，OJJDPのウェブサイト（http://www.ojjdp.gov.）を参照。

93) OJJDP, Balanced and Restorative Justice for Juveniles: A Framework for Juvenile Justice in the 21st Century, 1（August 1997). 同プログラムの実施要項として，Shay Bilchik, Guide for Implementing the Balanced and Restorative Justice Model（December 1998）がある。

的な作成者である Gordon Bazemore 教授[94]が報告書と同年に著した論文[95]において，その内容が体系化されている。以下では，これらの関連文献を参考にしながら，「均衡のとれた修復的正義モデル」の内容を紹介する。均衡のとれた修復的正義モデル（balanced and restorative justice model）は，その名称が示すように「均衡のとれた（balanced）」という特徴と，「修復的正義（restorative justice）」の思想に基づくという2つの観点から構成されている。そこで，前者の点を(2)で，後者の点を(3)で概観することとしたい。

(2) 3つの基本概念

このモデル論の定義において示されている，「均衡のとれた（balanced）」とは，少年が被害者に対して責任を果たす能力があること（accountability），少年が改善更生プログラムを通じて能力を開発すること（competency development），地域社会の安全を促進する（community safety）ことという3つの要素が，少年司法により調整・達成されることを意味する。すなわち，少年司法によって「犯罪被害者に対する責任が確実に履行され，少年犯罪者がこうした責任履行のための能力を発達させ，地域社会の安全を確実に図るために社会資源を割り振ること」が少年司法の目的とされるのである[96]。

本モデルにおいて用いられている3つの概念の意義について詳しく見てみよう。まず，第一の概念である帰責能力（accountability）[97]という概念は，少年犯罪者が自らの犯罪および被害者に生じた侵害について責任を受け入れる義務を

---

[94] Bazemore 教授は Florida Atlantic University において，少年司法，少年政策，修復的司法，犯罪被害者，矯正，地域社会警察活動を研究している。また，1993年以降，40以上の州における会議で少年司法や刑事司法に関する基調講演を行っている（http://www.fau.edu/dcj/faculty/gbazemore.php）。

[95] Gordon Bazemore, What's "New" about the Balanced Approach?, 48(1) Juv. & Fam.Ct.J. 1 (1997).

[96] Bartollas & Miller, supra note 64 at 23.

[97] Accountability は字義通りとらえれば，account（説明する，責任を取る）＋ ability（能力，可能性）という言葉からなっているため，「説明責任」とか「責任」と訳されることが通常であると思われるが，本書では responsibility の訳語として「責任」を当てたため，区別の必要性から「帰責能力」と訳した。なお，佐伯＝柑本・前掲注88）は「被害者への責任」と訳しており，accountability 概念の内容からは適切な訳語であると思われるが，用語として一語で簡潔に表現したかったため，本文のように訳した。

第2節　アメリカにおける少年司法の理論的基礎

負うことを意味する。帰責能力を有する少年は，被害者に対する被害弁償（restitution）を行う。こうした制裁手続を通じて，地域社会の満足感が得られることができる。Bazemore 教授によれば，帰責能力は，裁判所や少年司法機関に対して責任を負う（responsible）ことや，薬物検査を受けたり，反省文を書くこと，さらには刑罰を受けることに尽きるものではない。なぜならば，犯罪者が第一に責任を負うべき対象は被害者だからである[98]。少年犯罪者に対して制裁を科すことが最もふさわしいと評価できるためには，当該犯罪者が，①犯罪それ自体と被害者に生じさせた侵害（harm）に責任（responsibility）を担うこと，②犯罪行為によって生じた損害を回復することにより改善すること，③地域社会と被害者が制裁手続において積極的な役割を果たし，その手続に満足すること，という条件を備えることが必要である[99]。こうした条件が備わったとき，当該犯罪者に帰責能力を認めることができるのである。特に，①の点を少年本人の視点から説明すると，少年が自らの行為がもたらした被害を理解すること，他の選択肢があったにもかかわらずあえて犯罪行為を選択したこと，がその内容であるといえよう[100]。

　第二の概念である能力開発（competency development．ないし適応能力）とは，少年犯罪者が教育，職業，感情コントロール，社会的スキル等を上達させることにより責任のある成人として地域社会で生活することができる存在になる能力を有していることを意味する[101]。ここでいう適応「能力」とは，少年犯罪者の教育的・意志的・感情的・社会的な能力のことを意味し，これらの能力を発達させることによって，地域社会における責任ある個人として振る舞うための前提を構築することが可能である。能力開発に適しているということは，単に，悪習慣がみられない（たとえば，薬物を使用していないことなど）とか，処遇プログラムを完了するということを意味するものではなく，少年が処遇の過程においてより自発的かつ積極的に関与することを意味している[102]。

---

98)　Bazemore, supra note 89 at 3.
99)　Bazemore, supra note 89 at 3.
100)　佐伯＝柑本・前掲注88) 48 頁。See also, Bilchik, supra note 93 at 9.
101)　Bartollas & Miller, supra note 64 at 22.
102)　Bazemore, supra note 89 at 3.

第三の概念である地域社会の安全（community safety）とは，犯罪を予防し，紛争を解決する市民の能力を意味する。すなわち，少年犯罪者が責任のある市民として成熟することによって安全の確保が図られる。この点，Bazemore 教授は，次のように述べる。確かに，閉鎖施設（locked facility）は公衆の安全を確保するのに重要であるが，新しい犯罪予防対策と比較した場合，閉鎖施設収容は，最も費用対効果に劣る手段である。市民にとっての犯罪被害にあうリスクを減少させるためには，犯罪に潜む問題を明らかにし，個々の事件ごとに解決が図られなければならず，そのためには，教育，地域社会奉仕，被害者の視点を気づかせる教育，犯罪者監視などの手段が有効なのである，と[103]。また，Catherine Ryan 検察官は，地域社会の安全確保には，短期的な安全確保と長期的な安全確保の2種類があり，前者については少年の監視・拘禁といった対応を取ることがあるが，後者については，少年の行動を管理するコミュニティーの能力を高めることが必要であり，そのことが，帰責能力と能力開発に基づく少年の改善更生を促すことにもつながると指摘している[104]。

(3) 実施目標としての修復的正義

　以上みたように，「均衡のとれた修復正義モデル」においては，これらの3つの要素がバランスをとっていることが要求されており，少年司法の任務は，地域社会に根ざした少年犯罪者の統制であり，単純に刑罰にのみ依拠するものではなく，また，少年の保護のみを考えるものでもない[105]。このように，3つの要素の「均衡」を取ることが，本モデル論の第1の特徴であることは，先述したとおりである。

　本モデル論の第2の特徴は，3つの要素の「均衡」を取ることによって，修復的正義を実現しようとすることである。Bazemore 教授によれば，両者の関係は，次のように説明される。すなわち，少年裁判所にも，地域社会奉仕や損害回復命令などを言い渡すことが少なくないが，単に制定法上の要件を満たすためだけにそうした処分が言い渡されるなど，一定の理念に基づいていないことが問題である。修復的正義の原理という裏付けがなければ，そうした少年裁

---

103) Bazemore, supra note 89 at 3.
104) 佐伯＝柑本・前掲注 88) 52 頁。
105) さしあたり，Bartollas & Schmalleger, supra note 69 at 305.

判所の実務は，少年司法における「均衡」を促進することにならないばかりか，「均衡」の観点を踏まえた少年司法システムの支持者をも遠ざけることになる，と[106]。このように，均衡のとれた修復的正義モデルを主張する論者は，帰責能力，能力開発，地域社会の安全という少年司法の目的を「均衡のとれた」ものとするためには，修復的正義の理念によって統合することが最適であると位置づけているといえよう[107]。

均衡のとれた修復的正義モデルは，こうした多様な要請を実現することを目的とするため，少年司法への関与者に様々な役割を果たすことを求める。まず，本モデルにおいて少年事件の「当事者」は少年犯罪者，被害者，地域社会の三者である。少年犯罪者は，被害者に対する賠償を積極的に行い，適応能力を発達させることを求められるが，このことは，罪を犯したことを理由として説明（account）しなければならないことから正当化される。これに対して，被害者・地域社会も積極的に少年の矯正に関与することが求められる。前者は，犯罪によってどのような害悪が生じたのかを明らかにするため，そして，少年犯罪者に科される制裁の内容を決定するために積極的に手続に関与する。後者は，被害者に援助を行い，少年犯罪者に対しても更生の機会を与えるために協力するものとされる。これら3つの「当事者」に加えて，少年の処遇を行う少年司法の専門家が制裁，更生，地域社会安全確保の3つの局面で関わってくる。制裁に関与する専門家は，犯罪によって生じた被害を修復するために賠償方法を少年犯罪者にアドバイスするほか，地域社会の構成員に対して少年の更生のために必要な役割とは何かを教える。更生に関与する専門家は，少年の能力開発の開発について，少年犯罪者を支援するほか，その延長として地域社会と少年との関係を強固なものにするための支援を行う。最後に地域社会の安全確保に関

---

106) Bazemore, supra note 89 at 5.
107) この点，服部朗教授は，「両者の関連は必ずしも明瞭ではない……バランスト・アプローチと修復的司法との関連性については，なお検討を要するいくつかの問題があるように思われる」と指摘しているが（服部・前掲注88）284頁），確かに，本文のようにとらえたとしても，両者の関係には，なお不明確な点が残る。具体的には，なぜ修復的正義の理念でなければ，「均衡」が維持されないのかという点はなお不明確である。後述のように，本書は，均衡のとれた修復的正義モデルのうち，修復的正義を少年司法の理念とするという部分は採用しないので，この点に関する検討は，他日を期したい。

与する専門家は，少年犯罪者が遵守事項を守るような意欲を喚起させ，実際に遵守するような監督を行うほか，地域社会の学校や少年犯罪者の家族を支えることにより，地域社会に少年が復帰できるような環境を整えることが求められる[108]。

このように，均衡のとれた修復モデルは多様な内容を含むものであることから，このモデルをどのように実現するかについてはいくつもの方法がありうる。たとえば，Bazemore 教授は，①被害者が自らの感情や被害を明らかにできるような環境が整った場合にのみ手続に関与するアプローチ，②被害者・少年犯罪者の家族・地域社会が少年犯罪者に対して修復を目的とした制裁を課す手段を話し合う家族グループ会議（family group conference），③裁判官と地域社会のメンバーが協力して量刑と処遇を決定するアプローチ，④地域社会賠償委員会（community reparation boards）を設けて市民が量刑に関与し，少年犯罪者が地域社会に復帰するための援助を行うアプローチなどを例として挙げている[109]。また，Ryan 検察官は，①被害者―加害者カンファレンス，謝罪，損害賠償，社会奉仕，被害者衝撃パネル，被害者心情の理解（帰責能力に関するプログラム），②勤労体験，リーダーシップ育成，紛争解決，認知能力トレーニング（能力開発に関するプログラム），③自宅拘禁，電子監視，保安施設拘禁，コミュニティー・ガーディアン制度（地域社会の安全に関するプログラム）を具体的な実施方法として掲げている[110]。

5　証拠に基づく発達モデル

(1)　概　要

証拠に基づく発達モデル（evidence-based developmental model. 以下，発達モデ

---

108)　Bartollas & Miller, supra note 64 at 24. 同所に，均衡のとれた修復的正義モデルへの関与者とその役割をまとめた図表が掲載されており，参考になる。

109)　Bazemore, supra note 89 at 1.

110)　佐伯＝柑本・前掲注88) 48-52 頁。アメリカにおける修復的司法の現状について，鮎田実「アメリカ合衆国における修復的司法の現状と問題点：各州の制定法における被害者・加害者調停を中心に」藤本哲也編著『諸外国の修復的司法』（2004 年）363 頁，藤本哲也「修復的司法の批判的考察：アメリカの議論を中心として」藤本哲也編著『諸外国の修復的司法』（2004 年）399 頁。

ルと呼ぶ）とは，心理学的知見を前提に少年の性質を明らかにし，少年を完全に免責される存在でも，完全に成人と同一の存在でもないとした上で，公正な処罰と社会の利益（公衆の安全と少年の利益）を図ることを少年司法の目的とするモデルのことである[111]。発達モデルは，少年の発達に関する枠組みを法政策に取り込むことが，少年犯罪者にとって公正であり，かつ，社会福祉を促進するための安定的なシステムを作り出すために重要なことであるという認識を前提としている[112]。

このような認識に基づいて展開されている発達モデルは，①少年の心理学的な成長に関する心理学・精神医学等の科学的知見に基づく，②発達段階における少年が犯罪に関与する際の類型に関する科学的知見に基づく，③少年に対する各種の処分が少年の発達および成人へと成長していく過程に与える影響に基づく，という特徴を有するものである[113]。

このように，発達モデルの最大の特徴は，少年という存在の特性について科学的知見に基づく検討を行うところにあるが，その目的は次の通りである。まず，①少年という存在と少年犯罪についての洞察に基づいて少年司法政策の制度設計を行うこと，②少年の発達過程が，少年犯罪の形態とそれに対応するための効果的な法的手段と密接に関わっていることを論証すること，③現代の少年犯罪を規律・統制するための十分な枠組みを構築するために必要な材料を獲得すること，である[114]。

発達モデルが主張された2000年代においては，1990年代に有力化した少年犯罪に対する厳格な対応政策（get tough on crime）に対する疑問が投げかけられた。2000年代に入ると，少年犯罪率が一定程度減少したことから，凶悪犯罪の多発によって引き起こされた「道徳的恐慌状態（moral panic）」が収束し，「厳格な対応」政策の健全性に対して疑問が提起され，公正かつ効果的な少年犯罪に対する対応，効果的で予算配分に見合った対応，一般社会の保護といった「社会のニーズにこたえる少年司法政策」が求められた[115]。したがって，

---

111) Scott & Steinberg, supra note 28 at 3, 12.
112) Id. at 13.
113) Id.
114) Id.

第1章　少年刑事事件の基礎理論としてのモデル論

発達モデルの提唱は，こうした社会の要請にこたえるための一つの回答であるといえる。一方で，発達モデルは，科学的知見による「少年観」に基づくことによって，少年司法政策に事実的な基礎を与えようとする。この発達モデルにおける少年観について，項を改めてみてみよう。

(2) 発達モデルにおける「少年観」

社会の要請に応えることを目的とした発達モデルには，その「少年」の捉え方に特色があることは，先述したとおりである。すなわち，発達モデルは，心理学・精神医学の知見に基づいて，少年の特質を分析し，次のような少年像を導き出す。まず，①少年は意思決定能力において成人より劣っている，とされる。少年の意思決定能力は 16 歳くらいで成人のそれに近づくが，現実の状況（real situation）において選択を迫られた場合，自分の持っている意思決定能力を行使する能力の点において成人に劣るという[116]。ついで，②こうした意思決定能力の前提となる認知力（cognitive）の背後にある感情的・心理的発達の点で，成人との違いが見られる。具体的には，少年は成人と比較した場合に，仲間の影響（peer influence）を受けやすい。また，自分の行為がもたらす影響について，短期的な結果にのみ着目しがちで，長期的な結果についてはあまり注意を払わないという傾向がある。さらには衝動的で不安定であり，その場その場の雰囲気に流されやすく，自分の行為の危険性や影響について計算する能力が低いために，危険な行為を行いやすいという特質が認められる。また，少年期は両親から離れる時期であり，自分が何者なのかを見出す「模索」（experiment）の時期であることから，③少年期においては人格（personal identity）が流動的で定まっていないとされる。もちろん，これらの能力については，当然個人差は存在しうる。たとえば例外的に早熟であり，能力的には成人と遜色ないという少年も存在しえよう。しかし，発達モデルにおいては，「少年の未熟な判断能力がその意思決定に与える影響は，標準的（normative）なものである」とされて

---

115) Id. at 11. Scott らはその具体例として，近年の投票傾向においては少年犯罪者を成人の刑務所に入れることへの反発や初犯の少年犯罪者については重大犯罪であっても自らの犯罪について責任を果たすことができる（accountable）のであれば更生を目的とした処遇がなされてよいという考え方が存在していること，を挙げている。

116) Id. at 14.

(3) 「成人・少年二分論」の否定

　発達モデルの特色の一つはこのような「少年」像の設定にある。そして、発達モデルはこうした「少年」像の設定を基礎として少年司法政策を展開する。発達モデルは、従来の司法政策は成人と少年とを別個の存在として画一的に区別する成人・少年二分論（binary approach）であるとして批判した上で、人間を幼児（infant）、青年（adolescence）、成人（adult）と段階的に成熟する存在であるとし、青年（adolescence）を固有の法的カテゴリーとして位置づけることを主張するのである[118]。

　発達モデルが二分論を否定するのは、二分論は、完全な免責（不処罰）か完全な処罰（成人同様に処罰する）かの二極化をもたらし、少年の未熟性をいかに考慮するかという視点がほとんど欠落してしまうところに、その理由がある[119]。発達モデルは、二分論の基礎にあるのは、「1世紀前の啓蒙時代（Progressive era）に主張されたパターナリズム」であるとし、そのパターナリズムは次のように根拠付けられているとする。すなわち、少年は成人へと発達しつつある過程にある者であり、基本的には保護がなされなければならない。一方では、少年は認識能力が発達中であり、合理的な思考・選択・決定を十分になしえないので、その権利を制限することは正当化される、というのである[120]。

　発達モデルは、こうした「成人・少年二分論」は投票年齢・運転免許・飲酒・医学上の同意といった局面においてはおおよそうまく機能していると評価する[121]。しかし、発達モデルの目的である少年自身の利益を図り、かつ、社会の利益をも図るという観点からは、刑事政策においてはこうした二分論アプローチは成功しないと評価する。その理由は、伝統的な二分論がパターナリズムを基礎としておりその関心が少年の保護に向いているため、凶悪犯罪等の発

---

117) Id.
118) Id. at 16-21.
119) Id. at 120-121.
120) Id. at 64-65.
121) Id. at 80-81.

生によって「道徳的恐慌状態」が発生すると，今度は逆に社会の利益を図ることにのみ関心が移るからである[122]。発達モデルは少年の利益と社会の利益をともに図ることを目的としているため，いずれか一方の追求に傾く理論的な制約をもたない二分論アプローチは認められないのである。発達モデルが，伝統的な更生モデルおよび犯罪統制モデルを批判する理由も，まさにこの点にある。

また，発達モデルは，成人・少年二分論を理論的・実務的にも妥当でないと批判している。すなわち，理論的側面としては，二分論は，少年が発達途上にあり未熟な存在である点において，刑事司法の公正さを担保する比例原則（proportionality）とデュー・プロセス原則を害する点で不当であり，実務的側面としては，少年に対する刑罰の効果（再犯防止）の効果が検証されていないとして批判する。そして，発達モデルは，その利点として次の2点を主張する。まず，1つ目の利点として，発達モデルを採用することにより，公正な処罰と公正な手続という刑法の理念に適うとする。すなわち，心理学の知見によると，少年は未熟な判断能力に基づいて犯罪行為を選択している以上，その責任は軽減されるべきである。しかし，同時に，少年はその犯罪が免責（excuse）されるべき幼児（infant）とは異なる。少年は成人と幼児の中間に位置する存在であって，その犯罪行為は減軽（mitigation）されるべきである。減軽と免責とを区別することによって，少年に対してその責任に見合った刑罰を科することができるという利点がある[123]。また，2つ目の利点として，科学的知識に基づいた政策により，最小のコストで社会の利益を最大化できることを挙げる。少年犯罪対策のコストを最小化するためには少年犯罪への対応に関する科学的研究の成果を活用することが必要である。最小のコストで効果的に犯罪を減少させることにより，社会の利益が図られる。刑罰モデルとは異なり，少年の非暴力犯罪を少年刑事法の対象から除き，再犯防止に効果のない長期の拘禁刑を用いる場合も減らすことができるため，社会のコストを最小化し，少年の更生・社会化により再犯の危険を減らし，結果として社会・少年本人の利益を図ることができるというのである[124]。

---

[122]　Id. at 115, 117.
[123]　Id. at 16-19.
[124]　Id. at 19-21.

(4) 減軽アプローチと刑法理論——比例原則と非難可能性

　このように，「成人・少年二分論」を否定する発達モデルが依拠する理論的根拠は，「減軽（mitigation）」という概念であり，これを基礎づけるのが比例性（proportionality）と非難可能性（blameworthiness）という概念である。精神障害と未成熟の抗弁はともに免責事由として扱われてきたにもかかわらず，後者は刑事責任に関する文献において無視されてきた。このことにより，更生を目的とする少年司法システムの内部において，少年の非難や処罰は，少なくとも理論的には全く考慮されることがなくなり，また制度上も「成人・少年二分論」を招いたと発達モデルは批判している[125]。こうした従来の議論の問題点を解決するために，発達モデルが主張するのが，「減軽」という概念なのである。

　発達モデルにおける「減軽」とは，刑事責任を問いうる下限には到達しているものの，通常の犯罪者が受けるべきよりも軽い刑罰に服するべき行為者の責任[126]のことをいう。すなわち，発達モデルによれば，侵害（harm）を惹起したことについての非難可能性（blameworthiness）と責任の比例（proportionality）という観点から少年の責任は減軽（mitigation）していると位置づけられるのである[127]。こうした責任の減軽は，①犯罪成立の局面，すなわち，有責性の「程度」が問題となる局面のみならず，②量刑の局面の双方において，考慮される[128]。

　このような少年の責任の減軽は，発達モデルが前提とする「少年観」によって支えられる。第一に，少年は，認識能力の点では成人と同様であるが，現実の状況においては判断能力が鈍いうえ，心理的・感情的な点において未成熟であり，危険の評価能力も低い。立法者・裁判所でも，この点は重視されており，若年性が責任を減軽する事由として扱われている[129]。第二に，少年は，仲間か

---

125) Id. at 120.
126) 発達モデルは，侵害行為への不関与を選択する適切な機会および合理的な決定能力を有していた場合に行為者の責任を肯定する「選択説（choice theory）」と，行為が，行為者の悪しき性格に由来するものであるかどうかが責任を決定するとする「性格説（character theory）」とを責任概念の内実として掲げる。Id. at 124-126.
127) Id. at 122-123.
128) Id. at 128-129.
129) Id. at 131-134.

らのプレッシャー等の「状況的な圧力」を回避する能力やその圧力に対応する能力が，合理的人間（典型的な成人が備えている心理的・道徳的能力を有している者）よりも劣っている。合理的人間の基準は通常の成人を標準としているが，少年の場合は典型的な少年を基準とすることとなる。合理的判断能力を備えた少年であっても「状況的な圧力」を回避できないとされた場合，当該犯罪行為は少年の道徳的欠陥や異常性によって引き起こされたものではなく，外部的な圧力によって引き起こされたということになる[130]。第三に，10代の犯罪者の大部分は発達過程にあるため，未熟な判断能力しか有していない。彼らの犯罪行為は未熟性の現れなのであって，彼らの「悪しき性格」の現れではない。成人であっても，将来の結果に無頓着な，興奮を求めて危険を衝動的に冒す行為者はいるが，彼らを少年と同様に減軽させるべきではない。彼らの行動は彼ら自身の「性格」に基づくものであって，発達が不十分であることが原因ではないからである。子供と成人とは，意思決定能力の発達過程において，異なっているのである[131]。

さて，「減軽」概念を中核とする発達モデルからは，少年というカテゴリーに属することをもって責任が減軽すると見なす（カテゴリカルなアプローチ）のではなく，具体的な事件における，個別の少年ごとに，減軽が認められるかどうかを考慮する（個別的アプローチ）というのが，素直な帰結であるように思われる。しかし，発達モデルは，いずれのアプローチを採用するかは政策決定の問題であるとした上で，成人の場合には，責任の有無は個別の状況によって異なっているため，個別的アプローチが妥当であるが，少年の場合は，「少年」という集団には類型的に上述の特徴を認めることができるので，カテゴリカルなアプローチを採用して差し支えないとする[132]。この点，成人と同様に成熟した少年が存在しうることが問題となるが，大部分の少年が未成熟であるという推定は適用可能であるし，手続のコスト面からもカテゴリカルなアプローチの方が優れている。また，成熟性を適切に判断する科学的知見も不十分であることから，個別的アプローチでは誤りが発生する可能性がある。また，カテ

---

130) Id. at 132-136.
131) Id. at 136-138.
132) Id. at 139-140.

ゴリカルなアプローチは少年に対する過剰な処罰を抑制する機能を有しているし，他の法領域における少年関係の規制法とも一致するものである，とするのである[133]。

以上より，発達モデルは，①心理学の知見を用いて実証的な理論を構築し，②減軽という概念を用いて少年の責任を適切に評価しようとし，③少年本人の利益と社会の利益をともに図ろうとするものであるといえる。この見解の最大の特徴は，心理学の知見を前提として，そこから少年に対する刑罰のあり方という問題の解決を図るところにある。発達モデルは，相反しうる種々の利益を少年法の目的とし，それらの調整を図るという点においては「均衡のとれた修復モデル」と共通しているが，そこで考慮される目的が異なっているということができる。

第3節　少年刑事処分の基礎理論に関する本書の立場

本章の前節までは，少年刑事事件の基礎理論について，保護処分と刑事処分の位置づけをめぐる日本の議論と，少年司法の理論的基礎をめぐるアメリカのモデル論を概観してきた。本節においては，これらの議論を踏まえて，少年の刑事処分の基礎理論に関する日本およびアメリカの議論を検討し，本書が採用する少年の刑事処分に関する理論的基礎を明らかにする。

以下では，モデル論を検討する前提として少年の刑事処分と保護処分の関係について検討し，少年司法の中で刑事処分をどのように位置づけるべきかを考察した上で（第1款），アメリカのモデル論を参考にしつつ本書が採用する少年の刑事処分の理論的基礎について明らかにしたい（第2款）。

第1款　わが国における少年刑事事件の基礎理論に関する議論の検討

本章第1節第2款で見たように，わが国の少年刑事事件に関する基礎理論は，①国親思想およびその延長線上に位置づけられる「正当なパターナリズム」論，②教育刑論，③少年に対する介入原理からの検討といった3つの立場に分類す

---

[133] Id. at 140–141.

ることが可能であり，最近では③の立場を軸にして，学説の議論が展開されているといえよう。これらの見解について，順次検討する。

まず，①の見解のうち，「正当なパターナリズム」に立脚される澤登教授は，「犯罪少年に対する刑事処分も保護処分も，正当根拠について相違がなく，したがって決定された処分形式の中で具体的に選択される処遇内容についても，本質的な相違はないと考えられる」とし，処遇を受ける少年の処遇適合能力によって，刑事処分か保護処分のいずれかに振り分けられるとしている134)。このように，この見解は，②の見解および③の見解と共通性を有するものである。このように，保護処分と刑事処分の差異を強調するのではなく，両者の共通性を指摘する方向性は，妥当であろう。なぜなら，刑罰の目的については様々な見解があるものの，目的の一つとして犯罪者の改善更生を掲げることについては，現在の日本においては多数の見解であるといえ135)，また，犯罪者処遇法においても刑務作業等を通じて犯罪者の改善更生や社会復帰が目的とされていることからも明らかであり136)，刑罰は単なる社会からの隔離や，一般予防のみを目的にしているわけではない。したがって，「性格の矯正及び環境の調整に関する」保護処分（少年法1条）と同種の目的を持っていることは否定できないからである。こうして，刑罰と保護処分とは少年の改善更生を目的にしている点においては共通しているのであり，両者の異質性を強調する見解は妥当ではない137)。

---

134) 澤登・前掲注17) 241頁。
135) たとえば，大塚・前掲注8) 51頁は，刑罰の目的について「受刑者を過去の犯罪について悔悟させ，改悛して再び同様な犯罪に陥ることのない，よりすぐれた人格の練成に向かわせるべく，指導し，援助する機能を持つことが必要なのである……刑罰は，まさに受刑者の改悛的自覚を目指して執行されるべきであ」るとしている。
136) 刑事収容施設法30条は「受刑者の処遇は，その者の資質及び環境に応じ，その自覚に訴え，改善更生の意欲の喚起及び社会生活に適応する能力の育成を図ることを旨として行うものとする」と規定している。
137) 平川宗信『刑事法の基礎（第2版）』(2013年) 300-301頁は，「刑罰の本質は応報であり，その目的は犯罪予防と宥和（絶対的応報刑論では応報それ自体）にある。刑罰は，基本的には社会の利益のために科されるのであり，本人の利益（人間的成長・発展）のために存在するものではない。それゆえ，教育的・福祉的見地に立って少年の健全育成を図る手段としては，刑罰は適切でない。少年の健全育成のためには，刑罰とは

第3節　少年刑事処分の基礎理論に関する本書の立場

この点で参考になるのが，調布駅前事件最高裁判決[138]における，井嶋一友裁判官の反対意見である。井嶋裁判官の反対意見は，少年の改善更生という観点から，保護処分と刑事処分の関係を捉えたものといえ，上述の見解と同じ立場であると位置づけられる。すなわち，井嶋裁判官は，少年法の性格について「少年保護手続の性格，理念は，いうまでもなく国親思想による教育主義にあり，非行を行った少年の健全育成を目標として，教育的，矯正的見地から，非行の原因を除去して少年の改善，更生を図ることを目的としているのであるから，当該少年にとって，何が最適，最善の処遇であるかを合目的的に求めることが究極の使命である」とした上で，「家庭裁判所裁判官には，少年に対する処遇の選択（児童福祉法の措置，保護処分，刑事処分）をするについて，非行の性質，軽重等の非行に対する客観的評価に加えて，少年の行状，素質，矯正可能性，経歴等のほか，家庭や少年を取り巻く保護環境など当該少年の要保護性について，諸般の事情を総合的に勘案して判断することが要請され，単なる利益，不利益といった一面的な価値観を超えた処遇の最適性，最善性が求められる」ことから，「処遇の選択に当たっては，何が当該少年にとって最適，最善の処遇であるかを唯一の理念として判断すべきこととしており，保護処分が原則であって刑事処分が例外的，不利益的処分である」とはいえない，と結論づけている[139]。

一方で，刑罰と保護処分が処分対象者の改善更生を目的としている点において共通していることを認めるとしても，両者の振り分けをいかにして行うか，すなわち，刑罰がいかなる場合に科されるかを明らかにすることが必要である。この点，教育刑論を基礎とする②の見解は，少年に対する保護処分が「教育刑理論の理想的発現」であり，刑事処分が「教育刑理論の現実的発現」であると述べるが[140]，「理想的発現」「現実的発現」の意義が明らかにされていないため，

異なる教育的・福祉的性格をもった保護処分が必要である。「保護処分優先主義」「保護主義」が少年法の基本理念とされているのは，このためである」とするが，刑罰の目的から犯罪者の改善更生を明示的に除いている点において現在のわが国の行刑の実情を反映していないと思われる。

138)　最判平成9・9・18刑集51巻8号571頁。
139)　刑集51巻8号579-580頁。
140)　円井・前掲注1）49頁。

第 1 章　少年刑事事件の基礎理論としてのモデル論

指針としては実践的ではない[141]。また，③の見解を主張する佐伯仁志教授は，両者の選択は「少年の責任の量」と「処遇の適合性」から定められるとされており[142]，考慮されている要素はかなり明確である点において優れているものの，そこで考慮されている要素が少年に関する事情のみであり，刑罰目的としては通常考慮されることになる一般予防・応報の観点が取り込まれていないという問題がある[143]。

この点で示唆に富む重要な指摘をしているのは，廣瀬健二教授である。すなわち，廣瀬教授は，少年法制に対する要請として「犯罪対策」と「少年の保護教育」の二つがあることを指摘し，一方の要請を追求するだけでは問題解決は困難であり，①少年の教育更生に有効な処分を追求するとともに，②犯罪対策への配慮，少年に対する保護・教育の必要性・合理性について被害者や一般社会の理解を得る努力をするべきであると指摘されているが[144]，少年司法に対する様々な要請を調和するという方向性は妥当なものである。また，刑事処分選択に関する論述であるが，川出教授も「少年司法制度といえども，被害者や国民一般の理解を得ることなくしては成り立たないものである以上，刑事処分相当性の解釈において，応報や一般予防の観点をそこから一律に排除することはできない……重要なのは，むしろ，そのことを前提としたうえで，少年保護手続の教育的機能との関係で，その考慮の度合いをいかにして合理的な範囲に限定するかということである」と述べられるが[145]，廣瀬教授の問題意識と軌を一

---

141) 本庄武『少年に対する刑事処分』(2014 年) 247 頁は，教育刑論を①苦痛を本質とする刑罰には保護処分のような改善更生が期待できないこと，②改善を名目に過剰拘禁が正当化されてしまう，③実体的デュー・プロセスの内容の一つとしての責任主義の観点から純粋な教育刑論は採り難いとの批判を加えている。運用としてはともかく，理論的には，本庄准教授の批判は「純粋な」教育刑論には妥当するであろう。

142) 佐伯・前掲注 48) 51 頁。

143) ただし，佐伯教授は，刑罰の正当化原理（応報）と目的（予防）とを区別する立場を採っておられるため，そもそも刑罰の「目的」としては応報を考慮の対象とはされていないことに注意が必要である。佐伯・前掲注 48) 45-46 頁。

144) 廣瀬健二「少年法の基本理念・手続の概要等」廣瀬健二編『少年事件重要判決 50 選』(2010 年) 6 - 7 頁。

145) 川出敏裕「処分の見直しと少年審判」斉藤豊治＝守屋克彦編著『少年法の課題と展望　第 1 巻』(2005 年) 169 頁。

にすると思われる。

問題は，廣瀬教授の指摘する「犯罪対策」と「少年の保護教育」の調和を，また，川出教授の指摘する「合理的な範囲」の限定をいかなる視点から行うかであると思われる[146]。この点については，アメリカにおけるモデル論のうち，最近主張されている「均衡のとれた修復モデル」や「発達モデル」は社会の利益や少年の更生を目的とし，その調整を図るものであるといえる。その視点は，日本における少年の刑事処分の位置づけにおいて，廣瀬教授が指摘する「犯罪対策」「少年の保護教育」の調和を行う際に有益な示唆を提供するものであるといえる。そこで，次款において，アメリカにおけるモデル論について個別的な検討を加え，本書の依拠する少年刑事処分の理論的基礎づけについて明らかにすることとしたい。

第2款　本書の採用する少年刑事事件の基礎理論
　　　　　——少年司法モデル論

本書の基本的立場は，①均衡のとれた修復的正義モデルにおける3つの基本概念を理論的基礎として採用としつつ，既存のモデル論の主張，すなわち，②更生モデルにおける少年の改善更生の観点，③公正モデルにおける適正手続の観点，および，④公正モデルおよび発達モデルにおける責任と制裁との比例の観点を取り入れ，同モデルを修正するものである[147]。

前款で述べたように，本書は，少年刑事処分の理論的基礎づけにおいては，少年の保護教育や少年の更生といった「少年側の事情」のみならず，一般予防・応報という刑罰目的の達成といった「犯罪対策」をも考慮するべきであると考える。刑罰の目的としては行為者の改善更生（特別予防）のみならず行為

---

146) 調布駅前最高裁判決における井嶋裁判官の反対意見においては，「犯した犯罪の悪質性，少年の心身の成熟度，矯正の可能性等」が刑事処分への適正の判断基準として掲げられている（刑集51巻8号581頁）。

147) 本書が依拠するモデル論の提唱者であるBartollasは，「ここで掲げた各モデルには，それぞれの支持者がいる……このうち最も広がりを見せているのは均衡のとれた修復的正義モデルであるが，日々の実務において，少年司法に携わる実務家は，少年犯罪者にどのように働きかけるかを考慮しつつ，これらのモデル論の中から適宜選択を行っているのである」と述べている。Bartollas & Miller, supra note 64 at 25-26.

者の行為に対する社会の否定的評価（一般予防や応報）が挙げられるが，少年刑事処分も刑罰を科す手続である以上は，単一の目的を達成するためのものではなく，相反しうる様々な目的を達成するためのものであると考えられるからである。したがって，モデル論の中でも更生モデル，公正モデル，犯罪統制モデルのように，単一の目的から少年司法を理論的に基礎づけようとする考え方は，妥当ではない。この点において，均衡のとれた修復的正義モデルのように少年の責任・少年の能力開発・地域社会の安全といった3つの要請を調和させようとする考え方や，証拠に基づいた発達モデルのように心理学等の実証的な知見に基づいて少年本人の利益と社会の安全とを共に守ろうとする考え方の方が優れていると考えられる。

　一方で，更生モデル，公正モデル，犯罪統制モデルは，単一の目的しか考慮していないという問題はあるものの，各モデルが掲げる問題意識それ自体には参考になる。そこで，本款では，各モデル論において考慮されている要素を検討した上で，それぞれの要素の相互関係をどのように位置づけるかという順序で検討を加える[148]。

---

148) Bartollas & Schmalleger, supra note 69 at 306 の図表が有益なので，訳出し引用する。

考慮要素	少年矯正のモデル			
	更生モデル	公正モデル	犯罪統制モデル	均衡のとれた修復的正義モデル
非行の原因	実証的に行動の原因を探る	古典学派に基づく自由意思論	古典学派に基づく自由意思論	古典学派に基づく自由意思論
量刑の目的	行動様式・態度を変化させる	公正さ（justice）の実現	法と秩序の回復	地域社会の保護
量刑の形態	不定期	定期	定期	定期
処遇の位置づけ	矯正手続の目的そのもの	人道的システムの実現に必須	効果がなく，犯罪者を甘やかす	人道的システムの実現に必須
犯罪統制戦略	犯罪原因を取り除くための治療的介入	被害者，犯罪者，実務家のそれぞれにとって公正さを実現する	厳格政策（get tough）によって，少年犯罪に「宣戦布告」する。	少年が自らの行為について責任（accountable）をとれるようにさせる

第3節　少年刑事処分の基礎理論に関する本書の立場

1　更生モデルの検討

(1)　更生モデルの意義

　更生モデルは，少年犯罪者に対しては，施設収容ではなく治療を施すことに最も関心を有しており，この点で，犯罪統制モデルとは正反対に位置づけられる見解である[149]。更生モデルは，その基礎とするパレンス・パトリエ思想の退潮に伴って，現在ではそのままの形では支持されておらず他のモデル論による修正が加えられている。

　しかし，アメリカにおける歴史的経緯に鑑みると，更生モデルが支持を失っていったのは，更生が目的であるという理由で適正手続的な観点が軽視されていたという点にあるのであって，少年の更生を目指すという考え方そのものが完全に否定されたわけではない[150]。確かに，更生モデルが退潮した原因の一つには，矯正効果が上がらないという矯正ペシミズムからの批判もあるため，少年の更生の効果や更生プログラムの内容を充実させるべく研究が行われなくてはならないが，更生モデルの基本思想そのものはなお維持することが可能であろう。

　わが国の少年法が「少年の健全な育成」をその目的として掲げており，少年の健全な育成のためには少年の更生が必要である以上は，更生モデルが基礎とする少年の更生という観点は，現在の少年法においても引き続き重視されなくてはならないと考えられる。このことは，保護処分のみならず，刑罰目的の一つとして特別予防，すなわち当該犯罪者の改善更生を掲げる現在有力な考え方からも導かれるし，また，特別予防をも刑罰目的とする現在の通説および受刑者の改善更生を処遇理念とする刑事収容施設法30条（「改善更生の意欲の喚起」を受刑者処遇の原則の1つとして掲げる）の趣旨に鑑みても，少年に対しておよそ更生を目的とせずに刑罰（自由刑）を科すことは正当化できないであろう。このように，更生モデルは現在においても，なお重要な理論的基礎の一つであると評価されるべきである。

---

149)　さらに，犯罪統制モデルの論者は，短期の施設収容よりも，長期の施設収容を支持するという傾向にある。See, Bartollas & Miller, supra note 64 at 25.

150)　Bartollas & Miller, supra note 64 at 20 は「犯罪者の更生は現在でもなお，多くの少年司法機関が公的に掲げる目的であり，感情面の問題を抱えている少年にもよく用いられているアプローチである」と述べている。

(2) 更生モデルの限界・不十分さ

　少年の更生を考慮とするということは，非行少年に対する処分として刑罰を常に回避するということを意味しない。なぜなら，犯罪統制モデルが主張するように，少年によっては，保護処分よりも刑罰によって性格を矯正した方が効果的であるという場合もありうるからである。また，実際の更生モデルは少年に対する刑罰を排除する傾向を持つものであるが，理論的に考えると，少年の更生にとって刑罰の方が保護処分よりも有効であると判断される場合[151]には，より処遇効果の高い方を選択するべきであるとの帰結に至るのが自然であろう[152]。非行少年の更生にとって最も効果的な手段を選択することによって，犯罪統制モデルの論者が主張するように，少年犯罪による発生する社会的コストを低減させることができるのである[153]。さらに，犯罪統制モデルは，少年側の事情のみに目を向けていた更生モデルとは異なり，一般人の生命・財産保護という社会の側の事情にも目を向けているが，こうした複合的な視点は，更生モデルからそれ自体からは，導出しがたいものである。

　また，少年の刑事事件も，「法律の定める手続」（憲法31条）である以上，適正手続の下で行われなければならない。この点を考慮するのは，公正モデルである。少年刑事事件においても，少年の更生に資する処分であり，かつ，一般人の生命・財産を保護するために有用な処分を選択するという見地から，保

151）　もっとも，何をもって少年の処遇にとって「有効」と評価するのかは，簡単に判断できるものではない。この点については，保護処分（とりわけ少年院送致）と，少年刑務所における処遇の内容，出所後の再犯率の違いなどを，実証的に検討する必要がある。両施設の処遇の違いについて概観した文献として，中島学「少年刑務所と少年院の処遇の違い」武内謙治編著『少年事件の裁判員裁判』（2014年）436頁が参考になる。なお，本書の結語を参照。

152）　佐伯・前掲注48）51頁は「保護処分を少年の責任に基づく制裁と解して，刑罰と連続的なものと捉えれば，どちらを選択するかは，少年の責任の量と処遇の適合性からきまってくることになる」とされた上で，応報の観点からは少年に軽い制裁を科すことが要求されるとする。その理由は，①同じ時間でも少年の方が成人よりも心理的に長く感じること，②教育の機会等との関係で時間の重要性が少年にとってより大きいこと，③家族に依存している少年は家族から引き離されることで大きな不利益を受けることである，とされる。

153）　本章第2節第2款3参照。

護処分と刑事処分のいずれかを選択することが重要であるが，少年の更生という目的に適うということを理由として無制限に保護処分や刑罰を用いてはならず，少年審判手続（および逆送後の少年刑事手続）を省略・簡略化することが許されないのは，言うまでもない。公正モデルは違法行為に対する「公正な報い(just deserts)」を与えることを少年司法の目的とし，適正手続の観点を少年司法においても導入する。公正モデルによれば，実体法的側面においては少年が受ける刑罰は犯罪の重大性・少年の責任に比例するものでなくてはならず，手続法的側面においても成人に対して認められる適正手続が保障される。保護処分も刑事処分も少年の自由を制約する処分なのであり，比例原則や適正手続の観点から一定の制約がかけられるべきであろう。更生モデルや犯罪統制モデルそれ自体では手続に一定の限界を設けるための理論的な根拠がないという欠点がある。この点で，公正モデルは，更生モデルの不十分さを補完するのである。

以上検討したように，本章第2節第2款で紹介した5つのモデル論が提唱する考慮要素は，少年の刑事処分に関する特則の根拠を検討するに当たって，それぞれ示唆的なものである。次の問題は，それぞれの要素の相互関係をどのように捉えるかである。項を改めて，この点を検討する。

2 発達モデルの検討

発達モデルは，少年司法は「少年」というカテゴリーを設けて少年犯罪に対して特別の取り扱いを与えているのであるから，前提として「少年」というカテゴリーの性質を明らかにする必要があるとする。心理学的・精神医学的知見を前提にして少年司法を考察しようとする発達モデルの出発点には正しい核心が含まれている。発達モデルは，少年の特性について，①意思決定能力が成人よりも劣っている，②意思決定能力の前提である認知能力を基礎づける感情的・心理的発達が成人よりも未熟である，③人格が流動的であり定まっていないこと，の三点を挙げ，こうした「少年像」を基礎として少年司法政策を展開する。同時に，発達モデルの問題点はこの点にある。すなわち，そもそも発達モデルが前提とする心理学的・精神医学的知見が正しいものであるかどうか検証する必要があるし，仮にその点を措くとしても，少年がある特性を有していることと，それに対してどのような刑事手続がふさわしいかということとは別

個の問題だからである。たとえば，ある少年の意思決定能力が成人より劣っているとしても，それが少年の責任能力に影響を与える程ではない場合には，事案の重大性や一般予防の必要性等に鑑みて，成人と同じく罪責を問うことは不可能ではない。少年に対していかなる処分がふさわしいかは，少年の特性や少年の更生可能性といった少年側の事情のみならず，一般予防・応報の必要・被害者の感情といった社会の側の事情も考慮して決めなくてはならない。この点，発達モデルも社会福祉（public welfare）を増進する観点から，効果的な処遇を行うことで少年の更生・再社会化を促し，再犯の危険を減少させることによって，結果として社会・少年本人の利益を図ることができるとする。確かに，発達モデルの主張する少年像を前提とした少年司法政策を実施すれば，結果的には社会福祉が実現されるかもしれないが，社会の側の事情を反射的にしか考えていない点に不十分さが残るように思われる。

　一方で，発達モデルが，「減軽」概念を軸として，少年の中間的な責任を考慮している点は，理論的にも，実際的にも妥当であると考えられる。まず，発達モデルが指摘するように，「成人・少年二分論」は妥当ではない。この「二分論」は，佐伯教授が批判する「峻別論」と同様の考え方であると位置づけることが可能であるが，こうした峻別論が，少年司法の不必要な（理論的な裏付けがない形での）厳罰化を招くこと，また，アメリカにおける道徳的恐慌状態を招来することになりかねないからである。こうした二分論に至らず，少年の責任を正しく評価し，適正な処罰を行うための理論的な枠組みを構築することが必要であるが，その枠組みとして，発達モデルが主張する「制裁と責任（非難可能性）の比例」の観点は，きわめて重要であると考えられる。また，こうした発達モデルの考え方は，わが国の犯罪成立要件としての責任概念，量刑責任概念とも接続可能なものであろう。さらに，発達モデルの主張で重要な点は，「少年」というカテゴリーに属することで，手続を一律化することを，理論的に基礎づけている点である。この点は，とりわけ，第2章で検討する刑事責任年齢制度，第4章で検討する少年刑制度とも，深く関連する。均衡のとれた修復的正義モデルを基本的に妥当なものであるとして採用するとしても，発達モデルの主張するこれらの観点を取り入れるべきである。

3 均衡のとれた修復的正義モデルの検討

　均衡のとれた修復的正義モデルは，少年の責任・処分への能力開発・地域社会の安全のバランスがとれた少年司法を構築することを目的とする。このモデルにいう「少年の責任」とは少年の責任能力のみを意味するのではなく，「少年が自らの犯罪及び被害者に生じた侵害について受け入れる義務を負い，被害者に対する被害弁償を行う制裁手続」を意味し，地域社会の安全とは，犯罪を予防し，紛争を解決するために地域社会の構成員が努力することを意味する[154]。均衡のとれた修復的正義モデルは，少年の能力開発を少年司法の目的の一つとするため，少年と社会の要請の双方をバランス良く考慮しうる構造になっている。また，均衡のとれた修復的正義モデルは，少年を地域社会に復帰させることを最終的な目的としているので，少年の更生を少年司法の目的としてきた伝統的な考え方とも矛盾しない[155]。

　こうして，少年の刑事処分に関する特則の根拠を検討する際の基礎理論としては均衡のとれた修復的正義モデルが基本的には妥当であるが，このモデルにも幾つかの問題がある。第一の問題点は公正モデルによる適正手続の観点が考慮されていないという点である。均衡のとれた修復的正義モデルによる少年司法政策は，家族グループ会議（family group conference）などがあるが，こうした手続においても適正手続の観点を無視することは妥当ではない。第二の問題点は，発達モデルおよび公正モデルによる比例原則の観点が考慮されていないという点である。均衡のとれた修復的正義モデルは帰責能力（accountability）を用いるが，同概念においても，少年が負うべき制裁は少年の責任に比例する限度であるという限定が付されるべきであろう。そして，第三の問題点は，同モデル論が提起する修復的正義の採用可能性である。修復的正義・修復的司法という概念は多様な内容を持っており，本書ではその採否について検討を加えることはできない。したがって，均衡のとれた修復的正義モデルが採用する，修復的正義の各施策を採用するかどうかは判断を留保し，検討の対象外とする。

　以上のような発達モデル・公正モデルによる修正を必要としつつも，均衡のとれた修復的正義モデルは，少年司法に求められる多様な要請のバランスを取

---

154)　本章第2節第2款4。
155)　本章第3節第1款。

ることを目指している点において，基本的に妥当な考え方であると考えられる。

4 小 括

　本書は，少年の刑事処分は保護処分との関係において位置づけられなければならず，両者が少年の改善更生を目的としていることから，両者は質的に異ならず連続性を有するものであると捉えている。このように解した場合，刑事処分と保護処分がそれぞれ別個の処分として用意されている以上，刑事処分と保護処分の選択をどのような基準で行うか，刑事処分を選択した場合に選択できる刑種や刑の量定はどのように行うか，といった点が問題となる。

　次章以下においては，刑事責任年齢（第2章），少年の刑事処分の選択（第3章），少年に対する刑罰（第4章）という個別の制度の意義について，本章で検討したモデル論の見地から分析を行っていく。そして，第5章において，それらの分析を総合し少年に対する刑罰の意義および目的について明らかにし，刑事処分選択や少年に対する刑の量定等における解釈の指針を得ることを目指す。

第 2 章　刑事責任年齢

　刑法 41 条は「14 歳に満たない者の行為は，罰しない」と規定し，14 歳未満の者の行為を一律に罰しない。同条にいう「罰しない」とは責任能力を欠くために犯罪が成立せず，刑事責任を問えない趣旨であると一般に解されている[1]。このように，刑事責任を問う基準となる年齢のことを刑事責任年齢という。刑事責任年齢に達しない行為者は，構成要件に該当し違法な行為を行ったとしても，責任無能力であるとされ犯罪[2]が成立しないため，およそ公訴を提起され刑罰を科されることはない。本書は，少年刑事事件の特則の理論的根拠を手続の流れに即して横断的に考察するものであるが，いわばその「出発点」となるのが，刑事責任年齢制度[3]なのである。

　もっとも，刑事責任年齢制度（とりわけわが国が採用する絶対的刑事責任年齢制度）を検討することにどのような意義があるのかは，一個の問題である。なぜなら，刑法 41 条は，年齢という画一的な基準によって不可罰という効果を与えているため，特段の解釈上の問題はないといわれているからである[4]。確

---

1) 団藤重光『刑法綱要総論（第 3 版）』(1990 年) 275, 286 頁，大塚仁『刑法概説（総論）〔第 4 版〕』(2008 年) 456 頁。
2) ここでいう「犯罪」とはいわゆる「実質的意義における犯罪」ではなく（同概念について大谷實『新版刑事政策講義』(2009 年) 29 頁参照），刑法上の犯罪概念を意味する。
3) 刑事責任年齢に関する法制度のことをこのように呼称することが可能であろう。刑事責任年齢制度には，①現行刑法 41 条のように一定の年齢を下回ったものを責任無能力者と見なして刑を科さない絶対的責任年齢制度（木村亀二（阿部純二増補）『刑法総論〔増補版〕』(1978 年) 340 頁，阿部純二『刑法総論』(1997 年) 198 頁）と，②わが国の旧刑法のようにある一定の年齢層の者については責任無能力と推定しつつ，その反証を許す相対的責任年齢制度の二種類がある。後者の「相対的責任年齢」という用語は一般的ではないと思われるが，認識能力や制御能力の有無との関係で相対的に責任能力の有無を判定するという意味において「相対的」責任年齢と表現することは可能であろう。

かに,「14歳に満たない者の行為は,罰しない」と規定する41条は極めて明快な条文であって解釈の余地はほとんど存在せず5),一見すると議論する余地に乏しいようにも思われる。

　この点,刑法41条の意義の検討には,①「少年」という行為者属性が少年刑事事件において果たす機能を明らかにでき,②年齢による画一的な取扱の根拠についても示唆を与えられるという意義を認めることができる。この点について以下で敷衍しよう。

　まず,①の点についてであるが,少年法が規定する刑の緩和の特則や刑事処分選択に関する規定は,刑事責任年齢制度と同じく「一定の年齢を下回る少年」6)という属性を持つ行為者に対して認められているものである。すなわち,刑法上の刑事責任年齢規定においても,刑事処分選択規定や少年法上の刑の緩和規定においても,「少年」という行為者の属性が,刑罰を緩和・減軽する根拠が問われているのであり,この意味において両者が解明すべき問題は共通している。刑事責任年齢制度の根拠を考察することで得られた「少年」という行為者の属性が持つ機能についての知見は,少年法上の刑の緩和・減軽規定の意義を考察する手がかりとなりうる。本章第1節で見るように,日本の刑事責任年齢制度に関する刑法の立法過程においては,刑事責任年齢制度の趣旨を踏まえつつ少年に対する刑の減軽措置が基礎づけられているが,そこでの議論は少年に対する刑罰を考える上で参考になると思われる。刑事責任年齢の問題は単独で完結しているのではなく,少年に対する刑事手続全般と関連する問題なのであり,その意義について検討することは有用である。

---

4)　安田拓人「責任能力の判断基準について」現代刑事法36号(2002年)34頁が,「刑事未成年・責任年齢に関する41条については特段の解釈論的問題はない」とする。

5)　もっとも,被告人の年齢の認定方法については,その事実認定に用いる資料の内容や,手を尽くしても年齢を認定できない場合の取り扱いをめぐる議論がある。田宮=廣瀬『注釈(第3版)』33頁。

6)　もちろん,刑事処分の特則によって対象年齢は異なり(たとえば,少年法20条2項と同51条1項・2項とを比較),20歳未満の者を「少年」とひとくくりにせず,その違いを意識して議論することは重要である。ここでは,そうした年齢の違いを捨象して「行為者が若年であること」という意味合いで「一定の年齢を下回る少年」という言葉を使用している。

次に②の点についてであるが，年齢という画一的基準で手続の扱いを変えることの根拠については，少年の刑事事件のみならず保護事件でも問われる問題である。この点については，現行刑法典の編纂過程および戦前の学説において議論が見られるが，年齢による画一的取扱の是非やその意義については，第3章で検討する刑事処分選択や第4章で扱う死刑の絶対的禁止や無期刑の緩和の特則を考える際にも，再度問われる問題である。

上記の②の論点について，とりわけ興味深いのはアメリカ法である。アメリカの刑事責任年齢制度は，旧刑法と同様に相対的責任年齢制度を採用するコモンローの系統に属する規定と[7]，刑事責任年齢制度を少年裁判所と刑事裁判所の管轄権決定の問題へと解消し，年齢に応じて「少年裁判所が専属管轄権を有する場合」「少年裁判所と刑事裁判所が競合管轄権を有する場合」を区別する模範刑法典（Model Penal Code）系の規定とに分かれている[8]。後者の制度は，刑法においては刑罰を科すことのできる年齢の下限を示せばよく，それ以上の年齢においては少年裁判所と刑事裁判所のいずれかに管轄権が割り振られるかが問題となるという立場を前提にしている。このような模範刑法典の規定は，少年に対して刑罰を科すことのできる下限を定め，それを超える少年については少年裁判所と刑事裁判所の管轄権の問題として位置づけていることから，絶対的責任年齢と刑事処分選択の規定を複合した制度であるといえる。模範刑法典の考え方は，同じく絶対的責任年齢制度を採る日本法において，刑事責任年齢制度と少年の刑事処分選択の問題とがいかなる関係に立つのかを考える上で示唆的である。

以上のように刑事責任年齢に関する日米の議論をそれぞれ検討し，その示唆をまとめた上で，本書はアメリカにおけるモデル論の見地から刑事責任年齢制度がどのような意義・機能を有するかについて検討を行う。特に，アメリカにおいて最近主張されている「均衡のとれた修復的正義モデル」および「発達モ

---

[7] たとえば，伝統的なアメリカ刑法の教科書として，see, WN. L. Burdick, The Law of Crime vol.1 (1946), 201-202, Joel Prentiss Bishop, A Treatise on Criminal Law vol.1 (9th ed. 1923), 259-260., Charles E. Torcia, Wharton's Criminal Law vol.1 (15th ed. 1993) 647-651.

[8] The American Law Institute, Model Penal Code (1962) §4.10.

デル」においては少年の責任についても新たな見解が示されているが9)、後に見るように、それらの見解からは、これまでの日米の刑事責任年齢制度に関する議論には見られなかった新たな視点を獲得することができると思われる。

本章では、日本における刑事責任年齢制度に関する立法過程および学説における議論を概観し、少年に対する刑罰の意義に関する示唆を得たうえで（第1節）、それに関連するアメリカ法の制度および議論を紹介・検討し（第2節）、日米の従来の議論状況についてアメリカにおけるモデル論の見地を踏まえつつ分析する（第3節）こととしたい。

第1節　日本における刑事責任年齢規定に関する立法過程と学説における議論10)

明治13年に制定された旧刑法は、相対的責任年齢制度を採用していた11)。旧刑法は、年齢層を3つに区分した上で、それぞれの年齢層ごとに異なった取り扱いをしている12)。第一の年齢層は行為時に12歳未満の者であり、一律に

---

9)　これらのモデル論において用いられている「責任」の意味は、必ずしも犯罪成立要件としての「責任」とは限らない。この点については、本章第2節第4款参照。

10)　本節の元となっているのは、拙稿「刑事責任年齢制度の意義に関する一考察」東北法学41号（2013年）93頁である。なお、わが国における刑事責任年齢制度についての先行業績として渡邊一弘『少年の刑事責任』（2006年）149頁以下がある。

11)　旧刑法においては12歳未満の者は絶対に処罰されないので、絶対的責任年齢と相対的責任年齢制度が併用されているといえよう。なお、理論的には、刑事責任年齢の下限を一切設けない相対的責任年齢制度も観念しうる。

12)　旧刑法の刑事責任年齢に関する規定は、「不論罪及ヒ減軽」と題する第4章の第1節「不論罪及ヒ宥恕減軽」に置かれている。その条文は次のとおり（本書において引用する戦前の論文等については、旧字体を新字体に改めた。また、条文を引用する際には、見易さを考慮して、条文番号と年齢に関する数字にアラビア数字を用いた。以下同じ）。

第79条
　罪ヲ犯ス時12歳ニ満サル者ハ其罪ヲ論セス。但満8歳以上ノ者ハ情状ニ因リ満16歳ニ過キサル時間之ヲ懲治場ニ留置スルコトヲ得。

第80条
　①罪ヲ犯ス時満12歳以上16歳ニ満サル者ハ其所為是非ヲ弁別シタルト否トヲ審案シ弁別ナクシテ犯シタル時ハ其罪ヲ論セス但情状ニ因リ満20歳ニ過キサル時間之ヲ

第1節　日本における刑事責任年齢規定に関する立法過程と学説における議論

罪を問われない（旧刑法79条）。第二の年齢層は行為時に12歳以上16歳未満の者であり「弁別ノ有無」を判定し，それが無い場合には罪を問われず（旧刑法80条1項），それがあるとされた場合には罪を問われることになるが刑が2等減軽される（旧刑法80条2項）。第三の年齢層は，行為時に16歳以上20歳未満の者であり，「弁別ノ有無」を判定するまでもなく責任能力の存在が推定され罪を問われるが，刑が1等減軽される（旧刑法81条）。また，旧刑法は，責任能力がなく処罰されない者については，「懲治場」に留置するという特別な処分を認めていた。

このように，旧刑法の特徴は，①「是非ヲ弁別スル」か否かが責任能力の判定基準として用いられていたこと，②相対的責任年齢制度を採用した上で，刑の減軽という効果を連動させていたこと，にある。これに対応して，旧刑法下の学説における議論も責任能力の本質と「是非ノ弁別ノ有無」という規定との関係や，相対的責任年齢という規定形式の意義に関するものが中心であった。以下では，これらの点を中心に，旧刑法の立法過程と旧刑法下の学説を概観する。

第1款　旧刑法下の立法過程における刑事責任年齢の意義に関する議論

1　責任能力を判定する基準としての事理弁識能力

ボアソナードが旧刑法の編纂に本格的に関与する以前の旧刑法の編纂過程においては，立法者達が，ドイツ・ベルギー・フランス等の諸外国の刑法における幼年犯罪者に対する刑罰の取り扱いを広く参照していたことが伺える[13]。

　　　　懲治場ニ留置スルコトヲ得。
　　　②若シ弁別アリテ犯シタル時ハ其罪ヲ宥恕シテ本刑ニ二等ヲ減ス。
　　第81条
　　　　罪ヲ犯ス時満16歳以上20歳ニ満サル者ハ其罪ヲ宥恕シテ本刑ニ一等ヲ減ス。
　　第83条
　　　①違警罪ハ満16歳以上20歳ニ満サル者ト雖モ其罪ヲ宥恕スルコトヲ得ス
　　　②満12歳以上16歳ニ満サル者ハ其罪ヲ宥恕シテ本刑ニ一等ヲ減ス。12歳ニ満サル者及ヒ瘖唖者ハ其罪ヲ論セス。
13）　西原春夫・吉井蒼生夫・藤田正・新倉修編著『旧刑法〔明治13年〕(1)』（1994年）

第2章 刑事責任年齢

諸外国の刑法においては，一定の年齢以下の者に対しては「分別ノ有無」を問わずに刑罰を科さず，一定の年齢を超えた者に対しては「分別ノ有無」があるかどうかを判定し，これがある場合は刑を減軽した形で科する，という制度が採用されていることが確認された。

こうした比較法的な知見を踏まえて，旧刑法の立法者達は刑事責任年齢制度に関する7つの案を作成し[14]，刑法の編纂作業を開始した。いずれの案でも「分別ノ有無」を基準として少年の責任能力を判定していること，責任能力があるとされた場合でも刑の減軽という効果を与えること，一定の少年は成人と区別された懲戒学校での教育を施すとした点においては共通している。この時点で，旧刑法の編纂過程の最初期においてすでに旧刑法の相対的責任年齢制度の原型が固まっていたことが看取できよう。

実際，最初期の旧刑法の草案である「日本帝国刑法初案」[15]においては，7

148頁（以下，本資料は「西原他（巻数）（頁数）」のように引用する）。

[14] 西原他(1) 149頁，150頁。7つの案の概要は以下のとおりである。

	責任年齢の下限	相対的年齢層	相対的年齢層の取り扱い
第1案	10歳	10〜18歳	是非弁別を問わず刑を減軽
第2案	7歳	7〜17歳	14歳以下は是非弁別なければ不処罰。是非弁別があっても懲戒学校で処遇。 14歳以上の死刑相当犯罪は必要的減軽。
第3案	10歳	10〜15歳	10歳〜15歳は是非弁別なければ懲戒学校，是非弁別あれば刑の減軽。 15歳以上は是非弁別に関係なく成人と同様に扱う。
第4案	7歳	7〜18歳	7〜14歳は是非弁別に関係なく懲戒学校。 14〜18歳は是非弁別に関係なく刑の減軽。
第5案	－	－	18歳未満の死刑のみは減軽し，その他は成人と同様
第6案	7歳	7〜16歳	7〜16歳は是非弁別を問わず懲戒学校。 16歳以上は成人と同様。
第7案	7歳	7〜15歳	7〜15歳は是非弁別なければ不処罰とし，両親に教育を義務づけるか懲戒学校，是非弁別があれば減軽。

[15] 初案の責任年齢に関する条文は次のとおり（西原他(1) 54-55頁）。

第7章　犯罪不論

第 1 節　日本における刑事責任年齢規定に関する立法過程と学説における議論

歳以下の者は「瘋癲白痴ノ者」と並んで罪に問わず（48 条），7 歳以上 15 歳以下の者の場合は「故意」により罪を犯した場合には減軽した刑を科し（55 条 1 項），「故意」によらず罪を犯した場合には「宥恕シテ親族ニ交付」するか「懲治所養育場」に入所させて懲戒するという処分を言渡す（56 条）という規定が制定された [16]。初案において用いられている「故意」という文言については，「分別」と同じ意味であると解されていたため [17]，初期の草案において，すでに相対的責任年齢制度を採用すること，少年については責任が認められても刑が減軽されること，少年の処分については懲治所に入所させる等の成人とは異なる処遇を行うこと，という旧刑法の規定の原型がすでに完成していた。

その後，「大日本刑法草案（完）」においては，12 歳未満は罰せず（69 条 1 項），12 歳以上 16 歳未満の者は「弁別ノ有無」に応じて不処罰（70 条 1 項）ないし減軽された刑を科す（70 条 2 項）という規定が定められ，16 歳以上 20 歳未満の者は減軽された刑を科すと規定された（71 条）[18]。こうして，未成年者を 3

　　第 48 条
　　　罪ヲ犯ス 7 歳以下ノ者及ヒ瘋癲白痴ノ者ハ其罪ヲ論セス。
　　第 8 章　宥恕減軽
　　第 55 条
　　　①7 歳以上 15 歳以下ノ者犯罪故意ニ出〔ツ〕レハ宥恕減軽シテ罪を科ス。但剥権監視ヲ附加セス。
　　　②死刑無期徒刑流刑ニ該レハ 5 年以上 15 年以下ノ禁錮ニ処ス。
　　　③有期徒刑禁獄ノ刑ニ該ルハ本条ニ記載スル刑ノ半以上 2 年以上ノ禁錮ニ処ス。
　　　④懲役禁錮ノ刑ニ該レハ本条ニ記載スル刑ノ半以下ノ禁錮ニ処ス。
　　第 56 条
　　　7 歳以上 15 歳以下ノ者犯罪故意ニ出〔ツ〕ルニ非〔サ〕レハ宥恕シテ親族ニ交付シ又ハ懲治所養育場ニ入レ之ヲ懲戒ス。但其期限ハ年齢 20 歳ニ過ルコトヲ得ス。
16）　なお，井上毅の修正案においては，再犯の場合は刑の減軽を与えないとされていた。井上修正案の 55 条は「7 歳以上 15 歳以下ノ者犯罪減軽シテ罪ヲ科ス。又剥権ヲ附加セス。其再犯スル者ハ常律ニ依ル」と規定している。西原他(1) 82 頁。
17）　西原他・150 頁におけるボアソナードの意見は，幼者が「無意ニテ罪ヲ犯シタル」というのは「分別ナクシテ罪ヲ犯シ」というのと同じであること，7 歳以上 15 歳以下の者が「故意ニ非スシテ（分別ナク）犯シタル罪モ宥恕減軽ノ章ニ入レルコトト決」したことを指摘している。
18）　西原他(2) II 61 頁以下の「大日本刑法草案（完）」の条文は次のとおり。
　　第 69 条

つの期間（12歳未満，12歳以上16歳未満，16歳以上20歳未満）に分けてそれぞれに応じた取り扱いを行うという相対的責任年齢制度が完成し，この年齢層の区切り方は旧刑法の制定に至るまで変更されなかった[19]。

こうした旧刑法の相対的責任年齢制度の根拠について，立法者はどのように考えていたのであろうか。この点については，明治10年11月に編纂が完了した「日本刑法草案」（確定稿）[20]の議論の過程における議論を記録した「日本刑法草案会議筆記（第三巻）」[21]に説明が見られるので，これを参照しよう。

まず，① 12歳未満の者が不可罰とされる理由についてであるが，12歳未満の者は「知識ノ有無ニ区別ナク……善悪ノ道理ヲ弁別シ得ヘキモノニアラス」という理由から無罪にせざるを得ないとされている。すなわち，12歳未満の者は，自分の行為の善悪を「弁別」していないから処罰できない[22]。次に，

---

　　①罪ヲ犯ス時年齢満12歳以下ノ者ハ其罪ヲ論セス
　　②然レトモ犯罪ノ情状ニ依リ特別ニ設ケタル懲治場ニ拘置スルコトヲ得。但其期限ハ犯人ノ年齢満16歳ニ過ルコトヲ得ス。
　第70条
　　①満12歳以上満16歳以下ノ者ハ犯罪ノ所為其是非ヲ弁別シタルト否トヲ審案ス可シ。若シ其所為弁別ナクシテ犯シタル時ハ其罪ヲ論セス。但前條ノ例ニ依リ年齢満20歳ニ至ルマテ之ヲ拘置スルコトヲ得。
　　②若シ其所為弁別アリテ犯シタル時ハ（丁年者ノ受クヘキ本刑ヲ）宥恕減軽シ左ノ諸件ニ照シテ其刑ヲ換フ（具体的な刑の減軽方法は省略する）。
　第71条
　　満16歳以上20歳以下ノ者ハ犯罪ノ所為是非ヲ弁別セサル者ト雖モ一体ニ左ノ例ニ照シテ宥恕減軽ス（具体的な刑の減軽方法は省略する）。
　第72条
　　違警罪ハ満16歳以上20歳以下ノ者ト雖モ宥恕減軽ノ限ニ在〔ラ〕ス。満12歳以上満16歳以下ノ者ノ弁別アリテ犯シタル時モ亦同シ。

19) その後の旧刑法の草案において変更が加えられたのは，刑の減軽規定が簡素化されたことである。たとえば，「日本刑法草案（完）」（西原他(2)II 392頁）89条1項は，「罪ヲ犯ストキ満12歳以上16歳ニ満サル者ハ其ノ所為是非ヲ弁別シタルト否トヲ審案シ其弁別ナクシテ犯シタル時ハ其罪ヲ論セス。但前條ノ例ニ照シ本犯満20歳ニ至ルマテ之ヲ拘置スルコトヲ得」と規定している。
20) 西原他(2)II 803頁。
21) 西原他(3)I 191頁以下。
22) 西原他(3)I 221頁。

② 12歳以上16歳未満の者が「事理ノ善悪ヲ弁別」しているかどうかによって責任能力の有無を区別される理由については，「弁別アル時」に犯罪は成立するが，成人とは異なった扱いをし，かつ，無罪にしないことを表すために，本条文を設けたとされている[23]。最後に，③ 16歳以上20歳未満の者が「事理ノ善悪ヲ弁別」しているかどうかを問わずに減軽された刑罰を科される理由については，「事理ノ善悪ヲ弁別」する能力の点において①②の者とは程度に差があることから「事理ノ善悪ヲ弁別」しているかどうかを問わないとする一方で，20歳以上の者とも「事理ノ善悪ヲ弁別」する能力の点で同じとは言えないので，刑を減軽するとされている[24]。

このように，行為の善悪を「弁別」しているかどうかによって処罰の可否が定められるという立場を旧刑法は前提としており，責任能力の有無については善悪の弁別の有無によって判定するという立場は，旧刑法の立法過程の初期から旧刑法の制定に至るまで一貫している。

2　刑の必要的減軽に関する規定

相対的責任年齢制度においては，責任無能力の推定が覆された場合に必然的に刑が減軽されるわけではない。なぜなら，相対的責任年齢制度とは原則として責任無能力とみなされる一定の年齢層については反証があった場合に責任能力者として扱う制度のことをいうが，これを素朴に理解すると，反証があった場合には責任能力を有する者として扱われるのであるから，科すことのできる刑罰も責任能力を有する者と同じで構わないことになるからである。実際に，次節で紹介するアメリカのコモンローの採用する相対的責任年齢制度においては，7歳以上14歳未満の行為者については，行為の違法性を理解する能力が備わっているという証明がなされれば成人と同じく完全責任能力者として扱われ，科刑についての特別な規定は，すくなくとも刑法においては存在していなかった[25]。

---

23)　西原他(3) I 222頁。
24)　西原他(3) I 224頁。
25)　たとえば，William Clark, et.al., A Treatise on the Law of Crimes（4th ed. 1940), 117 は，7歳以上14歳未満の行為者について「善悪を区別するのに十分な知性」があることが

これに対して，旧刑法においては，責任無能力の推定が覆された場合には，責任能力の点では成人との違いはなくなるが，科刑の点では必要的な減軽措置が存する点で大きな違いがあることが特徴である。すなわち，12歳以上16歳未満の者については善悪の弁別をなしうる状態だったときは刑を2等減軽され（80条2項），16歳以上20歳未満の者については刑が1等減軽される（81条）。

こうした刑の減軽の根拠について，立法者は行為の「是非の弁別」を責任年齢の基準とする旧刑法の立場と関連付けて説明している。すなわち，12歳未満の者はそもそも是非を弁別する能力がないので責任能力が無く，処罰することができない。これに対して，12歳以上16歳未満の者は是非を弁別する能力を有していることが証明されれば責任能力があるから処罰することは可能になるが，その弁別能力は16歳以上の者と比べてなお劣っていると言えるので，刑が減軽される（減軽は刑二等）[26]。16歳以上の者については，20歳以上の成人と比べるとやはり是非を弁別する能力が劣るので同じ刑は科すことができないが，16歳未満の者よりは是非弁別能力は高いと評価できるので，両者の間をとった減軽がなされる（減軽は刑一等）[27]。

このように，旧刑法においては，①少年の是非弁別能力を基準として責任の有無が定められ，②弁別能力が認められ責任があるとされた場合でも刑の減軽が必要的に認められるという立場が，立法過程から一貫して採用されていた。

第2款　旧刑法下の学説における刑事責任年齢に関する議論

明治13年に制定された旧刑法は，相対的責任年齢制度を採用し，一定の年齢層の者に刑の減軽を認めた点に特徴がある。旧刑法下の学説においても，相対的責任年齢の意義等について議論がなされたが，その際，旧刑法が採用した相対的責任年齢制度と刑事責任年齢制度に関する他の制度との比較がなされている点が興味深い。以下では，前提として旧刑法下の学説における責任能力の意義について概観した後，相対的責任年齢制度に関する議論および旧刑法の各

　　証明された場合には，「成人と同じく完全責任能力があるものとして取扱われる」とする。
26)　西原他(3)Ⅰ222頁。
27)　西原他(3)Ⅰ224頁。

第 1 節　日本における刑事責任年齢規定に関する立法過程と学説における議論

条文の解釈について各学説の見解を紹介する。

1　犯罪成立要件としての責任概念と刑事責任年齢制度の意義に関する議論

　責任能力の意義に関する現在の通説的見解は，その内容を事理弁識能力および行動制御能力と解しているが，すでに旧刑法の時代から同様の理解が採用されていた。たとえば，宮城浩蔵氏は，責任の根拠について「善悪正邪ヲ弁別スルノ智識アリテ之ニ加フルニ自由ニ我四肢ヲ動止スルノ能力アリ……而シテ理ノ須カラク為ス可ラサルノ事ヲ為シ又ハ須カラク為ス可キノ事ヲ為ササルトキハ如何ンソ其結果ニ応ヘサルコトヲ得ンヤ……此知識ト此自由トハ責任ヲ構成スルニ避ク可ラサルノ条件ニシテ若シ故アリテ其一ヲ欠ク時ハ責任アルコトヲ得ス……既ニ責任アルコトヲ得サルトキハ仮令ヒ人類ノ所為ト雖モ罪トナルコトヲ得サルノ場合アラサルヲ得ス」と述べられ，「善悪正邪ヲ弁別スルノ智識」と「自由ニ……動止スルノ能力」がある場合には行為の結果について応える必要すなわち「責任」を有しているとされる[28]。この宮城氏の見解は，井上操氏の「人……ヲ刑センニハ，其人必ス其事ノ責ニ任スル者ナラサルヘカラス……此責ニ任セシメンニハ，其人ニ弁別アリ，自由アルコトヲ要ス」という見解[29]，および，高木豊三氏の「其所為ノ罪タルコトヲ弁別シ若クハ弁別シ得ヘクシテ之ヲ行フニ自由アリストキニアラサレハ之ヲ罪トシテ罰スルコトヲ得ス」という見解[30]と同様であると評価できる。

　旧刑法下の学説においては，相対的責任年齢制度の意義についても，このような責任能力理解を前提に説明されている。たとえば，宮城氏は，12 歳未満の行為者が処罰されない理由について「未タ事ノ善悪正邪ヲ区別スルコト能ハスシテ……刑事上ノ責任ナキヤ明カナレハ其果シテ善悪ヲ弁別セシヤ否ヤヲ問フヲ要セス必ス之ヲ無罪ト為ササル可カラス」とし，12 歳以上の行為者のうち是非弁別能力を有する者については「智識ノ開発スルモ其十分ノ度ニ達セサル間ハ刑事上ノ責任モ充分ナルコトヲ得ス。従テ其度ニ準シ刑ヲ減軽セサル可

---

[28]　宮城浩蔵『刑法〔明治 13 年〕講義〔4 版〕第一巻』（1887 年，復刻版 1998 年）472 頁。
[29]　井上操『刑法〔明治 13 年〕述義　第一編（下）』（1883 年，復刻版 1999 年）839 頁。
[30]　高木豊三『刑法〔明治 13 年〕講義録』（1886 年，復刻版 1999 年）233 頁。

カラス」とされているが[31]，ここでは「善悪正邪ノ区別」「智識」の有無によって責任の有無が定められているという説明がなされており，責任能力に関する理解の延長上において責任年齢に関する規定の説明がなされているといえよう[32]。

このような理解と同じ立場を採りつつ，別角度から説明を加えられるのは磯部四郎博士である。磯部博士は，故意と責任能力を区別するべきであるという説明から叙述を始められ，おおよそ次のように述べられる。すなわち，12歳未満の幼年者は，精神遅滞の者と同様に「犯罪ノ意思」を有することができないから，刑事責任を負わないという解釈をする者がいるが，その解釈は「大ニ誤レリ」[33]。なぜなら，幼年者は必ずしも犯罪の意思がないとはいえないし，むしろ成人より確固たる意思を有する場合がある。なぜならば，成人の場合は，「前後ノ関係ヲ顧ミテ思慮スル」ことがあるが，幼年者が「一意ニ自己ノ欲望ヲ達セントスルハ其常ナルヲ以テ犯罪ノ意思ハ一層強固」であると言えるからである。したがって，12歳未満の幼年者に刑事責任を負わせない理由は他にあると考えるべきである[34]，と。そして，その理由について，磯部博士は，「犯罪構成ニ必要ナル一元素即チ是非善悪ノ識別力ヲ有セサルヲ以テナリ」というところにあるとされ[35]，責任能力と故意とが別個のものであることを前提に，幼年者の思慮の浅さや欲望を達成しようとする意思の強固さから，旧刑法の規定を基礎づけられるのである。

---

31) 宮城・前掲注28) 518頁。
32) 井上操氏も宮城氏と同様の説明をされている。すなわち，「幼児ニシテ，自由ヲ得ス，又弁別スルノ力ナキ者並ニ自由アルモ弁別スル力ナキ者ハ，皆其所為ノ責ニ任スルコトナシ……已ニ自由ヲ得テ弁別スルノ力アルトキハ其責ニ任スヘシト雖モ，尚ホ弁別スルノ力，全カラサル者ハ，其罪本ハ軽カラサルコトヲ得。故ニ刑モ亦軽カルヘキナリ」とされる。井上・前掲注29) 848頁。
33) 磯部四郎『改正増補刑法〔明治13年〕講義　上巻第2分冊』(1893年，復刻版1999年) 861頁。
34) 磯部・前掲注33) 862頁。
35) 磯部・前掲注33) 863頁。

2　責任能力の判定方法としての相対的責任年齢制度の規定形式に関する議論

　以上は責任能力の本質，および，刑事責任年齢制度との関係に関する学説上の議論である。学説ではこのほか，一定の年齢の者の責任能力をどのように判定するのかという問題についても議論があった。この点について次に概観しよう。

　相対的責任年齢制度の意義についての詳細な説明として注目されるのは，是非弁別能力の観点から人の発達過程を区分する富井政章博士の見解である。富井博士は，人の発達過程を「弁別智能が未発達な段階」，「弁別智能が発達したかどうかはっきりしない段階」，「弁別智能が発達したことが確実であってそれが失われるのは偶発的で一時的な事態が発生した場合に限られる段階」の３つに区分した上で，人の発達の度合いは各個人によって異なる一方，法律の立場としてはその限界を定めざるを得ないので，難しい問題が生じると問題を設定される[36]。そして，この問題を解決する方法について，①弁別力の有無の問題を事実問題とし被告人の年齢を問わず裁判官が個別的に判断する方法，②法律において反証を許さない推定を設けて裁判官に従わせる方法，③以上二つの方法を折衷する方法，の３つを挙げられる[37]。年齢に応じた責任能力の判定方法に関するこうした富井博士の問題設定は，宮城氏も共有されている[38]。

　富井博士および宮城氏は，相対的責任年齢制度の規定方法に関するこれらの方法について，その長短を検討したうえで旧刑法の規定形式の妥当性を論じられている。まず，①の方法は，人の成長は日々継続しているものであると同時に，その成長は「無数ノ原因ニ因リ遅速ノ差異アルコト」から，「其人ノ智識アリテ為セルモノナルヤ否ヤノ事ヲ悉ク皆裁判官ノ判定ニ放任セサル可ラス」ことを論拠とし[39]，一見簡単な方法に思えるが，実際はかえって煩雑になってしまう。しかも，立法者が自らの権限を放棄して「裁判官ノ専横ヲ招ク」[40]，

---

36)　富井政章『刑法論綱（訂正再版）』（1892 年）118-119 頁。
37)　富井・前掲注 36) 119-120 頁。
38)　宮城・前掲注 28) 519 頁。宮城氏は，相対的責任年齢制度の立法形式について，①「責任ノ有無軽重ヲ決スルコトヲ一ニ裁判官ニ委任スルモノ」，②「立法者予メ其国ノ風俗気候教育ノ等ニ随テ刑法ノ処分ヲ異ニスル年齢ノ限界ヲ定ムルモノ」の二つを挙げる。
39)　宮城・前掲注 28) 519 頁。

「判官ノ専断ニ放任スル」[41]，という問題がある[42]。これに対して，②の方法の根拠は，是非善悪を弁別する智識の有無や程度については，人の年齢によっておおよそ知ることができるので，立法者がこれを定めることによって「裁判官ニ過大ノ権ヲ興ヘサルコトヲ要ス」というところにある[43]。この方法は，年齢の区分については推測によって立法をせざるを得ないから，その推測が誤る可能性は否定できないという問題点を抱えるが[44]，基本的には妥当であり，「此方法ヲ用イテ裁判官ニ興フルニ多少斟酌スルノ権ヲ以テセハ」最良の立法であると評価でき，こうした形式を採用した旧刑法の責任年齢に関する規定は妥当である[45]。また，旧刑法下における富井博士および宮城氏以外の論者も，旧刑法の規定に対しては異議を唱えていない[46]。

このように，旧刑法が採用した相対的責任年齢制度は，幼年者の責任能力の有無に関する裁判官の裁量権を制限する一方で，事実に即した判断を行うことができるという長所を有しているとされ，旧刑法下の学説において肯定的に評価されていたといえる。

3 責任能力を判定する基準としての「是非ノ弁別」の意義

旧刑法においては「是非ノ弁別」を標準として責任能力の有無が判定されて

---

40) 宮城・前掲注 28) 520 頁。
41) 富井・前掲注 36) 119 頁。
42) 磯部・前掲注 33) 863 頁は，「何歳以下ヲ不論罪トシ何歳以上ヲ宥恕減軽ニ処スヘキヤ其区域アラサルトキハ裁判官ハ法律ヲ適用スルニ方リ漠然トシテ其標準ナキニ苦ムヘシ」とする。
43) 宮城・前掲注 28) 519 頁。
44) 富井・前掲注 36) 120 頁は，この方法によれば，「判官ノ専断」を避けることが可能であるが，「屢々事実ト矛盾スルノ弊アル」と指摘する。
45) 宮城・前掲注 28) 520 頁。
46) 磯部・前掲注 33) 858-859 頁は「是非善悪ヲ識別スルノ能力……漸次ニ発達スヘキモノナルヲ以テ年齢ト経験トヲ積ムニアラサレハ是非善悪ヲ識別スルコトヲ能ハス……識別力ハ躯幹ノ成長ト共ニ漸次発達スルヲ以テ丁年ニ至ルマテニハ其識別力ニ数個ノ階級アルモノト推定セサルヘカラス」としている。また，同様に，岡田朝太郎『刑法講義（訂正再版）』(1905 年) 95 頁は「人ニヨリ精神ノ発達ニ著シク遅速ノ区別アリテ法律ヲ以テ一定スルコトヲ得サルカ故ナリ」とする。

いる。すなわち，12 歳未満の者については，そもそも是非を弁別することができないために責任無能力であるとされ，12 歳以上 16 歳未満の者については是非を弁別することが証明できた場合に限って責任能力を有するとされているのである。

まず問題となるのは，「是非ノ弁別」の対象は何かである。旧刑法 80 条 1 項本文は，「罪ヲ犯ス時満十二歳以上十六歳ニ満サル者ハ其所為是非ヲ弁別シタルト否トヲ審案シ弁別ナクシテ犯シタル時ハ其罪ヲ論セス」と規定するが，この条文における「是非……弁別」が，「平時ノ智識ノ有無如何」を意味するのか，それとも，「現ニ行フタル所為ニ就キ審案ス可キモノ」なのかが問題になる[47]。前者の解釈からは，当該少年の普段からの知識の程度や善悪の区別に関する認識が判定されるのに対して，後者の解釈からは実際に行った行為の善悪について少年がどのように考えていたかを行為時を基準に判断されることになる。

この問題については，条文上「其所為」という文言が用いられていることから，後者の立場が学説上の通説である。たとえば，井上操氏は「法文ニ其所為是非ヲ弁明シタルト否トヲ審按シタアリ。故其所為ノ道徳ニ悖リ社会ヲ害スルコトヲイフナリ。広ク善悪ヲ弁別スルノ謂ニアラス」とされる[48]。また，小疇傳氏も「責任能力ノ有無ヲ審案スル標準トシテ法文ニ「其所為是非ヲ弁別シタルト否トヲ審案シ」トアルハ各個ノ場合ニ於テ現ニ行為者ノ為シタル行為ニ関シ具体的ニ其是非ヲ弁別シ能フ程度迄精神力成熟シタルヤ否ヤヲ審案スルコトヲ要シ，単ニ行為者カ或種ノ行為ニ付キ一般的ニ其是非ヲ弁別シ得タルコトヲ以テ足レリトセス」とされ，後者の立場を支持される[49]。

このように是非の弁別があくまで当該行為について判断されるという立場は，上の引用部分からも明らかなように，ある種の犯罪についてのみ認められる一部責任能力という概念を肯定する見解へと至りうる。この点，一部責任能力概念を認めない古賀氏は，ある犯罪行為については弁別能力があるが，その他の

---

47) 宮城・前掲注 28) 527 頁。
48) 井上・前掲注 29) 855 頁。
49) 小疇傳『改正日本刑法論総則』(1908 年) 217 頁 (なお，この著書は現行刑法制定後に出版されたものであるが，旧刑法の解説も収録されている)。

犯罪行為について弁別能力を有しないということはありえないとして,「犯人ハ其犯罪行為ニ於テハ弁別力ヲ有セサルモ他ノ総テノ行為ニ於テ多少ノ弁別力ヲ有スルトキハ無責任者タルヲ得ス」とし,その理由として「刑法カ犯人ヲ以テ無責任者ナリトスルニハ犯人ノ総テノ弁別力ヲ欠キタルヲ要スト為セハナリ」とされる[50]。古賀氏以外には,一部責任能力を明示的に否定する見解は見られないため,この論点に関する当時の学説状況は不明である。

次に問題となるのは,「是非ノ弁別」が認められた場合にいかなる効果が生じるかである。相対的責任年齢制度は一定の年齢について反証を許す形で責任無能力を推定するものであるから,その推定が覆った場合は完全な責任能力者として扱われるというのが一つの考え方である。しかし,旧刑法は「是非ノ弁別」を有することが認められる場合であっても,刑を減軽するという効果を与えている。「是非ノ弁別」に関する能力については成人と同じであるはずなのに,なぜ刑が減軽されるという効果が与えられるのであろうか。この点,学説上は,「是非ノ弁別」は程度を付しうる概念であり,成人と未成年とではその能力は異なるという説明を与えている。すなわち,12歳以上20歳未満の「是非ノ弁別」を有する者が刑の減軽を受ける理由は,「犯者幼年ニシテ智識未タ熟セサルヨリ責任充分ナラサルヲ以テ減軽スルモノナリ」というところにある[51]。「是非ノ弁別」の程度から刑の減軽を導くという理由づけは,12歳以上16歳未満が2等減軽されるのに対して,16歳以上20歳未満が1等減軽されるという取り扱いの違いを説明においても用いられている。すなわち,後者より前者の方が「是非ノ弁別」に関する能力が劣るために,刑の減軽の程度も異なるのである[52]。

---

50) 古賀廉造『刑法新論・総論之部(増補訂正5版)』(1900年) 499頁。
51) 宮城・前掲注28) 528頁。
52) 宮城・前掲注28) 529-530頁。また,磯部・前掲注33) 872頁は「16歳未満ノ者ニ比スレハ既ニ多少ノ教育ヲ受ケ……事物ノ経験ヲ得タル者ト推測セサルヘカラス。随テ是非ノ識別力アル者ト看做スハ当然……然レトモ其智識力ハ未タ充分発達セサルヲ以テ本刑ヨリ一等ヲ減セシムルモノトス……(二等を減ずるとした80条2項との違いは)智識ノ度ニ差異アルモノト推測スルヲ以テナリ」とする。

第1節　日本における刑事責任年齢規定に関する立法過程と学説における議論

第3款　現行刑法の立法過程における刑事責任年齢の意義に関する議論

　前款まで概観した旧刑法の特徴は，①「是非ノ弁別」を責任能力判断の基準とした相対的責任年齢制度を採用したこと，②「是非ノ弁別」能力を持つ者に対しても能力の未熟さを理由として刑の減軽という効果を与えたこと，③責任能力がないとされた者に対しては懲治処分が課されていたことにある。

　これに対して，現行刑法においては，一定の年齢を超えれば責任能力者とされる絶対的責任能力制度が採用され，刑の減軽および刑罰に替わる処分に関する定めについては規定していないことから，少なくとも法文上は刑事責任年齢に関する規定について旧刑法との間にかなりの差異がみられる。したがって，現行刑法の刑事責任年齢規定の意義を検討するに当たっては，旧刑法の規定からなぜ大幅に変更されたのかについて，立法過程における議論を検討することが重要になる。

　本款では現行刑法の立法過程を概観し，次款において現行刑法下の学説を検討するための前提的な作業を行うこととしたい。現行刑法の立法過程を通覧すると，①刑事責任年齢制度の基礎づけ，②相対的責任年齢制度の意義および問題点，③少年に対する刑の減軽規定の可否・減軽方法の3点について主たる議論が行われているが，これらの論点は一連の立法過程のそこかしこで議論されているので，現行刑法典の編纂過程を年代順に追うのでは，通覧するのに不都合である。そこで，本款では，年代順ではなく上記の3論点ごとに，立法者の議論を検討することとしたい[53]。

---

53)　なお，旧刑法において刑事責任年齢の下限が12歳であるのに対して，現行刑法においては14歳に変更されている。現行刑法の編纂過程における，刑事責任年齢の区分の変遷については次のとおり。①ないし③が相対的責任年齢制度であり，④が絶対的責任年齢制度である。

① 12歳未満を絶対的責任無能力，12歳以上16歳未満を相対的責任能力としたもの
　・明治15年9月16日「刑法中改正増補案」79条，80条（内田文昭・山火正則・吉井蒼生夫編著『刑法〔明治40年〕(1) I』（1999年）65頁。以下，本資料は「内田他（巻数）（頁数）」のように引用する）。
　・明治18年「ボアソナードの刑法改正案」92条，93条（内田他(1) II 72頁）。

第 2 章　刑事責任年齢

1　刑事政策的考慮の必要性

これまで検討してきたように，旧刑法において少年の責任能力がないとされたのは，少年に「是非ノ弁別」に関する能力がないとされたからであった。現行刑法の編纂過程においても，明治 30 年頃まではそのような説明が行われている。たとえば，「明治 23 年改正刑法草案」[54]の理由書においては，「概子所為ノ善悪ヲ弁別スルノ傾向アル」ことが責任能力を認める根拠とされており[55]，行為の是非を弁別する能力の有無が責任能力制度の根拠とされている。同様の説明は，明治 26 年 6 月 11 日に開催された「刑法改正審査委員会決議録（第 41 回）」においても見られる[56]。

こうした理解に転機が訪れたのは，明治 32 年 4 月 26 日の刑法連合会において行われた，片山国嘉医学博士に対する質疑[57]においてである。片山教授は，

---

② 10 歳未満を絶対的責任無能力，10 歳以上 14 歳未満を相対的責任能力としたもの
・明治 15 年末から明治 16 年初の「司法省改正案」79 条，80 条（内田他⑴Ⅰ60 頁）。
・明治 16 年「参事院改正案」79 条，80 条（内田他⑴Ⅰ85 頁）。
③ 10 歳未満を絶対的責任無能力，10 歳以上 15 歳未満を相対的責任能力としたもの
・明治 23 年「改正刑法草案」74 条，75 条（内田他⑴Ⅲ 166-167 頁）。
・明治 28 年「刑法草案（司法省刑法改正審査委員会）」53 条 -55 条（内田他⑵ 139 頁）。
・明治 30 年「刑法草案（司法省刑法改正審査委員会）」53 条 -55 条（内田他⑵ 139 頁）。
④ 14 歳未満を責任無能力とし，相対的責任能力についての規定を置かないもの
・明治 33 年「刑法改正案」54 条，55 条（内田他⑵ 473 頁）。
・明治 34 年「刑法改正案」51 条，52 条（内田他⑶Ⅰ39 頁）。
・明治 35 年「刑法改正案（第 16 回帝国議会提出）」51 条，52 条（内田他⑷ 38 頁）。
・明治 35 年「刑法草案（第 17 回帝国議会提出）」50 条，51 条（内田他⑸ 327-328 頁）。
・明治 39 年「刑法改正案」44 条（内田他⑹ 129 頁）。
・明治 39 年「刑法改正案（第 23 回帝国議会提出）」41 条（内田他⑹ 263 頁）。
・明治 40 年「刑法改正案に対する貴族院修正可決案」41 条（内田他⑺ 35 頁）。

54）内田他⑴Ⅲ 166-167 頁。
55）内田他⑴Ⅲ 205 頁。
56）内田他⑵ 89-90 頁。該当部分は次のとおり。「……世ノ進歩ト共ニ幼者発達ノ度ヲ早メ今ヤ年齢 10 歳ニ達シタル幼者ノ知能如何ヲ実際ニ徴スルニ概ネ所為ノ善悪ヲ弁別スルノ傾向アルヲ以テ斯ク右ノ二ヶ条ニ於テ現行法ノ 12 歳ヲ 10 歳ト 16 歳ヲ 15 歳ト改ムルノ必要アルニ至リタルモノナリ」。

第 1 節　日本における刑事責任年齢規定に関する立法過程と学説における議論

10 歳から 12 歳の少年の性質について,「罰スルト云フヨリハマダ発育ノ途中ダカラ罪名ヲ付ケズシテ良イ人間ニシテヤルト云フ側ナンダ」とし, 少年は「発育」の途中にあるために, 刑罰よりも更生的な措置が望ましいとしているのである[58]。片山教授の発言に対して横田國臣氏は「懲治ノ処分ガ酷イカラネ……懲治ト言フタ所ガ懲役ト言フタ所ガサウ格別違ヒハセヌ」と応じているが[59], ここでは「是非ノ弁別」が少年に認められるかという観点からではなく, 少年に対して責任能力を認めて刑罰を科すことが適当かという観点から議論がなされていることが重要である。

さらに, 片山博士の質疑からおよそ 8 ヶ月後の明治 32 年 12 月 15 日の「第 6 回刑法連合会」[60]においては, 古賀廉造委員より刑事責任年齢を低く設定することにより犯罪対策を行うという趣旨の発言がなされ, 刑事責任年齢において考慮すべき新たな視点が示された。すなわち, 古賀氏は 15 歳未満の者が責任無能力者とされたことを批判して,「恰モ 15 歳ニ至ラヌ者ハドンナ事ヲシテモ宜シイト云フヤウナ免許ヲ得テ, ソレガ為ニ世ノ中ニ犯罪者ガ殖エルト云フコトノ第一恐レガアリマス」と述べている[61]。これに対しては, 倉富勇三郎政府委員から, 15 歳未満の者に対して犯罪を行う「免許」を与えるものではなく「普通ノ刑ヲ科スルヨリモ, モウ少シ功ヲ奏スルコトノ多イ方法ヲ採ラウト云フノガ此改正案ノ趣意デアリマス」という反論がなされているが[62], この倉富委員の反論にも「功ヲ奏スル」という言葉が用いられているところに現れているように, 犯罪対策の有効性という観点も踏まえて刑事責任年齢制度が基礎づけられていることが伺われるのである。

このように, 明治 32 年の連合会における片山教授への質疑を契機として,

---

57) 内田他(2) 253 頁。なお, 片山教授を現行刑法の起草委員会に呼ぶことについては, 明治 32 年 11 月 1 日の法典調査会第 3 部の会議における「長谷川委員ヨリ幼年者ノ精神発育ニ関シ片山博士ノ意見ヲ求メ片山博士ヨリ種々医学上ノ説明ヲ為シタル後採決セスシテ連合会ノ議ニ付スル」という決議を受けてなされたものである。内田他(2) 187 頁。
58) 内田他(2) 253 頁。
59) 内田他(2) 253 頁。
60) 内田他(2) 421 頁。
61) 内田他(2) 423 頁。
62) 内田他(2) 425 頁。

83

第 2 章　刑事責任年齢

少年の処遇の有効性や犯罪対策といった新たな側面が刑事責任年齢制度の基礎づけとして援用されるようになったが，少年の是非弁別能力や知的発達といった側面が刑事責任年齢を基礎づけることが否定されたわけではないことには注意が必要である。実際に，同じく明治 32 年 12 月 15 日の刑法連合会において，刑事責任年齢の下限を 15 歳とした理由を問う三浦安委員の質問に対して，片山国嘉教授は 15 歳未満の少年には是非弁別能力はあるが，「裁決」能力が欠けるため，精神の発達が十分であるとはいえないためであると説明している[63]。

　以上概観したように，明治 32 年までの現行刑法の編纂過程においては，少年の是非弁別能力の低さという観点のほか，少年の処遇効果や犯罪対策という観点をも踏まえて，刑事責任年齢制度が基礎づけられていることが分かる。これらの議論を反映したといえるのが，「明治 33 年刑法改正案」[64]の理由書である。すなわち，同理由書は，刑事責任年齢の下限を旧刑法の 12 歳から 14 歳へと高めた明治 33 年草案の理由について，①「近来生理学ノ発達ニ伴ヒ幼者ノ智能ハ此ノ如ク速ニ発育スルモノニ非サルヲ知ルニ至リ従来ノ立法例ニ於ケル責任年齢ノ低キニ失スルヲ非難スル者増加シタル」こと，②「幼年犯罪者ヲ懲治スル設備ヲ整ヘ得ルニ至レル」こと，③「幼年囚ヲ処罰スルモ其利益甚タ少ナク却テ累犯者ノ幼年囚ニ多キ」ことの 3 点を挙げているが，①が責任能力の視点，②と③が処遇効果ないし犯罪対策の視点を考慮しているといえよう[65]。明治 33 年草案理由のこのような立場は，これ以降の草案理由書におい

---

63)　内田他(2) 435 頁。片山教授の発言は，次のとおり。「一人前ノ精神ニ為ルト云フノハドノ位デ為ルカ……12 歳或ハ 14，5 歳ノ所デ余程智慧ハ付テ参リマス。智慧ノ分量ハ余程多ク為リマス。従ツテ是非ノ弁別之ノ善イ之ノ悪ルイト云フ分別モ余程能ク出来ル，ソレガ出来ルニモ拘ハラズ尚ホ犯罪ヲスル……ノハ……裁決之ヲ決定スル能力ガ薄イノデアリマス。殊ニ此 14，5 歳ノ頃ハ感動ガ強クシテ其時ノ感情ニ因テ行為ガ支配サレ裁決スルト云フ能力ノ方ガドウモ乏シイカラ何時モ感情ノ為メニ行為ガ支配ヲサレテ十分是非ヲ其場合ニ臨ンデ考ヘテヤルコトガ出来ヌコトガ多イノデアリマス……裁決力ガ乏シイ勢ニ乗ジテヤル悪ルイ事ト云フコトハちゃんと知ツテ居ルガ其時ニハ判断力ガ乏シイ犯罪ヲヤルノモ丁度其通リデアリマス……弁別ガアルニ拘ハラズ罪ヲ犯ス当時ハ十分働カナイ即チ裁決ガ出来ナイ，サウ云フ次第デ犯罪ヲスル。言ヒ換ヘレバ，マダ精神ガ内容ハ発達ヲスルガ当リ前ノ所マデ発達ヲシナイ。殊ニ教育ノ宜シクナイ或ハ身体ノ発育ガ幾分病気ノ為メニ妨ゲラレタト云フヤウナコトガアルト尚ホ相違ヲ生ジテ来マス」。
64)　内田他(2) 473 頁。

ても受け継がれ[66]，現行刑法の制定まで変更が加えられることはなかった。

　以上示したように，旧刑法において刑事責任年齢制度を基礎づけていたのは少年の「是非ノ弁別」能力という観点であったのに対して，現行刑法においては，「是非ノ弁別」に限られない少年の「智能」について科学的知見を踏まえるという観点，責任年齢を超えた幼年者の処遇の有効性の観点，および，そうした幼年者に対する刑罰の害悪性の観点から刑事責任年齢制度が基礎づけられている。

2　相対的責任年齢制度から絶対的責任年齢制度への変更

　現行刑法の立法過程においても，刑事責任年齢の基礎づけの一つとして少年の「是非ノ弁別」に関する能力の低さが挙げられているが，これを条文上規定するかどうかについては，現行刑法の編纂過程において争いが見られる。最終的には，「是非ノ弁別」という文言を条文には含めないという意見が採用されたため，現行刑法は相対的責任年齢制度ではなく，絶対的責任年齢制度を採用することとなったのである。次に，この点に関する立法過程の議論を概観する。

　刑法の条文に「是非ノ弁別」という文言を入れることについて最初に異議を唱えたのは小河滋二郎氏である。小河氏は，明治32年12月15日の刑法連合会（第6回）において，旧刑法下における幼年者の処遇の問題性について論ずる際に，「今日ノ懲治場ハ彼ノ思慮分別ト云フヤウナ刑法ノ規定ガアルガ為メニ非常ニ此懲治ヲ受ケル者ガ少ナイ」とし，「是非ノ弁別」が実際上は肯定される場合が多く，懲治処分に課せられるものは少数であることを理由として，法文に「是非ノ弁別」が入っていても実際上の効果がないとして批判している[67]。

---

65)　内田他(2) 518-519頁。
66)　明治34年第15回帝国議会提出「刑法改正案参考書」（内田他(3) I 89-90頁），明治35年第16回帝国議会提出「刑法改正案」理由書（内田他(4) 85-86頁），明治35年第17回帝国議会提出「刑法改正案」理由書（内田他(5) 376頁），明治40年第23回帝国議会提出「刑法改正案」理由書（内田他(6) 305頁）において，この3点の理由はいずれも掲げられている。
67)　内田他(2) 433頁。小河委員は「今日ノ懲治場ハ彼ノ思慮分別ト云フヤウナ刑法ノ規定ガアルガ為メニ非常ニ此懲治ヲ受ケル者ガ少ナイ」と述べているが，この発言は「是

第 2 章 刑事責任年齢

　これに対して，政府委員の石渡敏一は「是非ノ弁別」の規定を削ると「是非ノ弁別ガナクシテ犯シタ者モ矢張リ罰」することとなるが，「サウ云フ者マデモ……罰スル必要ガドコニゴザイマセウカ，ソレヲ教育スルト直ホル者デゴザイマセウ，ソレヲ殊更ラニ監獄ニ入レテ罰シナケレバナラヌト云フ必要ハゴザイマセヌ」と述べて，これを削除することに反対している [68]。小河氏が「是非ノ弁別」という規定が懲治処分を科す方向に働いていないという運用実態を踏まえて削除すべきであるとしているのに対して，石渡委員は是非弁別が無い者も処罰する道を開くことになる規定形式は妥当ではないと応じていることから，両者の議論は必ずしも対応していないが，石渡委員にとっては「是非ノ弁別」が無い者が処罰されるという可能性が生じること自体が受け入れがたかったのであろうと思われる。

　小河氏の主張が受け入れられた結果であるかどうかは不明であるものの，翌年の明治 33 年「刑法改正案」54 条は「14 歳ニ満タサル者ノ行為ハ之ヲ罰セス」とだけ規定し，「是非ノ弁別」によって責任能力の有無を判断するという相対的責任年齢制度を廃止した。その理由について，同改正案の理由書は，①是非を弁別したかどうかの区別を行うのは困難であって実際の適用上はほとんど全ての幼者を処罰することとなっており「其弊ニ堪ヘサル」こと，②本改正案においては「学術進歩ノ結果ニ基キ犯罪者ノ責任年齢ヲ充分高度ニ定メ」られており，その年齢を超えたものについては通常の刑罰を科しうることを明示することによって責任能力・無能力の「分界ヲ明ニ」したこと，という理由を挙げている [69]。この説明は，その後の理由書においても踏襲されている [70]。

　明治 32 年の連合会においては「是非ノ弁別」を削除することに反対していた石渡政府委員は，こうした政府案の立場の変更に即して立場を変えることとなった。石渡委員は，明治 35 年 2 月 10 日の「貴族院刑法改正案特別委員会」[71] において，改正案の責任年齢規定に関する菊池武夫の質問に対して「是

非ノ弁別」が積極に解される場合が多いことを前提にしていると考えられる。
- 68) 内田他(2) 434 頁。
- 69) 内田他(2) 518-519 頁。
- 70) その後の一連の理由書の出典については，注 66) を参照。
- 71) 内田他(4) 351 頁。

第 1 節　日本における刑事責任年齢規定に関する立法過程と学説における議論

ハ随分ムヅカシイ問題デアリ……是非ノ弁別ヲ以テ幼者ノ罪ヲ決スルト云フノハ……少不当デハナイカ」と答えたうえで，その理由について「幼年者ガ罪ヲ犯スノハ是非ノ弁別ヨリハ此精神上ノ働キノ為ニ已ム得ヌコトトシテ罪ヲ犯ス，然ルニ是非ノ弁別ノミ以テ罪ノ有無ヲ問フノハ不当」だからであると答弁し，「是非ノ弁別」のみで幼年者の責任能力が定められないことから，これを法文上に明示することは妥当でないと説明している[72]。

こうした現行刑法の立法過程における相対的責任年齢制度の廃止は，「是非ノ弁別」のみで責任能力の有無を判断せず，刑罰を科すことに適しているかどうか等の観点も踏まえる現行刑法の責任年齢に対する立場を反映しているといえよう。

3　少年に対する法律上の減軽規定の削除——必要的減軽制度に対する疑問

旧刑法においては，相対的責任年齢制度と刑の必要的減軽とは一体になって規定されていたが，この点に対しては現行刑法の編纂過程の初期から疑問が提起されていた。

井上毅は，明治 14 年の「新刑法施行意見」において「唯十六以上二十以下ノ犯罪一等減ハ社会ノ患害ヲ為サン。何トナレハ人殺シ火附強姦等十八九ノ者過半ナレハナリ」とし[73]，さらに明治 16 年の「刑法改正意見案」においては皇室に対する罪（旧刑法 116 条 2 項）を犯した場合には 16 歳以下の罪を宥恕する規定（80 条）の適用を排除すべきであるとしており[74]，重大犯罪でも必要的に減軽がなされる旧刑法の規定に対して批判を加えている。また，旧刑法の刑事責任年齢規定を基本的に妥当であるとする富井博士も，「15 歳位マデハ裁判官ニ於テ……「情状ニ因リ刑ヲ科セサルコトヲ得」ト云フヤウナ風ニシタ方ガ善クハナイカ」と述べ，刑が必要的に減軽される点については批判を加えている[75]。

こうした流れを受けたためか，明治 33 年「刑法改正案」55 条は「14 歳以上

---

72)　内田他(4) 351 頁。
73)　内田他(1) I 435 頁。
74)　内田他(1) I 440 頁。
75)　内田他(2) 426 頁。

87

20歳ニ満タサル者ノ行為ハ其刑ヲ減軽スルコトヲ得」と規定し，その理由としては「16歳以上ノ犯人ニ付キテハ犯罪能力ヲ認メ乍ラ猶ホ必ラス其刑ヲ減軽スルヲ以テ必要ナキ場合ニ於テモ猶ホ減軽ヲ為ササルヲ得ス……不穏当」であるとし[76]，必要的減軽から裁量的減軽へ変更したのである。

しかし，必要的減軽規定の削除については，明治39年11月26日に開催された「法律取調委員会（第13回）」[77]において異論が唱えられている。花井委員は刑事責任年齢の下限を14歳とすることには賛成しつつ，20歳未満の者の行為については刑を必要的に減軽すべきであると提案し，小河委員がこれに賛成したのである。この花井委員の提案については，賛成者が4名と少数であったことからとくに議論が行われることなく，否決されることとなった。花井議員の提案になぜ賛成者が少なかったのかは，資料からは明らかではない。

法律上の減軽規定が削除された点については，明治40年2月4日の「貴族院刑法改正案特別委員会」[78]において詳細な説明が行われている。まず，倉富勇三郎政府委員は，責任年齢以上の未成年者に対する法律上の減軽規定を削除した理由について，①「15歳或ハ16歳……一通リ其人ノ知能モ発達シテ」いること，②刑法の改正案においては「多クノ場合ニ於テハ刑ノ範囲ガズット広クナッテ」いることから「幼年者ガ罪ヲ犯シタ場合ニ於テ各条ノ刑ノ範囲内ニ於テ幼年者相当ノ刑ヲ科スルコトモ出来ル」こと，③そうした幅広い法定刑を用いても「犯情ニ適当シナイ場合ガアレバソレ以上酌量減軽ノ途ガ開イテ」あることの3点を挙げた上で「14歳以上20歳未満ノ者ニ付テ法律上減軽ノ途ヲ開イテ置ク必要ハ無カラルト云フ趣意カラシテ此規定ヲ削ルコトニナリマシタ」と結論付けている[79]。

また，倉田委員から以上の説明がなされた2日後の明治40年2月6日に同じ委員会において，旧刑法の立場を支持する尾崎三良から，必要的減軽規定が削除された点について質問が提起された。尾崎議員は，旧刑法における法律上の減軽規定を削除した理由が，実際上の必要性が無いという経験に基づくもの

---

76) 内田他(2) 518-519頁。
77) 内田他(6) 178頁。
78) 内田他(6) 372頁。
79) 内田他(6) 373頁。

なのか，理論的に不当であるという趣旨なのかについて質問している[80]。

　この点，倉富勇三郎委員は上述の2月4日の説明に付け加えて，少年犯罪への対策を理由として挙げている。すなわち，「現行法デ20歳マデハ其罪ヲ減軽宥恕スルト云フコトモゴザイマスガ……20歳ト申シマスルト数ヘ年ノ22歳ニナルヤウナ者モアリマスガ，随分エライ強盗殺人ナドヲヤッテモ何デモカンデモ，ソレハ必ズ一等ヲ減ゼヌケレバナラヌト云フヤウナ結果ニナリマスカラ，此減軽ノ結果，随分実際ニ困ルコトガアリマス」というのである[81]。倉富委員の答弁においては，年長の少年による重大犯罪についてまで必要的に減軽をすることが妥当ではないとされているのであり，そうした重大犯罪への刑罰による対応という側面が意識されていたといえる。また，倉富委員は，2月4日の委員会における説明の③についても，補足的に「此改正案ニシテ酌量減軽イタシマスレハ例令ドノ種類ノ重イ罪デモズット下ガルコトガ出来マスカラ実際不都合ハ無イ積リデアリマス」とし，酌量減軽を用いることによる実際上の刑の量定の妥当性を指摘している[82]。

　以上のように，現行刑法の立法者は，責任年齢以上の少年については，個々の情状に応じて刑の量定を行い，必要があれば減軽するが場合によっては成人と同じ刑罰を科しうるという立場を採用したのである。旧刑法における相対的責任年齢制度が刑事責任年齢制度と刑の減軽規定とを一体のものとして規定していたこととは対照的に，現行刑法においては刑事責任年齢と刑の減軽の可否とは分離され，別個のものとして規定されるに至ったのである。

---

80) 内田他(6) 390 頁。尾崎委員の質問は次のとおり。「(旧刑法においては，12歳以上16歳未満の者はその罪を宥恕し，本刑に一等を現ずることになっているが) 私ノ考デハ至極是ナドハ適当ノ法デアラウト思ヒマスガ，ソレヲ全然御廃メニナッタノハ実際上斯ウ云フコトハ何モ要ラナイト云フ所ノ経験上カラ御改正ニナッタノデアリマセウカ，或ハ又唯理想ダケデ斯ウ云フ御改正ニナル御積リナンデセウカ」。

81) 内田他(6) 390 頁。

82) 内田他(6) 390 頁。

第4款　現行刑法下の学説における刑事責任年齢規定の意義
　　　　に関する議論

1　現行刑法の刑事責任年齢規定に対する学説上の評価

　旧刑法と比較すると現行刑法の条文の規定形式の特色は，相対的責任年齢制度が廃止された点，および，刑の減軽規定が削除された点にある。現行刑法41条の刑事責任年齢規定に対する学説上の評価も，主としてこの2点について向けられている。旧刑法の相対的責任年齢制度は，法律上の刑の減軽と併せて規定されていたことから，この2点は関連する問題であるといえる。そこで，この2点についての学説の評価をみておこう。

(1)　相対的責任年齢制度の廃止についての評価

　前款で紹介したように，相対的責任年齢制度が廃止された理由の一つは，「是非ノ弁別」が実際上はほとんど認められたために幼年者の責任能力を判定する基準として実際的ではなかったことである[83]。山岡萬之助博士は，「旧刑法時代ノ裁判ニ於テハ犯罪ノ態様犯者ノ罪悪ニ関スル陳述等ヲ参酌シテ「是非弁別力」ヲ判定シタリ……裁決区区ニシテ同一程度ノ精神発育状態ニアルモノ時ニ或ハ責任能力者ト認メラレ或ハ否認セラルル等公平ヲ失スル者少ナカラサリシ，故ニ新刑法カ断然此区別ヲ捨テタルハ寧ロ事宜ニ適シタル処置ト謂フヘ

[83)　なお，田中正身『改正刑法釈義　上巻』(1907年) 521頁は，旧刑法の相対的責任年齢制度を廃止したのは，是非の弁別を判定することが困難であるからであると説明する見解に関する「異説」を紹介している。ここで紹介されている「異説」は「弁別力ノ有無ニ依テ責任能力ヲ定ムルノ規定ヲ廃スヘシト云フハ責任能力ノ有無ハ道義的意識性情ノ完熟セルヤ否ヤニ依テ定ムヘキモノニシテ単純ナル弁別力ノ有無ヲ以テ責任能力ノ標準タラシムルニ適セサルヲ認メタレハナリ。決シテ弁別心ノ有無ヲ実際ニ判定スルノ困難ナルカ為メニ之ヲ法文ヨリ削除スルト云フカ如キ浅薄ナル理由ニ非サルハ明カナリ」として，「是非ノ弁別」という基準だけでは少年の責任能力の有無を適切に判定されないとしたことが，この文言が削除された理由であるとする。このような責任能力の内容は弁別の有無に尽きないとする見解からは，「其趣旨ヲ全フスルカ為メニ一層大ニ適用ノ範囲ヲ拡ムルト共ニいわゆる関係的責任年齢ヲ認ムルノ必要ヲ見ルニ至ヘキハ自然ノ理」であるとする。その理由として，①責任能力の標準は学説・立法論の範囲に属するものであるからこれを法文に規定する必要は必ずしもないこと，②裁判官の認定に任せることが「機宜ノ活用ヲ全フスル上ニ於テ便利」であること，を挙げられている。

第1節　日本における刑事責任年齢規定に関する立法過程と学説における議論

キナリ」と述べられ，現行刑法が相対的責任年齢制度から絶対的責任年齢制度に転換したことは妥当であると評価される[84]。

これに対して，平井彦三郎博士は「旧刑法ハ全ク是非ノ弁別力ノミヲ以テ責任ノ基準ト為シ，純理ヲ一貫シタルコト明カナリ」とし，旧刑法の立場は理論的には一貫していたとして評価されている[85]。次項で見るように，平井博士は，この叙述に続いて，旧刑法が採用していた刑の必要的減軽制度についても，責任能力の低減からうまく説明がつくとされる。

(2) 刑の必要的減軽規定の廃止についての評価

旧刑法とは異なり，現行刑法には，刑事責任年齢を超える未成年に対して法律上の減軽規定は存在していない。この点についての学説上の批判は，①責任能力論の観点から減軽規定を削ったこと自体を批判するもの，②刑事政策的な観点から一定の刑種については減軽規定を残すべきであったと批判するものに大別される。

---

84) 山岡萬之助「刑事未成年者ヲ論ス」法学志林21巻7号（1919年）50-51頁。
85) 平井彦三郎『刑法論綱総論（4版）』（1934年）254-255頁。このような平井博士の立場をさらに推し進めたと評価できる見解として，市川秀雄「未成年者，年少成年者（青年）及び成年者の犯罪者の法律上の地位及び処遇における相違を正当化する程度」法学新報69巻11号（1962年）1頁。市川博士は，教育刑論の立場を徹底するという意図から，年齢によって画一的に責任能力の有無や刑の減軽の可否について定めるのは妥当ではないという見解を主張される。まず市川博士は「少年，年長少年すなわち青年及び成年者についても，暦年に従って，一定の年齢的区別に依り形式的概念的に類別すべきでなく，その間に弾力性を有たせるのがいいとわたくしは考える」と述べた上で，その根拠について，①「責任能力の限界や，少年に対する刑事上の特殊処遇，青年に対するそれを定めるのに暦年に依って一定の年齢を標準としているということは，手続上の簡易と少年或は青年に対する画一的な保障ということ以外に意味を有つものでない」こと，②「いかなる段階のいかなる人にとってもそれぞれ個人的な発達がある。これを考慮しつつ，法律の限界内においてその処置を選択するばかりでなく，なお，その処置の執行の態様を定めるのが正しい」こと，③「単に形式的機械的に一様に……普通の少年を対象とする教育的処置を施すということは甚だ適切でなく，早熟少年に対してはそれを廃止して，早熟少年に適する成年者に対する教育刑を行うことにしなければならない」ことの3点を挙げられる（市川・同6頁）。こうした市川博士の見解は，刑事処分の選択および刑の量定においても示唆的であると思われるので，次章以下において検討することとしたい。

第2章 刑事責任年齢

①の立場を取られるのは，泉二博士である。現行刑法が制定された明治40年に発表された論文[86]において，泉二新熊博士は現行刑法において14歳以上の未成年者に対して法律上の減軽規定が置かれていないことを批判されている。政府案の説明書においては，現行刑法において責任年齢を超えた未成年に対する法律上の減軽措置が認められなかった理由の一つとして，成人年齢に近い少年が放火等の重大犯罪を行った場合にまでも刑を必要的に減軽しなければならないのは不当であるということが挙げられていたが[87]，泉二博士はこの点について，瘖唖者については刑の必要的減軽が認められているにもかかわらず，それについては何故批判されていないのかとし，少年についてのみ刑の必要的減軽が認められないことには理由が無いことを示唆されている[88]。もっとも，泉二博士は責任年齢を超える未成年者に対して一般的に法律上の減軽規定を復活させるべきだとまでは主張しておらず，「少クトモ死刑及無期刑ニ付テ法律上ノ減軽ヲ認ムルコト至当ナラサルカ」という提案をしておられる[89]。少年に対する死刑および無期刑を制限するべきであるという泉二博士の提案は，大正少年法[90]および現行少年法[91]においても，ある一定の年齢層の少年については受け入れられている。

他方，②の立場に立たれるのは，平井博士や大場茂馬博士である。まず，平井博士は，旧刑法が「是非ノ弁別力」に応じた刑の必要的減軽規定を置いていたことについて「此ノ年齢ニ達スルモ未タ必スシモ十分ナル精神ノ成熟者ト認メ得サルモノト為シタルナリ，以テ参考ト為スニ足ルヘシ」とされている[92]。

---

86) 泉二新熊「刑法改正案ニ於ケル未成年者ノ刑事責任」法学新報17巻3号（1907年）26頁。
87) 本節第3款3を参照。
88) 泉二・前掲注86) 31-32頁。
89) 泉二・前掲注86) 32頁。
90) 旧少年法7条1項は「罪ヲ犯ス時16歳ニ満タサル者ニハ死刑及無期刑ヲ科セス。死刑又ハ無期刑ヲ以テ処断スヘキトキハ10年以上15年以下ニ於テ懲役又ハ禁錮ヲ科ス」と規定する。ただし，同2項は皇室に対する罪（73条，75条），尊属殺人罪（200条）の場合にはこの規定を適用しないとしている。
91) 少年法51条1項，2項。
92) 最近の学説における同趣旨の見解として，朝倉京一「少年に対する刑罰の問題」専修大学法学研究所所報24号（2001年）7頁。朝倉教授は，「我が旧刑法……がその79

第1節　日本における刑事責任年齢規定に関する立法過程と学説における議論

また，大場茂馬博士は，現行刑法において少年に対する法律上の減軽規定がないことをかなり詳細に批判されている93)。大場博士は，現行刑法において14歳以上の行為者は完全責任能力者であり成人と同様の存在として扱われているが，いかに法律を変更しようとも少年が未成熟であるという事実は変えられないと指摘される94)。そして，心神喪失者の行為は罰せず（39条1項），心神耗弱者の行為には刑の必要的減軽が与えられ（39条2項），瘖唖者の行為は無罪又は必要的減軽が与えられる（40条）のは，「其罪責小ナル」ところにあるのであるから，「之ト同一理由ニ依リ幼年者ノ如ク精神未タ完全ニ成熟セサル者ノ所為ハ或ハ罪責ナキカ又罪責少ナルハ勿論ナリ……精神ノ未熟未タ完全ナラサル幼年者ハ其成熟ノ程度如何ニ依リ或ハ之ヲ無罪トシ或ハ大ニ其刑ヲ減シ或ハ少クモ其刑ヲ減スルヲ以テ正義ニ適シ公平ニ合シタルモノト為スヘキ」であるにも関わらず，14歳以上の未成年者に対して刑法上の成年者と同一の扱いを与えている現行刑法は「正義ニ背キ公平ニ戻ル」ものであると批判されるのである95)。

泉二博士の提案が一定の刑種について減軽を認めるべきであるという限定的なものであり，刑種の重大さを考慮したという意味において刑事政策的な配慮に基づくものであったのに対して，大場博士の批判は心神喪失・心神耗弱や瘖唖者の責任が阻却される根拠との関連性を意識したより理論的な観点からの批判であるといえる。ごく最近の学説においても，大場博士と同様に若年者に対

　　条以下で，少年年齢を12歳未満，12歳以上16歳未満および16歳以上20歳未満の3段階の年齢別減免規定を置いていた……これらの減免規定は……ボアソナードの特段の配慮に負い，遡れば，その師オルトラン他に率いられた19世紀フランス・ドイツでの新古典学派に負う刑事責任の分化による刑罰の個別化思想に由来するものとも考え得るところであって，一の少年刑法的核心を捉えるものとして顧みないわけにはいかないものがある。それとともに，14歳になると途端に20歳以上の成人並みの刑事責任があるとされることには，何としても不自然の感を免れ得ない」とされ，相対的責任年齢制度と併せて法律上の刑の減軽規定が定められていた旧刑法の規定を評価されている。朝倉・同13頁参照。

93)　大場茂馬「刑法上ノ負責能力（Zurechnungsfähigkeit）ヲ論ス（承前）」法学新報23巻5号（1913年）20頁。
94)　大場・前掲注93）38頁。
95)　大場・前掲注93）39頁。

する法律上の減軽規定が置かれていないことについての批判がなされている。朝倉京一教授は，刑法41条を「立法者意思による絶対的推定ないし擬制と解して，それが働かない14歳以上の者になると途端に成人一般並みの刑事責任を負わされるとすることは，何としても不自然の感を免れ得ない」ということを根拠として，現行刑法が犯人の若年性を「情状の一つとして，それ以上のものとは見ていないように取れる」ことについて批判を加えている[96]。旧刑法の相対的責任年齢規定を廃止する際に，立案者の説明として，少年の年齢については情状として考慮すればよいとの説明がなされていたが，こうした朝倉教授の指摘は，行為者の若年性を情状の一つとして扱うことの不十分さを示唆するものであり，大場博士と同様の見解である。

(3) 小 括

このように，現行刑法41条の刑事責任年齢に関する規定については，絶対的責任年齢制度が採用され個々の少年の状況に応じて責任能力の判断を行えなくなった点，および，刑事責任年齢を超えた未成年については法律上の刑の減軽規定が存在しない点について，学説上の批判が見られる。

しかし，大多数の学説はこれらの2点について疑問を呈していない。その理由は，少年法において刑事責任年齢を超えた少年についてはそれぞれの少年ごとに刑事処分に付することが相当であるかの判断がなされ，刑事処分を選択した場合の刑の量定は成人とは別個に行われるという特則が規定されたため，刑法の分野で議論を行う必要性が低くなったからであると思われる[97]。

一方，現行刑法41条の基礎づけ，すなわち，刑事責任年齢に満たない者の行為が，なぜ一律に不可罰とされるのかについては，様々な議論がみられる。項目を改めてこれをみていこう。

---

96) 朝倉京一「少年刑法の現代的課題」森下忠他編『日本刑事法の理論と展望 佐藤司先生古稀祝賀（下巻）』(2002年) 198頁。もっとも，立法者は，14歳以上の者になると「成人一般並みの刑事責任を負わされる」とは考えていなかったことについて，第3款3を参照。

97) なお，平成12年（2000年）の少年法改正以前は，逆送されて刑事処分に付されるのは送致時に16歳の者であったため，こうした傾向がさらに助長されたともいえよう。

第1節　日本における刑事責任年齢規定に関する立法過程と学説における議論

2　刑法41条の基礎づけをめぐる学説上の議論──責任能力の観点と刑事政策的観点

現行刑法41条に関する学説の議論をみると，同条の趣旨についての説明として2つの観点が挙げられていることがわかる。一つは，①責任能力の本質（是非弁別能力・行動制御能力）の観点であり，いま一つは，②刑事政策的観点（刑罰の害悪性・少年の更生可能性・犯罪防止の有効性・一律判断の合理性）である。

本項では，これら二つの観点から，学説の内容を確認する。なお，①と②の観点は必ずしも相互排他的ではないことに注意が必要である。すなわち，①と②の観点を併用するのか，それともいずれか単独で刑事責任年齢制度を基礎づけるのか，という観点から学説を分類することができる。すなわち，責任能力の観点のみで説明する見解[98]，刑事政策的観点のみで説明する見解[99]，責任能力の観点と刑事政策的観点を併用するもの（これは，前者を重視するもの[100]，後者を重視するもの[101]，両者を同列に考慮するもの[102]にさらに三分できる）の3

---

[98]　曽根威彦『刑法総論（第4版）』（2008年）147頁。

[99]　牧野英一「少年法に関する若干の考察」同『刑法の国際化（刑法研究第15巻）』（1956年）320-321頁，内藤謙『刑法講義総論（下）I』（1991年）843頁，山口厚『刑法総論（第2版）』（2007年）254頁，齋野彦弥『刑法総論』（2007年）178頁，大塚・前掲注1）455-466頁，伊東研祐『刑法総論』（2008年）249頁，井田良『講義刑法学・総論』（2008年）370-371頁，松宮孝明『刑法総論講義（第4版）』（2009年）12頁，佐久間修『刑法総論』（2009年）256頁，岡野光雄『刑法要説総論（第2版）』（2009年）161頁，木村光江『刑法（第3版）』（2010年）146頁，西田典之＝山口厚＝佐伯仁志（編著）『注釈刑法（第1巻）総論§§1〜72』（2010年）636頁［古川伸彦執筆］，川出敏裕「少年非行・少年犯罪（特集・刑法典の百年）」ジュリスト1348号（2008年）152頁，前田雅英『刑法講義総論（第5版）』（2011年）430頁など，佐伯仁志『刑法総論の考え方・楽しみ方』（2013年）324頁，高橋則夫『刑法総論（第2版）』（2013年）344頁。

[100]　平野龍一『刑法総論II』（1975年）299頁，同『刑法概説』（1977年）103頁，団藤・前掲注1）275頁，阿部純二『刑法総論』（1997年）198頁，荘子邦雄『犯罪論の基本思想』（1979年）248頁，荘子邦雄『刑法総論（第3版）』（1997年）325頁など。

[101]　大塚仁＝河上和雄＝佐藤文哉＝古田佑紀（編著）『大コンメンタール刑法第3巻（第38条〜第42条）（第2版）』（1999年）438頁（若原正樹），古田佑紀『刑法という法律（改訂版）』（2005年）40・43頁，斉藤信治『刑法総論（第6版）』（2008年）200頁，西田典之『刑法総論（第2版）』（2010年）281頁など。

[102]　大塚仁＝川端博『新・判例コンメンタール　刑法2　総則(2)』（1996年）266頁（浅田和茂執筆），伊藤渉＝小林憲太郎＝鎮目征樹＝成瀬幸典＝安田拓人『アクチュアル刑法総論』（2005年）228頁（安田拓人執筆），山中敬一『刑法総論（第2版）』（2008年）

95

つに区分される。

以下，①と②の観点がそれぞれどのような内容なのかを確認したうえで，学説が①と②の関係をどのようにとらえているかをみていこう。

(1) 責任能力の観点からの刑事責任年齢制度の基礎づけ

通説によれば，責任能力とは，その内容を物事の是非を弁別して行動する能力を意味する「是非弁別能力」と，行為の是非の弁別に従って自らの行動を制御する能力を意味する「行動制御能力」の2つの能力からなる[103]。この定義から曽根教授は，「刑法41条は，「14歳に満たない者の行為は，罰しない」と規定し，14歳未満の者を絶対的責任無能力者として扱っている。これは，刑法が，14歳未満の者について，行為の弁識能力または制御能力が一般的に未熟であることを考慮したためである」としているが[104]，この説明は責任能力の観点から刑事責任年齢制度を端的に基礎づけたものであるといえる。

ここで問題となるのは，少年の是非弁別能力もしくは行動制御能力が低いとされる理由である。この点についてまず挙げられているのは，少年の精神の特殊性である。大場茂馬博士は，「人未タ相当年齢ニ達セサルトキハ其弁識力及ヒ意思力未タ熟セス。未タ熟セサル弁識及ヒ意思ハ敢テ病的状態ニ非スト雖モ其心理状態完全ナラサル点ニ於テ所謂心神喪失者若クハ心神耗弱者ト択ム所ナシ」と述べられ，精神的に未熟であるために「心理状態」が完全ではなく，その限りでは弁識能力が心神喪失者・心神耗弱者と変わりがないという説明をされている[105]。最近の学説においては，安田拓人教授が「誰でも人殺しや泥棒の違法性はかなり幼い頃から認識していようが，幼少者は精神の発達がまだ完全ではなく，特殊な精神状態に陥ることがあるため，とくに制御能力に問題があることが多い」と述べられ，幼年者の特殊な精神状態から行動制御能力にと

604頁，葛原力三＝塩見淳＝橋田久＝安田拓人『テキストブック刑法総論』（2009年）202頁（安田拓人執筆），福田平『刑法総論（第5版）』（2011年）195頁，大谷實『刑法講義総論（新版第4版）』（2012年）324-325頁，今井猛嘉＝小林憲太郎＝島田聡一郎＝橋爪隆『刑法総論（第2版）』（2012年）278頁（今井猛嘉執筆），松原芳博『刑法総論』（2013年）206頁など。

103) たとえば，大塚・前掲注1）453頁。
104) 曽根・前掲注98）149頁。
105) 大場・前掲注93）25頁。

りわけ問題が生じられることを指摘される106)。

このような少年の性質に関する科学的な知見に基づく記述に対して，社会的観点から是非弁別能力・行動制御能力が低いという評価ができるという説明がなされることもある。たとえば，西村勘之助氏は「現時我国ニ於ケル風俗習慣乃至教育宗教等ノ関係上国民智能発達ノ時期殊ニ善悪邪正ヲ識別スル能力ハ普通満 14 歳ニ達セサレハ充分要請セラレ……満 14 歳以前ヲ以テ精神ノ不成熟ニ基ク責任無能力ノ時期ト為シタル」とされており，風俗慣習教育といった社会的観点から 14 歳未満の少年に是非弁別能力を認めることができるとしている107)。また，古田佑紀元最高裁判事も，責任年齢に関する現行法の立場について「あえて生理学を持ちださなくてもよさそうなもので，やはり，このあたりの年齢が，社会的に一応大人扱いをするというか，責任を認めるのにふさわしい年齢と感じられていた背景があるように思われる……結局，何歳から処罰するようにするかは，一つには，刑法の立法当時の説明にあるように，知能の発達の程度の要素にもよるが，それと同時に，社会的にいつから，いわばある程度責任を持たせてなにかをさせるようになるかという社会から見た成熟度も大きなウエイトを占めているといえる」と指摘され，「社会から見た成熟度」により責任能力の有無が判断されたという視点を提示されている108)。

(2) 刑事政策的観点からの刑事責任年齢制度の基礎づけ

責任年齢制度を基礎づける刑事政策的な理由としては，①刑罰を科すことは少年にとっての害悪となること，②少年の処遇可能性・更生可能性の観点から刑罰を選択しないほうが適切な場合があること，③犯罪防止の有効性の観点から刑罰を科さないことが望ましいこと，④個別の少年についてそれぞれ責任能力や刑罰適応性を判断することは実際上困難であるから一律の基準を設けることが望ましいこと，といったものが挙げられている109)。しばしば，刑事責任年齢制度の説明として，単に「政策的観点から刑を科すことを控えた」とだけ述べるものがみられるが110)，そうした「政策」の中には上記のような様々な

---

106) 安田『テキストブック刑法総論』・前掲注 102) 202 頁。
107) 西村勘之助『新刑法義解（訂正第 12 版）』(1920 年) 293 頁。
108) 古田・前掲注 101) 40 頁。
109) 以下，これらの根拠については，「刑事政策的観点①」のように引用する。

第 2 章　刑事責任年齢

側面が存在するのである。

　こうした刑事政策的観点について，最も詳しい説明を行っていると考えられるのは山岡萬之助博士であり，刑事責任年齢制度を刑事政策的見解から基礎付ける初期の学説であるといえるので，初めに紹介しておく。山岡博士は，刑事責任能力の意義を「行為者一定ノ精神力ヲ有シ以テ其行為ノ開展力及価値ヲ了知シ得ヘキコト」であると定義する。そして，年齢と責任能力の関係について「人生レテ社会上ノ生存ヲ経一定ノ年齢ニ達セハ責任能力ヲ有スルヲ通例トス」との原則を述べた上で，「乍併果シテ何歳ニ至レハ責任能力ヲ有スヘキヤハ至難ノ問題ニシテ立法令亦区区タリ」とし，責任能力の意義から刑事責任年齢を区切ることの難しさを指摘される[111]。以上の前提を踏まえたうえで，山岡博士は，責任年齢の政策的根拠づけについて，「幼者……ハ慈愛アル保育者（多ク父母）ノ掌理ニノミ存スヘシ，強力ナル国家刑罰権ノ目的物タルヘキニアラサルコト事ノ性質上当然推知セラルヘキ者タルヘシ」[112]とされ刑罰を科する対象とされてはならないことを指摘し，また，「将来ノ国民タルヘキ幼少ノ薫陶保育ニ注意シ以テ彼等ヲシテ有為ノ国民タラシムルニ努メサルヘカラス」[113]とされ刑罰法令に触れる行為を行った幼年者を改善更生させ将来罪を犯さないようにすべきであるとされる[114]。

　こうした山岡博士の見解では，先に掲げた刑事政策的観点のうち，①，②，④が示されているが，次に，これらの刑事政策的観点について，個別にその内

---

110)　たとえば，木村光江・前掲注 99) 146 頁，前田・前掲注 99) 430 頁など。
111)　山岡・前掲注 84) 47 頁。
112)　山岡・前掲注 84) 49-50 頁。
113)　山岡・前掲注 84) 51-52 頁。
114)　山岡博士は，これらの記述に続いて，「年齢満 14 歳ヲ以テ責任能力ノ絶対分岐点トナシ，其以上ノ者ニ対シテハ成年者ニ科スルト同種ナル刑罰ヲ用ユヘキモノトナシタルノハ聊遺憾ナシトナス」として，刑事責任年齢を超えた未成年者に対して法律上の刑の減軽が行われていないことを批判する。その理由は，「此時期ニ於ケル彼等ノ精神状態ハ身体ト共ニ其発達極メテ盛ナル者アリ，身体ノ発育停止セサル間ハ心身ニ於テモ亦多クノ発展ヲ見ルヘク」，そういった性質を有する少年に対して，「消極的性質ヲ有スル刑罰（国民刑）ヲ科スルハ之ヲ避クルノ可ナルモノアルナリ」，「少年者ハ発育若クハ懲治ノ時代ニアルモノニシテ法律刑ナルモノハ其性質ニ適当セサル者ナリ」，というところに求められている。山岡・前掲注 84) 51 頁。

容を確認する。

（一）　少年に対する刑罰の有害性と少年の更生可能性（刑事政策的観点①と②）

　山岡博士が提示されたような刑事政策的観点のうち，少年に対して刑罰を科すことの有害性（刑事政策的観点①）については大多数の論者が指摘している。とりわけ戦前においては，刑事責任年齢の政策的観点として挙げられていたのは，山岡博士の見解を除けば，刑罰の有害性のみであったといってよい。たとえば，小野清一郎博士は「少年は満 14 歳に至るまで刑事責任能力なきものとされている。これは何といっても少年を刑罰の害悪性から免れしめようとするものである」と端的に述べられている[115]。また，平井博士も「少年処罰ノ弊害」を刑事政策的観点の内容として掲げられている[116]。こうした説明は戦後の学説においても同様にみられ，たとえば，齋野彦弥教授は刑法 41 条について「少年に刑罰を科すことによる将来への悪影響に鑑みて，責任能力を政策的に否定したものである」との説明をされている[117]。

　他方，戦後の学説においては，刑罰の有害性という側面に加えて，少年の処遇可能性・更生可能性の観点（刑事政策的観点②）が強調されるようになる。この点は多くの学説において指摘されているが，たとえば，内藤謙博士は，幼年者は「心身の発育の途上にあり，感受性がつよく傷つきやすい幼少者の特殊の精神状態と教育的措置による改善可能の見込みとからみて，刑罰以外の手段による方が適当」であると述べられている[118]。

（二）　犯罪予防の観点（刑事政策的観点③）

　最近の学説において特徴的なのは，刑事政策的観点の一つとして「犯罪防止の有効性」を挙げる見解があることである。これを掲げるのは，山口厚教授と松宮孝明教授である。

---

115)　小野清一郎「少年法の哲学的考察」司法保護研究所（編）『少年法全国施行記念少年保護論集』（1943 年）24 頁。
116)　平井・前掲注 85）254 頁。
117)　齋野・前掲注 99）175 頁。その他，刑罰の有害性を刑事責任年齢制度の政策的観点として掲げる学説として，大塚・前掲注 1）456 頁，川出・前掲注 99）160 頁，平野・前掲注 100）299 頁など。
118)　内藤・前掲注 99）843 頁。

山口教授は,「14歳未満の……年少者については,刑法が目的とする犯罪予防の見地からも,処罰を控えることが妥当であるとする刑事政策的理由に基づくものである」とされ,「刑法が目的とする犯罪予防の見地」から刑事責任年齢制度を基礎づけられている[119]。ここで山口教授が掲げられる「犯罪予防の見地」が一般予防・特別予防のいずれもしくは両方を指すのかどうかは明確ではない。

また,松宮教授は,「少年に対してこのような特別な制度が用意されているのは,少年は環境の影響を受けやすく,また性格の矯正も容易なので(これを少年の「可塑性」という。),懲罰的な制裁よりも,教育的な措置のほうが,将来の犯罪の防止に有効だからである。したがって,少年の事件に対しては,犯した結果の重大性に目を奪われて重罰を求めるような態度は,厳に慎まなければならない。重罰は,非行少年を本格的な犯罪者に仕立てる危険をもつ点で,社会にとって有害である」とされ,特別予防の観点を踏まえて刑事責任年齢制度を基礎づけられている[120]。松宮教授のこの見解は,刑事政策的観点①と②とを総合して,刑罰目的の観点から構成し直した説明であると位置づけることができる。

(三) 一律処理の合理性・必要性(刑事政策的観点④)

ここまで概観した刑事政策的観点が,刑罰の目的や処遇の有効性という刑罰の本質に関わる性質を有していたのに対して,絶対的責任年齢を定めて一律に責任能力を行うことの利点も指摘されることがある。たとえば,大塚仁博士は「刑法は,個別的検討の煩わしさを避け,14歳未満をもって一律に責任能力を有しないものとした」とされている[121]。

この観点を発展させたといえるのが,手続法の観点からの刑事責任年齢制度の基礎づけを行う見解である。この見解を主張される塩盛敏明准教授は,刑事責任能力に関する責任要素説と責任前提説との対立について,手続法的側面から解決を試みるという視点から,次のように述べられる。すなわち「なるほど混合的方法の採用は,生物学的要素と心理学的要素の両者を顧慮するが,その

---

[119] 山口・前掲注99)254頁。
[120] 松宮・前掲注99)12頁。
[121] 大塚・前掲注1)456頁。

判断順序については，理論的に必ずしも一定しておらず，そこには，位置づけ論の意義がなお存在するように思われるのである。その際に注目されるのは，混合的方法の採用によって膠着したかにみえる実体法的理論というよりもむしろ，刑事司法全体の構造から導かれる，手続法的な，刑事責任能力の役割ないし機能」に注目すべきである，と122)。塩盛准教授は，その趣旨を刑事責任年齢制度にも適用し，「刑法41条が刑事未成年者について一律に刑事責任を否定しているのは，明らかに行為者の属性に由来するものである。しかし，この規定は，個人の身体的及び精神的発達に個人差があることから刑事政策的見地から画一的に14歳という年齢で線を引いたものに過ぎず，その意味ではむしろ手続法的な規定であって，実は実体法的な理論の所産ではないというべきである」と説明される123)。そして，その実際的な意義として，責任能力の体系的位置づけにおける責任要素説にとって厄介な問題であった刑法41条の問題を「政策的配慮に基づく手続法概念として理解することにより，鑑定制度と呼応した訴訟法的問題として解消し，実体法上の行為責任主義と首尾一貫した把握を可能にした」ことを挙げられるのである124)。

塩盛准教授のこの見解は，刑事責任年齢制度の手続的機能に着目したものであり，その限りにおいては次節で見るアメリカの模範刑法典の立場と同一の方向性を有するものであるといえよう。塩盛准教授の見解は，刑事責任年齢制度の手続的機能に着目したものであり，刑事政策的観点④の従来の説明を発展させるものとして，興味深い125)。

(3) 責任能力の観点と刑事政策的観点との関係

ここまで示してきたように，現行刑法下の学説においては刑事責任年齢制度の基礎づけとしては責任能力の観点と刑事政策的観点の二つが挙げられているが，その関係についてはどのように考えられているであろうか。この点，責任能力の観点のみを用いて刑事責任年齢制度を基礎づける学説は極めて少数であるものの126)，刑事政策的観点のみから基礎づける学説はかなり多数に上

---

122) 塩盛俊明「刑事責任能力の体系的位置づけ」広島法学32巻3号（2009年）106頁。
123) 塩盛・前掲注122）110頁。
124) 塩盛・前掲注122）112頁。
125) アメリカ模範刑法典における刑事責任年齢の理解（本章第2節第3款）を参照。

る[127)]。後者の見解の特徴は，責任能力の観点から基礎づけることを明示的に否定するものが多数みられることである[128)]。たとえば，山口教授は「刑法41条は……14歳未満の者が刑法39条1項にいう心神喪失にあたるとする趣旨ではな」いと述べた上で犯罪予防という刑事政策的理由から刑法41条が基礎づけられるとされ[129)]，心神喪失による責任無能力と刑事責任年齢に満たないことによる責任無能力とを明確に区別しておられる。また，井田良教授は，より明確に「満14歳に満たない者は，責任無能力者とされる（41条）。しかし，そのことは，14歳にならなければ，行為の違法性を認識し，かつこれに従って動機づけを制御しうる能力が備わらないということを意味しない。一般には，12歳程度になれば，実質的な責任能力は備わると考えられている」と述べられ，刑法41条が責任能力の観点から基礎づけられることを明示的に否定された上で，「刑法が画一的に14歳未満の者を責任無能力者としたのは，年少者の可塑性および少年保護の理念にかんがみて，およそ14歳未満の者については処罰の対象とすることを差し控えたものである」として刑事政策的観点のみから刑法41条を基礎づけておられる[130)]。これらの見解が責任能力の観点から基礎付けることを明示的に排斥する理由は，14歳未満の少年が事実として是非弁別能力と行動制御能力を具備することがあることは否定できないという点が背景にあると思われる。すなわち，刑法41条が年齢という画一的な基準で責任能力を否定していることは，もはや責任能力の観点からは説明できないという点を率直に認めることにより，刑法41条には刑事政策的観点が強く反映されていることを示す必要があると考えられているのではないかと推測される[131)]。

---

126) 曽根・前掲注98) 149頁がその例である。
127) 前掲注99) に掲げた文献を参照。
128) 刑事政策的観点から刑事未成年制度を基礎づける見解のうち，責任能力の観点から説明することを明示的に否定するものとして，井田・前掲注99) 371頁，大塚・前掲注1) 455-466頁，齋野・前掲注99) 175頁，古川・前掲注99) 636頁，川出・前掲注99) 160頁，前田・前掲注99) 430頁。責任能力の観点から基礎づけることを特に否定しないものとして，内藤・前掲注99) 843頁。
129) 山口・前掲注99) 254頁。
130) 井田・前掲注99) 370-371頁。
131) たとえば，裁判所職員総合研修所（監修）『刑法総論講義案（三訂補訂版）』（2008

これに対して，責任能力の観点と刑事政策的観点を併用する見解（以下「併用説」と呼ぶ）には明確な特徴は見出しがたいが，そこで考慮に入れられている刑事政策的観点としては，少年に対して刑罰を科すことの有害性を説くものが多数であり[132]，刑事政策的観点のみから説明する見解がしばしば援用する少年の更生可能性・処遇適格性といった観点を挙げるものはやや少ないという傾向が見られる[133]。とりわけ，併用説のうち，責任能力の観点を重視する見解においては，刑事政策的観点として少年に対する刑罰の有害性と一律に年齢で区切ることによる判断の実際性を掲げるものが多く，少年の更生可能性を掲げるものは見られない。併用説になぜこうした傾向が見られるのかについて，併用説を採用する論者もその理由を述べていないことから明確な説明をすることは困難であると思われるし，そこで考慮されている諸要素の相互関係について論述がない以上は併用説をこれ以上検討する意味はあまりないであろう。

第5款　日本における刑事責任年齢制度に関する議論についてのまとめ

旧刑法から現行刑法に至るまでの立法過程および学説について検討を加えてきたが，ここでその中で重要と思われる点についてまとめておきたい。

まず，旧刑法の編纂過程および旧刑法が制定された後の学説においては，少年の責任能力の有無を判定する基準としては「是非ノ弁別」という概念が用いられており，刑事責任年齢を判断する際には少年の精神の特性が着目されていた。旧刑法下の学説は責任能力の内容として是非弁別能力を挙げていたことから，刑事未成年制度は責任能力の観点のみを用いて基礎づけられていたといえる。また，こうした説明は刑の減軽規定を根拠づける際も用いられた。すなわち，「是非ノ弁別」を行うことができるとされた少年についても，その能力が

年）245頁は，「是非弁識能力・行動制御能力だけを基準にすると，14歳未満の者であっても，十分それらの能力を備えているものと考えられるが，少年の人格は形成途上にあって可塑性に富んでいること等にかんがみ，14歳未満の者に対しては刑罰という形で非難を加えることは適当でないとしたのである」とする。

132）　古田・前掲注101）40頁，西田・前掲注101）281頁，大谷・前掲注102）324頁など。

133）　山中・前掲注102）604頁。

成人に比べて劣っていることを理由として，法律上の刑の減軽規定が設けられたのである。旧刑法の時代には，責任能力・刑事責任年齢・刑の減軽のすべてが「是非ノ弁別」という観点から基礎づけられており，その意味においては理論的に一貫していたといえよう。

これに対して現行刑法の編纂過程においては，刑事責任年齢を基礎づける際に少年の精神の特性が考慮されることは否定されなかったが，これに加えて，少年に刑罰を科すことの有害性や処遇の有効性という刑事政策的観点も考慮に入れられることになった。その結果として，刑事責任年齢を超えた少年に対しては法律上の刑の減軽規定を設けることは否定され，酌量減軽規定によって個別の事案ごとに対処することとされた。現行刑法下の学説においても，刑事責任年齢制度の基礎づけについて，少年の責任能力が類型的に劣っていることと併せて，少年に対して刑罰を科すことの有害性や少年の更生可能性といった刑事政策的観点を用いるものが多数であることが最大の特徴であるといえる。

第2節　アメリカにおける刑事責任年齢の意義に関する議論

アメリカの少年法が大正少年法から現行の少年法の成立およびその発展に大きな影響を与えたのに対して[134]，アメリカの刑事責任年齢に関する議論が日本の刑法の立法過程において影響を与えた形跡は見られない。また，旧刑法下の学説はもちろん，現行刑法の制定後の学説および現行少年法の制定後の学説を通覧しても，アメリカの刑事責任年齢について詳細に検討したものはみられ

---

[134]　大正時代の少年法が，アメリカの少年司法からの強い影響を受けて成立したことについて，森田明『少年法の歴史的展開』(2005年) 序章および第10章を，現行少年法へのアメリカ法の影響については，同書第6章を参照。本書では大正少年法および現行少年法の制定経緯について実証的な検討を行うことはできず，これらの点については今後の課題とするほかないが，森田教授の同書はこの点に関する実証研究・理論研究の両面で，示唆に富む。なお，現行少年法の立法資料として法務省刑事局『少年法及び少年院法の制定関係資料集（少年法改正資料第1号）』(1970年) があるが，同書所収の「少年法改正意見（1947年2月26日民間情報部公安監獄班ルイス博士）」（同資料・34頁），「少年裁判所法に関するGHQの提案（1948年2月7日保護課立法部）」（同資料・45頁）も参考になる。

第2節 アメリカにおける刑事責任年齢の意義に関する議論

ない[135]。

しかし，アメリカの学説においては，刑事責任年齢制度の機能を考える際に非常に有用な議論が見られる。とりわけ，模範刑法典が定式化している刑事責任年齢を管轄権の問題として扱う見解は，少年の刑事処分選択と刑事責任年齢制度との関係を考える上で，極めて示唆的であると思われる。また，近年のアメリカにおいて，少年司法に関する「発達モデル」を提起する論者[136]が，少年と成人の刑事処分の関係を視野に入れた少年の刑事責任論[137]を展開しているのも，刑事責任年齢制度と少年の刑の量定の関係を考える上で有益であろう。以下では，前提としてアメリカ刑法の犯罪成立要件および責任概念について確認した上で，刑事責任年齢に関する伝統的なコモンローの立場および近時の模範刑法典や学説について概観していきたい。

第1款 アメリカ刑法理論における犯罪成立要件と免責事由の体系的位置づけ

アメリカにおける刑事責任年齢制度を検討する前提として，アメリカ刑法理論における犯罪成立要件について概観し，アメリカ刑法において「責任」「責任阻却事由」がどのように位置づけられるのかを確認することとしたい。刑事責任年齢制度は少年の「（犯罪成立要件としての）責任」に関わる問題であるが，前提となる日米の「責任」概念に類似性があり，比較可能であることを示す必要があるためである。

1 アメリカ刑法理論における犯罪成立要件——コモンローと模範刑法典

(1) コモンロー

アメリカ刑法の制定法および理論体系には，大きく分けて二つの系統がある。

---

135) もちろん，アメリカにおける刑事責任年齢が何歳かについて紹介をしている文献は散見されるが（平場安治『少年法（新版）』（1987年）10頁など），その意義や根拠について検討しているものは筆者が調べた限りでは見つけることができなかった。
136) Elizabeth S. Scott & Laurence Steinberg, Rethinking Juvenile Justice（2008）.
137) この「責任」の意義については，犯罪成立要件の責任と刑の量定における責任の双方に関連させて用いられている。Scott & Steinberg, supra note 136 at 128-129.

一つはコモンローの影響を受けたものであり，イギリス刑法のコモンローに由来し，アメリカにおける修正を経て独自の発展を遂げたものである。もう一つは，模範刑法典の系統に属するものであり，犯罪成立要素の主観面や各種の犯罪概念に関するコモンローの立場を体系的な見地から整理もしくは修正したものとなっている。したがって，アメリカ刑法を検討する際には，検討の対象となる連邦・州の制定法もしくは学説がコモンローに由来するのか，模範刑法典に由来するのかを意識することが重要である。そこで，コモンロー系のアメリカ刑法と模範刑法典のアメリカ刑法の成り立ちについてごく簡単に確認することとしたい。

当初のアメリカ刑法は，イギリス刑法を引き継いだことから，コモンローをその法源としていた[138]。現在では，コモンロー上の犯罪は連邦および大多数の州において制定法により明文の形で規定されており，不文法の形態でコモンロー上の犯罪が残っている州はほとんどない[139]。しかし，制定法の中にコモンロー上の犯罪類型が取り入れられているという点においては，コモンローは現在においてもアメリカ刑法において重要な役割を果たしているといえる。たとえば，アメリカ連邦法典の第18編に規定されている連邦刑法典は，コモンローの影響を強く受けた刑法典である[140]。

(2) 模範刑法典

一方で，1962年に編纂が完了した模範刑法典（The Model Penal Code, MPC）は，コモンローと並んで現在のアメリカ刑法理論および各州の制定法に対して大き

---

[138] Joshua Dressler, Understanding Criminal Law (4th ed. 2006), 29.

[139] Dressler, supra note 138 at 31. なお，コモンロー上の犯罪が明文で認められている州も存在しているが，これは一種の「不文刑法」を認めたものであるといえる。その種の制定法はたとえば，「コモンローにおいて犯罪とされる行為を行った者は，その処罰が制定法に明示的に規定されていない場合には，重罪もしくは軽罪を犯したとして有罪である」のように規定する。Id. at 30.

[140] たとえば，18 U.S.C. §1111(a)は，" Murder is the unlawful killing of a human being with malice aforethought."と「謀殺（murder）」を定義しているが，犯罪の主観的要件として"malice aforethought"（予謀）という概念を用いるのはコモンロー系の刑法の特色であり，模範刑法典においては犯罪の主観的要件としてmalice aforethoughtは用いられていない。

な影響を及ぼしている141)。アメリカにおいては，1930年頃からアメリカ法律家協会（the American Law Institute，以下 ALI）により，刑法典をより洗練されたものにしようとする動きが起きていた。1923年に設立された ALI は，法をより明確で単純なものとし，社会のニーズを反映し，法律がよりよく運営されることを確保し，学術的・科学的な法律研究が進展することを目的とした団体であり，著名な法律家達によって組織されていた142)。ALI は，当時のアメリカ刑法およびアメリカ刑事手続法にとっては，模範法典（model codes）を作成することで，新たな発展の基礎とすることが必要であると考えた。その最初の成果が，1930年に編纂が完了した模範刑事手続法典（The Model Code of Criminal Procedure）である。これに続いて刑法の模範法典が起草されるはずであったが，第二次世界大戦のために作業は戦後まで延期されることとなったのである143)。

　第二次大戦後，模範刑法典の編纂作業は1952年から開始されたが，その際に目的とされたのは，①模範刑法典は立法にとってのモデルとなること144)，②包括的な法典とすることによって法適用における裁判官の裁量に対して指針を与えること，③「法典（code）」として用いることができるように原理や定義を明確に規定すること，④政策を反映することのできる実践的なものにすること，の4点であった145)。1962年に完成した模範刑法典は，総則・各則・犯罪者処遇・矯正部門の4編から構成されるものとなり，各州の刑法典に大きな影響を与えた。

---

141) アメリカのロースクールで用いられるケースブックの教材の付録（appendix）としては，模範刑法典の実体刑法に関する条文が掲載されていることが通常である。たとえば，最近のアメリカにおける代表的なケースブックである Joshua Dressler, Criminal Law (4th ed. 2007) や Richard J. Bonnie, et.al., Criminal Law (3rd ed. 2010) などを参照。
142) アメリカ法律家協会とは「アメリカ法の簡明化，より良き司法の確保などを目的として，1923年に創立された団体」である。田中英夫編『英米法辞典』（1991年）47頁。
143) Markus D. Dubber, Criminal Law: Model Penal Code (2002) 8.
144) 模範刑法典1.05条(1)は「いかなる行為も，この法典又は本州の他の制定法において実質犯罪又は秩序違反行為とされない限り，罪とはならない」と規定している。模範刑法典の日本語訳として，藤木英雄博士の原訳からなる法務省刑事局『アメリカ法律家協会模範刑法典（1962年）』刑事基本法令改正資料第8号（1964年）がある。本書では特に断らない限り，同翻訳を用いた。
145) Dubber, supra note 143 at 9-10.

(3) 両体系の比較

以上略述したように，アメリカ刑法には，コモンローの系統に属する制定法と模範刑法典の系統に属する制定法とが存在しているが，いかなる行為を犯罪と定義するかについて，両者の間に実質的な差異は存在していない。この点について，Markus Dubber 教授は，「刑事責任の一般的分析においては，コモンローと模範刑法典との間には差異はない……両者が異なることがあるとしても，それは個々の準則のレベルにおいてである」としている[146]。コモンローにおいて「犯罪（offense）」の構成要素とされるのは，犯罪行為（actus reus: the guilty act）と主観的犯罪成立要件（mens rea: the guilty mind）であり，この 2 要素が充足され，かつ，正当化（justification）および免責（excuse）の抗弁（defense）がいずれも存在していない場合に「犯罪」が成立する[147]。

一方，模範刑法典は，①個人・公共の利益に無視することのできない害悪を加える行為もしくはその危険を持ち，一定の主観的条件を満たして行われた行為[148]を，②正当化事由もしくは③免責事由なく行った場合に犯罪が成立するとしている[149]。こうして，コモンローと模範刑法典における犯罪の意義は，犯罪の構成要素として客観面と主観面を要求し，犯罪成立を否定する抗弁事由としても正当化事由と免責事由を区別している点において，共通しているといえるのである。

したがって，アメリカ刑法を検討する素材としてコモンローと模範刑法典を取り上げる場合には，「犯罪」成立要件については大枠で共通しているということを前提に考察を進めてよい。もっとも，両者の間には個々の論点によって

---

[146] Dubber, supra note 143 at 31.
[147] Dubber, supra note 143 at 29-30.
[148] 模範刑法典 1.13 条(5)は「行為」を「一定の心理状態を伴った作為又は不作為をいい，場合によっては一連の作為及び不作為を含む」と定義していることから，①の「行為」は客観面・主観面の双方を含むものである。
[149] 模範刑法典 1.02 条(1)(a)は「正当な理由又は免責事由がないのに（unjustifiably and inexcusably），個人もしくは公共の利益に対して無視することのできない害悪を加え，又はその危険を生じさせる（inflicts or threatens substantial harm）行為（conduct）を禁圧し，予防すること」を「犯罪の定義に関する規定の一般的な目的」の一つとして掲げている。

は大きな差異が存在することがあり，ここで検討する刑事責任年齢の問題はそのうちの一つである[150]。その差異については，次款以下で検討を加える。

2 抗弁事由としての「免責（excuse）」概念の意義
(1) アメリカ刑法理論における「抗弁」

刑事責任年齢の問題は，コモンローにおいては免責事由の一つとして位置づけられてきた。模範刑法典においても，刑事責任年齢に関する4.10条は精神障害の抗弁と同じ章に規定されているが，精神障害の抗弁は免責事由の一つとして理解されるのが通常である[151]ことから，刑事責任年齢は少なくとも規定の位置からは免責事由の一つとして捉えられているといえよう。また，近時の少年司法のモデル論の一つである「発達モデル」も，少年が未熟であることを免責事由の延長上に位置づけられる「減軽」事由として把握している。このように，アメリカ刑法における刑事責任年齢制度の意義をめぐる考察を行う前提として，アメリカ刑法における「免責」という概念がいかなる意義を持つのかについて，学説上の見解を紹介しておくこととしたい。

アメリカ刑法における「抗弁（defense）」とは，「各犯罪を規律する一般的原理のうち，犯罪により有罪となることを妨げる条件」のことをいう[152]。抗弁は，検察官が被告人の行為が犯罪の客観的・主観的成立要件を充足したと証明した場合，被告人側から検察官の証明は事実であるが抗弁があるために有罪とはされないという形で提起される[153]。抗弁が認められた場合の効果としては，

---

150) コモンローと模範刑法典の違いとして最も重要なものの一つは，犯罪成立の主観的条件（mens rea）に関する取り扱いである。コモンローにおいては，犯罪成立の主観的条件については，malice aforethought, deliberately, intentionally といった様々な用語で不統一な定義で記述されているのに対して，模範刑法典はこれを purpose, knowledge, recklessness, negligence の4つに体系化した上でその内容を明確に定義した（模範刑法典2.02条(2)）。また，未遂犯成立の時期に関する基準や，誤想防衛の取り扱い，共謀罪（conspiracy）に関する定義などにおいて，コモンローと模範刑法典の間には大きな違いが認められる。

151) Jerome Hall, General Principles of Criminal Law（2d ed. 1960）19.
152) Wayne R. LaFave, Criminal Law（5th ed. 2010）469.
153) Joel Samaha, Criminal Law（1983）337.

無罪のほか，犯罪の等級もしくは重大性の軽減，医療施設への収容が存在し，抗弁が認められなかった場合でも被告人の刑の量定の際に減軽事由（mitigating circumstances）として考慮されうることから，実務上は非常に大きな意味を持っている [154]。

(2) 二種類の抗弁——正当化と免責

抗弁の分類については学説上様々な見解が主張されているが [155]，正当化および免責をこれに含めることについては異論が無い。このうち，正当化（justification）の抗弁とは，被告人が犯罪となるべき行為が当該状況において「社会的に是認され，刑事責任を負わせることが望ましくないと評価される」場合に認められるものであり，自己防衛（self-defense）[156] や公務執行による行為 [157] がその典型例である [158]。行為が「社会的に是認される」ということは，「行為が正しいものである，もしくは少なくとも望まれないものではないと考えられている」ことを意味しており [159]，正当化抗弁が認められる場合，被告人の当該行為は社会的に見て道徳的に正しいものであると評価されるのである [160]。

一方，免責（excuse）の抗弁とは，「被告人の行為が望ましいものではないが，その行為について被告人を非難できない理由」がある場合に認められるものであり [161]，精神障害の抗弁（insanity defense）[162] や未成熟の抗弁（immaturity

---

154) Id.
155) その他の抗弁としては，被告人が事実審において犯罪事実が合理的な疑いを超える程度に証明できていないという証拠を提出することによってなされる「証明の失敗抗弁」，犯罪の構成要素は全て充足されているが，当該犯罪を規定する制定法が禁ずる侵害（harm）が発生していないことを提起する「犯罪修正の抗弁（offense modification defense）」，被告人の刑事責任は否定されないが，社会政策的考慮によって特別に認められている「非無罪弁明的抗弁（nonexculpatory defense）」などがある。LaFave, supra note 152 at 469-470.
156) 模範刑法典 3.04 条。
157) 模範刑法典 3.03 条。
158) LaFave, supra note 152 at 471.
159) The American Law Institute, Model Penal Code and Commentaries (Official Draft and Revised Comments) Part.I General Provisions (1985), art.3 introduction 3.
160) State v. Leidholm, 334 N.W.2d 811 (1983), 814.

defense)[163] がその例である。免責の抗弁は，正当化の抗弁とは異なり，行為の道徳的な悪性は否定されないが，犯罪時の被告人に無能力といった特別な事情が認められるために犯罪の成立が否定されるものである[164]。すなわち，被告人は自らの行為が犯罪成立要件を全て具備し正当化されえないことを認めるものの，免責の抗弁を用いることによって，自分が通常とは異なる限界的な状況に置かれていたことを理由として一般人と同様の重さの刑罰を科されることが不公正であると主張できる[165]。

　免責の抗弁として最も重要なのは，精神障害と未成熟の抗弁であることから，刑事責任（criminal responsibility）の一般的条件として，成熟性（maturity）と健常性（sanity）が挙げられることがある[166]。Commonwealth v. Rogers おいてマサチューセッツ州最高裁判所の Shaw 首席裁判官は，「犯罪が成立するためには，行為者は罪を犯す意思と目的を有するのに十分な知性と能力を有していなければならない。行為者の理由付け能力と精神的能力が極めて弱まっており，行為者が意思を有せずに精神力の認識・制御が行い得ない場合，または，精神疾患の圧倒的な影響力により，行為者の知的能力が当分の間消滅している場合には，当該行為者は有責な道徳的存在（responsible moral agent）とはいえず，その犯罪行為について処罰し得ない」と判示し[167]，被告人を処罰するには知的能力が認められることが必要であるとしている[168]。

---

161) ALI, supra note 159 at 3.

162) 模範刑法典 4.01 条。

163) 模範刑法典 4.10 条。

164) Clemens Bartollas & Frank Schmalleger, Juvenile Justice（11th ed. 2011）133. State v. Leidholm, 334 N.W.2d 811（1983），814-815 も参照。この他の免責事由として，Paul H. Robinson, Fundamentals of Criminal Law（2nd ed. 1995）は，①任意の意思によらない行為（involuntary act），②行為の性質に関する不知（ignorance of nature of act），③行為の犯罪性・違法性に関する不知（ignorance of criminality or wrongfulness of act）といった類型を挙げる。Id at 529-530.

165) Richard G. Singer & John Q. LaFond, Criminal Law（4th ed. 2007）475.

166) Bonnie, supra note 141 at 568.

167) Commonwealth v. Rogers, 48 Mass. 500（1844），at 501. See also, State v. Monahan 15 N.J. 34（1954）．

168) その他，Parsons v. State, 2 So. 854（1887）at 859 において，Sharpe 裁判官が「およ

(3) 免責の抗弁と主観的犯罪成立要件との区別

こうした免責の抗弁は行為者の主観面ないし性質に着目したものであるといえるが，同じく行為者の主観面である犯罪成立の主観的条件（mens rea）とは明確に区別して論じられている。この点について，Sanford Kadish は次のように述べている。Kadish は「悪しき意思（vicious will）のない正当化できない行為は，何等の犯罪をも構成しない」というコモンロー上の法諺を引用した上で，この法諺中の「悪しき意思」をメンズレアとする。そして，メンズレアは「非難されるべき行為を行うという選択……ができない場合に科される刑罰や非難は不適当かつ不公正であるという一般的な見解から正当化される」として，行為者が処罰されるために必須のものであるとする。さらに，Kadish は，メンズレアを①侵害を生み出しもしくはその恐れを生じさせる行為と共に犯罪を定義するにあたって必要とされる精神の状態と，②精神が健常（精神障害の抗弁が存在しない）かつ成熟している（刑事責任年齢に達している）ことを内容とする法的責任（legal responsibility）としての主観的状態の二つに分類し，犯罪成立要件としての主観的要件（①）と抗弁事由としての主観的要件（②）の二つを明確に区別する[169]。Kadish によれば，①が欠ける場合に処罰されないのは，行為者が行為の意味を理解しておらず，その精神状態が刑事責任を正当化する程度には一般人と異なっていないからであるのに対して，②が欠ける場合には犯罪事実を認識しているものの（①の意味でのメンズレアは充足している），「行為者の持っている気質の欠陥，人格，成熟性が，法の威嚇が向けられる通常人

そ犯罪を遂行するに当たっては次の二つの要素の一致が見られなくてはならず，これらが充足されない場合に処罰を認めるルールは公正でも正当化されるものでもない。それら二つの要素とは，(1)知的認識に関わる能力と(2)意思の自由である」と判示している。Ballentine も，「犯罪の一般的主観的条件には，特定の心理的状態，個別の犯罪に含まれている動機・意図に加えて，次のものがある。すなわち，(1)法的能力を有する年齢，(2)ある程度の健常性（sanity），(3)圧倒的強制からの自由，(4)「処罰に値する心理的状態」すなわち，ある程度の犯罪を犯す意思もしくは重大な違法行為を行う意思から成る，非難に値する意思の形成である（some blameworthy form of intentionality, consisting either of intent to commit some crime or to do some serious wrong)」と述べる。Henry W. Ballantine, Criminal Responsibility of the Insane and Feeble Minded, 4 J. Am. Inst. Crim. L. Criminology 485（1919）at 493.

169) Sanford H. Kadish, The Decline of Innocence, 26 Camb. L. J. 273（1968）at 274-275.

と極めて異なるために,法に従うことを期待できないことを理由として,法は人に対して適切に免責を与える」ために処罰されないとしている170)。

もちろん,非常に幼い幼年者は,明確な目的を形成する能力,環境についての明瞭な認識を持つ能力や,何らかの選択をする能力さえも全く欠いている。脳機能の重大な欠損を持つ高齢者も,そうした能力を欠いている。しかしながら,未成年の抗弁と精神障害の抗弁の適用対象は,そうした者に限定されない。法は,メンズレアを成立させうる目的,意図,信念,知覚を有する能力を明らかに持っている未成年や精神障害のある成人に対して,刑事責任を科すことを差し控えているのである171)。

以上,アメリカ刑法における犯罪成立要件とその中で刑事責任年齢がいかなる体系的地位を有するかについて確認してきた。次款においては,刑事責任年齢がコモンローと模範刑法典においてそれぞれどのように位置づけられているのかについて,検討していくこととしたい。

第2款　コモンローにおける刑事責任年齢制度
　　　　　──免責事由の性質から刑事責任年齢を基礎づける立場

コモンローにおいては,相対的刑事責任年齢制度が採用されており,刑事未成年は次の3つの類型に分けられていた。すなわち,① 7歳未満の者は罪を犯す能力（criminal capacity）を有しないとみなされ,② 7歳以上14歳未満の者は罪を犯す能力を有しないと推定されるが,その推定は反証を許すものとされ,③ 14歳以上の者は「分別を有する年齢（age of discretion）」として成人同様の罪を犯す能力を推定されたのである172)。①の類型においては,いかなる犯罪

---

170) Kadish, supra note 169 at 275. なお,Robert H. Mnookin & D. Kelly Weisberg, Child, Family, and State（5th ed. 2005）762 は,mens rea と責任能力とを区別しつつも,「犯罪行為についての刑事責任には,責任能力の論点,すなわち,当該犯人が行為の違法性を理解するということが含まれる。ある意味において,責任能力は,mens rea の前提条件である。つまり,行為者が,ある特定の mens rea を有するためには,有責である能力,すなわち,違法性を知る能力を持たなければならないのである」とし,責任能力をmens rea の前提条件として位置づける。

171) Bonnie, supra note 141 at 568.

172) LaFave, supra note 152 at 512, 1 Charles E. Torcia, Wharton's Criminal Law（15th ed.

を犯しても行為者は有罪とされることは絶対に無く，当該行為者が罪を犯す意思を有しており，自らの行為を理解していたという証拠があったとしても，責任能力があるとされることはなかった[173]。7歳未満の者の責任無能力については，反証を許さない推定（conclusive presumption）とされたのである。また，③の類型においては，精神障害を理由とした免責が立証されない限り，違法行為について成人同様に責任を負わせられる立場として扱われた。

　コモンローにおいて特徴的なのは②の類型である。この年齢層に属する者は，「罪を犯す能力」を有しておらず犯罪行為について免責されると推定されているものの，その推定は反証を示すことによって覆すことが可能であるとされていたのであり，検察官が証拠を提示して立証する責任を負っていた。「罪を犯す能力」は，「当該子どもが行為の性質を認識し，その善悪を区別できること」であると一般には定義されているが[174]，その内容については，多様な見解が提示されてきた。たとえば，古い教科書においては，「7歳以上14歳未満の子ども……についての推定は，個別の事案において，その被告人が善悪を区別するのに十分な知性，当該行為の性質と違法性を理解するのに十分な知性，他人に害を及ぼすことについての分別（mischievous discretion）を有する知性を持っていることを示すことによって反証されうる」と説明されている[175]。また，模範刑法典が編纂されて以降の比較的新しい教科書においても，「善悪を判断する分別（discretion）」「違法行為が犯罪であることの認識」「自己の行為に関する違法性（wrongdoing; wrongfulness）の認識」「自己の行為およびその結果の性質を認識し，それらが違法であることを認識するための能力」が，責任無能力の推定を覆すための要件として要求されてきたのである[176]。これらの

　　　1993), 647-649. なお，コモンローを中心としたアメリカにおける少年の刑事責任の歴史的展開について論述したものとして，A. W. G. Kean, The History of the Criminal Liability of Children, 240 L. Q. R. 364（1937), Francis Bowes Sayre, Mens rea, 45 Harv. L. Rev. 969（1932) at 1007-1016, Frederick J. Ludwig, Rational of Responsibility for Young Offenders, 29 Neb. L. Rev. 521（1949-50) at 522-532.

173)　WN. L. Burdick, The Law of Crime vol.1（1946) 204.
174)　Ballantine, supra note 168 at 495.
175)　Clark, et. al., supra note 25 at 116.
176)　Rollin M. Perkins, Ronald N. Boyce, Criminal Law（3rd ed. 1982) 938.

第 2 節　アメリカにおける刑事責任年齢の意義に関する議論

能力が存在していたことを示す証拠の例としてよく挙げられるのが，少年が証拠を隠滅したという事実である。たとえば，友達を殺してしまった少年がその場に居合わせた仲間に金を渡して犯行について黙っているように指示した場合などがその例である[177]。なお，以上のような証拠を用いて責任無能力の推定を覆すために要求される証明の程度については，合理的な疑いを超える程度のものであるとする見解[178]，最大限に強力かつ積極的な（the strongest and most positive）証拠による強度の証明（emphatic proof）とする見解[179] などがあるが，いずれにせよかなり高度のものが要求されているといえる[180]。

前款で検討したように，免責事由に関する一般理論からは，行為者の精神が未成熟である場合，当該行為者は刑罰を科さないことが正当化される程度に一般人と異なっているのであるから，その行為は免責される。コモンローにおいては 7 歳以上 14 歳未満の責任無能力の推定を覆すためには自らの行為の違法性を認識する程度に成熟していることの証明が必要であるとされているが，ここから伺えるように，コモンローにおける刑事責任年齢制度は免責に関する一般理論と整合的なものであるということができる。コモンローにおける刑事責任年齢制度は，免責事由の一般理論から基礎づけることが可能であるといえるのである。

このようなコモンローにおける相対的責任年齢制度は，免責事由の一般論を用いて説明できる点において理論的に優れているものであり，具体的な年齢については若干の変更があったものの，多くの州において受け入れられた[181]。しかし一方で，全ての州において少年裁判所が設立されたことから，コモンローの刑事責任年齢の重要性は低くなった[182]。というのは，州によって大き

---

177) Id.
178) Singer & La Fond, supra note 165 at 496.
179) Burdick, supra note 173 at 205-206.
180) Bishop, supra note 7 at 262-263 も「被告人が違法行為の認識を有していたという証拠がわずかしかない場合」は責任無能力の反証には十分ではないと述べているが，7 歳になってすぐの少年とまもなく 14 歳になる少年とでは，証明の程度に差があることを指摘している。非常に若年の少年の場合には，単に自らの行為が違法であることの証明だけでは不十分であり，陪審員に対しては注意深く説示が行われるべきであるとする。
181) MPC Commentaries, supra note 159 at 273 note 2 and 3.

な差異はあるものの，少年裁判所において未成年者（18歳未満）は，少年裁判所の管轄権が放棄されない限りは刑事被告人としてではなく非行少年（delinquent）として扱われるため，コモンローにおいて成人と同様に責任能力を有するとされる14歳以上の者であっても直ちに刑罰を科されることがなくなったからである[183]。つまり，当該少年に対して刑罰を科すかどうかについて決定的であるのは，コモンローにおける刑事責任年齢ではなく，少年裁判所において管轄権が放棄されるか否かになったのである。この点を真正面から認め，刑事責任年齢制度の問題を，免責の一般理論の側面からではなく，少年裁判所と刑事裁判所の管轄権の問題として捉えようとするのが，次款で見る模範刑法典である。

第3款　模範刑法典における刑事責任年齢制度
　　　──管轄権の問題として刑事責任年齢を捉える立場

模範刑法典の第4章は責任（responsibility）[184]という表題の下に，精神障害

---

182)　Arnold H. Loewy, Criminal Law（5th ed. 2009）189, Sue Titus Reid, Criminal Law（6th ed. 2004）130.

183)　もっとも，少年裁判所の手続において，未成年の抗弁（infancy defense）が認められるかどうかについては，学説および裁判例において大きな争いがある。アメリカの議論状況についての詳細な紹介として，佐伯仁志「少年法における責任能力──アメリカ合衆国での議論を中心として」中谷陽二ほか編『精神科医療と法』（2008年）63頁。この問題は，日本においては保護処分に付す少年に責任能力が必要かどうかという問題として議論されている。この問題を扱う最近の文献として，町野朔「保護処分と精神医療」猪瀬慎一郎ほか編『少年法のあらたな展開──理論・手続・処遇』（2001年）85頁，岩井宜子「少年犯罪と刑事責任能力」現代刑事法36号（2002年）68頁，岩井宜子「犯罪少年と責任能力」廣瀬健二ほか編『田宮裕博士追悼論集（下巻）』（2003年）671頁，飯野海彦「少年保護事件における審判能力について」寺崎嘉博ほか編『激動期の刑事法学──能勢弘之先生追悼論集──』（2003年）511頁などがある。

184)　模範刑法典第4章の表題である"responsibility"は，法務省刑事局・前掲注136）50頁においては，「責任能力」と翻訳されている。後述するように，模範刑法典4.10条における「未成熟（immaturity）」は管轄権に関する要件としての性質を持たされている。したがって，犯罪の成立に関わる要件である「責任能力」という用語を訳語として当てることはやや不適当であると思われるので，刑事責任を科される条件について規定した章という意味で，ここでは単に「責任」という訳語を用いた。

(mental disease) および未成熟 (immaturity) の状態にある行為者が犯罪行為を行った場合，どのように取り扱われるかを規定している。第4章は10条から成っているが，このうち4.01条から4.09条までの9条が精神障害の定義やその認定方法について扱う規定であり，最後の4.10条のみが未成熟に関する規定となっている。模範刑法典には，起草者の詳細な注釈書[185]が存在することから，これに即してその趣旨を検討していこう。

模範刑法典4.10条[186]は，行為の時に16歳に満たない者は，訴追され又は有罪とされることがなく，その場合には少年裁判所が専属管轄権を有すると規定し（§4.10(1)(a)），当該少年に対して刑事裁判所が審理を行うことや有罪判決を言い渡すことはおよそ許されない（§4.10(2)）。行為者が16歳以上18歳未満であった場合は，行為者は，少年裁判所が管轄権を有しない場合，もしくは，管轄権を放棄した場合にのみ，当該犯罪について訴追される（§4.10(b)(i)および(ii)）。また，行為者がこれらの規定を適用されうる年齢であることが判明した場合，検察官は刑事手続が禁じられていないことを裁判所に対して証明しな

---

[185] MPC Commentaries, supra note 159.
[186] 条文の翻訳は次のとおり。
第4.10条　有罪認定を排斥する未成熟性（Immaturity），少年裁判所への移送（Transfer）
(1)次に定める場合には，何人も審理を受け，または，有罪とされることはない。
　(a)犯罪を構成するとして訴追された行為の時，16歳に満たなかった場合。（この場合は，少年裁判所が専属管轄権を有する。）
　(b)犯罪を構成するとして訴追された行為の時，16歳もしくは17歳であった場合。ただし，次の場合は，この限りではない。
　　(i)少年裁判所が当該行為者に対する管轄権を持たない場合。
　　(ii)少年裁判所が管轄権を放棄して当該行為者に対する刑事手続の開始を認める決定を開始したとき。
(2)本条第1項によって刑事手続をとることが禁じられている者に対しては，いかなる裁判所も審理を行い，または，有罪とすることはできない。犯罪の遂行について訴追されたものが第1項の規定により刑事手続をとることが禁じられている疑いのある場合は，裁判所はこの点について審理を行う。この場合，検察官は，第1項による刑事手続の禁止が存在しないことについて裁判所に対して立証する責任を負う。裁判所は，刑事手続が禁止されていると決定した場合，訴追された者の身柄を少年裁判所に引渡し，関係する書類および令状とともに，事件を少年裁判所に移送しなければならない。

ければならない（§4.10⑵）。このように，4.10条は，犯罪者が「未成熟」であることを理由として刑事手続が禁じられる範囲について規定しており，①行為時に行為者が16歳に満たない場合は刑事手続を絶対的に排斥され，少年裁判所が専属管轄権を有し，②行為者が行為時に16歳以上18歳未満の場合には，少年裁判所が本来的な管轄権を有し，少年裁判所が管轄権を欠くか放棄した場合にのみ，刑事裁判所が管轄権を有することとなる（これを競合管轄権（concurrent jurisdiction）という）。

　コモンローにおいては，7歳以上14歳未満の少年について「当該子どもが行為の性質を認識し，その善悪を区別できること」により責任能力の有無を決定しているが，模範刑法典においてはこうした能力は問題とされず，刑事責任年齢は少年裁判所と刑事裁判所のいずれが管轄権を有するかという問題として捉えられている。模範刑法典の起草者はもちろんこの点を意識しており，責任能力に関するコモンロー上の年齢区分と少年裁判所の管轄権の問題の関係について詳細な解説を加えている。起草者は，模範刑法典の立場を「少年の帰責能力（accountability）という問題を，刑法上の能力（criminal capacity）としてではなく，少年裁判所と刑事裁判所のそれぞれの単なる管轄権の問題として取り扱う」ものであるとし，模範刑法典の目的は「これまでの法規においては，別個にかつ大きく異なるものとして取り扱われてきた2つの関連する問題」すなわち刑法における少年の責任能力の問題と少年裁判所法（Juvenile Court Act）における少年裁判所の管轄権の問題を統合しようとするところにあるとしている[187]。模範刑法典がこうした問題意識を持つ背景として，起草者は「少年裁判所に関する連邦・ワシントンDC・各州の少年裁判所法は，刑事責任無能力規定と重複するものであり，そうした責任能力に関する規定を不必要なものにしてしまっている。法律が未成熟を理由とした責任無能力について規定し，そうした規定が数世紀の間は比較的安定していた一方で，その実務上の重要性は，年長の少年（older children）に対する少年裁判所の管轄権が徐々に拡大したために，だんだんと失われてきた……最近になって刑法典を改正した多くの州には，責任無能力に関する規定もしくは子供の起訴・有罪を禁ずる規定は存在せ

---

187)　MPC Commentaries, supra note 159 at 273.

第 2 節　アメリカにおける刑事責任年齢の意義に関する議論

ず，問題の解決を少年裁判所法に委ねている」と説明している[188]。たとえば，コモンローに基づく刑事責任年齢の規定により 13 歳の少年が行為の違法性を認識し善悪を区別できたという認定をされ責任能力があるとされても，少年裁判所法により当該少年に対して専属管轄権が設定されている場合は責任能力があるかどうかに関わらず刑罰が科されることはないわけであるから，結局の所は少年裁判所が管轄権を有するかどうかが当該少年の処罰の可否を決めることになる。実際，模範刑法典においては，16 歳未満の者は訴追されることがないため，16 歳未満の者についての責任能力については何も定められていない[189]。したがって，少年裁判所の手続に服することになる 16 歳未満の者が未成年の抗弁（infancy defense）を主張して，少年裁判所の手続から離脱することができるかどうかという問題についても，模範刑法典上は結論が示されていないのである。

　なお，コモンローにおける刑事責任年齢を修正し，犯罪時に 16 歳未満の者は責任無能力であるとすることによって，模範刑法典と同様の結論を導くことは可能である。実際，ALI の諮問委員会（Advisory Committee）における多数意見はそのような方向を目指しており，「少年の責任能力に関する古いルールを見直す方が，その重要性を単純に奪ってしまうよりも賢明であると考えられていた」のである[190]。しかし，法律家協会評議会（Council of the Institute）において，「少年の道義的な（moral）責任無能力に関する好ましくない波及効果が生じる事態を回避し，また，アメリカにおける現実の法的伝統にもより忠実であるとして，管轄権を公式化する方法が好ましいとされた」ことから，ALI は少年の刑事責任年齢を少年裁判所の管轄権の問題として扱う立場を最終的には認めた[191]。法律家協会評議会のいう「少年の道義的な責任能力に関する好ま

---

188)　Id. at 274.
189)　Id. at 275.
190)　Id.　こうした模範刑法典の立場に対しては，①年齢という画一的基準で刑事責任年齢を確定し個別的な未熟性の判断を行わないのはなぜか，②反証を許さない形で責任年齢を規定する絶対的責任年齢制度を採用したのはなぜか，③刑事責任年齢を超えた者が未成熟であることが証明された場合に模範刑法典は抗弁を認めるのか，といった疑問が提起されている。Robinson, supra note 164 at 571-572.
191)　Id.

119

しくない波及効果」が何を指すのかについては明確ではないが，恐らくはコモンローにおける反証を許さない責任無能力のカテゴリーを廃止することにより，コモンローにおける刑事責任年齢の規定方法と鋭く対立することを避けるという趣旨であると推測される。また，後半の「アメリカにおける現実の法的伝統」とは，少年裁判所が整備されその管轄権が拡大したことにより，コモンロー上は刑法上の責任能力があるとされる少年が，少年裁判所において審理されているという実務を指していると思われる。模範刑法典においては，こうした実務の実情を反映した立法が行われることが目指されたといえよう。

また，模範刑法典は刑事責任年齢の問題を管轄権の問題として扱っていることから，その際に基準となる年齢は犯罪時のものか，それとも少年裁判所と刑事裁判所のいずれかに管轄権があるか審理される手続時のものかが問題とされている。模範刑法典 4.10 条は，行為時の年齢を基準として，少年に刑事責任を科すことができるかについて定めている。模範刑法典の注釈は，「この問題は重要なものであり，制定法によって明示的な解決が確固として示されるべきものなのである」としており，どの時点の年齢を基準とするかという問題を重要視している[192]。模範刑法典が制定されるまでは，行為時の年齢，手続時の年齢のいずれが管轄権を決定するのかについて，解決が与えられておらず，実務上は手続時の少年の年齢を基準とした運用が行われていたとされる[193]。手続時の年齢を基準とするこうした実務には問題がある。すなわち，①「行為者が少年裁判所の対象となる年齢のときに犯罪が行われ，当該年齢を経過するまで犯罪が発覚しなかった事例」においては少年裁判所の管轄権を放棄せざるを得ないし，②「手続時の年齢が決定的であるのであれば，検察官は，被告人が少年裁判所の適用年齢以上になるまで手続を遅らせる」ことが可能になるからである[194]。そこで模範刑法典は「迅速な公判という一般政策の観点からは，決定を促進するための圧力を保つために法律による線引きがなされるべきである」という理由から，行為時を基準とする立場を採用することにしたのである[195]。

---

192) Id. at 280.
193) Id. at 279.
194) Id. at 280.

模範刑法典の立場によると，16歳以上18歳未満の少年が有罪とされるかどうかは少年裁判所が管轄権を持つかどうかにかかってくるので，少年裁判所がいかなる場合に管轄権を有しもしくは放棄できるかが重要な問題となる。それにもかかわらず，模範刑法典4.10条は，少年裁判所が管轄権を放棄する際の基準について何も定義していない。その理由は，「管轄権放棄に関する基準は少年裁判所法（Juvenile Court Act）の問題であって，模範刑法典の範囲を超えるという考えに基づく」からであるとされている [196]。こうして，模範刑法典は刑事責任年齢の問題を，少年裁判所の管轄権すなわち少年に対する刑事処分の選択の問題と接続し，その基準については少年法に解決を委ねたのである。模範刑法典が完成してから4年後，連邦最高裁はKent判決 [197] において少年裁判所が管轄権を放棄する際の基準について示したが，この判決以降，少年裁判所がいかなる場合に管轄権を放棄しうるかについての基準に関する議論の重要性が認識されることとなった [198]。この点については，次章において扱うこととしたい。

第4款　最近のアメリカにおける刑事責任年齢に関する学説
　　　　——少年の特性と社会・被害者からの要請を考慮する立場

第1章においては，最近のアメリカにおける少年司法に関するモデル論として，「均衡のとれた修復的正義モデル」と「証拠に基づく発達モデル」の二つを挙げた。これらのモデルはそれぞれ別個の局面において参考となる。まず，均衡のとれた修復的正義モデルは少年が帰責可能であること（accountability）を少年司法政策において考慮すべき要素として位置づけているが，ここにいう「帰責能力（accountability）」とは，被害者に対して自ら行った行為について説明・対応する（account）能力（ability）を意味しており，その内容には被害者に

---

195)　Id. at 281. なお，迅速な裁判（speedy trial）を受ける権利は，連邦憲法修正第5条により認められた権利である。

196)　Id. at 272.

197)　Kent v. United States, 383 U.S. 541（1966）.

198)　1985年に発表された模範刑法典の注釈においても，「管轄権放棄に関する基準」の裁判例としてKent判決を引用している。MPC Commentaries, supra note 159 at 272 note 1.

対する謝罪・損害賠償・社会奉仕を行う能力が含まれている[199]。これは，刑法上の免責事由の内容ではなく，より広い意味での責任としての「被告人として被害者に対してなすべき償いをすることができる能力」を指している。したがって，均衡のとれた修復的正義モデルにおける「帰責能力」は刑事責任年齢制度のうちの刑事政策的側面と関連を持つ。一方で発達モデルは，判断能力が未熟である等の少年の特性を踏まえた上で少年の刑事責任（criminal responsibility）が考察されなければならないという基本的な立場を採用しており，そこで論じられている内容は事理弁識能力・行動制御能力を内容とする狭義の責任能力と類似するものである。このうち，均衡のとれた修復的正義モデルにいう帰責能力については，本章第3節第2款においてその内容を考察することとし，本款では，後者の発達モデルのみを取り上げる。

最近 Scott および Steinberg らによって主張されている少年司法に関する「発達モデル（developmental model）」は，心理学や精神医学の知見を踏まえて[200]少年司法全般について検討を加えるものであるが[201]，少年の責任についても新たな見解を示している。Scott らは，少年に対する刑罰の問題を考える際に，少年と成人とを類型的に全くことなる存在として二分するアプローチを否定し，少年を幼児と成人の間の中間的な存在であると捉える。その上で，そうした中間的なカテゴリーに属する少年の犯罪行為についての責任は，完全に免責されないし，また，完全に責任を問われることはない「減軽（mitigation）」される

---

199) キャサリン・ライアン，佐伯仁志・柑本美和（訳）「アメリカ少年司法制度の新たな展開——均衡のとれた修復的正義のアプローチをめぐって」ジュリスト1195号（2001年）46頁。

200) 脳科学と少年の刑事責任・少年司法との関連について検討する最近の論考として，see, Staci A. Gruber & Deborah A. Yurgelun-Todd, Neurobiology and the Law: A Role in Juvenile Justice? (Symposium: The Mind of a Child : The Relationship between Brain Development, Cognitive Functioning, and Accountability under the Law), 3 Ohio. St. J. Crim. L. 321 (2006), Stephen J. Morse, Brain Overclaim Syndrome and Criminal Responsibility: A Diagnostic Note (Symposium: The Mind of a Child : The Relationship between Brain Development, Cognitive Functioning, and Accountability under the Law), 3 Ohio. St. J. Crim. L. 397 (2006).

201) 第1章第2節2参照。See also, Elizabeth S. Scott & Laurence Steinberg, Blaming Youth, 81 Tex. L. Rev. 799 (2003).

第 2 節　アメリカにおける刑事責任年齢の意義に関する議論

ものとして捉えられるという見解を示している。Scott らの見解は少年の未熟性（immaturity）を心理学・精神医学の立場から証明し，刑法における免責事由の性質を踏まえた上で，少年の未熟性に対していかなる法的効果を与えるかについて論証したものである。

　Scott らの提唱する発達モデルの目的は，刑罰を少年の未熟さを考慮した公正なものとするのと同時に，社会の安全を保護するという要請に応えるものにすることである。こうした目的を達成するために，Scott らは有責性（culpability）や非難可能性（blameworthiness）という刑法上の概念が，未熟な少年を処罰する際にどのように影響するかについて検討している[202]。発達モデルの見地からは，少年と成人を完全に別個のものとして扱う二分論（binary approach）は妥当ではないとされる。なぜなら，二分論は少年を全く処罰しないか，成人同様に処罰するかという，単純な結論を導くものであり[203]，少年の未熟性をいかに理解するべきかについてほとんど議論がなされていないからである。Scott らは，少年が未熟な存在であるという特性を考慮すれば，完全に免責される幼者と完全に責任を問われる成人の中間に位置するものとして位置づけられるべきであるとし，「減軽（mitigation）」という概念を用いて少年の刑事責任を検討することを主張する。「減軽」とは，ある行為者が刑事責任を問われる下限には達しているが（したがって「免責」はされないが），通常の犯罪者が受けるべき処罰よりも軽い刑罰が適用されるべきであることを指し示す事情のことをいい，少年の意思決定能力は徐々に成熟して成人と同様になるという前提に立つ発達モデルの中核をなす概念である[204]。

　このような「減軽」という概念の基礎づけとして，Scott らは刑法上の原則である比例原則を挙げている。比例原則（proportionality）とは，「行為者が惹

---

202) Scott & Steinberg, supra note 136 at 119.
203) 少年裁判所が設立された時代の進歩主義者の見解からは「少年は完全に責任が無いために免責され全く処罰されない存在である」とされ，一方，近時の厳罰政策の立場からは「少年は完全に責任がある存在として捉えられるべきであり，成人同様に処罰される」ということになる。処罰・不処罰のいずれかしか選択し得ないという点において，単純化された理解であるといえる。Scott & Steinberg, supra note 136 at 120-121.
204) Id at 122. Scott は減軽概念を用いることにより，よりコストに見合った政策立案が可能になるという利点があるとする。

起した侵害」と「侵害を惹起した当該行為者の非難可能性（blameworthiness）」との比較を基準として，刑罰が定められるべきであるとする原則であり，立法者に対する指導原理としても機能するものである[205]。もちろん，比例原則は刑法に関する精密な指針を提供するものではありえないが，刑法が犯罪の重大性と行為者の非難可能性との比較の上に立法されていることを国民に示すことにより，刑法に対する国民の信頼を維持し，刑法を犯罪統制手段として機能させることになるとされる[206]。すなわち，減軽概念を導入することによって，刑法に対する国民の信頼を維持すると同時に，少年の未熟さを考慮に入れた適切な処罰がされることになるのである。

Scott らが提案する「減軽」概念は以上のように基礎づけられるが，次に問題となるのはそれが認められた場合の法的効果とその要件である。まず，減軽概念の法的効果について，Scott らは，犯罪成立の局面における効果と量刑の局面における効果の二つがあるとしている[207]。このいずれにおいても，行為者の意思決定能力が弱まっていることなどの事情があれば，「減軽」が認められる。Scott らは少年が減軽される類型として，①意思決定能力が弱まったことを理由として減軽が認められる場合，②行為者が置かれた状況から減軽が認められる場合，③少年の発達の程度や性格を理由として減軽が認められる場合，の3つを挙げる。

①は現実の状況に置かれた少年の意思決定能力の弱さを考慮したものである。すなわち，少年は，認識能力の点では成人と同様であるものの，現実の具体的状況に置かれた場合，判断能力が鈍くなり，心理的・感情的にも未成熟であるために，自分の行為の危険を評価する能力も低くなることから基礎づけられている[208]。②は，「状況的減軽（situational mitigation）」と呼ばれるものであるが，仲間からのプレッシャー等の「状況的な圧力」を回避する能力やその圧力に対応する少年の能力が，合理的人間（典型的な成人が備えている心理的・道徳的能

---

[205] Id at 123.

[206] Id at 124.

[207] Id at 123. Scott らは「同一の違法行為を行った者であっても，その非難可能性に応じて異なった取り扱いを受ける」と述べている。See also, Id at 128.

[208] Id at 129.

第 2 節　アメリカにおける刑事責任年齢の意義に関する議論

力を有している者）よりも劣っていることを理由とするものである。合理的人間の基準は通常の成人を標準としているが，少年の場合は典型的な少年を基準とすることとなる。合理的判断能力を備えた少年であっても「状況的な圧力」を回避できないとされた場合，当該犯罪行為は少年の道徳的欠陥や異常性によって引き起こされたものではなく，外部的な圧力によって引き起こされたと評価される[209]。③の類型は，少年犯罪者の大部分は発達過程にあるため，未熟な判断能力しか有していないことを理由とするものである。少年の犯罪行為は未熟性の現れなのであって，彼らの「悪しき性格」の現れではない。Scott らは成人との差異について，成人であっても，将来の結果に無頓着な，興奮を求めて危険を衝動的に冒す行為者はいるものの，その行動は彼ら自身の「性格」に基づくものであって，発達が不十分であることが原因ではないため，少年とは同等に扱うことができないと述べている[210]。

このように，Scott らの発達モデルにおいては少年の未成熟さは減軽事由として扱われているが，この減軽事由が個別的に判断されるのか，一定の年齢を基準に一律に判断されるのかについては，直ちには定まらない。この点，Scott らは，成人の減軽事由を判断する際には個別の行為者によって状況が異なりうることから，個別的に判断されるべきであるとする。一方で，少年については，少年は発達能力という事実的な観点から一つのグループとしてみることができるから，年齢を基準として「少年」というカテゴリーで区切る方法が取られるべきであるとする[211]。まず，一定の年齢以下の行為者は幼年者（infant）として刑罰を科すことが絶対的に否定されるべきであるとしている。刑罰を科すことが可能となるのは，幼年者の年齢を超えた未成年者であり，そうした未成年者は未成熟性という減軽事由を有しているため，成人よりも責任が軽い者として扱われることになる。

このような立場を採用すると，もちろん，成人と同様に少年が成熟している場合に，「少年」というカテゴリーで区切る方法によると，本来は減軽されるべきではない者を減軽するという不都合が生じることになる。しかし，この点

209）　Id at 131.
210）　Id at 138.
211）　Id at 139.

についてScottらは，①大部分の少年が未成熟であるという推定は適用可能であること，②手続のコスト面からもカテゴリカルなアプローチの方が優れていること，④少年の成熟性を適切に判断する科学的知見も不十分であることから個別的アプローチでは誤りが発生する可能性があること，⑤カテゴリカルなアプローチは少年に対する過剰な処罰を抑制する機能を有していること，といった理由を掲げて年齢で区切るアプローチが妥当であるとしている[212]。また，Scottらは，年齢で区切るアプローチの例外として，少年の重大犯罪から社会を保護する必要性が著しく害される場合に限っては，少年の未熟さは減軽事由として扱われないことがあるとしており，一定の例外を認めている[213]。

以上のように，Scottらの発達モデルからは，刑事責任年齢は減軽事由として位置づけられることになる[214]。

第3節　モデル論の見地からの刑事責任年齢制度の意義に関する考察

ここまで日米の学説について概観してきたが，本節においてはこれを踏まえて，日米の学説を本書の分析視角であるモデル論の見地から検討することとしたい。

第1款　刑事責任年齢制度の管轄権確定機能
　　　　──刑事処分の前提としての有責性

均衡のとれた修復的正義モデルは，少年が被害者に対して責任を果たす能力を持っていること（accountable）が必要であるとする。逆に言うと，少年がそうした意味での能力を有していない場合には，そもそも少年司法手続の対象にならない。この観点からは，刑事責任年齢制度は，少年が刑事責任を負うだけ

---

212) Id at 139-142.

213) Id at 142.

214) 少年の未熟性と責任の減少について論じたその他の論考としては，Stephen J. Morse, Immaturity and Irresponsibility (Symposium on the Future of the Juvenile Court), 88 J. Crim. L. & Criminology 15 (1997).

第3節　モデル論の見地からの刑事責任年齢制度の意義に関する考察

の能力（accountability）を有していることを推定させるという意味で，管轄権的な機能を有しているといえる。

　刑事責任年齢制度は，日本においては旧刑法の時代は責任能力の内容である是非弁別能力の観点から説明されていたが，現行刑法の編纂が開始されて以降は是非弁別能力のみならず少年に対する刑罰の有害性等の刑事政策的観点をも併せて説明されるようになった。一方，アメリカにおいてもコモンローに由来する伝統的な立場においては，少年が責任無能力者として扱われる理由は少年が行為の違法性および善悪に関する認識を有していないからであるとされており，刑事責任年齢制度は犯罪成立の（消極的）要件の一つである免責事由の性質から説明されていたが，模範刑法典はこれを少年裁判所と刑事裁判所の管轄権の問題として位置づけるという変遷が見られた。さらに，近時のアメリカにおいては心理学・精神医学の観点を基礎とする「発達モデル」の見地から，少年は発達が完了していない未成熟な存在である一方で，発達過程にある点においては幼年者とは異なり，その責任は「減軽」されたものとして扱われるべきであるという見解が主張された。

　日本の刑法41条が採用する絶対的責任年齢制度とは，一定の年齢に満たない行為者を絶対に処罰しないとする制度である。これを保護処分との関係において捉えると，刑事処分の選択を可能にするための必要条件が刑事責任年齢を超えることであると位置づけることができる。一方，少年法が存在している以上，刑事責任年齢制度は，刑事処分の選択を可能にするための必要条件であるものの，刑事処分を選択することの十分条件であるとはいえない。刑事責任年齢を超えた場合には，「刑事処分もしくは保護処分のいずれかが選択できるようになった」のであって，「刑事処分を選択することが確定した」わけではないのである。このような理解を前提とすると，刑事責任年齢制度を刑事裁判所と少年裁判所の管轄権の問題として理解する見解[215]には，正しい核心が含まれている。すなわち，刑事責任年齢を下回る少年については家庭裁判所が専属的な管轄権を有するが，刑事責任年齢を超えた場合は刑事裁判所・家庭裁判所いずれも管轄権を有することになるのである。絶対的刑事責任年齢の機能は，

---

215)　アメリカにおける模範刑法典の議論を参照（本章第2節第3款）。

犯罪行為を行った少年についていずれの裁判所で審理を行うかという管轄権を決定するところにあるといえる。

　このように，刑事責任年齢制度は刑事処分を選択するための最低条件を画する機能を有しているということができる。刑罰法令に触れる行為を行った少年に対しては，刑事責任年齢を超している場合には保護処分と刑事処分のいずれかを言い渡すことができるが，これを下回る場合は保護処分しか言い渡すことができなくなるのである。現在の日本の少年法に即して言うと，14歳以上20歳未満の少年については刑事処分と保護処分のいずれをも言い渡すことができるが，14歳未満の少年については保護処分しか言い渡すことができない[216]。この点，現行刑法は絶対的責任年齢制度を採用しているが，相対的責任年齢制度においても責任無能力の反証が許された場合には刑罰を科しうることになるのであるから，刑事責任年齢制度の機能自体はいずれを採用しようとも変わらない。以上をまとめると，①14歳未満の者については家庭裁判所が専属管轄権を有し，②14歳から19歳については刑事裁判所と家庭裁判所とが競合的に管轄権を有し，③20歳以上については刑事裁判所が専属管轄権を有することとなる。刑事責任年齢制度は，①と②とを分かつための基準を定めたものとして理解することができるが，②においていずれの裁判所を選択することになるかは別途考慮が必要な問題として残されており，この点は次章において検討を加える。

第2款　刑事政策的観点を用いて刑事責任年齢制度を説明する必要性

　刑事責任年齢制度の機能を刑事裁判所と家庭裁判所の管轄権を設定するものであると理解するとしても，そのような管轄権を設定できる理由が問題となる。すなわち，刑事処分の選択を可能にする年齢の下限を画するという機能を有している刑事責任年齢制度が，いかなる観点から基礎づけられるかが明らかにされなくてはならない。この点について既に前節までで紹介した日米の学説を分類すると，①責任能力・免責事由といった犯罪成立要件の性質から基礎づける

216）　ただし，少年院の収容年齢の下限は，「おおむね12歳」であるとされているが，「特に必要と認める場合」に限るとされている（少年法24条1項但書）。したがって，14歳未満の少年に対する保護処分にも一定の下限がある。

第3節　モデル論の見地からの刑事責任年齢制度の意義に関する考察

見解と，②刑罰を科すことの有害性や少年裁判所の管轄を画する等の何らかの刑事政策的要請から基礎づける見解の２つに分類することが可能である。①に分類できるのは日本の旧刑法の立法者の見解，旧刑法下の学説，現行刑法下の学説のうち責任能力の観点から刑事責任年齢制度を説明する見解，および，アメリカのコモンローの見解である。これに対して，②に分類できるのは日本の現行刑法の立法者の見解，現行刑法下の学説のうち刑事政策的観点から刑事責任年齢制度を基礎づける見解，アメリカの模範刑法典の見解である。

　このうち，①の立場は犯罪成立要件の性質から刑事責任年齢制度を基礎づけるものであり，理論的には優れた見解であるといえる。たとえば，日本の旧刑法下の学説のように，責任能力の本質を「是非弁別能力」であると捉えたうえで，12歳に満たない少年は一般的に見てこうした能力を有しないと評価しうるために責任無能力となるという説明は，論理的には筋が通ったものであるようにも思われる。アメリカのコモンローにおける学説についても同様のことが当てはまる。このように①の立場は，刑事責任年齢に満たない少年に対して刑罰を科せない理由を基礎づける説明としては優れているといえる。しかし，①からは刑事責任年齢を超えた少年については理論的には責任能力が認められることになるため，当該少年に対して刑事処分を科さずに保護処分を言い渡す根拠を刑法理論の見地から直ちに根拠付けることはできないという問題があるように思われる。もちろん，旧刑法の相対的責任年齢制度のように責任能力を認めつつ成人よりはこれが減少していることを理由として刑の減軽という効果を与えることは可能である。しかし，是非弁別能力や行動制御能力は犯罪成立要件の一つである責任能力の内容であって，その意味では刑事処分を発動する一つの条件をなすものであるから，刑罰以外の処分である保護処分と刑事処分のいずれを選択するかについての指針は出てこないと考えられる。また，責任能力の内容を事理弁識能力と行動制御能力と理解する限り，刑事責任年齢を下回る少年がこうした能力を備えることが事実としてありうることは否定できず，年齢という画一的基準で刑事責任年齢を規定する以上は，責任能力という個々の少年について事実的に判定しうる基準ではなく，何らかの刑事政策的考慮によって擬制がなされていると解さなくてはならないと思われる。

　これに対して，②の立場は刑事責任年齢を刑事政策的な観点から説明するも

のであり，その内容は様々であるものの，少年に対して刑罰を科すことの有害性や犯罪予防の見地から刑事責任年齢制度を基礎づけている。具体的には，①刑罰を科すことが少年の発達にとって有害であること，②少年の処遇可能性・更生可能性の高さからすれば刑罰を科さない方が望ましいこと，③犯罪防止の有効性の観点から刑罰が控えられるべきこと，④個別的に責任能力を判定することは困難であるから一律の基準を定めることに合理性が認められること，といった種々の刑事政策的考慮から，刑事責任年齢制度を基礎づけるものである。②の見解が主張する刑事政策的観点は，刑事責任年齢を超えた少年に対する刑事処分と保護処分の選択を行う局面においても妥当するものである。たとえば，刑事責任年齢を超えたとしても精神が未発達と認められる少年に対して刑罰を科すことはなお有害であるといえるから，保護処分を選択するといった説明を行うことが可能であるように思われる。刑事処分を保護処分との関係において位置づけるという本書の立場からすると，少なくとも②の見解が主張するような刑事政策的観点を度外視して刑事責任年齢制度を基礎づけることはできない。とりわけ，刑事責任年齢制度を少年裁判所と刑事裁判所との管轄権の問題としてのみ捉えるアメリカの模範刑法典の見解は，刑事責任年齢制度の機能に着目した一つの徹底した見解であるといえ，次章において検討する少年に対する刑事処分選択の問題と刑事責任年齢制度とを理論的に関連づけるものとしても，有益であり，かつ妥当なものであると考える。

　もっとも，②の立場も完全なものとはいえない。というのは，なぜ少年に刑罰を科すことが有害であるのか，なぜ一定の年齢を超えた少年について少年裁判所が優先的に管轄権を持つのかといった刑事政策的観点の基礎について説明がなされていないからである。この疑問に応えるのが，均衡のとれた修復的正義モデルである。均衡のとれた修復的正義モデルにおける帰責能力（accountability）とは，犯罪者が自らの犯罪および被害者に生じた法益侵害について責任を受け入れる地位に立つことを意味している。少年が刑事責任を負う場合は，少年は刑罰という形で「責任を受け入れる地位に立つ」こととなるが，刑事責任年齢制度は，まさにこうした地位に立つ能力が少年に認められるための限界線を画するために設けられた制度であると位置づけられる。刑事責任年齢を下回る少年については，そもそも刑罰によって責任を負う地位に立つこと

第3節　モデル論の見地からの刑事責任年齢制度の意義に関する考察

が不可能であって，刑罰を科すことによる少年の改善更生や地域社会の安全保護といった刑事政策的目的が達成されないと推定される。こうした刑事政策的な判断は，発達モデルによっても補強される。発達モデルが前提とする少年像は，少年は意思決定能力や感情的・心理的発達の点で成人よりも未熟であり，人格も流動的で定まっていないという特性を有している，というものであった。発達モデルは，少年は「完全に無能力でもないが完全に能力を有してもいない」といういわば中間的な少年として位置づけるのであるが，刑事責任年齢に達していない少年は，そもそも責任を問うことができない存在であると考えている。もし，少年が事実としてそのような存在であるのならば，刑罰を受け入れ，被害者に対して責任を負うことはできないと考えられる。こうして，刑事責任年齢に満たない少年には帰責能力がないことは，発達モデルの見地からも裏付けられるのである。

　以上，本章においては刑事責任年齢制度の意義において検討を加えてきたが，刑事責任年齢を超えた少年について成人と同様に処罰を行えるかどうかは明らかではない。少なくとも，犯罪成立要件としての責任の観点からは，刑事責任年齢を超えた少年は成人と条文上区別されない。しかし，刑事処分の選択および刑の量定の局面において，少年は明らかに成人と異なった存在として扱われている。この意味で，Scottらの「発達モデル」が指摘するように，刑事責任年齢を超えた少年は，完全に免責されることもないが，成人同様に有責とされることもない中間的な存在であるといえる。このような「中間的」な取り扱いをする意義がどこにあるのであろうか。次章においては刑事処分の選択について，次々章においては少年に対する刑罰について考察を加えることとする。

第 3 章　少年事件における刑事処分選択

　刑事責任年齢を超えた少年が犯罪行為を行った場合，当該少年は犯罪成立要件としての有責性を備えているから[1]，刑罰を科すことが可能である。しかし，少年に対する刑事処分に関する種々の特則が少年法において定められているため，刑事責任年齢に達した少年であっても成人同様に刑事処分を科すことはできない。検察官は少年について犯罪の嫌疑があると考えられる場合，事件を（地方）裁判所ではなく家庭裁判所に送致しなければならず[2]，家庭裁判所が当該少年を刑事処分に付することが相当であると判断して初めて少年に対して刑事処分を選択することが可能になる[3]。さらに，家庭裁判所が刑事処分を選択して事件を裁判所に送致したとしても，刑事裁判所[4]において保護処分が相当であると判断された場合，事件は再び家裁に送致され保護処分に付すべきかどうかについて審理が行われる[5]。このように，刑事責任年齢を超えた少年

---

[1] 違法性の意識の可能性，期待可能性等のその他の責任要素を具備していることは当然の前提である。刑事責任年齢を超えない場合は，絶対に責任が認められないのに対して，超えた場合は責任が認められうるということが重要である。

[2] 少年法 42 条第 1 文は「検察官は，少年の被疑事件について捜査を遂げた結果，犯罪の嫌疑があるものと思料するときは，第 45 条第 5 号本文に規定する場合を除いて，これを家庭裁判所に送致しなければならない」と規定する。なお，罰金以下の刑に当たる犯罪の嫌疑がある場合には，司法警察員が家庭裁判所送致を行う（少年法 41 条）。

[3] 少年法 20 条。なお，平成 12 年（2000 年）の少年法改正によりいわゆる原則逆送制度が導入され，犯行時 16 歳以上の少年が故意によって人を死亡させた事件の場合は検察官に送致しなければならないこととされた（少年法 20 条 2 項）。

[4] この場合の裁判所は地方裁判所であることが多いが，高等裁判所や簡易裁判所においても少年法 55 条の決定を行うことができる。田宮＝廣瀬『注釈（第 3 版）』473 頁。

[5] 少年法 55 条。同条は，「裁判所は，事実審理の結果，少年の被告人を保護処分に付するのが相当であると認めるときは，決定をもつて，事件を家庭裁判所に移送しなければ

が犯罪行為を行った場合，その少年に対する処分としては刑事処分と保護処分の二つが存在しており[6]，刑事処分が選択されて初めて少年に対して刑事手続を開始して刑罰を科すことができるのである。刑法の立場からは14歳を超える少年は犯罪成立要件としての責任を具備しうることから刑事処分において当該少年について成人と異なる取り扱いをする理由はないようにも思われるのに，少年法において刑事処分の選択がいかなる理由に基づいてどのような場合に制約されるのか，その根拠と基準が問題となる。本章における課題は，刑事処分と保護処分の関係を踏まえながら，少年の刑事処分選択の基準について明らかにすることである。

少年の刑事処分選択の基準を検討する際には，少年に対して刑罰を科す必要性とこれを控える必要性との二つの相反する要請を考慮しなくてはならない。なぜなら，刑事責任年齢を超えた少年は成人と完全に同一に刑事処分を科しうる存在でもなく，また，刑事未成年のように絶対に刑事処分を科されない存在でもない，いわば中間的な存在であるからである。刑法上は，刑事責任年齢を超えた少年は犯罪成立要件としての有責性を備えうることから，成人と同様に刑事処分を科すことができそうである。しかし，前章で検討を加えたように，刑事責任年齢制度が少年に対する刑罰の有害性や少年の更生可能性の高さから刑罰よりも教育的な措置の方が望ましいといった刑事政策的観点から説明されていたことに鑑みると，刑事責任年齢を超えた場合にこれらの刑事政策的観点を全く無視して刑事処分を付するに当たって成人同様の取り扱いをするのは妥当ではないであろう。なぜなら，13歳と14歳の少年とで更生可能性の高さや刑罰の有害性が大きく異なるということは考えづらく，そうであるのであれば刑事責任年齢を基礎づけている刑事政策的観点が刑事責任年齢を超えた少年に

ならない」と規定する。なお，55条送致により家裁に事件が移送された場合であっても，制度的には再び刑事処分を選択することは不可能ではない。しかし，55条によって刑事処分の不選択がなされた場合，再び20条によって刑事処分にするべきではないという理解が通説であるから，実質的には55条移送がなされた場合には保護処分か不処分かの選択が問題になることとなる。この点を含めて，55条については，本章第1節第3款を参照。

[6] 刑事処分にも保護処分にも付さない「不処分」も選択肢の一つであることはもちろんである（少年法23条）。

対してもある程度は妥当すると考えられるからである[7]。以上から，刑事責任年齢を超えた少年（14歳以上20歳未満の少年）については，刑事責任年齢制度の趣旨をも踏まえながら刑事処分の必要性・保護処分の必要性の両面から検討することで，刑事処分選択の基準を明らかにすることが重要であると思われる。刑事処分を選択すべき理由と刑事処分を選択せずに保護処分を選択する理由とを比較して，どのような場合に刑事処分を選択すべきかについての基準を示すことが求められているということができよう。

このような問題意識から少年の刑事処分選択の基準について検討を加える際に有用な素材となるのは，平成12年の少年法改正において導入されたいわゆる原則逆送制度（少年法20条2項）とアメリカにおける少年裁判所の管轄権放棄制度（刑事裁判所への移送制度）である。それぞれの制度の詳細については後述するが，いずれも一定の重大犯罪の場合には保護処分ではなく刑事処分を選択することを原則とするものである。これらの制度が刑事処分の選択を優先することを義務付けている理由を探ることで，いかなる場合に少年に刑事処分を選択すべきかについての基準を考察する際の示唆が与えられることが期待される。特に，アメリカにおける少年の刑事処分選択制度の具体的内容については，これまでのところさほど紹介や検討がなされていないこと，法文上の刑事処分選択基準が日本法に比べて詳細なものであることから，日本法の解釈において新たな視点を提供できると考えられる。これらの素材を用いて，少年法20条1項にいう「刑事処分を相当と認めるとき」（いわゆる「刑事処分相当性」）という文言の解釈基準を明らかにすることが，本章の目的である。

---

[7] 福田平博士は刑事責任年齢制度の意義について「責任年齢は，単に，是非善悪を弁別し，その弁別にしたがって行動を制御しうる能力だけを考慮して決定されたものではなく，同時に，精神的に発育の途上にある年少者の特殊な精神状況とその改善可能の見込みとが考慮に入れられている。すなわち，刑罰を科するより保護処分による性格の矯正を考えて年少者の将来をはかるという考慮が働いている」と位置づけられた上で，「こうした考慮と同様の見地から少年法は，20歳未満の者に対して，刑事処分上の特例を認めると同時に，刑罰のかわりに家庭裁判所において保護処分を言い渡しうることとしている」（下線部は筆者）と述べられ，刑事責任年齢制度の趣旨が少年法における刑事処分の特則に及ぶことを指摘されている。福田平『刑法総論（第5版）』（2011年）195頁。

第3章　少年事件における刑事処分選択

　以下では、日本における少年の刑事処分選択に関する議論について原則逆送制度の意義を中心に検討し、刑事処分相当性の意義について明らかにした上で（第1節）、アメリカにおける少年裁判所の管轄権放棄制度を概観して、刑事処分が選択される基準に関する示唆を獲得し（第2節）、それらの検討を踏まえた上でいかなる場合に犯罪少年について刑事処分を選択すべきかについて、少年法20条1項・2項の解釈論を示す形でその基準を明らかにする（第3節）こととしたい。

第1節　日本における少年の刑事処分選択に関する議論

第1款　刑事処分選択基準としての「刑事処分相当性」判断の困難性

1　「刑事処分相当性」の判断基準——保護不能説と保護不適説

　少年法20条1項は「家庭裁判所は、死刑、懲役又は禁錮に当たる罪の事件について、調査の結果、その罪質及び情状に照らして刑事処分を相当と認めるときは、決定をもつて、これを管轄地方裁判所に対応する検察庁の検察官に送致しなければならない」と規定している。家庭裁判所による検察官送致決定（これを「検送」ないし「逆送」と呼ぶ）がなされた場合、事件の送致を受けた検察官は「公訴を提起するに足りる犯罪の嫌疑があると思料するときは、公訴を提起しなければならない」（少年法45条5号）。このように、20条1項は罪を犯した少年を刑事処分に付するかどうかの選択に関する規定であるが、そこで刑事処分を選択する際の要件の一つ[8]とされている「罪質及び情状に照らして刑事処分を相当と認めるとき」という要件のことを「刑事処分相当性」という[9]。

---

[8]　少年に対して刑事処分を選択するためには、この他に①禁錮以上の刑が定められている事件であること、②非行事実の存在という要件が必要である。①の要件は罰金刑が定められている場合に刑事処分を科す必要性が無い理由について少年に対する刑罰の感銘力の意義をめぐる議論と関連する問題があり、②の要件は非行事実の証明の程度がどの程度かをめぐる問題がある。しかし、刑事処分選択の基準としては刑事処分相当性が最も重要であることから、以下ではこれらの2つの要件は検討の対象としない。

[9]　澤登俊雄『少年法入門（第5版）』（2011年）188頁、丸山雅夫『少年法講義（第2

刑事処分相当性をめぐっては，保護処分によって処遇することが不能な場合にこれを認める「保護不能」説と，保護不能の場合と保護処分を課することが不適当な場合にこれを認める「保護不適」説とが対立している[10]。保護不能説とは，保護処分によっては少年の改善更生の見込みが無いことのみを刑事処分相当性の要件とし，保護不適かどうかを考慮しない立場であることから，非行少年に対しては原則保護処分で臨むべきであるという保護処分優先主義の立場から主張されているといえる[11]。同説によると，非行少年に対する刑事処分選択は保護処分を課すことができない場合という形式で消極的になされるものとして理解されていることから，非行少年に対しては保護処分が原則であって刑事処分はあくまで例外的で異質な存在として位置づけられることになると思われる。これに対して，保護不適説とは，保護不能の場合に加えて「事案の性質，社会感情，被害感情等から保護処分で対処するのが不相当な場合」に刑事処分相当性を認める見解である[12]。保護不適説は，このような総合的な処遇の有効性の観点から刑事処分の選択を判断する見解であることから，刑事処分と保護処分との間に本質的な差異を認めず，両者を連続的に捉えている見解であると位置づけることが可能である[13]。

以下では，両説の対立を軸として，刑事処分選択の基準においてどのような要素を考慮すべきかについて，考察を加えていくこととする。

版）』（2012年）327頁。なお，20条2項も少年の刑事処分選択に関する規定であり，同条同項に基づいて刑事処分が選択される場合，すなわち，20条2項本文に該当し，20条2項但書所定の事由がない場合のことも，「刑事処分相当」であるということも可能であるように思われる。しかし，一般に「刑事処分相当性」という用語を使う場合は，20条1項による刑事処分選択のことを言うため，本書でもこの用法に従う。

10) 平成12年改正前は「手続時に16歳以上」の少年が刑事処分選択の対象とされていたが，改正によって年齢に関する規定が削除されたため，「行為時に14歳以上」であれば刑事処分の対象とされることとなった。この改正は，刑事責任年齢と刑事処分選択との関係を考える上で重要な意義を有するものであるが，20条2項と刑事責任年齢との関係と併せて，本節第2款，第3款において考察を加えることとしたい。

11) 澤登・前掲注9）190頁。

12) 田宮＝廣瀬『注釈（第3版）』207頁。

13) 川出敏裕「少年非行・少年犯罪（特集・刑法典の百年）」ジュリスト1348号（2008年）160頁。

2 刑事処分選択を積極的に基礎づける基準の必要性——保護不能説の不十分性

保護不能説は保護処分によっては少年を矯正できない場合に刑事処分相当性を認めることから，消極的に刑事処分を選択する見解であるといえるが，実務家の見解においては，保護不能説が通説である。その理由は，罪を犯した少年の処遇を決定する際には，①当該少年の改善更生の有効性（その少年に対して刑事処分と保護処分のいずれが性格の矯正や再犯の防止といった教育的効果を挙げるか）のみならず，②社会感情や社会防衛上の観点（社会に与えた被害の大きさ，不安の程度，同種事犯の再発防止が社会的に要請されるかどうか）という二つの視点のバランスを取ることが重要であると考えられている[14]ところにある[15]。たとえば，北村判事は「犯罪少年の処遇は，いずれの処分であっても，少年法1条に定める「少年の健全育成」のために何が一番適切かという判断であるから，保護処分か刑事処分かの選択は，その意味で本来同一の判断基準によって行われる」として，保護処分と刑事処分を同質的なものと理解したうえで，家裁の判断として検察官送致をせずに保護処分で処遇するにあたっても，「保護処分がその少年に対して矯正教育上有効で適切な処遇であるといえること」のみならず，「刑罰ではなく保護処分によって処遇することが社会において受忍，許容され得るものであること」が必要と解すべきであり[16]，刑事処分と保護処分の選択を行うに当たっては「刑事裁判における量刑例を念頭に置いて検察官送致の最終結果を十分に予想し，また，個々の保護処分と刑罰が少年や社会にどう受け止められているかも踏まえて，広義の処遇選択の一つとして慎重に検察官送致の権限を行使するのが相当である」と述べられている[17]。

---

14) 廣瀬健二「保護処分相当性と刑事処分相当性——移送裁判例（少年法55条）の研究——」家月41巻9号（1989年）6頁。

15) こうした実質的な理由づけのほか，少年法20条1項における「罪質及び情状」という文言が用いられていることも，保護不能説の根拠とされている。たとえば，加藤学「終局決定(1)——検察官送致決定」廣瀬健二編『少年事件重要判決50選』(2010年) 189頁 198-199頁は，条文の文言は「罪質及び情状」となっているが，これは刑事手続における刑の量定において考慮される要素を総称する言葉であって，一般予防や応報の観点からの判断になじむ文言であって，20条1項は少年法が理念とする教育優先主義が一歩退く場合があることを認めていると理解するのが素直であると述べている。

16) 北村和「検察官送致決定を巡る諸問題」家月56巻7号（2004年）57頁。

第1節　日本における少年の刑事処分選択に関する議論

　以上のような見解からは，刑事処分相当性の判断にあたって，保護処分による非行少年の矯正可能性しか考慮しない保護不能説は採用することができず，社会感情・社会防衛等の観点をも考慮に入れる保護不適説が採用されることとなる。また，こうした理解を前提とする保護不適説は，前款において概観した刑事処分と保護処分を質的に別個のものではなく，連続的に理解する実務家の見解とも整合的であるといえる。刑事処分に関する保護不能説は，保護処分の必要性を積極的に基礎づける点においては妥当であるが，刑事処分の選択に働く一般予防や応報の要請を全く考慮しないことから，刑事処分が選択される場合を積極的に基礎づけなかった点に問題があると考えられている。

3　刑事処分と保護処分の必要性を比較する困難性
――保護不適説による刑事処分相当性判断

　保護不能説が保護処分によっては矯正可能性が見込めない少年を刑事処分相当であると位置づけるのに対して，保護不適説は保護処分によって矯正が見込めるかという観点に加えて刑事処分を付する必要性をも総合的に考慮して刑事処分相当性を判断する見解である。これを別の角度から述べると，保護不能説は犯罪を行った少年について保護処分を原則とし刑事処分を例外と捉えているのに対して，保護不適説は保護処分と刑事処分とを連続的に理解して，少年の矯正可能性という保護処分に傾く事情と，一般予防・応報・被害感情への配慮という刑事処分に傾く事情とを総合的に考慮したうえで，刑事処分相当性を判断しているという違いが認められる。

　それでは，保護不適説による刑事処分相当性の判断基準の内容は，具体的にどのようなものであるのだろうか。まず，保護処分の選択を促す事情としては，①少年はその人格が未成熟であるために，環境の影響を受けて非行に走りやすい反面，適切な指導・援助を受ければ更生し再度非行を防止することが成人に比べれば容易であるという更生の容易性，②少年は矯正施設収容等の強力な措置を必要とすることなく立ち直ることができる場合が多く，保護処分や保護的措置をもって対処することが少年の健全育成という目的に資するという施設内

---

17)　北村・前掲注16) 59 頁。

処遇の適合性，③刑罰は強烈な作用を有するため，少年の心身に抜きがたい悪影響を及ぼし，更生の芽を阻害しかねないという刑罰の有害性といったものが考えられる[18]。これに対して，刑事処分の選択を促す事情としては，①当該少年が犯した犯罪が社会ないし他人の利益をどの程度侵害したかという法益侵害・被害の重大性，②犯罪被害者又はその遺族感情という被害者への配慮の必要性，③重大被害の再発を防止するという一般予防的見地，④社会感情などが挙げられる[19]。前項で概観したように，保護不能説は刑事処分を選択する理由を積極的に基礎づける基準を提示していない点において批判を受けたが，保護不適説においては刑事処分を科すべき事情が基準に含まれていることから，保護不能説に対する批判は克服できているといえよう。

しかし，これらの事情を総合考慮して刑事処分相当性を判断し刑事処分選択の適否を判定するといっても，それは容易なことではない。なぜなら，これらの事情を総合考慮する際の指針・基準が必ずしも示されていないからである。保護不能説は，原則である保護処分の必要性を判断し，これに該当しない場合を刑事処分に付することとなるから，保護処分の必要性に関する基準を解明しさえすれば，刑事処分選択の判断は比較的明確に行うことができるといえる。これに対して，保護不適説は保護処分に付すべき理由と刑事処分に付すべき理由とを列挙し，両者を総合考慮して刑事処分選択の可否を決する見解である。保護不適説のように刑事処分と保護処分とを連続的に捉える見解においては両者の区別は困難であると思われ，この問題を解決するためには先に掲げた「保護処分に傾く事情」「刑事処分に傾く事情」のいずれに重点を置いて判断するかについての指針が必要となるのである。

この点，故意により被害者を死亡させた場合に検察官送致を家庭裁判所に対して義務づけたいわゆる原則逆送制度（少年法20条2項）は，いかなる場合に刑事処分を選択するかという問題について実際的な示唆を与えるものである。原則逆送制度は一定の重大事件の場合に検察官送致を義務づけることにより，刑事処分相当性の存在を推定した規定であると捉えることができるが，そこで

---

[18] 大森政輔「少年に対する刑罰処遇について――刑事処分の選択基準とそれをめぐる審理手続――」家月28巻4号（1975年）10頁。

[19] 大森・前掲注18) 10-11頁。

は刑事処分を選択する際に考慮される要素が条文上明らかにされていることが参考になる。また逆に，原則逆送の対象となる犯罪であっても例外的に保護処分を選択することが認められているが，そこにおいては，保護処分の必要性と刑事処分の必要性とが鋭く対立しているために，両者の判断をいかに行うかについての示唆が得られると思われるのである。そこで，次項において同制度の意義や条文の構造を概観した上で，それを手がかりにして刑事処分相当性の判断基準への示唆を獲得することを目指したい。

第2款　「刑事処分相当性」の判断基準の具体化
──原則逆送制度を手がかりに

1　少年法20条2項を手がかりとした刑事処分相当性の基準の具体化

平成12年の少年法改正で新設された少年法20条2項は，刑事処分相当性について規定した1項を受けて，「前項の規定にかかわらず，家庭裁判所は，故意の犯罪行為により被害者を死亡させた罪の事件であつて，その罪を犯すとき16歳以上の少年に係るものについては，同項の決定〔筆者注：1項に定める検察官送致決定のこと〕をしなければならない。ただし，調査の結果，犯行の動機及び態様，犯行後の情況，少年の性格，年齢，行状及び環境その他の事情を考慮し，刑事処分以外の措置を相当と認めるときは，この限りでない」と規定する。2項本文の対象犯罪については検察官送致（逆送）の「決定をしなければならない」ことから，原則逆送制度と呼ばれることがある[20]。以下では，原則逆送制度の趣旨を手がかりにして1項の刑事処分相当性の判断基準の具体化を図るが，その前提として1項と2項とがいかなる関係に立つのかを確認しておく必要がある。その理由は次の点にある。すなわち，刑事処分と刑事処分以外との処遇は二者択一であることからすれば，20条2項対象事件の処理においても同様に，家庭裁判所はどちらが相当であるかを判断することになる。すると，結局，家庭裁判所が刑事処分相当と判断した場合は2項本文によって刑事処分が，保護処分相当と判断した場合は2項但書によって保護処分が選択

---

20) 後述のように，20条2項の性質をめぐっては，原則逆送規定とする見解と家庭裁判所に対する説明義務を課した規定とする見解などが対立しているが，ここでは通説である前者の見解が採用する用語法に従う。

されるだけであり，改正前及び改正後の20条1項の判断とその内容が何も変わらないのではないかという疑問もあるからである[21]。もしそうだとすれば，原則逆送制度の趣旨を明らかにしても刑事処分相当性の判断に示唆をもたらさないことになるため，この点をまず確認しておく必要がある。

この点に関する通説的見解である「原則逆送説」は，20条2項は刑事処分を原則とし保護処分を例外とする文字通り原則逆送規定を定めたものであり，そのような先後関係に無い20条1項とはその内容が異なると理解する[22]。すなわち，20条1項においては積極的に刑事処分が相当であるという判断がなければ保護処分が下されるのに対して，20条2項においては2項本文対象事件について積極的に保護処分相当の判断が無ければ（2項但書）保護処分にできないという関係に立つと理解するのである。原則逆送説は，2項本文対象犯罪のときに検察官送致決定を「しなければならない」という文言の解釈上は素直な読み方であり，また，犯罪の重大性が原則逆送の基準となっている点で刑事処分相当性に関する保護不適説となじみやすい解釈であるということができよう。

こうした通説的見解に対しては，20条2項は家庭裁判所の裁判官に対して2項本文が規定する事件において刑事処分を選択しなかった場合にその理由を説明することを義務づけたものに過ぎず，実体法的効果を規定したものではないとする「説明責任説」が主張されている。説明責任説は，少年法の教育的機能の意義を強調して刑事処分は教育手段として必要・有効と判断される極めて稀有な場合にのみ選択できるという理解を前提に，20条2項は原則逆送を定めた規定ではなく，重大事件について処遇選択に関する家庭裁判所の説明責任を定めた規定として理解するものである[23]。具体的には，20条2項本文対象事件の場合，「社会感情の厳しさ，とくに刑事処分要求の強さに配慮して，その少年の教育的援助手段として刑事処分こそが必要・有効とは認められない場合

---

21) 川出敏裕「処分の見直しと少年審判」斉藤豊治＝守屋克彦編著『少年法の課題と展望 第1巻』(2005年) 163頁，加藤・前掲注15) 203頁。
22) 川出・前掲注21) 163頁，加藤・前掲注15) 202, 205頁。
23) 葛野尋之「刑事処分相当性と検察官送致決定」前野育三ほか編『量刑法の総合的検討（松岡正章先生古稀祝賀）』(2005年) 271頁。

において，家庭裁判所が刑事処分以外の処遇を選択した理由について，被害者を含む市民に対していっそう明確かつ説得的に説明する責任を負わせた基底として理解すべきである」とする[24]。たとえば，18歳の少年が殺人罪を犯した場合，本説によれば少年に対して刑事処分が選択されるのはそもそも極めて例外的な場合であるから原則的には保護処分が選択されるが，その際には保護処分を選択したことについて家庭裁判所が十分な説明を行う責任を定めたのが20条2項であると理解するのである。説明責任説は，刑事処分について保護処分によっては教育機能の有効性が認められない例外的な場合に選択される措置であると位置づけていることから，刑事処分相当性に関する保護不能説の一つの徹底した形態であるといえる。しかし，先に述べたとおり保護不能説は刑事処分選択を積極的に根拠付ける基準を持たないという問題を有している。その点を措くとしても，説明責任説は，20条2項本文の「同項の決定〔筆者注：20条1項の検察官送致決定〕をしなければならない」との文理に反している[25]という問題を抱えていることは否定しがたいであろう[26]。

---

[24] 葛野・前掲注23) 277頁，守屋克彦＝斉藤豊治編『コンメンタール少年法』(2012年) 259頁（正木祐史執筆）。

[25] 反対，武内謙治『少年司法における保護の構造』(2014年) 372頁注44。なお，同書において，武内准教授は，少年法50条が訓示規定であると最高裁判例が理解していることを論拠とされている。たしかに，少年法50条を訓示規定と解するのは一般的理解であるが（たとえば，田宮＝廣瀬『注釈（第3版）』461頁），50条の「しなければならない」という文言を根拠に訓示規定と解しているのではない。最高裁は，「第50条によって……刑事事件の審理には同法第9条の規定が適用される……しかし同条〔筆者注：続く引用文言で明らかなようにこれは9条のことを意味する〕の規定は所定の事項の調査の方針を示したもので……その規定中「なるべく」とか「努めなければならない」とかの文句の存するところから見ても，裁判官に対する事件処理上の訓示的な規定と解するのが相当である」と判示しているのであるから（最判昭和24・8・18刑集3巻9号1489頁），50条の「しなければならない」という文言を拘束力のない訓示規定と解しているわけではなく，50条が9条を引用しているところから，50条を訓示規定と理解しているのである。

[26] なお，斉藤豊治教授が主張される「ガイドライン説」は，説明責任という用語を用いる点では本説と類似しているが，その内容は異なる。ガイドライン説とは，20条1項及び2項は少年の処分決定に対するガイドラインを定めたものであると理解し，2項本文は処分選択の基準を示したに過ぎないとする見解のことをいうが（斉藤豊治「要保

第3章　少年事件における刑事処分選択

　以上より，20条2項は原則逆送を定めた実体的規定であるとの考え方が通説となっているが，問題は刑事処分と保護処分それぞれを基礎づける要素がどのように理解されているかである。そこで，次にこれらの点を見ていくことにしよう。

2　刑事処分の必要性を基礎づける要素——犯罪の重大性と犯罪時の年齢

　通説である原則逆送説からは，20条2項本文対象の犯罪については2項但書に該当しない限り刑事処分選択が義務づけられていると理解される。すると，20条2項において規定されている刑事処分の必要性を基礎づける要素とは，犯罪の重大性（故意により被害者を死亡させた犯罪）および犯罪時の年齢（16歳以上という刑事責任年齢より2歳高い年齢）ということになるが，これらの要素を刑事処分を基礎づける要素としてどのように理解すべきかが問題となる。というのは，対象犯罪および犯罪時の年齢の観点から原則逆送制度が規定されている点は，少年の健全育成を図るという少年法1条の目的と一見抵触するようにも見えるからである。

　この点，平成12年少年法改正の立案担当者は，「故意の犯罪行為によって人を死亡させる行為は，自己の犯罪を実現するために何物にも代え難い人命を奪うという点で，反社会性，反倫理性の高い行為である」という認識を前提とした上で，「このような重大な罪を犯した場合には，少年であっても刑事処分の対象となるという原則を明示することが，少年の規範意識を育て，健全な成長を図る上で重要なことであると考えられること」を理由として，「罪を犯すとき16歳以上の少年に係るものについては，検察官に送致する決定をしなければならないと定め，この種の事件については，検察官送致決定を行うことを原則とする」改正を行ったと説明している[27]。さらに，立法者は，20条1項に

　　護性の判断と検察官逆送規定」前野育三ほか編『量刑法の総合的検討（松岡正章先生古稀祝賀）』（2005年）256頁），2項本文による検察官送致の余地を肯定し，その実体法的意義を否定しない点において説明責任説とは本質的に異なっている（説明責任説を提唱する葛野教授もこの点を認めている。葛野・前掲注23) 278頁参照）。なお，本款で検討した以外の詳細な学説の内容については，武内・前掲注25) 340頁以降を参照。
27)　甲斐行夫ほか著『少年法等の一部を改正する法律及び少年審判規則等の一部を改正する規則の解説』（2002年）34頁。

おいて刑事処分可能年齢が拡大された点をも併せて,「少年に対し,事案に応じてより適切な厳しい処分によりその責任の自覚を促すとしても,少年の健全育成という少年法の目的に反するものではないと考えられる」と述べている[28]。立法者は対象犯罪の観点から原則逆送制度が定められた点について,少年の健全育成を図るという少年法1条の観点から理解しているといえる。

このような立法者の見解について,学説は批判的である。たとえば,酒巻匡教授は「結果が重大な犯罪類型を取り出して原則逆送を明定した立法者には,個々の少年の健全育成・改善更生ではなく,罪刑の均衡・犯行時の責任の程度・一般予防の観点からの逆送・刑事処分の拡大を求める意図があることは否定できないように思われる」とされ,20条2項と1条の目的とが対立することを指摘されている[29]。また,川出敏裕教授も同様に①類型的に見た場合には保護処分のほうが刑事処分よりも少年の改善更生にとって有効であること,②重大な犯罪の場合に①の前提が覆ることは考えられないこと,③立法者のいう刑事処分を科すことによって少年に責任を自覚させ,その規範意識を覚醒させるという20条2項の趣旨は,当該少年を念頭に置くというよりは,少年一般を念頭に置いたものであると理解しうること,などの理由から立法者の理解に疑問を提起されている[30]。

以上のように少年法20条2項は一般予防や応報を基礎とした規定であると理解する見解に対しては,批判を加える学説がある[31]。後藤弘子教授は,平成12年改正の背景を「相次ぐ重大な結果を伴う事件の発生は,教育という手段ではなく,より簡単でわかりやすい刑罰という手段で一般予防を実現しようとする政策の選択を可能にした。対応の必要性を重視するあまり,立法者は,そもそも少年司法制度がどのような理念に基づいて設計されているかについて検討する必要をほとんど感じなかった」と位置づけた上で[32],「逆送の基準と

---

28) 甲斐ほか・前掲注27) 108頁。
29) 酒巻匡「少年法等の一部を改正する法律(下)」法学教室249号(2001年) 79頁。
30) 川出・前掲注21) 166頁。
31) 前野育三「少年法「改正」について」現代刑事法24号(2001年) 66, 67頁。前野教授は,故意により被害者を死亡させた事件の場合にも,20条2項但書により保護処分とすべきだと述べているが,刑事処分を選択すべき場合について言及しておらず,同改正について批判的な立場に立っている。

して，被害者の死亡というある意味で偶然的な結果を基準とすること」は「従来行為者主義に基づいて，少年という属性や少年がもつ属性に注目して，制度を構築してきた少年司法にとって，行為主義へと視点を転換することを要求するものであり，少年法の理論的枠組みからすれば，適切な基準とは言いがたい」という批判を加えている[33]。後藤教授が用いている「行為者主義」「行為主義」という用語については，同教授の論考において定義されていないため内容を推測せざるを得ないが，恐らく「行為主義」とは犯罪行為の性質に着目して少年の処遇等を行う立場であり，「行為者主義」とは犯罪を行った少年の性質に着目して少年の処遇等を行う立場であると思われる。

しかし，後藤教授の原則逆送制度に対する批判は，保護不能説からは採用可能であるが，保護不適説とはなじまない見解であろう。保護不能説は，保護処分によっては少年に矯正の見込みが無い場合に刑事処分相当であるとする見解であり，後藤教授のいう「行為者主義」の見地から説明しうる。保護不能説の立場からは，犯罪の重大性という「行為」に関する事情から刑事処分選択を義務づける20条2項は「行為主義」によるものであり確かに整合的ではない。この限りにおいては，後藤教授の指摘は正当である。これに対して，保護不適説は少年の矯正可能性という「行為者」に関する事情と犯罪の重大性等の「行為」に関する事情とを総合考慮して刑事処分相当性を判断する見解であって，後藤教授のいう「行為主義」「行為者主義」双方を含むものである。保護不適説の見地からは，20条2項は犯罪の重大性という「行為」に関わる事情を必要的に考慮する規定であると位置づけられることになる。少年法20条2項は1項の刑事処分相当性に関する保護不能説からは例外的で異質な規定であると位置づけられることになるが，保護不適説の観点からは刑事処分相当性における考慮要素を明示した規定であり1項と同質的に理解できることになる。

以上より，20条2項本文は故意の犯罪行為により人を死亡させた事件について刑事処分相当性を推定した規定であって，そこでは罪刑の均衡・犯行時の責任の程度・一般予防の観点などが刑事処分選択の基準となっていると理解で

---

32) 後藤弘子「刑事処分の範囲の拡大とその課題（特集・少年法改正）」ジュリスト1195号（2001年）10頁。

33) 後藤・前掲注32) 11頁。

きるが，こうした理解は20条1項の刑事処分相当性の解釈においてどのような示唆をもたらすのであろうか。原則逆送対象事件となるのは，「故意の犯罪行為により被害者を死亡させた罪の事件」であるから，1項の刑事処分相当性はこれ以外の事件について問題となる要件である。また，2項の原則逆送規定は犯罪時に16歳以上の行為者について用いることができるのに対して，1項の刑事処分相当性は犯罪時に14歳以上の行為者について問題となる。このように，1項の刑事処分相当性は①犯罪の重大性（行為・結果双方を含む），②犯罪時の年齢という二つの点において，2項と異なっているということができる。この点，1項の刑事処分相当性の解釈においても，この二点は基本的に基準となるように思われる。2項による刑事処分選択の最大の特徴は検察官送致が原則として義務づけられている点であるが，刑事処分選択に関する規定である点においては1項と大きな違いは無い。したがって，①被害者の死亡の危険を生じさせた罪の事件であり，②犯罪時の年齢が16歳を超えている場合には，2項との関係において刑事処分相当であるといいやすくなると思われるのである。20条1項の「罪質及び情状に照らして刑事処分を相当と認めるとき」という文言のうち刑事処分選択を基礎づける事情としては，①犯罪の重大性と②犯罪時の年齢の高さという二つの要素が重要な意味を持つと解すべきであろう。

3　保護処分の必要性を基礎づける要素──「罪質及び情状」と保護の必要性

前項においては，少年法20条2項本文を参考にして刑事処分相当性において刑事処分の必要性を基礎づける要素について考察を加えた。ついで，本項においては，保護処分の必要性を基礎づける要素について考察を加えたい。

原則逆送対象事件はその名称が指し示すとおり，あくまで「原則」は逆送するだけであるから，一定の場合には例外的に保護処分を選択することが認められている。これを規定したのが少年法20条2項但書であり，同条は「調査の結果，犯行の動機及び態様，犯行後の情況，少年の性格，年齢，行状及び環境その他の事情を考慮し，刑事処分以外の措置を相当と認めるときは，この限りでない」と規定し，原則逆送対象事件の場合であっても保護処分を選択する余地を認めている。この点，20条1項においては，「罪質及び情状に照らして刑事処分を相当と認めるとき」と規定されているのみで，刑事処分・保護処分の

第3章　少年事件における刑事処分選択

いずれかを選択すべきかについての基準は示されていない。これに対して，20条2項但書においては保護処分を選択する際に考慮される事情について具体的に列挙されており，刑事処分選択において考慮される要素の考察において参考になる。

20条2項但書の理解については，2項本文との関係をめぐって「総合検討説」と「犯情説」の対立がある。通説である総合検討説は条文に従い，犯行の動機および態様，犯行後の情況，少年の性格，年齢，行状および環境その他の事情を総合考慮し，刑事処分以外の処遇が相当と認められるかどうかを判断するものであり，2項本文と但書を並列的に捉える見解である[34]。すなわち，総合検討説は，刑事処分を選択すべき事情（犯罪の重大性と犯罪時の年齢）と保護処分を選択すべき事情（犯行の動機・態様等の2項但書所定の事情）との全てを判断の対象として，刑事処分と保護処分のいずれを選択するかが決定される。刑事処分を選択すべき事情と保護処分を選択すべき事情とを全て総合的に考慮するという意味で，両者を並列的に捉えているということができる。

これに対して，犯情説は，原則逆送事件について犯情を重視する。犯情説とは，少年について凶悪性，悪質性を大きく減じるような特段の事情が認められるかを判断し，①そのような特段の事情が認められない場合にはその余の事情を判断するまでもなく検察官送致決定をなし，②特段の事情が認められる場合には，さらに20条1項に定める要素を踏まえて刑事処分とそれ以外の処遇のいずれが相当かを判断するべきであるとする見解のことをいう[35]。犯情説は総合検討説とは異なり，①の場合については犯情以外の事情を検討せずに刑事処分を選択する見解であることから，20条2項本文所定の事情（対象犯罪の悪質性）を重視するものであるといえ，2項但書所定の事情は対象犯罪の悪質性等を減じる特別の事情として位置付けられるに過ぎない[36]。犯情説は，20条2項が1項とは別に規定されていることから，「刑事処分とそれ以外の措置をいずれも無制約に選びうるという前提で，当該少年に対してどちらが妥当かを比較する思考方法はもはや取り得なくなった」という認識に立つものであ

---

34)　加藤・前掲注15）205頁。
35)　北村・前掲注16）70頁。
36)　北村・前掲注16）70頁。

り³⁷⁾，重大犯罪については刑事処分を原則とした 20 条 2 項の改正趣旨を反映させることを狙った見解であるといえよう。このような犯情説に対しては，20 条 2 項但書において犯情の悪質性にのみ着目すべきであるなら，条文上犯情とその他に何らかの区別がなされてしかるべきであるが，但書は「犯行の動機及び態様，犯行後の情況，少年の性格，年齢，行状及び環境その他の事情を考慮し」と規定し，犯情とその他の事情とを区別していないことから，文理上採用し得ない見解であるとの批判が向けられている³⁸⁾。

それでは，総合検討説及び犯情説から，少年の刑事事件において保護処分を選択する要素につきどのような示唆を得ることができるであろうか。総合検討説は，20 条 1 項の刑事処分相当性判断と同様の判断を行うものであるといえるが，2 項但書に列挙されている要素（犯行の動機及び態様，犯行後の情況，少年の性格，年齢，行状及び環境その他の事情）を 1 項の刑事処分相当性判断においても用いることを示唆するといえる。しかし，但書に列挙された事情について，刑事処分を選択すべき事情とどのように比較して総合考慮するかが不明であるという問題をかかえているように思われる。これに対して，犯情説は，原則逆送対象事件のように犯罪行為が悪質で結果も重大である場合には，そういった犯情を軽減する特別の事情が無い限り刑事処分を選択するとしており，刑事処分選択にはたらく事情と保護処分選択にはたらく事情とを区別している点において，判断基準は明快である。犯情説の理解を 1 項の刑事処分相当性判断にも適用すると，刑事処分選択においては「罪質及び情状」（1 項）の重さを減ずる事情の有無が最初に検討されるが，その時点で原則逆送事件に相当するほど犯情が悪質であると判断される場合には，刑事処分が選択されることになると思われる。原則逆送「以外」の事件において刑事処分が選択されないのは，犯情が原則逆送事件に相当するほど悪質でないことが確認された事件において，少年の性格，年齢，行状，環境その他の事情から当該少年の矯正には保護処分が有効であると考えられる場合であるということになる。20 条 2 項の文言に鑑みたときに問題がある点は否定できないものの，判断基準の明快さにおいては，犯情説の方が優れており，同説から刑事処分選択判断についての示唆を得

---

37) 北村・前掲注 16) 70 頁。
38) 加藤・前掲注 15) 204-205 頁。

第3款　刑事裁判所における保護処分選択
　　　──刑事処分の不選択

1　少年法 55 条の意義

　前款では家庭裁判所における刑事処分選択の基準について検討を加えたが，家庭裁判所が刑事処分を選択した場合であっても刑事裁判所が再び刑事処分選択の妥当性について検討を加え，保護処分を選択することが可能である。すなわち，少年法 55 条は，「裁判所は，事実審理の結果，少年の被告人を保護処分に付するのが相当であると認めるときは，決定をもつて，事件を家庭裁判所に移送しなければならない」と規定し，同条によって事件が刑事裁判所から家庭裁判所へと移送される手続のことを「55 条移送」と呼ばれている。55 条移送については，少年事件と「刑事処分のあり方（可否と程度）を検討すれば足りる通常の刑事事件との決定的な相違」とされることがあるが[39]，家庭裁判所が刑事処分を選択したにもかかわらず，刑事裁判所が保護処分を選択することが可能とされている趣旨はどこにあるのであろうか。実際上は，55 条移送決定は，裁判官と裁判員の合議によって判断されるものであって[40]，その評議に当たっては「当該事案に即して，家裁に移送されればいかなる処遇が行われるかの説明と同時に，少年の場合の刑事処分の内容の説明……（について）保護処分の本質や刑事処分との異同についてまで掘り下げた評議が必要とされ」るとされていることから[41]，同条の趣旨について検討を加えることには意義があるようにも思われる。しかし，次項において論ずるように，55 条移送に関する解釈論について，20 条の刑事処分相当性と「表裏の関係」に立つという見解を前提にすれば，20 条の基準の当てはめには参考になるが，20 条の基準それ自体には参考にならないように思われる。

---

39)　丸山雅夫「少年犯罪と少年法をめぐる動向」ジュリスト 1414 号（2011 年）131 頁。
40)　裁判員法 6 条 2 項 2 号は，構成裁判官の合議の対象として訴訟手続に関する判断を挙げているが，括弧書きにおいて少年法 55 条の決定をその合議対象から除外している。
41)　手﨑政人「少年の裁判員裁判について」判例タイムズ 1353 号（2011 年）47 頁。

2　家庭裁判所における刑事処分選択と 55 条における刑事処分不選択との関係

　少年法 55 条にいう「保護処分に付するのが相当であると認め」られるとは，一般に，少年の健全育成のために，刑事処分よりも保護処分の方が，少年の処遇としてより適したものと認められることを意味するとされている。少年法 55 条による刑事処分の不選択と 20 条による刑事処分の選択とは，しばしば「表裏」の関係にあると表現されることがある[42]。すなわち，20 条の刑事処分選択で考慮された諸事情が再び 55 条で検討されるのであるが，同一の基準を用いながら刑事処分を選択するのが 20 条であり，刑事処分を選択しないのが 55 条であるという趣旨であると思われる。20 条と 55 条とを表裏の関係として理解することの実益は，家庭裁判所と地方裁判所の間での移送があたかもキャッチボールのように連続する事態を避けるところにある。55 条によって保護処分が相当であるとされた場合には，20 条によって刑事処分が選択されることは認められない。このように 20 条と 55 条とが同一の基準に基づいて刑事処分の選択・不選択を判断する関係に立つと位置付けると，両者の間にいかなる差異があるのであろうか。この点については，一般に 55 条は，①犯情の評価を誤り又は考慮すべき犯情を見落とすなど，不当な逆送決定に対する是正手段としての機能，②逆送決定後の処遇選択に関する事情変化（少年の反省が深まった，被害者の被害感情が慰撫された等の事情）をも踏まえた再審理を行う機能，を有するものとして位置づけられている[43]。なお，この点 55 条の判断は家裁による刑事処分選択とは異なる主体（刑事裁判官）によって，時間が相当経過した後に行われるものであることを指摘する見解も主張されているが[44]，いずれにせよ，①・②が両者の差異として挙げられているのは正当で

---

42)　加藤・前掲注 15) 207 頁は「55 条の保護処分相当性の判断は，20 条の刑事処分相当性の判断と表裏の関係にあると考えるべきである」とする。その他，同様の表現を用いるものとして，佐伯仁志＝酒巻匡＝村瀬均＝河本雅也＝三村三緒＝駒田秀和「難解な法律概念と裁判員裁判」司法研究報告書 61 集 1 号（2009 年）60-61 頁，角田正紀「少年刑事事件を巡る諸問題」家月 58 巻 6 号（2006 年）9 頁などがある。なお，犯情説を採用すれば，このようにはいえない。

43)　手﨑・前掲注 41) 47 頁。

44)　植村立郎「少年刑事被告事件における刑罰法規の問題状況に関する若干の考察」同『少年事件の実務と法理――実務「現代」刑事法』（2010 年）367 頁は 55 条が設けられ

第3章 少年事件における刑事処分選択

あろう。

このように，20条と55条とは判断主体と判断時点の点において違いがあるもののその基準自体については同一に理解されている。そうであるならば，55条に関する解釈は20条の刑事処分選択の基準の明確化という点については，新たな知見をもたらすものとはいえないと思われる[45]。

第4款　日本における刑事処分選択に関する議論のまとめ

以上，少年の刑事処分選択の基準について検討を加えてきたが，ここでその内容を簡単にまとめておきたい。少年の刑事処分選択において，最も解釈が困難であると思われる要件は少年法20条1項における「罪質及び情状に照らして刑事処分を相当と認めるとき」という文言の解釈，すなわち，「刑事処分相当性」の判断基準である。刑事処分相当性の判断基準に関する通説である保護不適説は，刑事処分の必要性と保護処分の必要性とを総合的に考慮した上で刑事処分選択を行うとする見解であるが，両処分の必要性をいかなる観点から行うかについて，基準の具体化が必要とされるのである。そのためには，刑事処分を必要とする事情と保護処分を必要とする事情とを明らかにした上で，両者の関係をどのように位置づけるかを検討する必要がある。

まず，刑事処分を必要とする事情であるが，原則逆送対象事件が犯罪の重大性を基準に選び出されている点，かつ，対象となる少年が犯罪時に16歳以上である点の2点から考えると，刑事処分相当性においても，①犯罪の重大性と

ている実質的根拠について，①判断の前提となる資料の違い，および，②視点の違いの二点を指摘する。①については，地裁は事実審理を行い，その結果に基づいて55条移送決定を行うため，判断の前提が家裁と異なり，家裁の検送決定以降の事情も，当然に判断の対象となるとされる。②については家裁から見た保護処分「不」相当性と，地裁から見た保護処分相当性とは，それぞれの裁判所が判断の前提とする事件群像が異なっていることから，共通した同一の視点による判断とはならないと指摘される。

45) もちろん，55条移送における裁判所の判断は，20条による刑事処分相当判断においても参考になることは言うまでもない。55条移送に関する裁判例の詳細な分析として，廣瀬健二「保護処分相当性と刑事処分相当性――移送裁判例（少年法55条）の研究――」家月41巻9号（1989年）1頁。なお，同論文以後の55条移送に関する裁判例の検討として，北村・前掲注16）87頁以下を参照。

②行為者の年齢の二つが基準となると考えられる。①の要素が充足される場合，たとえば故意の犯罪行為により被害者を死亡させた犯罪が行われた場合を考えてみると，行為者が犯罪時に16歳であることは刑事処分を選択する重要な要素である一方で，行為者が14歳であった場合は刑事処分を必要とする事情は充足されにくいことになる。行為者の年齢が高い場合については，犯罪の重大性がそれほど高くなくても刑事処分を選択することができると思われる。

他方，保護処分を必要とする事情（刑事処分を不必要とする事情）については，20条2項但書の解釈に関する総合検討説によれば，但書所定の事情である「犯行の動機及び態様，犯行後の情況，少年の性格，年齢，行状及び環境その他の事情」を考慮して判断されることになる。これに対して，犯情説によれば，犯情を軽くする事情があって初めて保護処分の必要性が検討されることになる。2項但書が「犯行の動機及び態様，犯行後の情況」といった犯情に関わる事情と，「少年の性格，年齢，行状及び環境その他の事情」とを区別せず列挙している点からすれば，全ての事情を等しく考慮する総合検討説が妥当であるが，基準の具体化という観点からは犯情が重い場合は刑事処分を原則とする犯情説の方が優れていると考えられる。犯情説からは，原則逆送対象事件に準ずるような重大犯罪の場合には保護処分の必要性は原則考慮されないこととなる。

第2節　アメリカにおける少年の刑事処分選択に関する議論

前節においては，日本における刑事処分の選択基準について，原則逆送制度を手がかりとして検討を加えた。本節においては，アメリカにおける刑事処分選択に関する議論のうち，管轄権放棄制度を中心に概観し，いかなる基準により刑事処分が選択されているのかといった点を明らかにしたい。以下では，刑事処分の選択に関するアメリカの法制度の大枠について概観を加えた後（第1款），管轄権放棄制度について検討することで刑事処分選択の基準について明らかにし（第2款），刑事処分選択の背後にある刑事政策的考慮について検討する（第3款）。

第3章　少年事件における刑事処分選択

第1款　前提的考察
　　　　——アメリカにおける少年の刑事処分選択に関する法制度

1　近年のアメリカにおける少年の刑事処分に関する法制度の動向

　第1章において概観したように，アメリカの少年司法制度にはその基礎理念をめぐる変遷が見られる。すなわち，少年司法が誕生した20世紀初頭以降は，国親思想などを根拠として，少年は司法手続の中で特別の扱いを受けてきた。その背後にあったのは，少年は成人より有責性の低い存在であり，教育的な処遇に対する感受性が高いという前提であった。ところが，1960年代には少年手続においても適正手続の理念が妥当するべきであるという観点から，そして，1980年代には少年による凶悪犯罪が社会的に深刻に捉えられるといった背景から，このような前提に対しては，厳しい批判が向けられるようになり，1990年代には「厳格な対応政策（get tough on crime）」が採用されることとなった。

　こうした少年司法制度の基礎理念の変遷は，少年裁判所における管轄権放棄に関する法制度の変遷にも反映されている。少年裁判所の管轄権放棄（waiver）とは，犯罪を犯した少年の手続を少年裁判所から刑事裁判所へと移送（transfer）する手続のことを意味するが，厳格政策の一つの結果として，少年裁判所の管轄権放棄に関する法制度の改正が行われたのである。厳格政策の一環として管轄権放棄の範囲が拡張されたのは，刑事裁判所においては少年に対して科すことのできる制裁の選択肢が多様になることが見込まれたことが一つの理由である[46]。2000年代に入るとこうした厳格政策に変化の兆しが見られるようになった。すなわち，厳格政策に対する支持が弱まり，更生思想が再び支持を増やしつつある状況になり，少年裁判所の管轄権放棄に関する法制度にも一定の変化が見られるのである[47]。アメリカの少年裁判所の管轄権放棄に関する法

---

[46]　Benjamin Steiner, Craig Hemmens, Juvenile Waiver 2003: Where are we now?, 54 (2) Juv. & Fam.Ct.J. 1 (2003) 1. なお，Hemmesは1979年から1995年までの少年裁判所の管轄権放棄の動向についても，研究を発表している。Eric Fritsch, Craig Hemmens, Juvenile Waiver in the United States 1979-1995: A Comparison and Analysis of State Waiver Statutes, 46 (3) Juv. & Fam.Ct.J. 17 (1995).

[47]　アメリカにおける議論状況については，第1章第2節を参照。なお，アメリカにおける管轄権放棄に関する統計については，OJJDPが資金を出し，全米少年司法センター

制度において,いかなる政策がその根底にあるかについては,第3款において分析する[48]。

2 アメリカ法における少年年齢と年齢の基準時

一般に,アメリカにおける成人年齢は18歳であり,17歳までが少年であると考えられている[49]。これは,1971年に成立した連邦憲法修正第26条第1節が「18歳またはそれ以上の合衆国市民の投票権は,年齢を理由として,合衆国またはいかなる州もこれを拒否または制限してはならない」と規定したことによる。少年裁判所についても,その手続の対象となる年齢の上限が定められており,通常は,そうした年齢は18歳であるとされている[50]。州によっては,上限を17歳としているところもある[51]。少年裁判所で審理の対象となる年齢の下限については,ほとんどの州の少年法において特に規定がないが[52],刑事処分の対象となる少年が刑事責任年齢を上回っている必要があることは当然であり[53],前章で見たように多くの州においてその下限は14歳ないし15

(National Center for Juvenile Justice)が作成したウェブサイト(Easy Access to Juvenile Court Statistics: 1985-2011. URL: http://www.ojjdp.gov/ojstatbb/ezajcs/)が,各種の観点から(人種・性別・年齢・手続形態・犯罪の種別等)から,1985年以降の少年裁判所の手続に関する統計を参照できる。たとえば,全米における2011年の少年裁判所の管轄権放棄率は,人身犯罪については,12歳以下で0.2%,13歳以上から15歳以下で12.6%,16歳で31.3%,17歳以上で55.8%である。統計を用いた分析については,今後の課題としたい。

48) Steiner, supra note 46 at 1 は,その政策の内容として「厳格政策」,「更生政策」,「少年の最善の利益アプローチ」を挙げる。

49) もちろん,何歳までが少年に当たるのかについては,州法による違いはもちろん,対象となる法分野(婚姻年齢・飲酒可能年齢・運転免許交付可能年齢・医師の治療への同意が可能となる年齢)によってまちまちであり,この意味で「成年年齢」「少年年齢」は相対的なものである。

50) Martin R. Gardner, Understanding Juvenile Law (3rd ed. 2009), 182.

51) ジョージア州がその例である。Ga. Code Ann. Sec.15-11, 15-39.1.

52) Gardner, supra note 50 at 185. なお,アメリカ司法省とアメリカ法律家協会によって公表されている少年司法基準においては,10歳未満の少年に対しては非行についての責任を問わないことを推奨している。IJA-ABA, Standards relating to Juvenile Delinquency and Sanctions § 2.1(A) (1980).

第3章　少年事件における刑事処分選択

歳とされている。

　問題となるのは，少年裁判所・刑事裁判所の管轄権を定める際に，どの時点の少年の年齢を基準とするかである。たとえば，行為者が犯罪時には未成年であったが，手続時に成人になっていた場合，基準となる年齢が犯罪時であれば少年裁判所が管轄権を有しうるが，基準が手続時であれば少年裁判所が管轄権を有さず，刑事裁判所が管轄権を有することとなるのである。特に，基準となる年齢を手続時においた場合，手続が遅延することにより当該少年が少年裁判所による裁判および処分を受けられなくなる可能性がある。実際，State v. Dcurlock 事件 54) においては，被告人が成人年齢に達するまで検察官がことさらに手続を遅延させたことを理由として刑事裁判所の管轄権を否定された。これに対して，同様の事例である In re S.V. 事件 55) においては，こうした場合には迅速な裁判を受ける被告人の権利（修正第5条）が確保されていないことを理由として訴えを棄却すれば足り，少年裁判所へ事件を移送する必要はないとされたが，いずれにせよ，手続時の年齢を基準とする場合には，上記のような問題が生じうるのである。この点，模範刑法典 4.10 条は犯罪時（at the time of the conduct）を基準として少年の刑事事件についての管轄権を定めている 56)。

---

53) これに対して，保護処分の場合は下限年齢を何歳とするかについて，少年保護手続にもコモンロー上の未成年の抗弁（infancy defense）を用いることができるかという点をめぐって議論がある。

54) 593 P.2d 1159（Or. 1979）.

55) 296 N.W.2d 404（Minn. 1980）.

56) The American Law Institute, Model Penal Code and Commentaries（Official Draft and Revised Comments）Part.I General Provisions（1985）, 281 は，次のように述べ，迅速な公判を受ける権利の必要性から，犯罪時の年齢が決定的であるという説明を加えている。すなわち，「犯罪時に16歳以上の者は，少年裁判所の管轄権の対象となる年齢を経過するまで犯罪行為が発覚しなかったという理由だけで，完全な免責を得るべきではない。このことは，犯罪の性質が少年裁判所によって管轄権を放棄される可能性が高いものである事例が管轄権が及ぶ期間に争点を提示している場合，とりわけ明らかとなる。しかし，少年裁判所が犯罪者を取り扱うことについての管轄権を及ぼしている限り，行為時の年齢は決定的要素として適切でありうる。少年裁判所の権限が効果的な処分を下すのに短すぎる期間にしか及ばない場合は，§4.10 (1)(b)(ii)により少年裁判所は管轄権を放棄しうる。したがって，特別に扱われなければならない唯一の事例は，少年裁判所が管轄権を持たなくなった場合である。§4.10 (1)(b)(i)は刑事訴追がそうした場合に行われるこ

第2節 アメリカにおける少年の刑事処分選択に関する議論

また,各州の少年裁判所の管轄権について定めた制定法においても,犯罪時を基準として年齢判断が行われているのが通常である57)。なお,刑事裁判所への移送年齢の下限については,下限を設けない州が全米の半数近くであり,その他の州は10歳,12歳,13歳,14歳,15歳を下限としている58)。

第2款 アメリカにおける少年の刑事処分選択の判断基準に関する議論

1 少年裁判所の「管轄権放棄」制度

前款で見たように少年裁判所の管轄権放棄とは,犯罪を犯した少年の審理について少年裁判所が有している管轄権を放棄して,事件を刑事裁判所へと移送する法制度のことをいう。管轄権放棄制度により少年が刑事裁判所へと移送された場合,刑事手続が開始され刑罰が科されうることから,同制度は日本にお

とを認めている。これは,確かに,少年裁判所の管轄権を回避するために手続の開始を遅らせることに対する保護を保障するものではない。しかしながら,そうした危険は,管轄権の消滅が極めて切迫している殆どの事案において最も高まるものであり,先に示したように,この事案が少年裁判所は最も管轄権を放棄することが多い場合なのである。その他の状況においては,迅速な公判の要件と限界を定める制定法が,通常は被告人に対して適切な保護を提供するのである」と。

57) たとえば,Code of Ala. § 12-15-203 (a)は,"A prosecutor…may file a motion requesting the juvenile court judge to transfer a child for criminal prosecution to the circuit or district court, if the child was 14 or more years of age at the time of the conduct charged…"（下線は筆者）と規定している。

58) James Houston, Shannon M. Barton, Juvenile Justice (2005), 361. 下限を設けないのが23州（アラスカ・アリゾナ・デラウェア・フロリダ・ジョージア・ハワイ・アイダホ・インディアナ・メイン・メリーランド・モンタナ・ネブラスカ・オクラホマ・オレゴン・ペンシルヴェニア・ロードアイランド・サウスカロライナ・サウスダコタ・テネシー・テキサス・ワシントン・ウェストヴァージニア・ウィスコンシン）およびワシントンDC,下限を10歳とするのが2州（カンザス・ヴァーモント）,12歳とするのが2州（コロラド・ミズーリ）,13歳とするのが6州（イリノイ・ミシシッピ・ニューハンプシャー・ニューヨーク・ノースカロライナ・ワイオミング）,14歳とするのが16州（アラバマ・アーカンソー・カリフォルニア・コネティカット・アイオワ・ケンタッキー・ルイジアナ・マサチューセッツ・ミシガン・ミネソタ・ネヴァダ・ニュージャージー・ノースダコタ・オハイオ・ユタ・ヴァージニア）,15歳とするのが1州（ニューメキシコ）。

ける検察官送致制度と実質的に同一のものであるということができる。刑事裁判所においては，一般に少年裁判所における処分よりも厳しい処分が言い渡されることとなることから，管轄権放棄が認められるのは少年が重大犯罪を犯した場合や少年の年齢が一定程度高い場合が多い。少年裁判所の管轄権放棄は，管轄権の「放棄（waiver）」が何を根拠として行われるかによって，検察官裁量による放棄（prosecutorial discretion; prosecutorial waiver），裁判官裁量による放棄（judicial waiver; discretionary waiver），法律による必要的放棄（statutory exclusion; legislative waiver）の三種類に分類される[59]。これらの制度は相互排他的なものではなく，それぞれ併用することが可能である。たとえば，アラバマ州は前科のある14歳以上の少年が重罪（felony）を犯した場合については裁判上の放棄を[60]，16歳以上の少年が死刑相当犯罪や殺傷力を持った武器を用いて重罪を犯した場合については法律上の放棄を認めている[61]。

　アメリカにおける少年裁判所設立の経緯から明らかなように，少年裁判所は伝統的には非行事件（delinquency case）について広範な管轄権を有していた。その前提を為していた考え方は，少年の犯罪行為についての有責性は低く，また，少年の更生可能性が高いために，少年に対しては成人とは分離された手続において，異なった処分が下されるべきであるというものであった。実際，少年事件について少年裁判所が管轄権を放棄して事件を刑事裁判所に移送するのはごく限られた特定の事件についてだけであった[62]。しかし，第1款で述べ

---

[59] Gennaro F. Vito & Clifford E. Simonsen, Juvenile Justice Today（2004），94. なお，本文では「放棄」という用語で統一したが，「移送」「検察官先議」「自動的移送」等の訳語もありうる。

[60] Ala. Code 12-15-34.

[61] Ala. Code 12-15-34.1.

[62] Gardner, supra note 50 at 188. なお，比較的古い教科書においては，少年裁判所の管轄権放棄の基準が明示的に述べられていない。たとえば，Charles E. Torcia, Wharton's Criminal Law vol.1（15th ed. 1993）656 は「少年裁判所の管轄権は常に専属的であるとは限らない。すなわち，少年裁判所は，少年の行為が死刑又は向きに当たる場合には管轄権を有しないのである」とのみ述べられている（Wharton の教科書の15版の出版年は1993年であるが，これは Torcia による新しい判例等を補った改訂版である。Wharton 自身が改訂に携わった最後の版である12版は1932年の出版であることから，内容自体はかなり古いものである。Torcia は Wharton の教科書にさらに最新情報を加え

第2節 アメリカにおける少年の刑事処分選択に関する議論

たように、1980年代以降の少年司法の変化に伴い、多くの州において少年裁判所の管轄権放棄の範囲は拡張した。すなわち、謀殺罪（murder）のような重大犯罪について、管轄権放棄決定に関する少年裁判所の裁判官の裁量権を制限する法改正が行われた[63]。州によっては、ある特定の類型の犯罪については裁判官の裁量を全く排除して、刑事裁判所が専属管轄権を有するような法改正すら行われた。1990年代に入り「厳格政策」の導入が本格的に進むと、少年裁判所を別個のシステムとして存続させる利点は無く、少年と成人とを同一の刑事司法システムにおいて処遇することに積極的な意義を認める見解も主張されたのである[64]。とりわけ厳格政策導入後の管轄権放棄に関する法制度においては、少年に対して刑事処分を選択するかどうかについての立法者の判断が示されており、刑事処分選択の基準について参考になると思われる。以下で概観するように、そこで用いられている刑事処分選択の基準は、①犯罪の重大性、②行為者の犯罪時の年齢であり、日本における原則逆送制度（20条2項）の規定と共通しているといえる。そこで、本款においては、アメリカにおける少年裁判所の管轄権放棄に関する法制度における刑事処分選択の基準を概観することによって、日本の少年法における刑事処分選択に関する法制度およびその解釈に対する示唆を得ることとしたい。

2　検察官裁量による管轄権放棄の決定——管轄権放棄基準の明確化の要請

検察官裁量による管轄権放棄（prosecutorial waiver）とは、少年手続もしくは刑事手続を開始するかについての裁量的な権限を検察官に明示的に委ね、検察官の裁量によって刑事裁判所に管轄権を移送する制度のことをいう[65]。この

　　るために、改訂のための小冊子を毎年発行しているが、Charles E. Torcia, Wharton's Criminal Law（15th ed）: 2008-2009 Supplement（2008）239-243においては、管轄権放棄に関する1990年代後半から現在に至るまでの判例が網羅されている）。

63)　Gardner, supra note 50 at 188.

64)　Janet E. Ainsworth, Re-imaging childhood and reconstructing the legal order: The case for Abolishing the Juvenile Court, 69 N.C.L.Rev. 1083（1991）.

65)　Richard J. Bonnie, et.al., Criminal Law（3rd ed. 2010）, 583. Comment, 52 Ark.L.Rev.563, 576（1999）は、検察官放棄制度は、その迅速性と終局性（speed and finality）という魅力を有する一方で、裁量が濫用される可能性や検察官の裁量への政治的圧力がかかるこ

第3章 少年事件における刑事処分選択

法制度においては，検察官は少年裁判所と刑事裁判所のいずれに事件を送致することが可能であるから，競合管轄権（concurrent jurisdiction）もしくは検察官による直接訴追（direct file）と呼ばれることもある。

検察官裁量放棄は，検察官が訴追を行う裁判所を決定する制度であることから，その判断は事件によって異なる個別的な性質を有する。この判断の個別性をめぐって，本制度の妥当性については激しい対立が見られる。本制度を支える論拠として挙げられるのは，少年裁判所の裁判官よりも検察官の方が適切に裁量を行使しうるという点である。すなわち，少年裁判所の裁判官は自らが持つ管轄権を放棄したがらないから判断に偏りが見られる傾向にあるとするのである。これに対しては，刑事訴追を目的とする検察官の判断こそ偏向しているのであって，検察官に対して移送に関する権限を与えることで，「より主観的で首尾一貫しない移送決定がなされる」との批判が加えられている[66]。ユタ州の最高裁判所は，同じ犯罪によって訴追されたにもかかわらず，個々の犯罪者によって首尾一貫しない取り扱いがなされているということを理由として，検察官裁量放棄は平等保護条項に反して違憲であると判断した[67]。しかし，大部分の州の裁判所は，「検察官による管轄権放棄」アプローチの合憲性を認め，移送決定を下す権限は行政権としての訴追当局に属し，検察官の権限は専属的な司法権を侵害するものではないとしている[68]。

検察官裁量放棄については，制定法において放棄の基準が明らかになっておらず，また裁判において検察官の裁量行使の具体的内容が争われることも少ないため，その実態を調査することは困難である。また，2003年時点では，検察官裁量放棄を採用する州は14州およびコロンビア特別区であるが，ネブラスカ州[69]を除いて裁判官裁量による放棄と法律による必要的放棄制度を併用しており，刑事処分相当性の判断基準についての示唆を得るという目的からは

とがある，と指摘している。
66) Bonnie, supra note 65 at 583.
67) State v. Mohi, 901 P.2d 991（Utha 1995）.
68) Manduely v Superio Court, 41 P.3d 3（2002）; People v. Conat 605 N.W.2d 49（Mich. App 1999）.
69) Nev. Rev. Stat. 43-237（2003）.

それらの制度を参照すればさしあたりは十分であると思われる。そこで，検察官裁量放棄については以上のような概要の紹介にとどめることとし，以下の二つの管轄権放棄制度においていかなる基準が採用されているかを概観する。

3　裁判官裁量による管轄権放棄の決定――管轄権放棄基準の具体化の動き

裁判官裁量による管轄権放棄（judicial waiver）とは，少年裁判所の裁判官が，移送聴聞（transfer hearing）の後に，少年が少年司法システムにおいて処遇するのに相当であるか，その少年が地域社会に対する危険性を示しているどうかの判断を経て，少年裁判所の裁判官によって行われる管轄権放棄の決定のことをいう[70]。

裁判官裁量放棄は，裁判官が個々の少年犯罪者ごとに少年裁判所の管轄権放棄を決定する個別的なアプローチであり，判断が個別的なものである点においては検察官裁量放棄と同様の性質を有するものである。検察官裁量放棄に対してはその判断が個別的なものであることを理由として批判が加えられたが，裁判官裁量放棄においても事情は同様である。すなわち，ある少年が刑事裁判に適しているか少年裁判所における処遇に適しているかの判断は，確実に行うことはできず，信頼性が低い。管轄権放棄に関する決定は，犯罪類型等のより客観的な基準に基づいてなされるべきであるというのである[71]。

こうした疑問に応えた連邦最高裁の判断として，1966 年の Kent 事件判決が重要である[72]。その事案は次のとおりである。被告人 Kent は犯行時 16 歳であったが，住居侵入，強盗，強姦の罪により逮捕された。当時のワシントンDC の少年裁判所法においては，被告人に対して完全な捜査（full investigation）が尽くされた後にワシントン DC 少年裁判所（District of Columbia Juvenile Court）がその管轄権を放棄して事件をワシントン DC 連邦地方裁判所（United States District Court for the District of Columbia）に移送しない限り，少年裁判所が専属管轄権（exclusive jurisdiction）を有するものとされていた。Kent の弁護人は，管轄権放棄に関する聴聞を行うこと，および，被告人に関する社会調査票（social

---

70)　Bonnie, supra note 65 at 583.
71)　Id. at 584.
72)　Kent v. United States, 383 U.S. 541 (1966).

service file）を閲覧することを要求した。しかし，少年裁判所は弁護人の要求に対して判断を下さず，既に完全な捜査が尽くされたとして管轄権放棄の決定を行った。これに対してKent側は少年裁判所の管轄権放棄決定は無効であることを理由として，地方裁判所に対し訴追を棄却する旨の請求を行ったが，これは棄却され，Kentは起訴された。地方裁判所において，Kentは6件の訴因について有罪とされたが，強姦に関する2件の訴因については精神障害（insanity）を理由として無罪とされた[73]。これに対してKentは控訴し，少年裁判所の管轄権放棄の有効性を再び争った。ワシントンDC連邦控訴裁判所（United States Court of Appeals for the District of Columbia）は，管轄権放棄の手続および管轄権放棄決定は有効であるとの判断を示した[74]。Kentは連邦最高裁に上告を行った。

　連邦最高裁においては「少年裁判所から刑事裁判所へ管轄権を移送する場合において，当該少年は適正手続の権利を有するか」が争点とされた。連邦最高裁は，Kentの上告を認め，少年裁判所が管轄権放棄を行う場合は聴聞を開かなくてはならず，事件移送についての理由および考慮要素について十分な調査をなしたこと，および，事件移送について見直しが可能であることを示さなければならないと判示した。そして，連邦最高裁は，適正手続の権利を保障するためには，管轄権放棄手続において，①申し立てられている犯罪が地域社会に与えた影響の重大性，および，地域社会の保護のために管轄権の放棄が必要かどうか，②申し立てられている犯罪に加重的，暴力的，計画的，悪意を有する態様で行われたかどうか，③申し立てられている犯罪が人もしくは財産に対するものであり，人を傷害する結果が発生した場合は人に対する犯罪に重きが置かれているかどうか，④被害者が訴追によって得られるメリット，すなわち，大陪審が訴追を行うに十分な証拠があるかどうか，⑤少年の共犯者が成人であり，DCの地方裁判所において訴追される者である場合に，一つの裁判所で事実審および処分を行う必要性の高さ，⑥家庭，環境的な状況，生活態度を考慮して決定される少年の洗練性と成熟性，⑦少年保護部門，その他の法執行機関，少年裁判所に関わった前歴を有するかどうか，保護観察に付されたかどうかと

---

73)　Kent, 383 U.S. at 550.

74)　Kent, 383 U.S. at 543-46, 552.

いう少年の前歴，⑧少年裁判所において現在利用することができる手続や施設を用いることによる，公衆の適切な保護の期待および少年の合理的な更生の可能性という諸要素を考慮しなくてはならないとされたのである[75]。Kent判決が示した裁判官裁量放棄に関する基準は多岐に渡っているが，大きく分けると犯罪の重大性（①，②，③），少年の更生可能性（⑥，⑦，⑧），社会の安全を保つ必要性（④，⑧）が考慮されているといえる。こうして裁判官裁量による放棄について一定の基準を示したKent判決は多くの州において受け入れられた[76]。たとえば，メリーランド州においては，①少年の年齢，②少年の精神的・身体的状態，③各更生施設における少年の感受性，④犯罪の性質，⑤公衆の安全が裁判上裁量放棄の基準とされたのである[77]。

他方で，Kent判決が示した基準に沿って各州において実施された裁判官裁量放棄に対しては基準として不十分であるという疑問が根強く提起され続けていた[78]。この点が争点となった事件として，Kent判決から約10年後の判決であるミネソタ州最高裁判所のDahl判決[79]がある。Dahl判決において問題になったのは，当時のミネソタ州の制定法に規定されていた裁判官裁量による管轄権放棄に関する規定が基準として十分であるかということであった[80]。当時のミネソタ州法は，管轄権放棄の要件として「裁判所が当該少年が矯正的処遇に適さない，もしくは，公衆の安全が少年裁判所に関連する規定によっては十分に確保されないと判断したとき」という規定を定めていた[81]。ミネソタ州最高裁は，管轄権放棄の基準としてミネソタ州の制定法は不十分であ

---

75) Kent, 383 U.S. at Appendix.
76) Gardner, supra note 50 at 188.
77) See, In re Johnson, 304 A.2d 859（Md. Ct. Spec. App. 1973）, 861–862.
78) 少年裁判所の管轄権放棄の基準を明確化する必要性を指摘する論考として，Lee Ann Osbun & Peter A. Rode, Prosecuting Juveniles as Adults: The Quest for "Objective" Decisions, 22 Criminology 187（1984）. 同論考は，裁判官裁量放棄においては管轄権放棄基準が不明確であることから，初犯の犯罪者を刑事裁判所へ移送してしまい，再犯者を生み出す危険性があることを指摘する。Id at 189.
79) In re Dahl, 278 N.W. 2d 316（1979）.
80) Dahl, 278 N.W. 2d at 318.
81) Minn.St.260.125(2)(d).

り82)，また，制定法を前提としても少年が矯正的処遇に適しているかどうかについての証明が尽くされていない83)として，管轄権放棄が可能かどうかについての審理を地裁（county court）に差し戻した。ミネソタ州はDahl判決を受けて管轄放棄に関する基準を1980年に修正し，6項からなる基準を法律に盛り込んだ84)。そこでは，旧法において掲げられていた矯正処遇の適合性と公衆の安全という基準から大幅な変更が行われ，少年の犯罪遂行の態様（1項），過去の非行歴とその程度（2項から6項）などが重視される変更が加えられたのである85)。

以上が裁判官裁量放棄制度において用いられる基準についての概観であるが，本制度においていま一つ重要であるのは，対象犯罪および対象年齢の点からも限定が付されている点である。裁判官裁量放棄の対象犯罪についてほとんど限

---

82) Dahl, 278 N.W. 2d at 318.
83) Dahl, 278 N.W. 2d at 321.
84) 1980年改正後の，Minn.St.260.125 (2)(d)は次のとおり。

(1)少年が人に対して加重された重罪を犯したとして非行の訴えを提起されており，かつ，(a)犯罪の遂行において，少年が特に残酷な状態もしくは他者の生命や安全に対する無関心な状態で行為を行ったこと，もしくは，(b)犯罪が少年によって洗練され，計画されたものであること。

(2)少年が，第1級謀殺罪を犯したとして非行の訴えを提起されていること。

(3)少年が，過去24ヶ月以内に，成人によって行われた場合は重罪とされる罪を犯したと裁判所によって認定され，かつ，第2級もしくは第3級謀殺罪，第1級故殺罪，第1級性犯罪，第1級暴行罪を犯したとして非行の訴えを提起されていること。

(4)少年が，過去24ヶ月以内に，成人によって行われた場合は重罪とされる2個の犯罪を，同一の行為によらず犯したと裁判所によって認定され，かつ，第2級故殺罪，誘拐罪，第2級性犯罪，第1級放火罪，加重強盗財，第2級暴行罪を犯したとして非行の訴えを提起されていること。

(5)少年が，過去24ヶ月以内に，1個以上が成人によって行われた場合は住居侵入窃盗の重罪とされる2個の犯罪を，同一の行為によらず犯したと裁判所によって認定され，かつ，別の住居侵入窃盗を犯したとして非行の訴えを提起されていること。

(6)少年が，過去24ヶ月以内に，成人によって行われた場合は重罪となる3個の犯罪を，同一の行為によらず犯したと裁判所によって認定され，(2)(3)(4)項に規定されたもの以外の重罪を犯したとして非行の訴えを提起されていること。

85) なお，Minn. St. 260B.125 (2003) において，対象犯罪は全ての重罪（any felony）であるとされている。

第2節　アメリカにおける少年の刑事処分選択に関する議論

定を付していない州もかなりの数に上るが[86]，大部分の州は結果および行為態様が重大な犯罪について裁判官裁量放棄を認めている。おおよその傾向としては，謀殺罪・強盗罪（特に火器を用いた場合）・加重傷害罪・放火致死罪・誘拐罪・性的暴行といった生命や身体に重大な侵害を加える犯罪[87]，暴動罪やギャング行為・薬物所持罪・爆発物使用罪・ソドミー行為といった社会の安全を脅かす犯罪[88]，及び，過去に少年裁判所において一定の重罪について有

---

[86] アラバマ州（14歳以上が重罪を犯した場合もしくは前歴のある場合。Ala. Code. 12-15-34)，アラスカ州（対象年齢・対象犯罪について限定なし。Ak. Stat. 47.12.100.），アリゾナ州（14歳以上の全ての犯罪を対象としている。17 B.R.S. Juv. Ct. Rules of Procedure, Rules 12, 14)，コロラド州（12歳以上の重罪。Col.Rev.Stat.Ann. 19-2-518)，デラウェア州（14歳以上で更生可能性が無い場合，対象犯罪の限定はなし。Del.Code. Ann.Tit.10 Sec.1010)，アイダホ州（14歳以上，対象犯罪の限定なし。Idaho Code 20-508)，イリノイ州（13歳以上，対象犯罪の限定なし。Ill.Ann.Stat.705/405/5-805)，アイオワ州（14歳以上，対象犯罪の限定なし。Iowa Code. Ann.232.45）ミシガン州（14歳以上，全ての重罪。Mich. Comp.Laws 712A.4)，ミネソタ州（14歳以上，全ての重罪。Minn. Stat. Ann. 260B.125)，ミズーリ州（12歳以上，全ての重罪。Mo. Ann. Stat. 211.071)，ネヴァダ州（14歳以上，全ての重罪。Nev. Rev. Stat. Ann. 62.080)，ノースダコタ州（13歳以上，全ての重罪。N.D. Cent. Code. 27-20-34)，オハイオ州（15歳以上の全ての重罪。Ohio Rev. Code. Ann. Tit. 21, 2151.26)，オクラホマ州（対象年齢の限定なし，対象犯罪は重罪。Okla. Stat. Ann. Tit. 10, 1112)，ペンシルヴェニア州（14歳以上，重罪。42 Pa. Cons. Stat. Ann. 6355)，サウスダコタ州（対象年齢の限定なし，全ての重罪。S.D. Codified Laws Ann. 26-11-4)，ユタ州（対象年齢の限定なし，全ての重罪。Utah Code Ann. 78-3a-603)，ヴァージニア州（14歳以上，全ての重罪。Va. Code Ann. 16.1-269)，ワイオミング州（対象年齢・対象犯罪の限定なし。Wyo. Stat. 14-6-237)。以上については，Steiner, supra note 46 at 8-17の図表を参考に，各州の立法のアップデートを補ってまとめた。

[87] 謀殺罪・故殺罪・加重暴行罪等の生命，身体を侵害する犯罪に限定する州としては，ジョージア州（Ga. Code. Ann. 15-11-30.2）やハワイ州（Haw. Rev. Stat. 571-22）がある。これらよりも広範な犯罪を対象とするものとして，カリフォルニア州（火器を使用した強盗罪，重大な身体傷害を加える旨脅迫してなされた強姦罪，重大な身体傷害を加える旨の脅迫，火器を用いて住居に侵入する行為，暴行罪，誘拐罪等。Cal. Welf. & Inst. Code 707）やモンタナ州（強姦罪，司法職員に対する暴行罪を含む。Mont. Code. Ann. 41-5-206）が挙げられる。例外的に過失致死罪（negligent homicide）を対象犯罪とする州として，モンタナ州がある（Mont. Code. Ann. 41-5-206)。

[88] アーカンソー州は，街頭でのギャング行為をも対象犯罪としている点が特徴的である（Ark. Stat. Ann. 9.27.318)。薬物犯罪（規制薬物の頒布罪）を対象とする立法例とし

罪とされた前歴[89]などが基準とされている。

　以上概観したように，裁判官裁量放棄においては，Kent判決を初めとして基準の具体化が目指されてきたこと，放棄基準の内容としては犯罪の重大性・少年の矯正可能性・社会安全を保持する必要性等が考慮されていることが分かる。裁判官裁量放棄は，裁判官が当該少年を刑事裁判所に送るか，少年裁判所に留め置くかという，二者択一的な局面における基準であるから，そこで考慮される要素としては，刑事処分を基礎づける要素（犯罪の重大性，社会防衛の必要性）と保護処分を基礎づける要素（少年の矯正可能性）の双方が含まれている。この点において，次に述べる法律による必要的放棄と決定的に異なっているのである。

4　法律による必要的放棄の決定——管轄権放棄対象犯罪の法定による明確化

　裁判官裁量による管轄権放棄が，一定の基準の下での裁判官による裁量を認めていたのに対して，法律による管轄権放棄は裁判官による裁量を認めない制度である。法律による必要的管轄権放棄の決定（legislative waiver）とは，裁判所が相当の理由を以ってその少年が一定の重大犯罪を犯した（もしくはその少年が重大な非行の前歴を持っている）ことを認定した場合，制定法が定めにより少年裁判所が管轄権放棄を決定することをいう[90]。

　法律による必要的放棄制度の利点として挙げられるのは，基準の明確化・判断の安定性であるが，一方で，Kent判決が少年刑事裁判における手続的保障を担保するために示した少年裁判所の管轄権放棄の要件を無視しているのではないかという批判が向けられている[91]。Kent判決は犯罪の重大性・少年の更生可能性・社会の安全を保つ必要性という基準によって少年裁判所の管轄権放

　　　て，ニュージャージー州がある（N.J. Stat. Ann. 2A-4A-26, 2A-4A-27）。
89)　過去3年以内に重罪を犯したことを要件とする立法例として，ニューメキシコ州の規定がある（N.M. Stat. Ann. 32A-2-3, 32A-2-20）。
90)　Bonnie, supra note 65 at 583. Barry C. Feld, Criminal Law: The Juvenile Court Meets the Principle of the Offense: Legislative Changes in Juvenile Waiver Statutes, 78 J. Crim. L. & Criminology 471（1987）は，法律による必要的放棄を"offense as a determinant of dispositions"と呼ぶ。Id at 494.
91)　Gardner, supra note 50 at 189.

第 2 節　アメリカにおける少年の刑事処分選択に関する議論

棄を決定すべきであると判示しているが，法律による必要的放棄では対象犯罪に該当する限り，これらの要素を考慮することなく管轄権が放棄されるからである。しかし，この点については Kent 判決の射程は少年裁判所が管轄権を持ちうる事件についての管轄権放棄の判断に及ぶのであって，制定法により少年裁判所が管轄権をそもそも有していない法律上の放棄の場合には及ばないと理解する裁判例が存在している[92]。本款 2 において先述したように，管轄権放棄に関する規定方式は相互に排他的なものではないから，裁判官裁量放棄と法律上の放棄の双方が制定法に採用されることはありうる。たとえば，前項で検討したミネソタ州においては，火器を使用した犯罪で法定刑が拘禁刑以上のもの（16 歳）と謀殺罪（年齢を問わない）については法律による必要的放棄を定めているが，その他の重罪については裁判官裁量放棄によっている[93]。

それでは，法律による必要的放棄においてはいかなる犯罪がその対象とされているのであろうか。法律による必要的放棄を採用するのは 2003 年時点で 35 州であるが[94]，対象犯罪として掲げられる主たる基準となっているのは，犯罪の重大性であることが分かる。ここでいう犯罪の重大性とは，結果の重大性と行為態様の悪質性の二つを意味している。前者については，謀殺罪（第 1 級・第 2 級の双方を含む）・性的暴行罪・薬物犯罪・児童誘拐罪といった犯罪は大部分の州で管轄権放棄の対象とされている[95]。後者については，結果が重大でない場合でも重罪の遂行中に致死的武器（deadly weapon）を用いた場合[96]が管轄権放棄の対象となる典型例である。また，一定の前歴（過去に謀殺罪・

---

92) US v. Bland, 472 F.2d 1329 (D.C. Cir. 1972).同事件は連邦最高裁において裁量上訴が棄却されている（412 U.S. 909 (1973)）ことから，現時点では憲法問題となる可能性が低いと考えられる。実際，コロンビア特別区の管轄権放棄に関する制定法（D.C. Code Ann. 16-2301）は，1979 年から現在に至るまで修正が加えられていない。
93) See, Minn.St.260B.125.
94) Steiner, supra note 46 at 18-24.
95) E.g. Ga. Code Ann. 15-11-28, Ill. Ann. Stat. 405/5-801, 405/5-130, Ind. Code Ann. 31-6-2-1 (d), La. Rev. Stat. Ann.305, Me.Ch.503 Sec. 3101, N.H. St. 169-B:2, N.M. Stat. Ann. 32A-2-20, 32A-2-3, N.D. Ses. Laws. 27-20-34, R.I. Gen. Law 14-1.1, 14-1-3, Vt. Stat. Ann. Tit. 33, 5506, Va. Code 16. 1-269.1.
96) E.g. Ala. Code 12-15-34.1, Md. Code. Ann. 3-804 (e), Minn. Stat. Ann. 260B.125, Miss. Code. Ann. 43-21-151.

第3章　少年事件における刑事処分選択

性犯罪等で有罪を受けた場合[97]，前回の犯罪から時間経過が短い場合[98]））を有していることも，管轄権放棄の理由とされている。さらに，年齢が高くなるにつれて管轄権放棄の対象犯罪を拡張する州もある[99]。

このように，法律による必要的放棄は重大犯罪・前歴の有無を管轄権放棄の主たる基準としており，一部の州では年齢と相関させて対象犯罪の範囲を変えていることが分かる。裁判官裁量による放棄が刑事処分・保護処分を基礎づける要素の双方を考慮していたのと異なり，法律による必要的放棄は刑事処分を基礎づける要素に基づいて法定されている点が特徴である。

5　アメリカにおける刑事処分選択の基準についてのまとめ

本款においては，少年裁判所の管轄権放棄に関する法制度を概観することにより，アメリカにおける少年の刑事処分選択の基準について概観を加えてきた。ここで，その基準について簡単なまとめを行っておきたい。

刑事処分の選択にはたらく要素としては，犯罪結果の重大性，行為態様の悪質性・危険性，社会への影響，前歴の有無が挙げられる。これらの要素は，裁判官裁量による放棄と法律による必要的放棄とで共通しているが，後者においては犯罪の重大性にとりわけ重点が置かれている点が特徴である。これに対して，保護処分の選択にはたらく要素としては，少年の更生可能性・矯正可能性が挙げられる。これらの要素は，その不存在によって少年の刑事処分を消極的に基礎づけうる。たとえば，少年に更生可能性が少ないと考えられる場合には，刑事処分を選択する要素として機能することになる。

さらに，法律による必要的移送において特徴的なのは，対象犯罪等の移送条件が細分化されている点である。謀殺罪のように意図的に他人の生命を奪った

---

97) デラウェア州においては，16歳以上による強姦罪が必要的移送の対象とされている。Del Code. Ann. Tit. 10 921.

98) フロリダ州においては，暴力的な重罪を犯した者については，過去45日以内に裁判を受けていた場合に限って必要的移送を認めている。Fla. Stat. 985-227.

99) ニューハンプシャー州では，15歳・16歳の対象犯罪は謀殺罪・誘拐罪・監禁罪・強盗罪であるが，17歳の対象犯罪には限定が無い。N.H. St. 169-B:2. また，ウィスコンシン州では，15歳以上の場合軽率による（reckless）殺人罪も対象犯罪となるのが特徴的である。Wis. Code 938.138.

第 2 節　アメリカにおける少年の刑事処分選択に関する議論

場合はもちろん，性犯罪・薬物犯罪といった謀殺罪よりも類型的に軽いといえる犯罪についても対象となっている点が注目される。

第 3 款　アメリカにおける少年の刑事処分選択の背後にある刑事政策的考慮

前款までの概観によって，アメリカにおける少年の刑事処分選択の基準についてある程度示すことができたと思われる。次いで，本款においては，刑事処分選択の背後にある刑事政策的な考慮に関する議論について紹介することとしたい。

1　少年裁判所の管轄権放棄における刑事政策的考慮

次章において概観するように，近年のアメリカの連邦最高裁においては，少年に対する死刑や仮釈放の可能性が無い無期刑の合憲性が争われた重要な判決が出されている。すなわち，Roper 事件判決は少年（アメリカにおいては 18 歳未満）に対する死刑を合衆国憲法修正第 8 条が禁止する「残虐で異常な刑罰（cruel and unusual punishment）」であるとして絶対に禁止し [100]，Graham 事件判決は少年に対する仮釈放の可能性が無い無期刑を同じく第 8 修正違反として違憲であるとした [101]。これらの判決が少年裁判所の管轄権放棄に与える影響を論じて，管轄権放棄において問題となる刑事政策的考慮を明らかにしようとする興味深い論考があるため，ここではその考え方を紹介して，少年の刑事処分選択における基準の具体化に参考になる示唆を得ることとしたい。

まず Roper 判決が管轄権放棄決定に与える影響について考察した論者は，次のように主張する。すなわち，Roper 判決の理由づけである，①少年に対する死刑が刑罰目的を達成しないこと，②少年は応報の対象となるには十分に有責ではなく刑罰という脅威によって犯罪を抑止できる程度に発達していないことは，少年を刑事裁判所へと移送する際にも用いることができるとし，少年は刑事司法システムにおいて応報の目的物となり，また，改善更生を出来るほどの発達していないとするのである。さらに，Roper 判決が少年に対する死刑をカ

---

100) Roper v. Simmons, 543 U.S. 551 (2005).
101) Graham v. Florida, 130 S. Ct. 2011 (2010).

テゴリカルに禁止したことをもって，最高裁は，年齢・犯罪・前歴を理由として，ある少年についての有責性を考慮するという方法を拒絶したのであるから，同様に，裁判官および検察官はこれらの要素を少年の移送決定に際して考慮することは許されない，と主張する[102]。この見解は，少年に対する死刑の禁止が争点であったRoper判決の論理を，その他の少年刑事事件一般にそのまま及ぼすものであり，対象犯罪の重大性を考慮に入れていない点において妥当でないように思われる[103]。しかし，刑罰目的と少年の有責性という少年に対する刑罰を科する局面で考慮されている要素を，少年の刑事処分選択の局面においても考慮するという発想自体は参考になる。

この点をより詳細に考慮したのが，Graham判決が少年の刑事処分選択に及ぼす影響について論じた論考である[104]。論者は，Graham判決を移送決定においても考慮すべきであるという主張として，法律家はGraham判決の趣旨を個別の事件における移送に対する異議申し立ての際に用いることを考慮し，少年の訴追に対して与える潜在的な影響についても研究を行うべきであると述べ，Graham判決の論理を少年の移送において考慮する実務的な理由があると考えるとする[105]。その実務的な理由としては，①Graham判決を移送手続に対する異議申し立てに用いることによって，管轄権放棄について新たな基準が形成される可能性があること[106]，②量刑が言い渡される以前の段階である刑事裁

---

102) 以上について，Enrico Pagnanelli, Children as Adults: The Transfer of Juveniles to Adult Courts and the Potential Impact of Roper v. Simmons, 44 Am. Crim. L. Rev. 175 (2007), 188.

103) Pagnanelliと同様に，Roper判決を参照して少年裁判所の管轄権放棄は少年犯罪に対する抑止効果が無いと主張する論考として，Emily A. Polachek, Juvenile Transfer: From "Get better" to "Get tough" and where we go from here, 35 Wm. Mitchell L. Rev. 1162 (2009). Plachekは，Roper判決が少年は未熟であるために周囲からの悪影響を受けて行動することを基礎として死刑を禁じたことから（Roper v. Simmons, 543 U.S. 569-570），懲罰的制裁（punitive measures）によっては少年犯罪を抑止することはできず，刑事訴追を目的とした訴追にも抑止効果は無いと論じている。Id at 1180.

104) Neelum Ayra, Using Graham v. Florida to Challenge Juvenile Transfer Laws, 71 La. L. Rev. 99 (2010).

105) Id at 133.

106) Id at 134.

第 2 節　アメリカにおける少年の刑事処分選択に関する議論

判所への移送の段階で法律的な議論を行うことで，時間的な制約の厳しい刑事裁判所における刑の減軽よりも有効な主張を行うことが出来ること[107]，③刑事裁判所において訴追された大部分の少年は，仮釈放のない終身刑を受けることは無いから，大部分の裁判では Graham 判決の射程は仮釈放のない終身刑を言い渡されない少年に対して及ぶこと[108]，④刑事裁判所への移送決定に対して違憲の主張をすることにより，大きなインパクトをもたらすことができ，近年の政治状況においては改正が困難な法律に対しても影響を与えることができること[109]，の四点を挙げる。以上の四点に議論の実益を見出す論者の主張の具体的な内容としては，移送手続について第 8 修正違反を主張すること，Kent 判決によって示された移送基準を見直すこと，の二点がある。まず，前者については，Graham 判決において考慮された，刑罰目的（応報・抑止・無害化・更生）の 4 つの要素から，移送手続の可否を判定することが挙げられている[110]。後者については，Kent 判決が示した，「少年が訴追された犯罪の種類」「少年の前歴と更生可能性」「公衆の保護と事件処理に関するシステムの能力」という 3 つの基準について，これらの要素のどれに重点を置くかといった点については何も述べられていないことに着目して，平等条項と適正手続条項から検討を加えるのである[111]。

以上のように，この論者の主張は多岐に渡るものであるが，管轄権放棄制度の実際的意義という観点からすると①がとりわけ参考になるように思われる。すなわち，①については刑罰の重さと相関させて移送基準を構築するという示唆が得られると思われるが，これらの点については次章において Graham 判決の内容を検討した後に改めて扱う。

2　少年裁判所の管轄権放棄と少年司法に関するモデル論との関係

本書の検討対象である少年の刑事処分における「保護優先主義」は，刑事処

---

107)　Id at 135.
108)　Id at 136.
109)　Id.
110)　Id at 140-144.
111)　Id at 147-149.

第3章　少年事件における刑事処分選択

分選択の局面では文字通り保護処分の選択を優先とするという形で現れる。伝統的には，少年司法システムは非刑罰的で更生的な，刑事司法システムの代替物であって，少年裁判所は個々の少年犯罪者の必要に応じた個別的な処遇を行うことを意図されていたことから，刑事処分の選択は原則として行われないことになる。しかし，1960年代における適正手続の要請，1970年代からの厳罰化論の高まりによって，少年裁判所の管轄権放棄を促すことを目的とした制定法上の基準は，伝統的な行為者を基準とする処分から，犯罪を基準とした刑事制裁を科すことを目的とする処分へと劇的な移行がなされた[112]。パレンス・パトリエ思想は少年裁判所が少年事件について専属管轄権を有していることの理論的基礎であったが，これらの思想が衰退する反面，刑事裁判所への移送が拡大したといえるのである。とりわけ，法律による必要的な管轄権放棄の規定は，裁判官や検察官の判断を経ずに自動的に管轄権を放棄する。一定の重大事件を犯したり，再犯を行った少年は，少年裁判所の管轄権から個別的な更生可能性等の判断を経ずに，いわば自動的に除外されることになる。この限りにおいては，刑事処分選択が「応報と処罰を目的としたシステムへと変革」したということも可能であり[113]，公正モデルや1990年代の少年司法政策であった「厳格な対応政策（get tough on crime）」の影響が見られるといえる[114]。

しかし，法律による必要的な管轄権放棄規定を拡張してもなお，その対象は先に見たように重大犯罪の場合や少年が前歴を有している場合に限られている。

---

112) Martin R. Gardner, Understanding Juvenile Law (3rd ed. 2009) 191.
113) Steiner, supra note 46 at 2.
114) 1990年代のアメリカ国民の少年裁判所の管轄権放棄に関する意識を調査した研究として，Bohsiu Wu, Determinants of Public Opinion Toward Juvenile Waiver Decisions, 51 (1) Juv. & Fam.Ct.J. 9 (2000) がある。同研究は，薬物犯罪，財産犯罪，暴力犯罪の3つの犯罪を少年が犯した場合について，国民が管轄権放棄を望むかについて調査を加えたものである。少年裁判所が管轄権を放棄することに賛成した割合は，財産犯罪については68.3%（921人中629人），薬物犯罪については73.5%（946人中695人），暴力犯罪については90.8%（956人中868人）であり，暴力犯罪についてとりわけ強く刑事訴追が求められているという調査結果が示されている。Id at 13. この他，本研究においては，年齢・人種・性別・収入・教育歴・宗教・更生刑論への支持・政治的立場・犯罪への恐怖感・刑事司法への信頼感という種々の要素と，刑罰を求める姿勢がどのように関連しているかも調査されている。その具体的な結果については，see Id at 14-16.

近年主張されている発達モデルは，少年が完全に（＝成人同様に）有責な存在でもなく，また，完全に免責される存在でもないという認識を前提として，少年自身の利益と社会の利益とを勘案して，少年の刑事責任が「減軽（mitigation）」されたものになると主張するものであるが，注目に値する。発達モデルを主張する Scott らは，管轄権放棄において，①年齢と②前歴を基準としている。前者については，行為者はその発達に応じた責任を負うべきであるとしていることから年長の少年（older youth）のみが刑事裁判所へ移送されるという帰結が導かれ，後者については，社会の利益・公共の安全を考慮して重大な暴力犯罪の前歴を有する少年は刑事裁判所へ移送されるという帰結が導かれている[115]。前款で見たように，年齢と前歴は法律による必要的放棄において考慮されていること，暴力犯罪が必要的放棄の対象犯罪とされていることからすると，こうした立法の傾向は，発達モデルの観点からも裏付けられているといえるように思われる[116]。

本書が採用する均衡のとれた修復的正義モデルの見地からは，より多様な観点を考慮することができる。第 1 章で見たように，本モデルは，少年の帰責能力，処分への適応能力，地域社会の安全の三つの要素のバランスをとることを少年司法の目的とする。刑事責任能力については，少年の帰責能力が主たる考慮要素となったが，刑事処分選択の局面においては，少年の帰責能力に加えて，処分への適応能力も問題となる。これら二つの要素が刑事処分選択の基準とどのように関係するかについては，次節で考察する。

第 3 節　モデル論の見地からの刑事処分選択基準に関する考察

本章においては，少年の刑事事件における刑事処分選択について，日米の法

---

115)　Elizabeth S. Scott & Laurence Steinberg, Rethinking Juvenile Justice（2008），chapter 8.
116)　もっとも，Scott らは，「解決困難事例（hard cases）」として，発達上の影響から犯罪を行ったのではなく，かつ，職業犯罪者に将来なりうる実質的な危険があると見られる少年犯罪者の刑事処分選択を挙げている。Id at 26-27. 発達モデルが，年齢と前歴とを管轄権放棄の基準とする以上は，こうしたケースは移送しないという選択をするよりほかないように思われる。

制度の理解を中心とした考察を行ってきた。本節では、これまでの考察を踏まえつつ、少年の刑事処分選択における問題点を再確認したうえで、モデル論の見地を踏まえつつ少年の刑事処分選択に関する基準を具体化する。

　　第1款　刑事責任年齢と刑事処分選択との関係

　少年の刑事処分選択を刑法との関係において考えた場合に問題となるのは、刑事責任年齢を超えた少年は責任能力の点においては成人と同等に評価されるにもかかわらず、刑事処分選択が「刑事処分相当な場合」にのみ制約される根拠である。端的に言うと、刑法の立場からは刑事処分を発動することについて制約がないのに、少年法の立場から制約がかけられている理由がどこにあるか、いかなる場合に制約がかけられるかの根拠が問題となるのである。この点については、本章の冒頭において述べたように、刑事責任年齢制度の趣旨が参考になると思われる。刑事責任年齢制度は年齢という画一的基準によって責任能力の有無を画するものであるが、刑事責任年齢制度を基礎づける責任能力の観点や刑事政策的観点は一定の年齢を超えたからといって直ちに考慮されなくなるわけではない。たとえば、刑事責任年齢制度について一定の年齢を下回る少年は類型的に事理弁識能力・行動制御能力が低いため刑罰を科すことができないという説明（責任能力の観点からの説明）をした場合、13歳の少年と14歳の少年とで責任能力が大幅に異なるとは考えられないからである。14歳の少年であっても責任能力は13歳の少年と同程度に未熟である場合は十分ありうるのであって、14歳の少年についての刑事処分選択について判断する際には、刑事責任年齢制度を基礎づけていた責任能力の観点が参考にされるべきように思われる。このように、少年は刑事責任年齢を超えたとしても成人と同様の意味で刑事処分を科されることもなく、刑事未成年とは異なって絶対に刑事処分を科されないということもない、いわば「中間的」な存在であるといえる。ここでは、刑事処分選択の基準を考える前提として、その背後に存在している少年像の把握について、刑事責任年齢制度の趣旨を踏まえて考察しておきたい。

　第2章において概観したように、刑事責任年齢制度については、責任能力の観点からこれを基礎づける学説[117]、刑事政策的観点からこれを基礎づける学説[118]とが主張されていた。前者は少年の事理弁識能力と行動制御能力の類型

第 3 節　モデル論の見地からの刑事処分選択基準に関する考察

的な低さから刑事責任年齢制度を説明するものであり，後者は①少年に対する刑罰の有害性，②少年の更生可能性，③犯罪防止の有効性，④責任年齢判断の画一性・明確性という種々の刑事政策的観点から刑事責任年齢制度を説明するものである。本書は，この二つの観点をともに刑事責任年齢制度の基礎づけとして用いるべきであると考えているが，そのうち刑事政策的観点を重視している。なぜなら，刑事責任年齢を下回る場合でも事実として当該少年に事理弁識能力ないし行動制御能力が具備される場合はありうるのであり，そうした場合に責任能力の観点では当該少年を刑事未成年として扱うことを説明できないからである。年齢という画一的な基準によって，絶対的に処罰しないという例外を認めない効果を与えている刑事責任年齢制度は基本的には刑事政策的考慮によって基礎づけられていると解するべきであって，責任能力の観点は副次的なものに留まると思われる。

　以上のような観点から基礎づけられる刑事責任年齢制度の趣旨は，刑事処分の選択においてどのように反映されるのであろうか。まず，責任能力の観点は，刑事処分選択においては影響を及ぼさないと思われる。なぜなら，責任能力が無い場合には刑事処分を選択できないことは当然であるし，責任能力がある場合には刑事処分と保護処分のいずれも選択しうるからである。心神耗弱（39 条 2 項）による刑の必要的減軽・裁量的免除の規定から明らかなように，責任能力の観点は刑事処分が選択された後の刑の量刑において問題となるのであって，刑事処分選択の段階では直接には関係しないように思われる。

　これに対して，刑事政策的観点は，刑罰を科す処分である刑事処分の選択においても直接的に参考になると思われる。このうち，主として刑事処分を選択しない方向に働くのが，①少年に対する刑罰の有害性と②少年の更生可能性の観点である。刑事責任年齢を超えたとしても，犯罪傾向が進んでおらず刑罰を科すことが有害である場合がありうるし，一時の激情にかられて犯罪行為を行ったがその後は十分に反省して立ち直りの意欲が高い場合などは更生可能性が認められる。これに対して，③の犯罪防止の有効性は刑事処分を選択する方向にもしない方向にもはたらく。③の観点を主張する論者のうち，松宮教授は

---

117)　第 2 章第 1 節第 4 款 2 (1)。
118)　第 2 章第 1 節第 4 款 2 (2)。

175

教育的な措置である保護処分を施すことによって当該少年を十分に改善させ将来犯罪を行わないようにするという特別予防的観点から刑事責任年齢制度を説明しておられるが[119]，この見解からはそうした考慮は刑事責任年齢を超えた少年に対しても原則として及ぶことになろう。一方で，刑事責任年齢制度を「刑法が目的とする犯罪予防の見地」から「処罰を控えることが妥当であるとする刑事政策的理由」によって説明する山口教授の見解[120]は，「犯罪予防の見地」の内容が明示されていないものの，これに一般予防的観点が含まれるのであれば，重大犯罪の場合には一般予防的見地から刑事処分を選択する方向に作用するものとなりうる。最後の④の一律判断の必要性・合理性という観点については，犯罪時年齢および罪種の観点から検察官送致を義務づけている原則逆送規定について根拠付けを与えるものであるといえるが，刑事処分選択の基準そのものとは直接的な関係が無いと解される。

　以上のような刑事政策的観点は，均衡のとれた修復的正義モデルの一要素である帰責能力（accountability）概念から説明することができる。帰責能力とは，犯罪者が自らの犯罪および被害者に生じた侵害について責任を受け入れる義務を負う能力を有していることを意味するが[121]，少年の改善更生や一般予防の観点から刑罰を科されることが適当であると考えられる場合に刑事処分を選択すべきことになる。そこで，次に，具体的な刑事処分の選択基準について検討する。

第 2 款　刑事処分選択の判断方法と判断基準

　本書は保護不適説の立場から，その判断基準を具体化するという見解を採用している。保護不適説とは，保護処分によっては矯正改善の見込みが無い場合（保護不能）に加えて，事案の性質・社会感情・被害感情等から保護処分で対処するのが不相当な場合に刑事処分相当性を肯定する立場のことを言う。刑事処分の対象となる少年は刑事責任年齢を超えており刑法の立場からは刑罰を科すことが可能である点，刑事責任年齢の制度趣旨が少年の更生可能性と一般予

---

119)　松宮孝明『刑法総論講義（第 4 版）』（2010 年）12 頁。
120)　山口厚『刑法総論（第 2 版）』（2007 年）254 頁。
121)　第 1 章第 2 節第 2 款 4。

防・応報の必要性の観点から基礎づけられている点に鑑みると，これと対応する形で刑事処分を科す必要性と保護処分を科す必要性とを刑事処分相当性の判断要素とする保護不適説が妥当であると考えられる。

　もっとも，保護不適説には同説が掲げる刑事処分選択を肯定する要素と保護処分選択を肯定する要素について，様々なものが挙げられており，これらをどのように考慮するのか必ずしも明らかではないという問題点がある。この点，本書は，原則逆送制度が犯罪の重大性と犯罪時の年齢という二つの基準によって検察官送致が義務づけられる場合を規定していることを参考に，犯罪が原則逆送事件に相当する程度に重大であるか，もしくは，犯罪時の年齢が原則逆送対象年齢（16歳）を上回るかどうかによって，刑事処分相当性を判断すべきであると考える。また，刑事処分選択に傾く要素と保護処分選択に傾く要素との関係については，両者を並列的に捉えて総合的に刑事処分相当性の可否を考えるのではなく，犯情の重大性を考慮して犯情が原則逆送の要件に準ずる程度に重大な場合は刑事処分相当性を肯定し，そうでない場合に保護処分選択に傾く要素をも含めて刑事処分相当性を判断するという立場を採用する。

　刑事処分相当性の判断においては，均衡のとれた修復的正義モデルの三つの構成要素のそれぞれが関係する。まず，帰責能力（accoutability）については，少年が犯罪と被害者に対して生じさせた侵害について責任を受け入れることができる能力のことを意味するが，刑事処分と保護処分のそれぞれの性質に照らして，いずれの処分によって少年が責任を取ることができるかが判断される。第二の要素である能力開発は，少年が教育・職業・感情の制御・社会適応能力等の自らの能力を向上させることにより，責任ある成人として地域社会で生活しうる存在になる能力を有していることを意味するが，そうした能力を養うために保護処分と刑事処分のいずれが適しているかという視点が得られる。最後の要素である地域社会の安全については，住民が犯罪を予防し，紛争を解決する能力を持っていることが前提となるが，保護処分（とりわけ保護観察）によってはもはや地域社会の安全が保たれない事情がある場合は刑事処分が選択されることになる。

第3章　少年事件における刑事処分選択

1　刑事処分選択に働く要素の相互関係

　本章第1節で見たように，少年法20条1項の「罪質及び情状に照らして刑事処分を相当と認めるとき」（刑事処分相当性）という文言については，学説上，保護不能説と保護不適説とが対立してきた。このうち，保護不能説は刑事処分を「保護処分によって矯正の見込みが無い場合」として消極的に規定している点において妥当ではなく，刑事処分の必要性と保護処分の必要性とを考慮して刑事処分を選択する保護不適説が妥当である。原則逆送制度の趣旨を踏まえて保護不適説を理解すると，刑事処分相当性の判断においても①犯罪の重大性と②犯罪時の年齢の高さという刑事処分選択に働く要素と，少年の更生可能性や刑罰の有害性という保護処分選択に働く要素から刑事処分が選択されることになると考えられる。

　問題は，刑事処分選択に働く要素・保護処分選択に働く要素の関係をどのように捉えるか，すなわち両要素の相互関係をどのように捉えるかということである。この点については，20条2項但書の解釈に関する犯情説が参考になる。犯情説とは原則逆送事件の場合には犯情が軽い場合でなければ保護処分の可否を検討しない見解であるが，その趣旨を原則逆送事件以外の刑事処分選択においても適用すると，少年の刑事処分選択において考慮される要素（犯罪の重大性・犯罪時の年齢・更生可能性・刑罰の有害性など）のうち，犯情がまず検討され，ついでその他の要素が検討されることになる。犯情説に対しては，20条2項但書が「犯行の動機及び態様，犯行後の情況」といった犯情に関わる事情と「少年の性格，年齢，行状及び環境その他の事情」とを区別せず列挙している点を捉えて，全ての事情を等しく考慮すべきであるとする総合検討説の立場から批判が加えられており，条文の解釈という観点からは難点がある。しかし，原則逆送規定が犯罪の年齢と犯罪の重大性という要素から刑事処分選択を原則としていることからすれば，少年法は刑事処分の選択において犯情を重視する立場を採用していると理解することも可能であるから，犯情説が条文の理解として採用し得ない見解とまではいえないと思われる。また，判断基準の明確性という観点からは，犯情説は総合検討説に比べて優れているといえる。以上より，本書は犯情説を支持し，その見地から刑事処分相当性を判断するという見解を採用する[122]。

2 刑事処分選択の判断の具体化

　少年の刑事処分選択においては犯罪の重大性・犯罪時の年齢・更生可能性・刑罰の有害性といった要素が考慮されることになるが、これらの要素を具体化する際に参考となるのはアメリカにおける少年裁判所の管轄権放棄の規定である。アメリカにおいては、裁判官裁量による管轄権放棄においては犯罪の重大性、少年の更生可能性、社会の安全を保つ必要性、少年の年齢、少年の精神的・身体的状態、各更生施設における少年の感受性、が基準とされていた[123]。このうち、日本においては社会の安全を保つ必要性という要素は正面から重視されることはないが、原則逆送事件が重大犯罪について刑事処分選択を原則としていることに鑑みれば、この点は当然考慮に入れられて良いと思われる。また、法律による必要的放棄は、刑事処分選択を基礎付ける基準を考慮する際の罪種を絞り込む際に参考になる。すなわち、法律による必要的放棄の制度においては、犯罪の重大性（結果の重大性と行為態様の悪質性）、前歴（過去に謀殺罪・性犯罪等で有罪を受けた場合、前回の犯罪から時間経過）、年齢の高さといった要素を基礎として、必要的に管轄権放棄が行われる場合が規定されており、具体的な対象犯罪としては致死の結果を含まない性的暴行罪・薬物犯罪・児童誘拐罪、さらに犯罪の遂行中に死亡結果を生じさせるような威力の高い武器を用いた場合も管轄権放棄の対象となっていた。日本においては、故意の犯罪行為により人を死亡させた犯罪については原則逆送の対象となるが、それ以外の犯罪における刑事処分相当性を判断する際には、これらの分類が参考になる。本書は、刑事処分相当性の判断において原則逆送規定の理解に関する犯情説を採用しているので、原則逆送事件に相当する重大な犯罪においては、犯情を軽くする特段の事情が無い限りは、刑事処分を選択すべきであるという立場を採用しているが、犯罪の重大性の判断においては「故意」「致死相当」という二つの要件のみならず、犯罪の悪質性や前歴の有無および年齢の高さをも考慮されるべきであると考える。

---

[122]　もっとも、犯情説を採用しても、2項本文対象犯罪の場合にも保護処分を課す可能性はあり、犯罪が重大であることが、保護処分を直ちに排斥するものではないことは、当然である。

[123]　本章第2節第2款参照。

第3章　少年事件における刑事処分選択

　以上のような本書の立場によると，刑事処分相当性の基準としては犯情の重大性が主たる基準となる。そうすると，いかなる場合に原則逆送事件に準ずる程度に犯情が重大であるかの基準が必要となるが，この点について一定の指針を示す必要がある。そして，その指針としては，アメリカにおける少年裁判所の管轄権放棄制度のうち，法律による必要的放棄（legislative waiver）の規定が参考になる。法律による必要的放棄においては，犯罪の重大性（結果の重大性と行為態様の悪質性）が主たる基準となっており，その対象犯罪となっているのは，謀殺罪（第1級・第2級の双方を含む）・性的暴行罪・薬物犯罪・児童誘拐罪といった結果が重大な犯罪類型，致死的武器（deadly weapon）を用いた暴行罪のように結果が重大ではなくても行為態様が悪質である犯罪類型であった。これらの犯罪を犯した場合は，原則逆送に準ずる事件として，犯情の悪質性を減ずる特別の事情がない限りは刑事処分が選択されるべきである。

　以上，本章においては少年の刑事処分選択について，刑事処分相当性の基準の具体化を図ることを主たる目的として検討を加えてきた。その結論についてまとめると次のようになる。原則逆送規定を手がかりとして刑事処分相当性の具体化を図る本書の立場によると，犯罪の重大性と犯罪時の年齢が刑事処分相当性を判断する第一次的な基準となる。まず，①原則逆送事件に相当するような重大な犯罪については，原則として刑事処分が選択される。ただし，犯罪時の年齢が刑事責任年齢を大きくは超えない場合，年齢が大きく超えている場合であっても犯行動機・態様・被害感情・更生可能性等の観点から見て刑事処分がふさわしくない場合には刑事処分は選択されない。これに対して，②①以外の犯罪については，犯罪時の年齢が刑事責任年齢を大きく超えない場合は原則として保護処分が正当であることになり，年齢が成人に近い場合には刑事処分が妥当であると判断されることになる。

　次章においては，刑事処分が選択された場合，当該少年に対していかなる刑罰が下されうるかについて検討を加えることとする。

第4章　少年に対する刑罰

第1節　問題の所在

第1款　少年に対する刑罰の特則の概観

　刑事責任年齢を超えた少年が犯罪を行い，刑事処分が選択されると当該少年に対して刑事手続が開始され，犯罪事実が認定されれば，少年に刑罰を科すことが可能になる。少年法40条は「少年の刑事事件については，この法律で定めるものの外，一般の例による」と規定しているから，犯罪少年に対して刑罰を科す際は，少年法に特別の定めが無い限り，刑法等の規定が適用される。

　少年法40条の「この法律で定める」刑罰に関する規定としては，①行為時に18歳未満の少年に対する死刑は絶対的に禁止される（少年法51条1項），②行為時に18歳未満の少年に対して無期刑で処断すべきときも裁量による減軽が認められ（少年法51条2項），③判決時に少年である者に懲役刑・禁錮刑を言い渡すときは相対的不定期刑を言い渡さなければならない（少年法52条），という3つがある。

　これに対して，少年法40条にいう「一般の例」に当たる刑法においては，刑事責任年齢に関する刑法41条があるほかは，少年に対する刑罰の特則を定める規定は置かれていないから，少なくとも条文上は，少年と成人の刑罰は異なっていない。刑事責任年齢は犯罪成立要件としての有責性に関連する規定であるから，刑罰を科す前提に関するものであって，刑罰の特則を定めたものとは言い難い。したがって，刑法においては少年に対する刑罰の特則は存在していないといえよう。しかし，犯人の年齢は犯人の属性として量刑事情の一部に

なると解されていることから[1]，少年の刑事事件における量刑基準[2]，とりわけ年長少年に対する死刑の可否やその量刑基準[3]において，少年という存在の特性を踏まえた特別の検討が要求されている。ここでは，少年という行為者の属性をどのように捉えるかが問われているが，少年法における刑罰の特則においても，少年であることを理由として何故刑罰が成人と異なるのかが問われているから，両者は関連する問題であるといえる。したがって，量刑事情における「少年であること」をどのように考慮するかという問題も，少年に対する刑罰の特則の根拠を考えるにあたって，検討を要する。

本章の目的は，「少年に対する刑罰の特則」の根拠を明らかにすることにあるため，その主たる目的は，死刑の禁止や不定期刑に関する規定といった少年法における少年の刑罰に関する特別の規定の根拠を明らかにすることにある。しかし，上記のように，量刑事情として「少年」という属性を考慮するかという問題は，少年法における刑罰の特則の根拠を考える際に参考となるものであるから，本章において検討を加える必要が認められる。以下では，具体的な検討に入る前に，検討の理由（第 2 款）および分析の視点（第 3 款）について述べることとしたい。

第 2 款　現行法における少年に対する刑罰の特則の問題点とその解決の必要性

従来は，少年に対する刑罰に関しては，量刑基準，とりわけ死刑の量刑基準を巡って議論がなされてきたが，第 1 章において論じたように，非行少年に対する主たる処分としては保護処分が念頭に置かれていたためか，少年に対する刑罰の特則の根拠についての議論は不十分な状態にあった。

しかし，平成 12 年の少年法改正により原則逆送制度（少年法 20 条 2 項）が

---

1) 米山正明「被告人の属性と量刑」大阪刑事実務研究会編著『量刑実務大系（第 3 巻）一般情状等に関する諸問題』(2011 年) 79 頁。
2) 少年に対する量刑基準に関する裁判例として重要なものは，いわゆる「女子高生監禁殺人事件」の控訴審判決である東京高判平成 3・7・12 高刑集 44 巻 2 号 123 頁である。
3) いわゆる「永山事件」（最判昭和 58・7・8 刑集 37 巻 6 号 609 頁）以降，死刑の量刑基準，とりわけ少年に対する死刑の是非およびその基準について活発な議論が展開されている。

第1節　問題の所在

新設されたことをきっかけとして，少年に対する刑事処分選択の意義がクローズアップされることとなった。また，同改正によって少年に刑罰を科すことの意義を検討する必要性が改めて認識されたことを端緒として，近年は少年に対する刑罰全般について，実務家による本格的な検討がなされるに至っている[4]。こうした実務家による問題提起の背景に共通して認められるのは，少年に対する刑罰法規の構造そのものについて「刑罰法規としての全体的な統一性，整合性，合理性に疑問の余地が生じている」[5] という認識である。

現行法における少年に対する刑罰の特則については死刑・無期刑・有期刑のそれぞれについて問題点が指摘されている。すなわち，①少年法51条1項による行為時に18歳未満の少年に対する死刑の絶対的禁止については，本節第5款で後述するような共犯者との不均衡が生じる恐れがあり規定の合理性に疑問を提起しうること，②行為時に18歳未満の少年に対して処断刑として無期刑を選択した場合に，少年法51条2項によって認められる減軽がいかなる場合に認められるのかが明らかではないこと，③不定期刑については刑の量定基準についての争いがあり通説と呼べる見解がないことから，裁判員裁判において適切な刑の量定が困難であること，④不定期刑の実際上の運用は刑期の長期とされており，制度の実際的な意味が失われているから廃止すべきである，といった指摘がなされている[6]。

これらの指摘は，いずれも現行少年法における刑罰の特則についての解釈論にとどまらず，少年に対する刑罰の特則そのものの見直しを迫るものである。

---

[4]　平成12年少年法改正以降の実務家による論考のうち，少年に対する刑罰法規の問題点を提起し，解決策を模索するものとして，廣瀬健二「少年責任の研究についての覚書」龍岡資晃ほか編『小林充先生・佐藤文哉先生古稀祝賀刑事裁判論集（上巻）』（2006年）610頁，八木正一「少年の刑事処分に関する立法論的覚書──裁判員裁判に備えて」龍岡資晃ほか編『小林充先生・佐藤文哉先生古稀祝賀刑事裁判論集（上巻）』（2006年）632頁，角田正紀「少年刑事事件を巡る諸問題」家月58巻6号（2006年）1頁，植村立郎「少年刑事被告事件における刑罰法規の問題状況に・関する若干の考察」同『少年事件の実務と法理──実務「現代」刑事法』（2010年）347頁が特に重要である。

[5]　植村・前掲注4）348頁。

[6]　植村・前掲注4）356-357頁，八木・前掲注4）635-636頁。なお，少年に対する刑罰に関する規定の概略を図表化すると，次のとおりである。

したがって，こうした指摘に応えるためには，現行少年法における刑罰の特則の根拠を明らかにした上で，その根拠に照らして，それぞれの指摘が妥当かどうかについて検討する必要があるように思われる。

第3款　少年に対する刑罰を考察する際の分析視角
　　　　——少年という行為者属性の評価

以上述べてきたように，本章の目的は，現行少年法における少年に対する刑罰の特則の根拠を明らかにするところにある。少年法における刑罰の特則は（行為時または判決言渡時に）少年である者に対して適用されるから，その特則が存在する根拠を明らかにするためには，「少年」であること，すなわち，少年の年齢（若年性）が，少年に対する刑罰の特則や，少年に対する刑の量定においてどのような影響を与えているかを明らかにすることが必要であるように思われる。以下，この点について論じることとする。

1　刑罰における少年の年齢（若年性）が有する機能——刑罰排斥機能と刑罰軽減機能

少年法・刑法における刑罰の特則において，少年の年齢（若年性）は，刑罰を絶対的に排斥する機能（以下，「刑罰排斥機能」と呼ぶ）と刑罰を軽減する機能（以下，「刑罰軽減機能」と呼ぶ）という2つの機能を有している[7]。刑罰排

処断刑＼年齢	14〜17歳	18〜19歳	20歳〜
死刑	不可（51条1項）→無期刑に必要的減軽	可能	可能
無期刑	可能（51条2項）	可能	可能
有期刑	①　10年以上20年以下の定期刑（無期刑からの裁量減軽。51条2項）②　上限が10年以上15年以下の不定期刑	①　（無期刑からの裁量減軽は不可）②　（同左）	30年（加重）又は20年（加重なし）の定期刑　＊不定期刑なし

7)　もっとも，これらの二つの概念は相対的なものであり，④や⑤についても，「懲役20年（ないし15年）を超える刑罰を絶対的に排斥するという機能を持っている」と定義

第 1 節　問題の所在

斥機能は，① 14 歳未満の少年は刑事未成年として絶対に刑罰を科すことができず（刑法 41 条），②行為時 18 歳未満の少年に対しては死刑を絶対に科すことができない（少年法 51 条 1 項），という形で法律に規定されており，刑罰軽減機能は，③行為時 18 歳未満の少年に対して処断刑が無期刑の場合に減軽が認められ（少年法 51 条 2 項），④処断刑としての無期刑の減軽の場合に成人と異なり刑の上限が 20 年となること（同条同項），⑤不定期刑の場合も長期 15 年を超える有期刑を科すことはできない（少年法 52 条），という形で法律に規定されている。ここでの問題は，少年の年齢が，なぜこれらの機能を有しているか，そして，それがどのように機能するかということである。

通説によれば，少年の刑事事件においても，「少年の健全な育成」（少年法 1 条）という少年法の目的・理念が妥当するとされており[8]，これが刑罰排斥機能の根拠となっていることは疑いがない[9]。少年法における刑罰の特則の根拠を探ることは，少年法の解釈の問題である以上，少年法 1 条に明示的に規定された目的規定がその根拠となることは当然である。しかし，少年法 1 条の趣旨から少年に対する刑罰の意義や具体的な量刑基準を導くことまでは困難であろう。なぜなら，刑罰を科されうる少年は 14 歳から 19 歳という幅のある存在であり，また，年齢を基準として科刑の制限が設けられている点に鑑みると，少年の年齢が少年に対する刑罰の意義・量刑基準に対してどのように影響を及ぼしているかという点についての検討が不可欠であるからである。したがって，少年の「健全な育成」という法の目的を解釈の指針にするとしても，そういった指針がどのように機能するのか，いかなる刑罰制度が「健全な育成」に資するといえるのかといった点を，明らかにする必要がある。

このことを少年法に対する無期刑を例として考えてみよう。無期刑については，刑事責任年齢を超えた少年であればこれを科すことは可能であるが，18

　　することは可能である。この点，本文で用いている刑罰排斥機能とは，およそその種の刑罰を科すことが絶対に不可能であるという意味で用いている。
8)　田宮＝廣瀬『注釈（第 3 版）』32 頁。
9)　たとえば，斉藤豊治「少年に対する死刑判決への疑問」法律時報 63 巻 3 号（1990 年）142 頁，城下裕二「少年に対する不定期刑の量刑基準について」寺崎嘉博ほか編『激動期の刑事法学——能勢弘之先生追悼論集——』（2003 年）535 頁など。

歳未満の者については刑法段階の処断刑として無期刑を選択したとしても，少年法段階において裁量的な減軽が定められている（少年法51条2項）。したがって，18歳と14歳は同じ「少年」であるが，前者については刑法段階の減軽しか認められないのに対して，後者については少年法段階でさらに減軽の可否を考慮することができる。つまり，少年はその年齢に応じて無期刑の選択基準が変わってくるのであって，「少年の健全な育成」という理念だけでは適切な量刑基準を導き出すことができない。少年の刑事処分選択においては，少年の更生可能性のほか，一般予防や応報の観点から導かれる処罰の必要性も考慮に入れられていることからすれば，少年に対する刑罰においてもこれらの諸点をどのように量刑基準に反映させるかが検討される必要がある。実際，裁判例において少年に対して量刑を行う際にも一般予防や応報の観点は考慮に入れられているのである[10]。

　この点，酒巻匡教授は，「年少であること……は，これまで法律家は，それが当然に刑を軽くする方向の情状であると半ば無意識に思い込んでいた面がある。しかし，何故そうなのか。それが刑罰論，刑法理論，刑事責任論の中でどういう意味と位置づけを持つから，刑を軽くする情状になるのか……これがちゃんと一般の方に分かるように説明できないといけないということが，法律家に強く意識されるようにな（り）……これまで法律家が強く意識し考え詰めていなかった事柄を，改めて，あるいは新たに考え，意識的に言語化し，その上で分かりやすく説明する努力が求められていると思うのです」と述べられ[11]，少年の年齢が量刑にどのように影響を与えるかを考慮する必要性を指摘されているが，妥当であると思われる。少年法における刑罰の特則は，成人に比べて刑種や刑の重さを制限するものであるが，その根拠について「少年の健全な育成」という少年法の目的とどのように関係するのかが説明されなければならないであろう。

---

10)　その例として，東京高判平成3・7・12高刑集44巻2号123頁，福島地郡山支判平成15・11・20LEX/DB文献番号28095451など。

11)　上冨敏伸・小野正典・河本雅也・酒巻匡「本格始動した裁判員裁判と見えてきた課題（座談会・法曹三者が語り合う）」法律のひろば63巻1号（2010年）24頁（酒巻匡発言）。

第1節　問題の所在

以上のように，本章は，少年法における刑罰の特則の根拠を検討する際に，少年の年齢（若年性）という行為者の属性の持つ機能，具体的には，刑罰排斥機能と刑罰軽減機能の二つの根拠を明らかにする。

2　少年の年齢の刑罰排斥機能

少年の年齢の持つ刑罰排斥機能の根拠を探ることは，少年に対する刑罰の問題を考察する上で，困難な問題である。なぜなら，少年の心身の発達の状況や更生可能性といった具体的状況によればある刑罰を科すことが妥当であるという場合であっても，年齢という画一的な条件によって，一律に刑罰を科すことが否定されるからである。実質的にある種の刑罰を科すことが許される理由があるのに，なぜ刑罰が一律に排斥されるのか，その根拠が問題になる。少年の年齢が刑罰排斥機能を持つのは，上述のように，刑事責任年齢と死刑の局面である。前者については第2章で扱ったので，本章では，後者について扱う。

少年法51条1項は，「罪を犯すとき18歳に満たない者に対しては，死刑をもつて処断すべきときは，無期刑を科する」と規定しており，行為時に18歳未満であれば，犯情や情状のいかんを問わず，一律に死刑を科すことができない。したがって，行為時に17歳11ヶ月の少年の犯情が死刑相当であっても死刑を科すことは絶対に不可能であるし，18歳1ヶ月の少年と17歳11ヶ月の少年が共同して死刑が相当となる犯罪行為を行った事案において，後者の犯情がより悪質である場合であっても，前者が死刑になり得るのに対して，後者は絶対に死刑にはなり得ない。

このように，同一の事案を同様に扱うべきであるという視点からは（ここでは死刑制度の是非は度外視している），死刑に科すべき理由があるのにもかかわらず，なぜ年齢によりそれが絶対的に排斥されるのかが問題になる。この点については，少年の可塑性，心身の発達状況，更生可能性といった，少年に対する寛刑の根拠とされる事情のみでは説明がつかない。より実質的な理由を探求することにより，「年齢」の有する刑罰排斥機能の根拠と機能についての考察を行うことが必要である[12]。

---

12) 本章第2節第2款，第3節第1款を参照。

3 少年の年齢（若年性）の刑罰軽減機能

以上の刑罰排斥機能が絶対的にある刑罰を科すことを禁止するのに対して，刑罰軽減機能は刑罰を科すことそれ自体は排斥されないが，科される刑罰が軽減されるというものである。上述のように，18歳未満の少年に対して処断刑が無期刑の場合に減軽が認められること（少年法51条2項），処断刑としての無期刑の減軽の場合に刑の上限が20年となること（同条同項），長期15年を超える有期刑を科すことはできないこと（少年法52条），といった条項にそれが現れている。

第4款　少年に対する刑罰についての分析の素材

以上述べたように，本書は，少年に対する刑罰の意義や量刑基準を考えるにあたっては，少年の年齢（若年性）により，少年に対する刑罰における特別の取り扱いを与える根拠は何かという観点から分析を加えることが重要であると考えるが，その際に有効であるのが，日本およびアメリカにおける裁判例を中心として分析を行うことである。

まず，日本においては，最高裁が死刑に関する一般的な量刑基準を示した「永山事件判決」[13]以降，市川一家殺害事件[14]，光市母子殺害事件[15]，石巻殺人事件[16]，連続リンチ殺人事件[17]において少年に対する死刑判決が言い渡されており，これらの判決において被告人が少年であることがどのように考慮されたのかを検討することによって，少年の年齢・若年性の持つ量刑上の意義を明らかにすることができると思われる。少年に対する無期刑についても，平成12年改正により18歳未満の少年に対して無期刑を言い渡すべきときの必要的減軽が裁量的減軽に変更されたことを契機として，実務家を中心とした議論が行われていることが参考になる。

一方，アメリカにおいては，近年，少年に対する死刑および仮釈放の可能性

---

13) 前掲注2)。
14) 千葉地判平成6・8・8判時1520号56頁。
15) 最判平成18・6・20判時1941号38頁。
16) 仙台地判平成22・11・25LEX/DB文献番号25443083。
17) 最判平成23・3・10裁集刑303号133頁。

のない無期刑の合憲性を巡る連邦最高裁判決[18]が相次いで出されていることが，少年に対する刑罰における量刑基準に示唆を与えうる有益な素材として注目される[19]。連邦最高裁の一連の判決においては，少年が一定の刑罰を受ける際に特別の扱いを受ける根拠について刑罰目的にまで立ち返った議論がなされているほか，少年であることを理由として一定の刑罰を「絶対的に」禁止するというカテゴリカルな取り扱いの是非について激しい議論が展開されている。これらの議論は，少年の年齢（若年性）が少年に対する刑罰においてどのような機能を持つかという本書の分析視角と直接的に関連するものであり，非常に示唆的な議論である。

以下では，日本における少年の刑罰における量刑基準や制度的な問題について概観し（第2節），次いでアメリカにおける少年に対する死刑・仮釈放の可能性の無い無期刑に関する一連の連邦最高裁判決について検討を加えることにより（第3節），少年に対する刑罰における特則の意義について明らかにする。

---

[18] Thompson v. Oklahoma, 487 U.S. 815 (1988), Stanford v. Kentucky, 492 U.S. 361 (1989), Roper v. Simmons, 543 U.S. 551 (2005).

[19] これらの判決は，①判断能力の未熟さ等の少年の特性に由来する少年の有責性の低さ，②応報・抑止といった刑罰目的に照らして少年に対する死刑が正当化されない，といったことを理由として少年（アメリカにおいては18歳）に対する死刑について，「残虐で異常な刑罰（cruel and unusual punishment）」を禁ずる合衆国憲法第8修正に違反して違憲であるとしている。

　この二点は，少年に対する死刑を「禁止する理由」であって，死刑の量刑基準について直接には参考にならないようにも思われる。しかし，①と②自体は少年に対する量刑一般において考慮しうる要素である。確かに，連邦最高裁は①②を少年に対する死刑を一律に禁止する理由として援用しているが，そのことを以て，これらの要素を少年に対する死刑の量刑において援用することを排斥する必然性まではない。現に，死刑・無期刑を一律に禁止する法廷意見に対する反対意見においても，①②を考慮すること自体は否定しないが，①②が認められることによって「少年に対して一律に死刑を禁ずる」という結論が承服できないという立場が採られているからである。したがって，本書においては，少年に対する死刑・無期刑を禁じたアメリカの判決を，死刑・無期刑における量刑基準を考える際の参考として用いることとする。たとえば，Roper事件におけるO'Connor裁判官の反対意見を参照（本章第3節第2款4）。

　なお，アメリカの成人年齢は18歳であるのに対して，日本の成人年齢は20歳であるが，少年に対する死刑の禁止・無期刑の禁止に関する限り，日本においても18歳が基準線になっていることから，両者の議論を対照することは可能であると思われる。

最後に，それらを踏まえた上で，日本における少年に対する死刑の量刑基準，少年法51条2項の解釈を中心とした無期刑の減軽基準，有期刑の格差に関する問題についての解決の方策を示す（第4節）こととしたい。

第2節　日本における少年に対する刑罰の特則

第1款　少年法の理念と刑罰の目的との関係

前節第3款1において述べたように，少年に対する刑罰の特則の根拠を検討する前提としては，「少年の健全な育成」という少年法の目的が，少年に対する刑罰の特則に対してどのような影響を与えているのかを明らかにする必要がある。刑罰の目的に関する現在の通説的見解は，犯罪行為に対する応報の範囲内で一般予防・特別予防を図るとする相対的応報刑論であるといえるが，刑罰の対象が少年である場合にも刑罰目的に成人と異なるところがないのかが問題となる。たとえば，川出教授は，少年法の理念が少年の健全育成にあることから，刑罰の目的も「少年の健全な育成」を目的とした改善更生に純化されると考えることも可能であり，一般予防や応報の観点は考慮されないという見解も理論的にはありうる，とされている[20]。この場合は，少年の刑罰の目的においては特別予防しか考慮に入れられないということになり，成人とは刑罰の目的が異なっている。そこで，以下においては，少年に刑罰を科す際に，刑罰の目的が成人と異なって理解されているのかについて検討することとしたい。

1　刑罰の目的と「少年の健全な育成」との関係

学説には，少年に対する刑罰の目的が成人とは全く異なると明示的に述べるものは見当たらない。上述した川出教授の示す例のように，少年に対する刑罰の目的が改善更生に純化され，一般予防・応報の観点を全く考慮しないと明言する見解は存在しない。後述するように，少年に刑罰を科す際に「少年の健全な育成」という少年法の目的を重視する見解を採用する論者も，「応報や一般

---

[20]　川出敏裕「少年の刑事裁判（入門講義・少年法）」法学教室353号（2010年）115頁。

予防の観点を重視し，それと特別予防との均衡を図る」見解を「少年法の理念・目的に適う量刑のあり方であるとは，決して言い得ない」として批判するものの，応報や一般予防を刑罰目的として排斥するとまでは述べていない[21]。

また，少年に刑罰を科す際には，可塑性に富み矯正可能性が大きいという少年の特性に鑑みて，特別予防的考慮を重視すべきであるという点についても，学説には一致が見られると言ってよい。たとえば，佐伯仁志教授は，「量刑の場面では，一般予防と特別予防の双方が考慮され」るとしつつ「特別予防の考慮は，少年に対する刑罰においては，成人に対する量刑以上に重視されなければならないであろう」とされる[22]。

以上のように，応報・一般予防・特別予防といった刑罰の目的それ自体は，刑罰を少年に対して科す場合であっても考慮されているといえ，学説において深刻な対立が見られるわけではない。学説において，見解の相違が見られるのは，「少年の健全な育成」（少年法1条）という少年法の目的に照らして，どの刑罰目的に重点を置くべきであるのかという点である。

この点については，①行為者が少年であることは，成人に対する刑罰目的に対して修正を加えるものに過ぎず，あくまで量刑事情の一要素であるとする見解（以下，「量刑事情説」と呼ぶ）と，②少年法の目的を少年の「成長発達」を促進することであると捉え，少年に対する刑罰の目的は成人に対するそれとは異なるとする見解（以下，「少年法の目的重視説」と呼ぶ）とが主張されている。

(1) 量刑事情説

「量刑事情説」を採用する川出教授は，少年に対する刑事処分選択について保護不能説が少数であることは，刑罰を科すことが保護処分に付すよりも少年の改善更生にとって有効である場合に限定されるとする見解が少数であることを意味していることを指摘され，「刑事処分相当性に関する実務及び多数説の見解は，刑事処分は少年の改善更生とは異質な目的を持つものであることを前提としている」と述べられる[23]。

---

21) 本庄武「少年刑事裁判における55条移送決定と量刑」葛野尋之編『少年司法改革の検証と展望』(2006年) 152-153頁。

22) 佐伯仁志「少年法の理念――保護処分と責任」猪瀬慎一郎ほか編『少年法のあらたな展開――理論・手続・処遇』(2001年) 46頁。

第4章　少年に対する刑罰

　少年に対する刑罰に関する特則は，「いずれも，刑罰それ自体の目的や性格は成人の場合と同様であることを前提に，教育可能性の高さ等の少年の特性を踏まえた修正を加えたもの」であり，「少年の健全育成という理念は，少年に対する刑罰の目的や性格まで変容させるものではなく，既存の刑罰目的の枠内で修正を加える機能を担うものだということができる」と述べ，「その量刑基準も，基本的には，一般の事件の場合と同様となる」とする[24]。すなわち，少年刑事事件の場合においても，一般の事件と同じように，犯罪行為自体に関する情状（犯情）により刑の幅が決まり，その幅の中で，被告人の性格，年齢，境遇等の狭義の情状を考慮した上で，裁判所が具体的な宣告刑を決定するのであるから，「少年事件であっても，量刑の主軸となるのは行為責任であって，被告人が少年であるがゆえに，教育的考慮が優先し，行為責任の枠から外れた軽い刑が言い渡されるわけではないことになる」のである[25]。

(2)　少年法の目的重視説

　これに対して，「少年法の目的重視説」は，「少年であること」を量刑要素の一つとしてしか捉えず，少年に対する刑罰の目的を成人に対するそれと異ならないものとする量刑事情説を批判する。

　本庄武教授は，「少年の改善更生および社会復帰との「調和」とは，他の量刑事情と並ぶひとつの要素として「少年であること（少年であったこと）」を考慮するというにとどまる。一般に，若年成人であることは有利な量刑事情とされていることからすれば，仮に少年法が存在しなかったと仮定しても，裁判所は同様な判断を下すとすら言いうるのである。それが少年法の理念・目的に適う量刑のあり方であるとは，決して言い得ないであろう」と量刑事情説を批判した上で，「少年法の理念に忠実であろうとすれば，当該少年の成長発達を促進するために刑事処分を科すことが有用な場合で，かつ必要な限度でだけ刑事処分を用いるということにならざるを得ないと思われる」と述べる[26]。こうした少年に対する刑罰の独自性を強調した結果，本庄教授は，「現代の少年が

---

23)　川出・前掲注 20) 115 頁。
24)　川出・前掲注 20) 115 頁。
25)　川出・前掲注 20) 116 頁。
26)　本庄・前掲注 21) 153 頁。

抱える問題性はより増大・複雑化してきている可能性があり、そのことを踏まえた立法論を展開する必要がある。少年の未成熟さが増し刑事責任をとれる程度は従前より減少してきていると思われるため、科刑制限の拡大を検討する必要があろう」との結論に至る[27]。

また、前田忠弘教授は、「少年刑事事件において刑罰が言い渡される以上、刑法の基本原則である責任主義から逸脱することは許されない」と述べた後で、「少年刑事事件が「健全育成」という保護事件と同一の理念のもとに位置付けられた「例外的な」手続きであり、しかもその例外性が「健全育成」の必要性・有効性によって生じるのであれば、一般予防的考慮ではなく、行動科学の知見に裏打ちされた矯正可能性という意味での特別予防的考慮が量刑の基本に据えられるべきであろう」とする[28]。

2 検 討

以上、両説を対置する形で紹介したが、その異同について検討を加えることとしたい。後述のように、両説は特別予防という刑罰目的を考慮する点においては共通するが、応報と一般予防という刑罰目的の考慮の仕方に違いがある。

まず、刑罰の目的として特別予防を考慮する点については、両説に大きな差はない。量刑事情説を採用する論者も、少年に対して刑罰を科す際には、少年という存在の特性に十分配慮して判断を行うことを排斥するわけではない。川出教授は、「少年の場合……その未成熟さゆえに犯行の計画性が乏しいといったかたちで、犯罪事実に関わる事情について有利な認定がなされる場合があり得る」こと、「一般的には、その改善更生の可能性が成人に比べて認められやすい」こと、「少年法50条の趣旨に従い、少年個人の性格、生育環境等、狭義の情状に関する資料が豊富に用意されるため、その改善可能性等の判断がきめ細やかになされるという差異も認められる」ことなどを指摘している[29]。量刑事情説は少年に対する刑罰の目的を成人に対するそれと基本的に同一のもの

---

[27] 本庄・前掲注21) 155頁。
[28] 前田忠弘「少年刑事事件の量刑」前野育三ほか編『量刑法の総合的検討（松岡正章先生古稀祝賀）』（2005年）306頁。
[29] 川出・前掲注20) 116頁。

であるとしつつも，少年であることは事実上，量刑の判断等において考慮されることを認めているのである。

一方で，少年法の目的重視説も，少年に対して刑罰を用いること自体を完全に排斥するわけではなく，「少年の成長発達を促進する」という目的にそうのであれば，少年に刑罰を科すことを認めている。少年法の目的重視説の論者は，こうした前提から，少年に対して刑罰を科すのは例外的な場合に限られるという結論を導く。「少年の成長発達」に資する場合には刑罰を科しうるという前提に立つと，特別予防効果が認められるのであれば，少年に対して刑罰を用いるという結論に至りうる。このように，特別予防を考慮する点については，少年法の目的重視説は，結論において量刑事情説とそれほど異ならない見解であると位置づけることも可能であろう。その理由は，特別予防は「少年の健全な育成」という少年法の理念となじみやすい刑罰目的であるからだと考えられる。

これに対して，刑罰の目的としての応報や一般予防を，少年の刑罰においてどの程度重視するかについては，両説に差が見られる。量刑事情説においては，応報や一般予防という刑罰目的を，量刑事情の一つとして考慮するが，少年法の目的重視説はこれらをどのように考慮するかについて明言していない。恐らく，少年法の目的重視説は，応報や一般予防の目的を考慮しない訳ではないが，あくまで，「少年の健全な育成」という目的に資する範囲内でこれらを考慮するに留まると思われる。

両説を応報・一般予防の考慮の程度という観点から比較すると，少年法の目的重視説には「少年の成長発達」という視点が少年に対する刑罰制度や少年刑事事件の量刑基準にどのように関係するかが明らかではないという問題があるように思われる。少年法の目的重視説は，少年の成長発達に資する限度で少年に対して刑罰を科すことが認められると主張するが，それが量刑基準のどの要素に関係するかは明らかにされていないからである。応報や一般予防といった刑罰目的も刑罰に対する社会的な要請としては無視できないものであり，「少年の健全な育成」にこれらがどのように関係するかについては，積極的な論証が必要であると思われる。

これに対して，量刑事情説は，一般予防や応報といった刑罰目的をも併せ考慮している点においては妥当であるが，少年に対する刑罰に関する少年法上の

規定を適切に説明できないという問題を抱えている。すなわち，行為時に18歳未満の少年に対しては，いかに一般予防や応報の要請が大きくとも死刑を科すことができない（少年法51条1項）。また，定期刑の場合にも，成人の場合は加重事由がある場合は最大30年の刑を言い渡せるのに対して，少年の場合は20年がその上限である。このように，少年の場合は，成人に対して科される刑罰目的を考慮してもなお，「絶対に」科すことのできない刑罰が存在しているが，このことは，少年に対する刑罰の目的と成人に対するそれとが異なっているのでなければ，説明がつかないように思われる。したがって，量刑事情説は，少年法の規定を合理的に説明できず，少年に対する刑罰の固有の意味を明らかにできないという問題があることになる。

以上検討したように，量刑事情説には少年にのみ認められた刑罰の特則を説明できないという問題点が，少年法の目的重視説には「少年の健全な育成」が少年側の事情のみしか考慮せず一般予防や応報という刑罰目的の考慮方法が明確ではないという問題点が，それぞれ存在している。両説の問題点を克服するためには，少年の年齢（若年性）が少年に対する刑罰にどのように影響を与えるかについて，個々の刑種ごとに検討を加えていくことが必要であるように思われる。

そこで，少年に対する個々の刑罰（死刑・無期刑・不定期刑）における問題点を検討しつつ，「少年であること」や「少年の特性」が刑罰においてどのように考慮されているかを見ていくこととしたい。以下では，少年に対する死刑（第2款），少年に対する無期刑（第3款），少年に対する不定期刑（第4款）を順次検討する。

第2款　少年に対する死刑

1　犯罪時18歳未満の少年に対する死刑禁止の趣旨

少年法51条1項は，「罪を犯すとき18歳に満たない者に対しては，死刑をもつて処断すべきときは，無期刑を科する」と規定し，犯罪時に18歳に満たない者に対する処断刑として死刑を選択すべきときは，必要的に無期刑に減軽しなければならないとしている。したがって，犯罪時に18歳以上の者であれば死刑が相当である事案であっても，行為者が18歳に満たない場合には絶対

に死刑を科すことはできない。

この少年に対する死刑の絶対的禁止は、旧少年法（大正11年法律第42号）においても規定されていた。大正少年法においては、少年年齢が18歳とされ現行法よりも2歳低かったことから[30]、死刑の絶対的禁止に関する規定も16歳未満の者を対象としており、犯罪時に16歳に満たない者に対して死刑を以って処断すべきときは10年以上15年以下の定期刑を言い渡すべきこととされていた[31]。旧少年法の死刑禁止規定は、少年年齢の規定の相違による年齢の違い、減軽が死刑と無期の場合で一律に定期刑とされている点において違いはあるものの、一定の年齢を下回る少年について死刑を絶対的に禁止している点においては現行法と共通している。

このように、一定の年齢を下回る少年に対する死刑の禁止は、旧少年法から一貫してわが国が採用してきた立場であるが、こうした少年に対する死刑の絶対的禁止の根拠はどこにあるのであろうか。一定の年齢未満の少年に対して死刑を絶対的に禁止する理由は、後述のように、死刑適用が可能な少年に対する死刑の量刑基準を考える際に参考になると考えられるため、初めにこの点について概観しておく。結論から言えば、死刑禁止の根拠は、刑事責任年齢制度の根拠とされていた、刑事政策の観点と責任能力の観点から基礎づけられている。以下、旧少年法成立以前からの学説を、時代順に概観することにより、この点について明らかにする。

(1) 旧少年法立法前の学説

少年に対する死刑の禁止は、既に旧少年法制定前から主張されていた。第2章において概観したように、現行刑法は少年に対して刑を一律に必要的に減軽することは不当であるという理由から、旧刑法とは異なり少年に対する刑の一般的な減軽規定は置かれなかった。したがって、旧少年法が立法されるまでは、

---

30) 旧少年法1条は、「本法ニ於テ少年ト称スルハ18歳ニ満タサル者ヲ請フ」と規定する。

31) 旧少年法7条1項は「罪ヲ犯ス時16歳ニ満タサル者ニハ死刑及無期刑ヲ科セス。死刑又ハ無期刑ヲ以テ処断スヘキトキハ10年以上15年以下ニ於テ懲役又ハ禁錮ヲ科ス」と規定する。但し、同2項において「刑法第73条、第75条又ハ第200条ノ罪ヲ犯シタル者ニハ前項ノ規定ヲ適用セス」とされ、皇室に対する罪・尊属殺人罪を犯した少年についての適用除外が定められていた。

刑事責任年齢である 14 歳を超えた少年に対しては成人同様の刑を言い渡すことが可能であり，法律上は死刑を言い渡すことも可能であった。

この点について大場茂馬博士は，少年に対する死刑・無期刑を禁じない現行法は「正理ニ背キ人道ニ戻ル」ものであるという厳しい批判を加えて，少年に対しては死刑・無期刑を科すべきではないと主張した。その理由として大場博士は，①幼年者が犯罪を犯す原因の大部分は，「知慮ノ浅薄」「経験ノ貧弱」「社会的，家庭的又ハ経済的境遇ノ非」にあること，②幼年者は「憫ミ且傷ムヘキ者」であること，③精神が発達する途中の者であるから「懲戒養育其当ヲ得ルトキハ之ヲ改過変善セシメ社会ノ有力ナル分子タラシムルノ望ナキニ非ス」といえること，④改善更生を確実に行うためには，「刑罰ヨリハ寧ロ保護ニ重キヲ置」くことが必要であること，を挙げられる[32]。同様に，山岡萬之助博士も「少年者ニ対シテハ其発展ヲ害スヘキ刑罰例ヘハ名誉喪失殊ニ死刑ノ如キハ之ヲ科スヘキモノニアラス」として，大場博士の挙げる理由④と同様の理由により少年に対する死刑を否定する[33]。

このように，少年法という特別法が制定されておらず，かつ，刑法上は少年の科刑に関する制限が無い状況においても，少年に対する死刑の禁止が論じられていた。そこで死刑禁止の根拠として掲げられていた少年の判断能力の低さ，改善更生の可能性の高さ，人道的考慮の必要性といった諸点は，現在においても同様に主張されているものであり，また，少年の特性と刑罰の目的に着目している点において，次節で検討するアメリカの連邦最高裁の判例にも親和的な考え方であって，こうした意味で注目に値する。

(2) 旧少年法下の学説

旧少年法においては，犯罪時 16 歳に満たない者に対する死刑は絶対的に禁止されているが，以上のような主張をされた大場博士や山岡博士の考え方は，旧少年法下の学説においても受け継がれた。

旧少年法下の学説においては，犯罪時 16 歳未満の少年に対して死刑が禁止された理由として，① 16 歳未満の少年は心身発育の途上であり 16 歳以上の少

---

32) 大場茂馬「刑法上ノ負責能力（Zurechnungsfähigkeit）ヲ論ス（承前）」法学新報 23 巻 5 号（1913 年）39-40 頁。

33) 山岡萬之助「刑事未成年者ヲ論ス」法学志林 21 巻 7 号（1919 年）52-53 頁。

第 4 章　少年に対する刑罰

年と同様の責任を問うことは酷であること，②16 歳未満の少年は改善更生の可能性が高いことから死刑を科すよりも刑務所に収容して改善するほうが望ましいこと，③教育刑の観点からは少年に対して死刑や無期刑を科することは全くその精神にそぐわないこと，が挙げられている[34]。

また，旧少年法制定前の学説と同様に，刑法が 14 歳以上の者について少年と成人を区別せず，少年に対する刑罰減軽についての規定を置いていないにもかかわらず，少年法において特別の減軽規定を設けられることの理由についても議論が見られる。この点について，草刈融氏は，「元来少年ハ思慮分別充分ナラズ又社会上ノ経験乏キ為メ犯罪ヲ為スモノニ外ナラス，全ク思慮分別アリ且社会上各種ノ経験ヲ有スル成年ノ犯罪ト同一視シ其ノ間刑罰ヲ区別セサルハ道義ノ観念ヲ基礎トセル刑罰責任ノ理論ニ適合セサルヤ言ヲ俟タス」として，「道義ノ観念ヲ基礎トセル刑罰責任ノ理論」の観点から，これを説明している[35]。以上のように見てくると，旧少年法下における学説は，心身が未熟である等の少年の特性から，少年に対する死刑の禁止を導いており，この点にお

---

[34]　泉二新熊博士は，少年に対する死刑および無期刑の禁止の根拠付けについて「幼年犯罪者ハ教育ノ欠陥ニ基クモノナレハ之ヲ教育ニ依リ矯正ス可キモノニシテ之ヲ社会ヨリ淘汰ス可キモノニ非ス。従テ之ニ対シ淘汰刑（死刑無期刑）ヲ科スルハ不当ニ非スヤ」と述べる（泉二新熊『日本刑法論　上巻（総論）（第 43 版）』（1933 年）445-446 頁）。また，岩村通世『少年法』（1928 年）278 頁は，「16 歳未満の者に対し相対的に死刑及び無期刑を廃止した所以は申すまでもなく心身の発育未熟な 16 歳未満の少年に 16 歳以上の者と同じ程度に刑法上の責任を負担せしむるのは酷に失するのみならず，改善可能性の多い少年に対しては死刑又は無期刑を科するよりも一定の期間刑務所に収容して之を改善するを得策と考へたからであります」とし，草刈融（山岡萬之助校閲）『少年法詳解』（1936 年）19-20 頁は「元来少年ハ思慮分別充分ナラズ又社会上ノ経験乏キ為メ犯罪ヲ為スモノニ外ナラス，全ク思慮分別アリ且社会上各種ノ経験ヲ有スル成年ノ犯罪ト同一視シ其ノ間刑罰ヲ区別セサルハ道義ノ観念ヲ基礎トセル刑罰責任ノ理論ニ適合セサルヤ言ヲ俟タス」とし，森山武一郎『少年法』（1939 年）109-110 頁は「少年時の犯罪は思慮分別未だ充分ならず社会上の経験に乏しきことに由るものであるから，殊に心身の発育未熟なる 16 歳未満の少年に対して重罪とは謂へ成年者と同程度の刑事責任を負担せしめることは酷に失するのみならず，死刑・無期刑は教養の精神と全く相容れず，改善可能性の多かるべき少年に対しては寧ろ有期刑に依る改善を期待すべきものだからである。」と述べている。

[35]　草刈融（山岡萬之助校閲）『少年法詳解』（1936 年）19-20 頁。

いて現行少年法下の学説と同様であるといえる。

　旧少年法において一定の犯罪の場合には少年に対する死刑科刑の制限が無効となる点は，現行少年法との大きな相違点である。すなわち，旧少年法においては，皇室に対する罪と尊属殺人罪の場合には，行為時に16歳に満たない少年であっても死刑の適用が可能とされている。もちろん，この場合も，刑法41条の適用が排除されるわけではないから，犯罪時に14歳未満であれば死刑が科されることはない。この規定について，森山武一郎氏は皇室に対する罪・尊属殺人は「天人倶に赦さざる所であるから年少の故を以て酌量するの余地を認めないのである」と述べられており[36]，犯罪の重大性から，少年の特性を考慮してもなお死刑の科刑が許される場合があることを認めていることを示唆されている。

　一方で，森山氏は，少年に対する死刑禁止の理由について説明している箇所においては，「少年時の犯罪は思慮分別未だ充分ならず社会上の経験に乏しきことに由るものであるから，殊に心身の発育未熟なる16歳未満の少年に対して重罪とは謂へ成年者と同程度の刑事責任を負担せしめることは酷に失するのみならず，死刑・無期刑は教養の精神と全く相容れず，改善可能性の多かるべき少年に対しては寧ろ有期刑に依る改善を期待すべきものだからである」と述べられており[37]，こうした少年の特性を考慮してもなお，死刑を科すべき場合があることを認めているのである。ここから，少年に対する死刑の制限が，心身の未熟さや改善可能性といった少年の特性のみによって基礎づけられているのではなく，犯した犯罪の重大性の観点が併せて考慮されていることが分かる。

(3)　現行少年法下の学説——旧少年法下の学説との異同

　一定の重大犯罪の場合には，極めて例外的ではあるものの，少年に対する死刑を許容していた旧少年法とは異なり，現行少年法は行為時に18歳未満の者に対する死刑を一切の例外なく禁止した。現行少年法下の学説において，少年に対して刑罰が緩和される一般的根拠としては，①可塑性に富み教育可能性の高い少年に対しては教育的な処遇が必要・有効であること，②人格の未熟さか

---

36)　森山武一郎『少年法』（1939年）110頁。
37)　森山武一郎『少年法』（1939年）109-110頁。

ら責任も成人よりも低いと考えられること，③年少者に対する社会の寛容が期待できること，④その情操保護の必要性も高いことが挙げられており，これらの点は少年に対する死刑の禁止にもその趣旨は当てはまると解されているのである[38]。

犯罪時の年齢を基準として死刑を必要的に減軽するという少年法51条の規定形式は，犯罪時の精神状態を基準として刑を必要的に減軽する刑法39条2項の限定責任能力に類似しているとの指摘がなされている。たとえば，団藤博士は，「この規定は裁判時の年齢ではなく犯罪時の年齢を標準とするものであるから，限定責任能力に類する考え方であろうとおもう」と述べられている[39]。これらの学説は，刑事責任年齢制度と少年に対する死刑が必要的に減軽される根拠とを連続的に捉え，前者において考慮されていた責任能力の観点を，少年に対する死刑の禁止においても援用するものであるといえよう。

また，刑罰目的との関係について，宮澤浩一教授は，「少年法の51条と52条の趣旨は，応報的発想とはあい容れない。罪を犯した少年自らの努力でその犯した罪を贖い，改善更生の実を示し，平和の回復に対する真摯な努力を通じて，自分たちが乱した秩序を回復し，社会的平和を再構築したと世間（社会）が認めて初めて，社会への復帰が果たせるのであるという筋道を示しているものと考えたい。そこには犯人たちへの特別予防的な配慮を重視する契機がある」と述べられ，応報刑論を否定した特別予防論の観点から，少年に対する死刑の禁止を基礎づけられている[40]。

少年に対する死刑の禁止規定に関する旧少年法と現行少年法の最も大きな違いは，現行少年法は犯罪時18歳未満の少年に対する死刑を一律に禁止し，罪種の如何を問題にしていない点である。こうした両者の違いについて，どのように考えるべきであろうか。旧少年法における少年に対する死刑の制限規定に

---

38) 田宮＝廣瀬『注釈（第3版）』463頁。
39) 団藤重光『刑法綱要総論（第3版）』（1990年）598頁。同旨の指摘として，植松正（日高義博増補）『新刑法教室Ⅰ総論（増補版）』（2004年）100-101頁，平野龍一『刑法総論Ⅱ』（1975年）300頁。斉藤豊治「少年法における要保護性と責任」澤登俊雄・高内寿夫編著『少年法の理念』（2010年）64頁も同旨。
40) 宮澤浩一「少年の刑事事件における量刑――女子高生監禁殺人事件」田宮裕編『少年法判例百選（別冊ジュリスト147号）』（1998年）223頁。

おいては，心身の未熟さや改善可能性といった少年の特性のみならず，犯罪の重大性やそれに対する一般予防の必要性の観点をも併せて考慮されていたが，現行少年法の死刑禁止規定は後者に関する考慮を一切否定するものかどうかが問題になる。

この点，現行少年法も，18歳未満の少年が死刑相当である犯罪行為を行った場合に，犯罪の重大性・一般予防に関する考慮を完全に排斥する趣旨とは思われない。現行少年法における少年に対する死刑禁止に関する根拠付けが旧少年法におけるそれと同様のものであることからすれば，現行法は，犯罪の重大性・一般予防の必要性を考慮してもなお，18歳未満の少年に対する死刑は許されないという立場を前提としていると理解することが素直であろう。また，このように解することによって，18歳以上の少年に対する死刑相当事案において，少年法51条1項の趣旨を踏まえた解釈ができることになるように思われる。

もっとも，このように理解したとしても，18歳未満の少年には死刑を「絶対に」科さないという一律の基準を何故引くことができるかが問題となる。平成12年改正後の少年法51条2項が，18歳未満の少年に対しても無期刑を科しうるとして，個別的な量刑への道を開いたことからすると，18歳未満の少年に対して死刑を「絶対的」に禁止するという51条1項の規定は，これと平仄が合わないともいえる。

この点については，少年法51条1項は，わが国が批准している「児童の権利に関する条約」37条(a)が，18歳未満の少年に対する死刑を禁じていることを国内法的に担保するための規定であって，条約といういわば外在的な制約によって基礎づけられるという説明が考えられる。しかし，この説明に対しては，①行為時に18歳未満の少年に対する死刑の絶対的禁止は，すでに現行少年法の立法当初から存在しており，条約に先行する規定であって，条約の存在をその根拠とすることは（少なくともその立法理由としては）認められないという問題点のほか，②仮に条約という外在的な制約から説明するとしても，18歳未満の少年に対する死刑を絶対的に禁止した条約の根拠を明らかにしなければ，結局，少年法51条1項の趣旨を明らかにしたことにはならないのではないか，という問題点がある。

この②の問題点に対して応えるためには，アメリカ連邦最高裁における議論を参考にすることで解決の手がかりが得られると思われる。そこで，この点については，第3節第2款で少年に対するアメリカ連邦最高裁の議論を概観した後，それを踏まえて第4節において検討を加えることとしたい。

2 日本の裁判例における犯罪時18歳以上の少年に対する死刑の量刑基準

先に見たように，少年に対する刑の緩和規定は，「少年が可塑性に富み，改善可能性が高いことに加え，その人格の未熟さゆえに成人と比べて類型的に責任が軽いこと」にあることから説明されている。後に見るように，犯行時18歳未満の少年に死刑が絶対的に禁止されていたのは，こうした少年に対する類型的な有責性の低さが一つの理由であるから，18歳を超えた少年に対して，このような刑の減軽の趣旨が直ちに妥当しないとは思われない[41]。実際，少年に対して死刑を言い渡した判決においても，犯行時に少年であったことは，死刑の選択において重要な量刑事情とされているのである。

したがって，少年に対する死刑の量刑基準において，少年の年齢がどのように考慮されているかを明らかにする際には，先に前項で検討した死刑の絶対的禁止の趣旨をも踏まえて検討を行う必要があると考えられる。そこで，本項においては，少年に対して死刑を言い渡した裁判例を検討することにより，「少年であること」がその量刑に当たってどのように考慮されているかを明らかにしたい。

死刑の量刑基準に関するリーディングケースとされるのは，いわゆる「永山事件」である。そこで，以下では永山事件判決を含めて，それ以後[42]の少年に対する死刑判決についてその内容について概観する。以下の分析においては，「少年であること」が少年の量刑にどのような影響を及ぼすかという本書の問

---

[41] 西田典之＝山口厚＝佐伯仁志『注釈刑法（第1巻）総論§§1〜72』（2010年）72頁（川出敏裕執筆）。

[42] 永山判決以前に少年に対して死刑を言い渡した裁判例としては，札幌高判昭和31・8・7家月8巻6号67頁，札幌地判岩見沢支判昭和32・4・26家月9巻4号89頁，東京地判昭和34・2・27下刑集1巻2号473頁，最判昭和35・3・15裁集刑132号457頁，熊本地判昭和36・9・28下刑集3巻9＝10号916頁，長崎地判昭和36・12・16下刑集3巻11＝12号1206頁，大阪地判昭和40・2・26下刑集7巻2号233頁などがある。

題設定に照らして，死刑の量刑において被告人の若年性がどのように考慮されているかを中心に裁判所の判断を概観する。

(1) 犯行時18歳以上の少年に対して死刑を言い渡した裁判例の概観

①永山事件　　永山事件は，最高裁が，死刑の適用基準を明示した初めてのケースであることから，死刑事件の量刑についてのリーディングケースとされている。本書との問題関心との関係では，被告人の年齢が量刑に与える影響についても論じた点が興味深い。以下，第一審からの概要を確認しよう。

本件は，被告人（犯行当時19歳3ヶ月ないし4ヶ月）が，横須賀のアメリカ軍基地から窃取した拳銃を用いて，東京・京都・函館・名古屋の各地で，警備員（東京と京都），タクシー運転手（函館と名古屋）を射殺した事件である。

一審判決[43]は，「被告人にはその素質及び生育歴等において同情すべき点があり，また，一般的には，極刑は慎重のうえにも慎重を期してまことにやむをえない場合に限るべきもので，犯人が少年の場合はとくにその配慮が必要と考える」として，少年の場合には死刑選択が慎重になされなければならないとしたが，①4件の強盗殺人を重ねることによって「何ものにも替え難い善良な市民の生命を，残虐な方法，態様で次々に奪い，その家族らを悲嘆の底に陥れた」こと，②改悛の情が見られないこと等，「諸事情を総合してみるとき，被告人にとって有利な一切の事情を参酌しても，なお……死刑が相当であるとしてこれを選択せざるをえない」として死刑を言い渡した。

これに対して，二審判決[44]は，「死刑を選択するにあたつては，他の同種事件との比較において公平性が保障されているか否かにつき十分な検討を必要とするものと考える」とした上で，「その事件については如何なる裁判所がその衝にあつても死刑を選択したであろう程度の情状がある場合に限定」して死刑が選択されるべきであるとの一般論を述べた上で[45]，①被告人の年齢と不遇な生育歴から「被告人は本件犯行当時19歳であつたとはいえ，精神的な成熟度においては実質的に18歳未満の少年と同視し得る状況にあつたとさえ認められる」こと，②獄中で結婚した相手が「被告人とともに贖罪の生涯を送る

---

43)　東京地判昭和54・7・10刑集37巻6号690頁。
44)　東京高判昭和56・8・21刑集37巻6号733頁。
45)　刑集37巻6号787-788頁。

ことを誓約している」こと，③被害者遺族に対して一部弁償を行ったこと，等を理由にして，一審判決を破棄して，被告人に対して無期懲役刑を言い渡した。このような東京高裁判決に対して，検察官は，死刑適用基準の当否と，本件において無期懲役刑を選択したことの当否を争って上告した。

検察官の上告に対して，最高裁[46]は，次のように判示して，二審判決を破棄して，事件を差し戻した。すなわち，「死刑制度を存置する現行法制の下」における死刑選択の基準として，「犯行の罪質，動機，態様ことに殺害の手段方法の執拗性・残虐性，結果の重大性ことに殺害された被害者の数，遺族の被害感情，社会的影響，犯人の年齢，前科，犯行後の情状等各般の情状を併せ考察したとき，その罪責が誠に重大であつて，罪刑の均衡の見地からも一般予防の見地からも極刑がやむをえないと認められる場合」には，死刑の選択も許されるとしたのである[47]。この基準が，いわゆる「永山基準」と呼ばれるものである。

最高裁は，死刑選択についての以上のような一般論を示した上で，①4名を短期間で次々に射殺したという「犯行の罪質，結果，社会的影響」の重大性，②犯行の動機が金品強取目的であり「同情すべき点がない」こと，③命乞いする被害者の懇願を聞かずに殺害するという殺害手段方法が残酷であること，を被告人に不利な事情として指摘した。一方，被告人にとって有利な情状として，④被告人が犯行時少年であったこと，⑤その家庭環境が極めて不遇で生育歴に同情すべき点が多々あること，⑥被告人が第一審判決後結婚して伴侶を得たこと，⑦遺族の一部に被害弁償をしたことなど，を指摘している。しかし，⑤については「被告人同様の環境的負因を負う他の兄弟らが必ずしも被告人のような軌跡をたどることなく立派に成人していることを考え併せると，環境的負因を特に重視することには疑問がある」こと，④については「被告人は犯行時少年であつたとはいえ，19歳3か月ないし19歳9か月の年長少年であり，前記の犯行の動機，態様から窺われる犯罪性の根深さに照らしても，被告人を18歳未満の少年と同視することは特段の事情のない限り困難であるように思われる」こと，⑥と⑦についても「被告人が結婚したことや被害弁償をしたことを

---

46) 最判昭和 58・7・8 刑集 37 巻 6 号 609 頁。
47) 刑集 37 巻 6 号 613 頁。

過大に評価することも当を得ない」との評価を下している。

　最高裁は，以上のように，被告人に不利な事情・有利な事情を示した上で，「以上の事情を総合すると，本件記録に顕れた証拠関係の下においては，被告人の罪責は誠に重大であつて，原判決が被告人に有利な事情として指摘する点を考慮に入れても，いまだ被告人を死刑に処するのが重きに失するとした原判断に十分な理由があるとは認められ」ず，「第一審の死刑判決を破棄して被告人を無期懲役に処した原判決は，量刑の前提となる事実の個別的な認定及びその総合的な評価を誤り，甚だしく刑の量定を誤つたものであつて，これを破棄しなければ著しく正義に反するものと認めざるをえない」との結論を示し，事件を東京高裁に差し戻した[48]。

　永山事件は，「最高裁が検察官の上告により量刑不当を理由に原判決を破棄した初めての事例」であり[49]，また，最高裁が死刑の適用基準を明示した初めての事例であったことから，その後の死刑事件一般についてのリーディングケースとなった。一方，学説においては，永山事件判決は，死刑選択に関して考慮すべき要素を例示しているだけであり，総合考慮の方法について何も示していないという批判が向けられている。たとえば，原田國男教授は，「同基準は，総合考慮という名の下に何をどう評価すべきかを語っていない」とされ，裁判員裁判においては実用的ではない基準であるとの評価を加えている[50]。

　確かに，永山事件判決は，総合考慮の方法については特に示すところがない。この点について，明確性を欠くという学説の批判には理由がある。しかし，一方で，本書の問題関心である少年であることが量刑にどのような影響を与えるかという点については，最高裁および二審において明示的に言及されている点が注目に値する。すなわち，最高裁は，少年法51条を意識しつつ「被告人を

---

[48] なお，差戻し後の東京高裁においては，死刑判決を言い渡した第一審判決が支持され（東京高判昭和62・3・18高刑速報昭和62年46頁），差戻し上告審においては上告が棄却された（最判平成2・4・17裁集刑254号357頁）。

[49] 判タ506号（1983年）74頁の匿名解説記事。

[50] 原田國男「裁判員裁判と死刑適用基準」原田國男『裁判員裁判と量刑法』（2011年）152頁。その他，同旨の指摘として，三枝有「死刑選択の基準──永山事件判決より──」中京法学21巻2号（1987年）148頁，平川宗信「永山事件」法学教室350号（2009年）9頁などがある。

18歳と同視できる」ことを考慮に入れているようにも読めるのである。はたして，最高裁がそのような解釈を採用しているといえるのかについては，後述(2)の分析において検討することとしたい。

②市川一家殺害事件判決　　永山事件判決後に出された本件は，犯情等の様々な事情を総合考慮して量刑を行うという点においては永山事件を踏襲しているといえる。一方，被告人が少年であることの考慮の方法については，これを少年の更生可能性と関連付けて論じており，永山事件判決よりも一歩踏み込んだ判決を行っているといえる。以下，この点を中心に，本判決の概要を見ていく。

本件は，被告人（犯行時19歳）が，3名の被害者に対して強盗殺人を，1名の被害者に対して殺人を行った事例である。被告人は，被害者A（当時15歳）を車に乗せ，ナイフで切りつける等の暴行を行った上，二度にわたって強姦した。被告人は，その20日後に，A宅に窃盗目的で入り込み，Aの祖母Bを殺害して現金10万円を奪い，それでは足りないと考え，AとAの母親Cが帰宅すると，Cを包丁で刺殺し，さらにAを強姦した。さらにAの父親Dが帰宅すると，Dを殺害して，その預金通帳を強取し，さらに犯行の発覚を防ぐためにAの妹Eを包丁で殺害し，さらにAを包丁で切りつけて傷害を負わせたというものである。

一審判決[51]は，被告人の犯行時の年齢の評価について，「被告人は，犯行時19歳，現在でも21歳の若年であり，その人格に改善更生の余地が全くないとまではいえない」としたうえで，「被告人のような可塑性に富む若年者に対する極刑の適用は特に慎重であるべきであって，死刑廃止はいまや世界的な趨勢になっていることをみれば，犯行時少年であり，その人格に改善更生の余地が認められる被告人に対しては，少年の健全な育成を期し，少年の性格の矯正と環境調整を目的にかかげ，18歳未満の者の犯した犯罪について死刑の適用を禁止している少年法や同様の規定を有する児童の権利条約の精神などに照らしても，死刑を科すべきではない」という弁護人の主張について次のような検討を加えている。すなわち，「人の生命が無二，至尊でかけがえのないもので

---

51)　千葉地判平成6・8・8判時1520号56頁。

あるが故に，多数の者の生命を故なく奪ったことの責任を自己のかけがえのない生命で償うほかない場合も絶無でなく，この理は年長少年に関しても基本的に異なるものでな」く，「少年についても，犯行の罪質，動機，態様，殊に殺害の手段方法の執拗性，残虐性，結果の重大性，殊に殺害された被害者の数，遺族の被害感情，社会的影響，犯人の年齢，前科，犯行後の情状等各般の情状を併せ考察したとき，その罪質が誠に重大であって，罪刑の均衡の見地からも，一般予防の見地からも，極刑がやむをえないと認められる場合には，なお，死刑の選択も許されると解されているのである」との一般論を述べた上で，被告人に対して死刑を言い渡した[52]。

　二審判決[53]は，被告人の犯行態様の重大性や被害結果の重大性について判示したうえで，被告人の若年性について，「本件各犯行を通じて，被告人に有利に考慮すべき最大の要素は，成育途上にある少年時における犯行であるという点である」と指摘する。この点について，東京高裁は，「確かに，原判示第一の犯行当時〔筆者注：Aに対する強姦行為〕は 18 歳であり，その余の各犯行当時には既に満 19 歳に達していて，被告人が成人に近い段階にあったとはいえ，福島鑑定も指摘するとおり，年齢を重ねるにつれ，また今後の矯正教育により改善の可能性があることは否定し得ないであろう」と述べ，被告人の若年性を，改善更生の可能性と関連させて論じている。しかし，東京高裁は，「以上のような被告人のために酌むべき事情を総合して十分に考慮し，死刑がやむを得ない場合における究極の刑罰であることに思いを致しても，その犯した罪の重大性にかんがみると，被告人を死刑に処するのは誠にやむを得ないものと判断する」として，犯行の重大性を理由として弁護人の主張を退け，被告人に対して死刑を言い渡した一審判決を支持して控訴を棄却した。

　これに対して，被告人が上告したが，最高裁[54]も，二審判決と同様に，被害の重大性や犯行の悪質さを理由に，一審判決を支持している。すなわち，「上記各犯行は，動機に酌量の余地がなく，4 名の生命を奪ったという結果が極めて重大である上，犯行の態様が冷酷，執ようかつ残虐で，家族を一挙に失

---

52)　判時 1520 号 70 頁。
53)　東京高判平成 8・7・2 高刑速報平成 8 年 78 頁。
54)　最判平成 13・12・3 裁集刑 280 号 713 頁。

い，自らも強盗強姦等の被害に遭ったAの被害感情は非常に厳しく，社会的影響も重大である。以上の点に加え，被告人は，上記強盗の最中，Aを強姦するなどしたほか，傷害，強姦，強姦致傷，恐喝，窃盗を繰り返しているところ，その犯行態様，結果ともに悪質である」と指摘し，こうした情状の下では，「本件各犯行当時，被告人が18歳から19歳であったことなどの事情を考慮しても，原判決が維持した第1審判決の死刑の科刑は，やむを得ない」と結論づけている[55]。最高裁は，二審判決とは異なり，被告人の若年性の持つ意味について何ら触れていないが，考慮要素として年齢を挙げていることからすると，二審判決と同様に，被告人の年齢を被告人に汲むべき事情として捉えているといえる。

③光市母子殺害事件判決　本件は，被告人（犯行時18歳）が，白昼，排水管の検査を装って上がり込んだアパートの一室において，当時23歳の被害者Aを強姦しようとしたが，激しく抵抗されたため，被害者を殺害した上で姦淫した。その後，同所において，生後11ヶ月の被害者の長女Bをも殺害し，さらにAの財布一個を窃取したという事件である。

一審判決[56]は，被告人の犯行に計画性までは認められないこと，被告人にはこれまで殺人・重大な傷害を目的とした犯行がこれまでにないこと，および，少年法の趣旨について次のように指摘して，検察官の死刑求刑を退け，被告人に対して無期懲役刑を言い渡した。すなわち，「量刑判断に当たっては，被害者及びその遺族の被害感情に十分意を用いなければならず，近時の犯罪被害者保護に関する議論の動向も考慮すべきことはもとより当然であるが，そもそも国家の刑罰権行使の目的は犯罪に対する応報であると共に，特別予防の見地も考慮すべきであるから，おのずから被告人の矯正教育による更生可能性を考慮すべき」であり，「ことに，本件のごとく少年に対する少年法の態度は，少年は一般に心身の発育が未成熟の段階にあり，そのため応報的な責任非難の度合が成人に比して軽いことが多い反面（本件被告人については，その犯行の短絡さ等に照らせば応報を相当とする人格形成等が刑事法が予定する成人程度になされているとまでは認め難いところである。），その更生可能性が高いことに着目して保

---

55)　裁集刑280号713頁。
56)　山口地判平成12・3・22LEX/DB文献番号25480335。

第 2 節　日本における少年に対する刑罰の特則

護の理念を一般の刑法の理念より優先させ，これを修正する思想に基づいているのであり，かかる少年法が存在する以上その立法趣旨を全く捨象しさることは法体系全体の解釈としては採り難いところであって（もとより，当裁判所は少年法 51 条の精神を年長少年にも及ぼす立場に立つものではない。），その矯正教育による更生可能性についてはより慎重に判断すべきものである」。山口地裁のこの判示は，被告人の若年性が，更生可能性の高さに繋がっていることを指摘している点において，注目に値する。

　死刑を排斥して無期懲役刑を言い渡した一審判決に対して，検察官が上告したが，二審判決[57]においても，裁判所は検察官の控訴を棄却して一審判決を支持した。二審判決は，一審と異なり，被告人の年齢が量刑にどのように影響するかについては述べていないが，「事件に結びついた人格の偏りは，まだ矯正教育による可塑性を否定するほど固まっているわけではない」，「これまで顕著な非行行動は認められず，不良文化の親和性は深化していない。人格の偏りもあるが総じて未熟な段階にあり，可塑性を残している。矯正教育は不可能ではないであろう」と認定した鑑別結果通知書や少年調査票の結果を，量刑にあたって総合判断の対象とした一審判決を「正当なものとして是認することができる」としている。二審判決に対して検察官はさらに上告した。

　これに対して，第 1 次上告審[58]は，検察官の主張を容れ，被告人に対して無期懲役を言い渡した二審を破棄した。最高裁の判断において最も重要な点は，最高裁が自ら強調するように，「被告人が犯行当時 18 歳になって間もない少年であり，その可塑性から，改善更生の可能性が否定されていない」ということを，被告人のために斟酌すべき事情としてどの程度考慮できるかというところにある。この点について，最高裁は，「少年法 51 条（平成 12 年法律第 142 号による改正前のもの）は，犯行時 18 歳未満の少年の行為については死刑を科さないものとしており，その趣旨に徴すれば，被告人が犯行時 18 歳になって間もない少年であったことは，死刑を選択するかどうかの判断に当たって相応の考慮を払うべき事情ではある」として，被告人の若年性（およびそれに付随する可塑性）が，「相応の考慮」を払うべき事情であることを指摘している。しかし，

---

[57]　広島高判平成 14・3・14 判時 1941 号 45 頁。
[58]　最判平成 18・6・20 判時 1941 号 38 頁。

第4章　少年に対する刑罰

同時に，最高裁は，被告人の若年性は「死刑を回避すべき決定的な事情であるとまではいえず，本件犯行の罪質，動機，態様，結果の重大性及び遺族の被害感情等と対比・総合して判断する上で考慮すべき一事情にとどまるというべきである」とした上で，二審判決には「いまだ被告人につき死刑を選択しない事由として十分な理由に当たると認めることはでき〔ず〕……原判決が判示する理由だけでは，その量刑判断を維持することは困難であるといわざるを得ない」として，原判決を破棄し，事件を差し戻した。

差戻控訴審[59]においては，最高裁のいう「死刑の選択を回避するに足りる特に酌量すべき事情」の有無について検討が行われたが，広島高裁は「基本的な事実関係については，上告審判決の時点と異なるものはなかったといわざるを得ない」として[60]，被告人に対して死刑を言い渡した。また，弁護人の上告を受けた第2次上告審[61]は，差戻控訴審の結論を是認して，上告を棄却し，被告人の死刑が確定した。

光市母子殺害事件については，第1次上告審が，「特に酌量すべき事情がない限り，死刑の選択をするほかない」と述べた[62]点を捉えて，永山判決を「実質的に判例変更した」との評価[63]も見られるが，この点については，後述(2)で検討する。

④石巻事件判決　本件は，被告人（犯行当時18歳）が，平成22年2月4日から5日までの間，宮城県東松島市のA方において，V_1（当時18歳）に対して金属製の模造刀と鉄棒で数十回全身を殴打し，火のついたたばこを押しつけるなどの暴行を加え，V_1に全治約1ヶ月を要する傷害を負わせたほか，V_1の家族であったV_2（当時20歳），V_3（当時18歳）およびV_4（当時20歳）を殺害しようと計画し，V_2とV_3を牛刀により刺殺したものの，V_4に対してはその目的を遂げなかったという事案である。第1審の仙台地裁は，検察官の求刑通り，Xに対して死刑を言い渡したが，本件は，裁判員裁判が始まって以降，少年に

---

[59]　広島高判平成20・4・22高刑速報（平成20年）201頁。
[60]　高刑速報（平成20年）212頁。
[61]　最判平成24・2・20裁判所時報1550号26頁。
[62]　判時1941号43頁。
[63]　本庄武「第2次上告審判批」速報判例解説第4号（2009年）144頁。

対して死刑が言い渡された最初の事例であることから、報道においても注目を集めた[64]。

さて、本判決[65]は、死刑の量刑基準について、「第2事実〔筆者注：V_2，V_3の殺害とV_4に対する傷害行為〕を中心にして、最高裁判所がいわゆる永山判決で示した死刑選択の基準に従って、犯行の罪質、動機、態様、結果の重大性、遺族の被害感情、社会的影響、犯人の年齢、前科、犯行後の情状等諸般の情状を考察する」と述べ、永山基準に従って判断することを明言する。

本判決は、罪質、犯行態様、被害結果、犯行動機、社会的影響について、それぞれその重大さ・悪質差を指摘したうえで、被告人に有利な情状として、その更生可能性等について扱っている。本書の目的からすると、本判決で最も重要な点は、被告人の更生可能性と被告人の年齢とを別個の量刑事情として扱っている点である。

本判決は、被告人の更生可能性については、①過去に保護観察処分を受けたにもかかわらず本件犯行に及んだこと、②自らの保身を図るために共犯者に身代わり犯人になるように命令していること、③他人の痛みや苦しみに対する共感が全く欠けていること、④本件の重大性の認識に乏しくその反省も十分でないこと、を指摘し「被告人の更生可能性は著しく低いと評価せざるを得ないと判断した」と結論づけている。本判決は、このような更生可能性の判断をした上で、被告人の年齢の評価について「弁護人は、被告人が本件当時18歳7か月の少年であることを指摘するが、この点は、被告人の刑を決めるにあたって相応の考慮を払うべき事情ではあるが、先に見た本件犯行態様の残虐さや被害結果の重大性に鑑みると死刑を回避すべき決定的な事情とまではいえず、総合考慮する際の一事情にとどまり、ことさらに重視することはできない」として、更生可能性と被告人の年齢とを連動させずに扱っている。この点において、本件は、市川一家殺害事件判決の第2審および、光市母子殺害事件の第1審（およびそれを是認する第2審）の判断とは異なり、年齢を量刑判断の一要素としか見ない永山事件の最高裁判決と同一の立場を採用しているといえる。

---

64) 「朝日新聞」2010年11月26日朝刊1面。
65) 仙台地判平成22・11・25LEX/DB文献番号25443083。なお、本件の控訴審判決として、仙台高判平成26・1・31LEX/DB25503005。

⑤連続リンチ殺人事件判決　　本件は，合計で10人が関与した事案であり，そのうちの主犯格であるX（犯行時19歳6か月），Y（犯行時19歳2か月），Z（犯行時18歳11か月）の3名に対する死刑の可否が問題となった事案である。X，Y，Zは，①大阪市内における被害者Aに対する殺人，死体遺棄事件，②愛知県木曽川における被害者Bに対する殺人事件（ただし第1審は傷害致死と認定している），③同じく愛知県長良川における被害者CないしEに対する監禁，強盗致傷，およびD，Eに対する強盗殺人事件を順次犯したものである。

一審判決[66]は，X，Y，Zのそれぞれについて，その年齢を量刑の事情として考慮に入れている。すなわち，Xについては内面のもろさ・攻撃性・状況を無視した自分本位さを，Yについては他者への依存心の強さから無茶な行動をする点を，Zについては自分にかかる精神的負担をかわすために他者からの圧力に安易に同調するという点を，それぞれ鑑定意見を引用しつつ指摘している。そのうえで，結論としては，Y，Zについては「リンチ殺傷等事件における行為の内容，被害者死亡に及ぼした影響の程度，集団における地位，少年時代の保護処分歴，矯正可能性の程度等においてXとは異なる」ため「罪刑の均衡の見地から極刑をもって臨むにはなお躊躇すべき点が残り，無期懲役をもって，矯正による罪の償いを長期にわたり続けさせ」るのが相当であるとし，Xについては「19歳6か月の〔年長〕少年であったこと……改善可能性の余地があることなど諸般の事情を最大限考慮してもなお，その罪責は誠に重大であって罪刑の均衡の見地からみて極刑を科すことはやむを得ない」として死刑を言い渡した。

これに対して，二審判決[67]は，量刑の理由において，一審判決が指摘した上記の点に特に言及することなく，X，Y，Zの3名について「罪刑の均衡の見地からはもとより，一般予防の見地からも，さらには，死刑が人の生命そのものを奪い去る冷厳な究極の刑罰であることに改めて思いを致しつつ慎重に検討し，更に熟慮を重ねても，被告人3名に対しては，いずれも究極の刑である死刑を選択するのも真にやむを得ないところといわざるを得ない」として，全員に死刑を言い渡した[68]。

---

66)　名古屋地判平成13・7・9 LEX/DB 文献番号28065269。
67)　名古屋高判平成17・10・14 高刑速報（平成17年）270頁。

そして，最高裁判決[69]も，「被告人3名は犯行当時いずれも少年であったこと」を「被告人3名のために酌むべき事情」として挙げつつも，それがどのように量刑に影響するのかについては特に言及することなく，二審判決の結論を維持した。この意味で，本判決は，永山事件判決を踏襲したということ以外は，本書の検討対象である年齢等と量刑の基準という点については，意義に乏しい事例であるといえよう。

(2) 裁判例における少年に対する死刑の量刑基準の分析

以上，犯行時に18歳以上であった少年に対する死刑判決の判旨を概観してきたが，これらの裁判例において，被告人が少年であることはどのように量刑上考慮されているのであろうか。この点，これまでの判例を分析するに当たっては，①少年法51条1項の趣旨は犯罪時に18歳以上の少年にも及ぶか，②少年であることがどの量刑要素に関係するか，③少年であることが量刑においてどの程度重要性を持つか（総合考慮の一要素か他の要素よりも重視されるのか）という視点から整理することが有用であるように思われる。

① 少年法51条1項の趣旨は年長少年にも及ぶか　まず①の点についてであるが，この点について明示的に言及しているのは，永山事件の控訴審（第1次）判決である。すなわち，被告人にとって汲むべき事情として，控訴審判決は，「被告人は本件犯行当時19歳であつたとはいえ，精神的な成熟度においては実質的に18歳未満の少年と同視し得る状況にあつたとさえ認められる」としている[70]。これに対して，最高裁は，「被告人は犯行時少年であつたとはいえ，19歳3か月ないし19歳9か月の年長少年であり，前記の犯行の動機，態様から窺われる犯罪性の根深さに照らしても，被告人を18歳未満の少年と同視することは特段の事情のない限り困難であるように思われる」としており，前述のように，「18歳未満の少年と同視できる事情」があれば，死刑適用を否定することを示しているように読めなくも無い。しかし，ここで最高裁が述べていることは，「被告人を18歳未満の少年と同視することは……困難である」ということだけであり，同視できた場合にどのような効果が発生するか

---

68) 高刑速報（平成17年）282-283頁。
69) 最判平成23・3・10裁集刑303号133頁。
70) 東京高判昭和56・8・21刑集37巻6号733頁。

については，何も述べられていないと理解するのが自然であろう[71]。控訴審判決と併せて理解すると，最高裁のこの箇所は，控訴審判決の結論を否定するために書かれていることが理解できる。

② 量刑要素における少年の年齢（若年性）の地位　　そうすると，問題となるのは，行為者の精神的成熟度が「18歳未満と同視できた場合」に量刑に対してどのような影響が見られるかという点である。これが，上述の②の問題である。この点，永山事件判決や石巻事件判決は，少年であることがどのような形で量刑事情に関係するのかを示すことが出来ていない。これに対して，市川一家殺害事件の1審と2審および光市母子殺害事件控訴審判決は，少年の年齢が更生可能性と関連していることを指摘しており，下級審レベルでは，少年の特性が，更生の可能性という量刑事情と関連させて理解されていることが伺われる。

③ 量刑事情における少年の年齢（若年性）の考慮の方法　　最後の③については，大きく分けて，3つの類型に分類可能であるように思われる。第1の類型は，永山事件上告審判決のように，被告人が少年であることをその他の量刑事情と併せて総合考慮しているものであり，市川一家殺害事件判決，石巻事件判決等がこれに当たる。第2の類型は，犯情と一般情状とを区別し，犯情が死刑相当である場合は死刑を不相当とする一般情状が無い限りは死刑を選択するという見解であり，光市母子殺害事件の第1次上告審がこれに当たる。第3の類型は，第1の類型同様に様々な事情を総合考慮するものの，少年法の理念を量刑においても重視して，被告人の更生可能性という要素を重視し，少年に対する死刑を厳格に制限するものであり，永山事件控訴審判決がこれに当たる。

以上，死刑の量刑基準において，少年であることがいかなる意味を持つかを中心にして考察を加えてきた。その結果，少年であることは量刑事情のうち，被告人の更生可能性と関連付けて捉えられることが明らかになったといえるが，更生の可能性は成人の被告人に対する量刑に際しても当然考慮されるものである。したがって，少年の場合は可塑性を持つという特性によって事実上更生可

---

71) 川出・前掲注20）117頁，廣瀬健二編『少年事件重要判決50選』（2010年）262頁（角田正紀執筆）。

能性があるとされることが多いということになり，少年であることが量刑基準において固有の意味を持つとまでは言えないとの理解が出来そうである。しかし，こうした理解は果たして妥当なのであろうか。この点について，少年法51条2項において規定されている18歳未満の少年に対する無期刑の裁量的減軽規定を素材として，検討を加えたい。

第3款　少年に対する無期刑
　　　　——少年法51条2項の解釈

1　平成12年改正による少年法51条2項の意義

少年法51条2項は「罪を犯すとき18歳に満たない者に対しては，無期刑をもって処断すべきときであつても，有期の懲役又は禁錮を科することができる。この場合において，その刑は，10年以上20年以下において言い渡す」と規定し，処断刑として無期刑が選択できる場合の減軽を裁量的なものとしている。したがって，刑事責任年齢を超えていれば，少年に対して無期刑を言い渡すことが可能である。

しかし，同条同項は，平成12年の少年法改正によって新設されたものであって，それ以前は，18歳に満たない少年に対して無期刑を科すことは死刑から減軽される場合を除いては，不可能であった。すなわち，平成12年改正前の少年法51条は，犯行時に18歳に満たない少年を無期刑に処すべきときは，10年以上15年以下の懲役に必要的に減軽すると規定していたのである。また，更にさかのぼると，旧少年法7条1項も「罪ヲ犯ス時16歳ニ満タサル者ニハ死刑及無期刑ヲ科セス死刑又ハ無期刑ヲ以テ処断スヘキトキハ10年以上15年以下ニ於テ懲役又ハ禁錮ヲ科ス」として，犯行時16歳未満の少年に対する無期刑を絶対的に禁止していた。

平成12年改正によって生じた問題点は，次の二つである。すなわち，①刑法上の処断刑として無期刑が選択されたのに，少年法上（51条2項）さらに減軽する理由があるのか，②改正前は犯行時18歳未満の少年に対しては死刑と無期刑共に必要的に減軽するとしており，条文の構造として平仄が合っていたといえるが，改正後は無期刑を言い渡すことが可能となったため，犯行時18歳未満の少年に対する死刑の必要的減軽規定との関係をどのように考えるべき

か（裁量を許した51条2項が原則なのか，裁量を禁じた51条1項が原則なのか），といった点である。特に，①の点については，刑法と少年法との関係についての問題点であることから，少年であることが量刑においていかなる意味を持つのかを明らかにする際には，格好の素材であると思われる。項を改めて，これらの点について検討を加える。

2　刑法上の減軽と少年法上の減軽との関係

(1)　立法者による51条2項の説明

平成12年少年法改正の立案担当者は，少年法51条2項の趣旨について，次のように説明している。すなわち，「改正前の少年法第51条は……可塑性に富み，教育可能性の高い少年に対しては，より教育的な処遇が必要，有効であること，人格の未熟さから責任も成人より軽い場合があることなどを考慮して，犯行時18歳に満たない者に対する刑を緩和したものと考えられる。しかし，本来，無期刑を相当とした事案について必ず有期刑に減軽しなければならないとすることは適当ではないので，無期刑を科すか有期刑を科すかを，裁判所が選択できることとした」とするのである[72]。したがって，裁判所は，51条2項を適用して刑の減軽を行うか否かについての裁量を有していることになるが，「51条2項を適用して刑の減軽を行うか否かは裁判所の裁量に属するが……本項の趣旨に照らして客観的・合目的的に運用されなければならない」とされる[73]。

条文上，「無期刑をもつて処断すべきとき」と規定されているが，これは，「科刑上一罪，刑種の選択，法律上の加重・減軽，酌量減軽の処理を行って得られた処断刑が無期刑である場合をいう」と解されており[74]，「有期の懲役又は禁錮を科することができる」とは，「処断刑が無期刑である場合に，そのまま無期刑を科することもできるが，裁判所の裁量により有期刑を科することもできる」ことであると説明されている[75]。51条2項による裁判所の裁量は同

---

[72]　甲斐行夫ほか『少年法の一部を改正する法律および少年審判規則等の一部を改正する規則の解説』（2004年）219頁。
[73]　甲斐ほか・前掲注72）221頁。
[74]　甲斐ほか・前掲注72）219頁。

条に由来する特殊なものであり，刑法上の減軽（法律上の減軽・酌量減軽）とは関係なく（もしくは重複して），減軽を行うことが可能である[76]。

以上より，18歳未満の少年を無期刑に処することができるのは，①処断刑として死刑を選択しこれが少年法51条1項によって必要的に減軽された場合，②処断刑として無期刑を選択しこれが少年法51条2項による裁量的減軽の対象とならなかった場合，の2つであることになる[77]。

(2) 刑法上の減軽との関係

立法担当者の説明によると，少年法51条2項の適用の可否が問題となるのは，処断刑を形成した後，すなわち，法律上の減軽および酌量減軽の適用の有無を考慮した後である。すなわち，刑法上の減軽事由の有無を判断した後，もう一度，51条2項による減軽が認められるかどうかが判断されることとなる。

しかし，このような判断の順序によると，51条2項においてどのような事情を減軽事由として考慮するのかが問題となる。というのは，酌量減軽においては，「犯罪の情状」（刑法66条），すなわち，「犯罪行為の軽重や犯人の性格，環境や犯罪後の状況など，量刑に当たって考慮されるべき一切の事情」が考慮されることとなるのであるが，もし「犯罪の情状」の中に行為者の年齢という要素も含まれるのであれば[78]，同じく行為者の年齢を問題とする51条2項の

---

75) 甲斐ほか・前掲注72) 219頁。
76) 甲斐ほか・前掲注72) 219頁。
77) 18歳未満の少年に対して無期懲役を言い渡す場合の量刑判断の過程は次の2通りである。①処断刑の形成→死刑を選択→51条1項で必要的に減軽→無期刑（仮釈放の特例無。58条2項），②処断刑の形成→無期刑を選択。
78) もっとも，そもそも行為者の年齢が量刑事情として考慮されるかどうか，考慮されるとすればどのような意味で考慮されるのか，行為者の年齢が行為時のものか判決言渡し時のものかについては検討が必要である。実務上は年齢も考慮の対象となるとされているようである（大塚仁ほか編『大コンメンタール刑法（第2版）第5巻』686頁［高橋省吾］）。酌量減軽における考慮事情として年齢が含まれないとした場合は，51条2項と酌量減軽との関係はより明確なものとなるが，さしあたりは，年齢が酌量減軽の一要素として考慮の対象になると解しておく。
　なお，大判昭和8・11・6刑集12巻16号1471頁は「元来刑ノ適用ニ付テハ……諸種ノ事項並犯人ノ年齢及地位其ノ他一切ノ情状ヲ参酌スルコトヲ要スル」（同1512頁）としているが，この箇所が酌量減軽について述べたものであるかどうかについては，検討が必要である。

判断と酌量減軽の判断とが一部重なることとなり，それぞれにおいて考慮される量刑の事情の内容を明らかにするためには，両者の関係をどのように捉えるかが問題となるからである。

この点，①51条2項による減軽の対象となりうるのは，死刑や無期刑が処断刑として選択されている犯情の重い事案であるということ[79]，②51条2項は「18歳未満」という明確かつ客観的な一線を設けているのに対して，酌量減軽にはそのような類型的・カテゴリカルな制約が無いということから，51条2項は，無期刑という厳しい刑罰が言い渡されうる事案においては（①），被告人の「年齢」を必要的な考慮要素として（②），少年の可塑性・改善更生の可能性といった要保護性の考慮を慎重に行うことを要求する，少年の保護を目的とした規定であると考えることができる[80]。

酌量減軽の段階においては，年齢は，他の犯情とならぶ考慮要素のうちの一つに過ぎず，考慮の対象となる年齢も特に定められていないが，51条2項による減軽の段階においては18歳未満という「年齢」に関わる事情のみが，減軽判断の対象となる。したがって，51条2項は「年齢」による減軽事由であり，酌量減軽の特則であると考えられる。

---

79) 51条2項の適用の可否が問題となるのは，⑴刑種として死刑が選択されたが，酌量減軽により減軽され，処断刑が無期刑となった場合，⑵刑種として無期刑が選択されたが，酌量減軽により減軽されず，処断刑が無期刑となった場合，の2つの場合である。51条2項を適用して無期刑からの減軽を認める場合，⑴については，酌量減軽と重ねて減軽することとなる際に51条2項において考慮される量刑事情の内容がどのようなものか，⑵については，酌量減軽が認められなかったにもかかわらず，なぜ51条2項の減軽は認められるのかが問題となる。

80) 立法者は，酌量減軽規定との関係について，次のように述べている。「本項による無期刑の減軽は，犯人が18歳未満の若年者であることのみに着目したものであり，諸般の事情を考慮して刑を減軽する刑法上の酌量減軽（刑法66条）とは，その考慮要素に年齢も含まれているという限りで趣旨が重なる部分もあるが，基本的には別個の考慮に基づく制度であるので，酌量減軽を行った上で，重ねて本項の減軽を行うこともできる」（下線部筆者。甲斐ほか・前掲注72）220頁）。「一方，酌量減軽を行わずに本項の減軽のみを行うこともできる。例えば，法定刑が死刑または無期懲役である強盗致死罪の事例で，刑種の選択において無期懲役を選択し，諸般の事情を総合すると酌量減軽を行うには至らないが，犯行時の年齢に照らして本項の減軽を行い，有期刑を科することは可能である」（甲斐ほか・前掲注72）220頁）。

もっとも，このように理解したとしても，刑法上の酌量減軽と少年法における減軽とで，具体的に考慮される要素がどのように異なるかについては，なお，明らかではない。この点については，アメリカにおける少年に対する死刑・無期刑に関する連邦最高裁での議論をも踏まえた上で，第4節において検討することとしたい。

(3)　少年法51条1項との関係

　次に，51条2項と1項との関係について触れておきたい。51条1項は犯行時に18歳未満の少年について死刑を科すことを認めず，必要的に無期刑に減軽することとしている。しかし，「18歳未満の少年である一事を持って直ちに酌量減軽をしたり，少年法51条2項を適用して無期刑を回避する取り扱いが妥当でない」のであれば，死刑についても同様のことが言えるのではないだろうか。51条1項と2項との関係が問題となりうる。

　この点については，2つの説明が可能である。第1の説明は，児童の権利に関する条約37条(a)により犯罪時18歳未満の者に対する死刑が禁止されていることから，日本政府として条約を履行するためにその批准前から存在している51条1項を引き続き維持すべきであるというものである。第2の説明は，およそ改善更生を目的としない死刑と無期刑とでは，刑罰の目的が異なるので，両者の取り扱いが異なるのは当然であるという説明である。したがって，1項と2項とは必ずしも矛盾した規定とは言えないと思われる。

　　第4款　少年に対する不定期刑

1　少年に対する不定期刑制度の趣旨

(1)　泉二博士による不定期刑の理解

　旧少年法制定の3年前の論考[81]において，泉二新熊博士は，不定期刑の一般的な意義について「改善主義」に基づく注目すべき論考を発表している[82]。以下で概観するように，「改善主義」に基づく博士の見解は，現行少年法が採

---

81)　泉二新熊「不定期刑トハ何ソ」法学新報29巻10号（1919年）53頁。
82)　泉二博士の見解が旧少年法の立法過程においてどのように参考とされたのかについては，これを明らかにすることができなかった。旧少年法や感化法の立法経緯の研究については，今後の課題としたい。

用する科学調査主義と基本的には同一の発想に基づいて不定期刑制度を根拠づけるものといえるので，旧少年法下のみならず現行少年法における不定期刑理解にも博士の見解は参考になると思われる。そこで，はじめに博士の見解を確認しておくこととしたい。

泉二博士は，不定期刑を「応報刑ノ弊害ヲ避ケ社会保護ノ目的ヲ完ウスル為メ」の制度であると定義した上で，「不定期刑ノ精神ハ……是レ恰カモ全快セル伝染病患者ヲ徒ニ滞院セシムルノ必要ナク……未タ全癒セサル患者ヲ中途ニシテ退院セシムルヘカラサルノ条理」より短期と長期に制約を設けない絶対的不定期刑が不定期刑の理念形であるとしつつ [83]，応報刑論の立場からは相対的不定期刑を採用するべきであると説明する [84]。

泉二博士は，続いて「不定期刑ト感化主義」という項目において，刑罰における「改善主義」の有効性について，次のように論じる。すなわち，犯罪者から社会を保護する方策としては，「犯罪者を死刑または無期刑に処して絶対的に社会から隔離・淘汰する方策」と「犯罪者を改善してその危険性を除去することで再びその自由を回復される方策」の二種類があるが，前者の方策は，人道を無視する「脅嚇刑法」を復古するばかりでなく，監獄費を著しく増加させるという問題があるので採用できず，「刑罰ノ理想ハ改善主義ニ求メ」るべきである，と [85]。

このように博士が主張する改善主義とは，「在監者ニ対スル個別的処遇ヲ行フ」ところにその「根本原則」があるが，「個別的処遇」とは具体的にはどのように実施されるのであろうか。博士によれば，「個別的処遇」とは，①受刑者本人の過去の生活を調査・記録し，②在監中の生活について緻密に観察して改善効果を見極め，③受刑者それぞれの能力や長所・短所に応じて特別処遇を施し，④様々な試験を実施して特別処遇の効果を見極める，という具体的内容

---

83) 泉二・前掲注81) 54頁。
84) 泉二・前掲注81) 56頁。泉二博士は，同所において，殺人罪に対しては死刑を認めることが可能であるが，窃盗罪についてはいかに常習的であったとしても，死刑を科すことは到底できず，無期刑についてもこれを科しうる犯罪とそうではない犯罪とは区別されるべきである，という具体例を用いて説明されている。
85) 泉二・前掲注81) 57-58頁。

を持つ[86]。こうした個別的処遇を具体的内容とする「改善主義」の下では，不定期刑制度は，犯人が努力して早期に改善効果を挙げれば短い期間で自由を回復することができ，反面，改善しないときは長期間自由を奪われることになるので，「期間ノ長短ハ一ニ犯人自身ノ意向ニ負フ所多キカ故ニ……之ヲ改善スルニ最有効ナル手段」であるとされる[87]。

この見地から，泉二博士は，不定期刑の意義を，①受刑者本人が自らの刑期は自分自身の改善更生の努力にかかっていることを知っているために「自新ノ効果ヲ奏スルニ頗ル適切」であること，②「自新ノカナキ者」に対しても「放恣ヲ制止シ……一層深キ堕落及ヒ自滅ヲ防止シ」徐々に改善効果が出てくることが期待できること，にあるとする。不定期刑は，社会の保護を目的とすると同時に，犯罪者の改善を計り，社会復帰をさせることを目的とする「慈善的ノ制度」であって，単に犯罪者に苦痛を与えて威嚇し「冷酷ナル境遇ニ彼ヲ抛擲シ苦痛ヲ興ヘテ将来ヲ威嚇シ彼ヲシテ国家及ヒ其機関ヲ敵視セシムルニ過キサル純然タル報復主義ト精神ヲ異ニスル」制度なのである[88]。

(2) 旧少年法下の学説における不定期刑の理解

以上紹介した泉二博士の見解と同様に，旧少年法下の学説においても，不定期刑が少年の改善更生に役立つという点が指摘されている。

岩村通世氏は，その教科書において，「其の主なる理由は少年に対して判決を下すとき一定の刑期を確定して言渡すことが実際上中々困難であるからであります。此のことは学者，実際家の等しく認むる所であります。故に寧ろ行刑を行った上の成績に依り短期を経過すれば刑務官の判断に依り適当の時期に刑を終了せしむることを得策と致したからであります。又長期三年以上の有期刑を以って処断するときに限り不定期刑を言渡すことに致したのは現在の刑務所では少年に対しては一定の教育，技能を授けるので相当の期間がなければ此の目的を達することが出来ぬからであります」と述べ，少年の改善更生の有効性の観点から，これを基礎づけられており[89]，「改善主義」に基づく泉二博士の

---

86) 泉二・前掲注81) 59頁。
87) 泉二・前掲注81) 58頁。
88) 泉二・前掲注81) 58-59頁。
89) 岩村通世『少年法』(1928年) 279頁。また，草刈融（山岡萬之助校閲）『少年法詳

見解と軌を一にすると位置づけることができよう。
　(3)　現行少年法下の学説における不定期刑の理解
　こうした不定期刑に対する意義付けは，現行少年法下の学説においても，基本的にそのまま受け継がれている[90]。戦後の学説においては，①不定期刑が教育刑としての側面を持つ制度であり，②刑罰目的としては特別予防をその内容とする，という説明が主流である。平場安治博士は，「少年の健全な育成を期する少年法の目的からは，少年が刑罰に処せられる場合にも，その刑罰は教育刑を理念とすべきである。そこで少年に対して自由刑を科する場合にも原則として不定期刑を科するものとしている」とし，この点を明確にしている[91]。また，佐伯仁志教授も，「さらに特別予防の考慮は，少年に対する刑罰においては，成人に対する量刑以上に重視されなければならないであろう。少年法が少年に対する刑罰を原則として不定期刑としているのは，その趣旨と解される」と説明している[92]。

　それでは，刑の長期と短期を定めた不定期刑が，なぜ少年の教育に資することになるのであろうか。この点について，川出教授は「少年について不定期刑を定めた趣旨は，少年は可塑性に富み，教育による改善更生がより多く期待されることから，刑の執行中の少年の改善の度合いに応じた対応を可能にするため，刑期に幅を付けることで処遇に弾力性をもたせる点にある」と述べられ，「少年の改善の度合い」に対応[93]した刑を執行するところに，不定期刑の意義を見いだされている。また，小林充判事は，「不定期刑の趣旨を少年に対す

　　解』(1936年) 21頁は，不定期刑制度の意義について，「少年ニ対スル自由刑ノ弊害ヲ避クルト同時ニ行刑ノ効果ヲ期シ犯罪性ヲ矯正セントスルニアルモノトス」と述べる。
90)　不定期刑を教育刑の観点から基礎づける円井判事は，(不定期刑の採用は)「教育刑理論に従い，刑の作用による少年の改善，教化を企図したものである」と述べる。円井正夫「非行少年に対する保護処分と刑事処分」最高裁判所事務総局家庭局編『家庭裁判所の諸問題（下巻）』(1970年) 55頁。
91)　平場安治『少年法（新版）』(1987年) 444頁。
92)　佐伯仁志「少年法の理念——保護処分と責任」猪瀬愼一郎ほか編『少年法のあらたな展開——理論・手続・処遇』(2001年) 46頁。同旨，斉藤豊治「少年法における要保護性と責任」澤登俊雄・高内寿夫編著『少年法の理念』(2010年) 82頁。
93)　川出・前掲注20) 110頁。

る教育的効果の考慮ということに求めるとするならば，教育的効果を見極めるのに最低5年を超える期間をも必要とするのは行刑の機能を無視した考えであり，他方，10年を超える期間拘禁を続けたならば，もはや教育的効果ということを正面には出しにくい」と説明することによって，少年法52条の趣旨を理解することが可能であるとされているが，これは不定期の短期を「教育的効果を見極める」ための期間の上限として，長期を「教育的効果」を発揮するための期間の上限として，それぞれ位置づけている点において，興味深い[94]。

2 少年に対する不定期刑の問題点

以上のように，不定期刑制度は，少年に対する教育の有効性という観点から説明されている。犯罪少年に対して，教育を行う必要性それ自体については，疑問を呈する見解はない。しかし，不定期刑制度に対しては，刑罰を教育として科すことが妥当か，成人刑との差が大きいのではないか，不定期刑の次に重い刑罰（平成26年の改正前は15年の懲役）と不定期刑との間にあまりにも格差があるのではないか，との疑問が提起されてきた。

(1) 旧少年法下の学説における不定期刑に対する問題提起

すでに，旧少年法下において小野清一郎博士は，不定期刑に対して疑問を提起されている。小野博士は，不定期刑を「刑罰そのものにおける保護教育の精神」の現れとし，「相対的不定期刑の言渡……は少年受刑者に対する行刑上教

---

[94] 小林充「少年に対する不定期刑の言渡基準について」家月25巻12号（1973年）8頁。こうした小林判事の見解は，不定期刑の量定基準に関する「長期説」に位置づけられる。なお，不定期刑の量定基準については，①短期説（短期が責任刑であり，長期は予防的考慮に基づく保護処分のための期間である），②長期説（長期が責任刑であり，少年についてはその可塑性に基づき短期間での矯正効果が期待できることから，早期解放のために短期を定めたものとする），③中間位説（行刑に矯正効果を達成させるために予防的考慮から上下両方向に一定の幅を認めたものが長期と短期であるとの見解から，長期と短期の中間に責任刑を位置づける），④全体基準説（短期から長期にわたる期間の全体について責任刑としての意味を持つと同時に保安的・教育的意味をもつ期間と解している）などが主張されている。城下裕二「少年に対する不定期刑の量刑基準について」寺崎嘉博ほか編『激動期の刑事法学――能勢弘之先生追悼論集――』（2003年）538頁参照。なお，ここで用いられている「責任刑」とは「当該被告人の責任に対応した刑」という意味である。

育的処遇を徹底せしむると同時に、其の目的を達したるときは速に釈放せしむる趣旨……である」[95]として不定期刑が教育的な性格を有することを認められた上で、次のように指摘する。すなわち、小野博士は、不定期刑は「少年犯人に対する刑事責任の加重でもある。実際上少年は少くとも其の長期において成人に対するよりも長き刑を言渡されることになる。明かに責任の加重と謂はなければならない」という問題を抱えており、「立法論としてこの加重せられたる収容の期間全部を「刑」とすることが果たして適当であるかはやはり一の疑問である。寧ろ相当の定期刑を言渡し、必要の場合には其の後更に保護ないし教育の処分を為し得るものとするのが正しくはないか」とされ、不定期刑の廃止を示唆するのである[96]。

この小野博士の見解には、近時指摘されている不定期刑の問題点を解決するための方向性が示されているといえ、極めて興味深い。特に、少年の責任に応じた刑を言い渡した上で、必要な場合には保護・教育処分をさらに付与するという点は、執行終了時に環境調整処分を行うことができない少年に対する刑罰の問題点を解決する上で、参考になる指摘である。

(2) 近年の学説における不定期刑に対する疑問

平成12年改正後、不定期刑について積極的な問題提起を行われるのは、八木判事、角田判事、植村判事らの実務家である。このうち、角田判事[97]は、

---

95) 小野清一郎「少年法の哲学的考察」司法保護研究所（編）『少年法全国施行記念・少年保護論集』（1943年）38頁。

96) 小野・前掲注95) 38-39頁。小野博士の見解に対して厳しい批判を加えられる牧野博士も、小野博士のこの主張については、「これは、贖罪論と教育刑論との妥協を完うする為めには一理あることで、刑と保安処分との二元主義……の適用を、まず少年法の一角に試みるものである」として、一定の評価を与えられている（牧野英一「刑事政策と主体的考察」同『刑事司法と刑事政策（刑法研究第13巻）』（1950年）187頁）。なお、小野博士は、少年犯罪においては「社会の実際に於て遭遇する事実としての犯罪現象は常に其の具体的な現象形態を変じ」るため、「司法的または保護的実践の対象としての犯罪現象について絶えず其の経験的事実の科学的観察を怠ってはならぬ」とされるが（小野清一郎「最近の少年犯罪現象」同『刑の執行猶予と有罪判決の宣告猶予及び其の他』（1931年）300頁）、この点でも、牧野博士の立場との近似性を見いだすことができると思われる。

97) 角田正紀「少年刑事事件を巡る諸問題」家月58巻6号（2006年）15-16頁。

①不定期刑の刑期（平成26年の改正前は最も重い場合で5年以上10年以下の懲役）が低きに失すること，②不定期刑を選択した場合とその次に重い量刑（処断刑）である無期刑との断絶があまりにも大きく適正な量刑が阻害されていること[98]，③成人の刑事事件に対する量刑との格差があまりも大きく刑の不均衡が生じていること[99]，の3点が不定期刑の問題点であると指摘していた。

また，植村教授[100]は，より制度的な観点から，不定期刑の問題点を指摘している。まず，①少年法52条3項により少年に対して執行猶予が言い渡された場合には定期刑となるが，「その判決確定後に，同種再犯を犯した被告人がなお少年であって有期刑の実刑に処せられると，不定期刑が科される」こととなる。そして，「その結果として前刑の執行猶予が取り消されると，両刑が連続執行されることになる。このように同じ被告人に対して不定期刑と定期刑の執行が連続して行われること自体，不定期刑が科されている意義を減じるものといえよう」という指摘をされ，定期刑・不定期刑が混在しうる点を問題点としている。次に，②「処断刑の長期が3年未満の場合は，もともと定期刑である」が「そういった罪を含んだ，いわゆる主文2つの事案では，同時に定期刑と不定期刑とが言い渡されることもあり得る。この点でも，不定期刑が科されている意義が減じている」とされ，①と同種の問題が執行猶予が付されない場合にも顕在化しうる点を指摘する。そして，最後に，③控訴審との関係につい

---

98) この点，角田判事は，「犯情及び一般情状が極めて悪い場合には無期懲役刑という選択肢があり得るわけであるが，「5年以上10年以下の懲役」という刑がやや軽いからといって，直ちに無期懲役刑を選択できるはずはなく，むしろやや軽きに失すると感じつつ，やむを得ずこれを選択せざるを得ないケースが殆どなのではないだろうか。要するに，そもそも違法性や責任の程度は連続的なものであり，したがって量刑もこれに対応してなされるべきものであるにもかかわらず，最も重い不定期刑と無期懲役刑との間にあまりにも大きな断絶があって，そのために適正な量刑が阻害されているのではないかとの疑問があるのである。」とされる。（角田・前掲注97）15-16頁）。

99) 特に，平成16年の刑法改正により，成人被告人の量刑が，有期刑の上限20年・加重事由がある場合は30年に引き上げられたこと，実際にも量刑が重い方向にシフトしていること，重大な少年事件に対する社会的関心が増大していること，を少年に対する適正な量刑を阻害している要因として指摘されている。（角田・前掲注97）16頁）。

100) 植村立郎「少年刑事被告事件における刑罰法規の問題状況に関する若干の考察」同『少年事件の実務と法理――実務「現代」刑事法』（2010年）361頁。

て，「例えば，原判決で不定期刑の実刑に処せられた事案で，被告人が控訴審判決時にはすでに成人となっている場合で，量刑不当が主張された事件では，控訴が棄却されると不定期刑が確定することになるが，破棄されると定期刑が新たに言い渡されることになる。このように同一被告人であっても，原判決が破棄されるかされないかといった事情だけで，服すべき刑が不定期刑又は定期刑と異なってしまうことになるから，その分不定期刑の意義を減じている」と述べ，少年が控訴した場合の不利益性についても言及している。

さらに，裁判員裁判との関係においても，不定期刑制度に対しては疑問が提起されている。すなわち，不定期刑の量刑基準について短期説・長期説・全体基準説・中間位説が対立しており，いずれの見解が支配的とは言い難い状況になっているが，このような状況において「裁判所としては，不定期刑の趣旨を十分裁判員に説明し，これを理解してもらった上で，量刑評議を尽くすよう努めることになろうが，そのようなプロセスを経てもらわなければならないこと自体，裁判員に過重な負担を強いることになりかねないと思われ」るとの指摘もなされている[101]。

以上見たように，不定期刑に対しては種々の問題が指摘されており，その廃止論[102]が提起されるに至っている状況でもある[103]。これに対してどのような対応があり得るかについては，次款において検討することにしたい。

---

101) 廣瀬健二編『少年事件重要判決50選』(2010年) 257頁（角田正紀執筆）。
102) 八木正一「少年の刑事処分に関する立法論的覚書――裁判員裁判に備えて」龍岡資晃ほか編『小林充先生・佐藤文哉先生古稀祝賀刑事裁判論集（上巻）』(2006年) 632頁。
103) この点，川出教授の，「少年に対して不定期刑を認めていることそれ自体には合理性があると思われるから，廃止という結論に至る前に，なぜ現在の運用が上記のようなものになっているのかを検証する必要があろう。そして，仮にそれを廃止するという場合でも，その前提となっている，少年の改善可能性の高さという点を考慮すれば，あわせて仮釈放要件を成人の場合よりも緩和する法改正を行うべきであると思われる」という指摘が重要である。川出・前掲注20) 111頁。

第 5 款　日本法における少年に対する刑罰制度の問題点
　　　——小括と検討

1　死　刑

(1)　少年法 51 条 1 項の意義

　犯罪時 18 歳未満の少年に対して死刑を禁止する少年法 51 条 1 項については，第 2 款において示したように，刑事責任年齢の制度趣旨を踏まえた説明がなされている。死刑は極めて重い刑罰であり，また，少年の責任が類型的に減少しているという事実に鑑みると，少年法 51 条 1 項の規定する死刑の絶対的禁止規定は妥当である。しかし，純粋に理論的な側面から考えてみると，刑を一律に減軽している点をどのように説明するかについては問題があると思われる。というのは，①前項で検討した死刑を緩和する刑事政策的観点や責任能力の観点が，18 歳を超えた途端に全く考慮されなくなるというのは不自然であること，②現行刑法の立法過程において示された立法者の見解，③ 18 歳以上の者との刑の均衡の観点，④犯罪時 18 歳未満の少年に対する無期刑が裁量的減軽に留められていることとの関係から疑問を提起しうるように思われるからである。①については第 2 款(1)で述べたとおりであるので，ここでは②③④について検討する。

　第 2 章において示したように，旧刑法においては 20 歳未満の者に対して年齢に応じて刑を必要的に減軽する規定が定められていたのに対して，現行刑法においては少年に対する量刑についての特則は一切置かれていない[104]。その理由は，刑事責任年齢を超えているにもかかわらず，刑罰を必要的に減軽することは妥当ではないというところにあった。すなわち，立法者は，現行刑法の法定刑の幅が広いことに加えて，刑事責任年齢を超えた少年であればある程度智能が発達しているといえること，強盗殺人等の重大犯罪について必要的に刑を減軽しなければならないのは不当であること，重い刑罰を科すことが不当であると考えられる場合には酌量減軽の規定を使えば妥当な結論を導けると考えていた[105]。このような立法者の見解に照らした場合，少年に対する死刑を必

---

[104]　第 2 章第 1 節第 1 款，第 3 款参照。
[105]　第 2 章第 1 節第 3 款 3 参照。ここで注意すべきことは，立法者は少年に対する刑罰

要的に減軽すべしと定めた現行少年法の立場は，その政策的な妥当性については否定できないものの，少なくとも理論的な観点からは平仄が合わないということになろう。

また，刑の均衡に関する指摘は，共犯者間で年齢が異なる場合に最も問題となりうる。この点について植村立郎教授は，「犯行時，18歳間近の甲と18歳直後の乙との共犯関係で，共に死刑相当であって，しかも，甲の方が主犯である場合にも，法51条1項によって，甲だけが無期刑に減ぜられることになれば，異論もあり得よう」と指摘されている[106]。少年法51条の規定は死刑を必要的に無期刑に減軽するものであるから，植村教授の設例における甲については減軽の可否を問題にする契機は一切存在しない。

この点，単独犯の例ではあるが，18歳未満の少年に対し処断刑として死刑を選択し少年法51条前段（平成12年改正前）によって無期懲役刑を宣告した裁判例[107]は，処断刑として死刑を選択する理由を述べた上で，少年法51条前（改正前）を形式的に適用している。たとえば，静岡地判昭和44・5・16刑月1巻5号522頁は，犯行時に18歳に満たない少年が自動車で警察官を轢殺した上で拳銃を強奪した事案であるが，死刑選択の理由を検討した後に「以上の事実並びに情状を考慮すれば……判示強盗殺人罪についてその所定刑中死刑を選択せざるを得ないが，被告人は……犯行当時18歳未満であつたから，少年法51条前段〔筆者注：平成12年改正前のもの〕を適用して無期懲役を科し，主文のとおり量定した」とのみ述べている。刑の減軽が必要的である以上はこのような適用方法は当然であるといえるが，そもそも死刑を選択すべき事案であり，年齢も18歳に近いのに無期刑に減軽することに一切の例外を認めない

を必要的に減軽することを批判していたのであって，少年に対する刑罰を減軽すること自体については否定していないことである。

106) 植村・前掲注4) 351-352頁。なお，植村判事は，さらに，併合罪処理と少年法51条1項の適用の関係についても，重要な問題提起をされている。すなわち，被告人がA事件を18歳未満に，B事件を18歳直後に犯した場合，A・Bを総合すれば死刑相当といえるが，A事件のほうが犯情が悪い場合に，少年法51条1項が適用されて死刑が科されることがないかが問題となるという指摘をされている。植村・前掲注4) 351-352頁。

107) 福島地判昭和34・4・28下刑集1巻4号1126頁，福島地判昭和34・9・15下刑集1巻9号2012頁，静岡地判昭和44・5・16刑月1巻5号522頁など。

規定の形式には問題があるという指摘も理論的な観点からは成り立ちうるように思われる。

　犯行時18歳未満の少年に対する死刑の減軽を必要的なものとしている少年法の規定は，無期刑との関係においても問題がある。犯行時18歳未満の少年に対する無期刑については，平成12年改正によって減軽が裁量的なものとされたことから，犯行時18歳未満の少年に対して無期刑を言い渡すことが可能になった（少年法51条2項）。確かに死刑は最も重い刑罰であって（刑法10条1項本文），無期刑とは扱いを異にする理由があるということもできる。しかし，無期刑の減軽を裁量的なものに留めたのは「本来，無期刑を相当とした事案について必ず有期刑に減軽しなければならないとすることは適当ではない」という犯情の重さを根拠としたものであることに鑑みると[108]，犯情のより重い死刑について必要的な減軽を施すことはなおさら適当ではないということになってしまうであろう。少なくとも，個々の事案に対処するために改正された少年法51条2項の趣旨を，51条1項の説明として援用することは出来ないように思われる。

　このように考えてくると，犯行時18歳未満の者の死刑を絶対的に禁止する少年法51条1項については，少年に対する刑罰目的等の刑事政策的な理由に立ち返った考察を加えなければ，その趣旨を明らかにすることは困難であると思われる。解釈論としては，18歳未満の少年に対して死刑を選択すべきときであっても，少年法51条1項を適用して，無期刑を言い渡す以外の選択肢はありえない。立法論としては，①少年法51条1項を同2項のように裁量的減軽の規定とする立法，②有期刑に関する減軽規定が宣告時に被告人が成人に達している場合には適用が無いこと等に鑑みて「判決宣告時に被告人が成人に達している場合には，法51条1項と同一内容の減軽を原則的なものにとどめるといった形の立法」[109]などが考えられるが，問題が国内法の範囲に留まっているのであればまだしも，条約を批准している以上，立法的解決はまず不可能であると思われる[110]。

---

[108]　甲斐ほか・前掲注72）219頁。
[109]　植村・前掲注4）353頁参照。
[110]　もちろん，植村教授も「実現可能性は乏しい」ことは認識されている。植村・前掲

第 4 章　少年に対する刑罰

　前述のように，本書は少年法51条1項が行為時に18歳未満の少年に対する死刑を禁止していることは妥当であると考えている。ここで指摘したいことは，同条文の理論的基礎づけについて困難な問題があるということである。本章第1節2で示したように「少年」という行為者属性の持つ刑罰排斥機能を基礎づけるにはさらなる検討を要する。このような現状において少年法51条1項の規定を説得的に基礎づけるためには，18歳未満の少年に対して死刑が絶対的に禁止されている理由について，少年自身の特性や少年に対する刑罰の目的について考察を加えているアメリカの連邦最高裁における議論を参照した上で，その実質的根拠を明らかにすることが必要であろう。

(2)　死刑事件の量刑における「少年であること」の意義

　死刑の量刑に際して，「少年であること」がどのような意義を有するかについては，第2款で検討したとおりである。そこで最も重要であることは，「少年であること」が量刑において，総合考慮の一要素としての意味を持つにとどまるのか，他の要素よりも上位にある独立の意義を有するのかという点である。

　第2節第1款で検討した，少年に対する刑罰目的との関係で考えると，少年と成人の刑罰の目的は基本的に異ならないとする説からは総合考慮の一要素としての位置づけが，異なるとする見解からは独立の意義を有するという位置づけが妥当であるということになろう。

　この点，少年という行為者の属性を，被告人の更生可能性と関連させて論じている裁判例に鑑みると，若年のため可塑性に富んでいるという少年の特性は，成人に対する量刑要素の内部においても十分に考慮することが可能であるといえる。また，以下で述べる少年法51条2項が18歳未満の少年に対して「一定の年齢であること」を特別の考慮要素として掲げていることから反対解釈すると，年齢を主たる判断要素とする条文が存在していない18歳以上の少年に対する刑の量定において，年齢はあくまで判断の一要素にとどまると位置付けることがより一貫しているように思われる。したがって，本書は，死刑の量刑において「少年であること」という行為者の属性は，あくまで判断の一要素にとどまるという見解を採用する[111]。

　　注4)　353 注(12)。
　　111)　これに対して，18歳未満の少年に対する死刑の裁量的減軽規定が存在したと仮定

2　無期刑――少年法51条2項の意義

　少年に対する無期刑についての制度的な問題は，前述のように少年法51条2項による無期刑の裁量的減軽の趣旨をどのように考えるかという点についてである。この点については，既に第3款において述べたことであるが，ここで今一度問題を整理しておきたい。

　この点については，最近，植村教授が行った次の指摘が示唆に富む。すなわち，植村教授は，第一の問題点として「法令の適用の順序として刑法総則の規定等に従って被告人について無期刑で処断することとなった後に，法51条2項が適用されることになるが，それでも無期刑が科されるのであれば，結局のところ，最終的に無期刑が科される被告人については，法51条2項は無用な規定，換言すれば刑の緩和規定には当たらないことになる」という点を，第二の問題点として「実務的に重要な点は，……刑法段階での無期刑について，法51条2項が適用されても無期刑とすることが許容されているのに，無期刑ではなく上記の範囲の有期刑に減軽できるのは，どのような事由を新たに考慮した結果可能となるのか……端的にいえば，刑法段階の無期刑についても，被告人の年齢，生育歴も含めた心身の発達状況等の情状も総合的に検討されて，その結論が得られているわけである。その上，法51条2項を適用することによっても，無期刑の処断が可能であるのに，上記の有期刑を科すのを相当とさせる刑期はないのではないか」ということを指摘する[112]。

　このうち，第一の問題点については，少年法51条2項に照らして減軽事由が見いだせなかった場合に，処断刑として選択された無期刑がそのまま言い渡されることは，いわば法の予定していることであるから，その場合に同条文が「無用な規定」になるとまではいえないのではないかと思われる。むしろ，重要であるのは，51条2項を適用してもそのまま無期刑が言い渡せるのはいかなる場合かであり，これは，植村教授が指摘する第二の問題点に関係してくる。

　この点，植村教授は「現行法制度をできるだけ合理的に理解するとの観点からいえば，刑法段階の無期刑といっても，そこには情状としての幅があり，特に少年の年齢，生育歴等の観点からすれば，法51条2項を適用した上でその

　　した場合は，年齢が重要な考慮要素となる。
112)　植村・前掲注4）354頁。

刑期に差を設けることを可能とする契機がなおあると解することとなろう」と述べられている[113]。

　植村教授のこの記述を参考に，51条2項の裁量減軽制度の趣旨について考えると，「刑法段階の無期刑」の量定に当たっては，少年の年齢は総合判断の一要素として考慮に入れられ，それ自体が絶対的な意味を持つ訳ではない。これに対して，少年法51条2項における減軽の局面では，少年の年齢・生育歴等の少年に関わる事情のみが考慮される。この意味では，「刑法段階」の情状で考慮された少年の年齢という事情が，「少年法段階」において今一度判断の対象になるが，前者における少年の年齢が総合判断の一要素であったのに対して，後者においては少年の年齢が主たる判断要素として量刑判断の対象になるという違いを設けることができるように思われる。

3　有期刑（不定期刑）——刑法との格差・少年法内部での格差

　少年に対する有期刑に関する問題のうち，最大のものは，刑法との格差が大きい点と少年法内部で刑が連続的になっていないという点であった。仮に，前者を「刑法との格差」と，後者を「少年法内部での格差」と呼ぶこととしたい。もっとも，平成26年の少年法改正によって，この問題には一応の解決が図られたのであるが，改正前に指摘されていた問題点を簡単に確認しておきたい。

　さて，少年法内部での格差については，処断刑として無期刑を選択すべきではない場合，刑の上限は一挙に10年に限定されることになる，ということが最も深刻な問題であった。というのは，犯罪時に年長少年であった場合には，成人と同様に死刑・無期刑をも科すことが可能であるのに，それよりも軽い懲役刑についてより厳しい制限があるのは，均衡を欠いているように思われるからである。

　また，刑法との格差についても，犯罪時に少年であれば有期刑の上限が10年（ただし無期刑を51条2項で減軽された場合は15年）であるのに対して，成人の場合は20年（加重の場合30年）も可能となっていることが問題とされた。

　こうした問題点の解決としては，少年法において科しうる有期刑の上限を引

---

[113]　植村・前掲注4）354頁。

き上げるということが提案され，平成26年の少年法改正において，所定の改正が行われた。改正前の論稿において，川出教授は，「平成16年の刑法改正において有期刑の上限が引き上げられた趣旨の1つは，無期刑に処する場合との格差を縮小させることにあったとされており，このことは，少年による犯罪についても同様に妥当するし，また少年に対しては有期刑のみを認めて，その上限を低く設定するというのであればともかく，犯行時18歳以上の少年に対しては，無期刑のみならず死刑まで認めている以上，有期刑の上限だけを，成人の場合と比較して著しく低く設定する合理性があるとは思われない」として，「有期刑の上限を引き上げるべきとする……提案は支持しうるものであろう」と述べていた[114]。

　また，今後の課題として検討されるべきことは，不定期刑を廃止することが妥当かという点である。刑法との格差や少年法との格差をなくすということだけを考えれば，さしあたり不定期刑の長期・短期の上限を引き上げれば足りよう。一方，先に見た小野博士の見解のように，不定期刑を一切廃止して行為者の責任に応じた刑を言い渡し，むしろ，責任刑に応じた刑期が終了した後の保護処分・教育処分を充実させるというのも，種々の問題があるものの，1つの考え方であろう。平成25年刑法改正で導入された刑の一部執行猶予制度は判決言い渡し時における社会内処遇を義務づけるものであるが，根拠や運用方法について十分な検討を加える必要があるものの，この制度と合わせ考えたとき，小野博士の提案も考慮する余地はありうる。本書においては検討できないが，この点については，不定期刑の運用がどのように行われているかを踏まえた上で，結論を出さなくてはならない。

---

[114] 川出・前掲注20) 111頁。改正についての川出教授の評価は，川出敏裕「少年法改正のあゆみ」法律のひろば67巻9号（2014年）8頁以下を参照。改正後の規定についての詳細な分析として，樋口亮介「少年刑の改正」刑事法ジャーナル41号（2014年）111頁が示唆に富む。

第4章 少年に対する刑罰

第3節 アメリカにおける少年に対する刑罰の特則

第1款 アメリカにおける少年に対する刑罰の問題点の概観

前節では，日本における少年に対する刑罰の特則について検討し，その問題点を明らかにした。これに引き続いて，本節では，アメリカにおける少年に対する刑罰についての裁判例を概観することによって，日本における問題を解決するための示唆を得ることを目指す[115]。アメリカの判例において，とりわけ参考になるのは，少年[116]に対する死刑や仮釈放の可能性の無い無期刑を禁止した，一連の連邦最高裁判決である。なぜなら，これらの判決においては，少年の特性を刑罰においてどのように考慮するかという点を中心に詳細な判断が示されており，少年という行為者の属性が少年に対して科しうる刑罰の内容に

---

[115] なお，アメリカにおける少年に対する刑罰については，「確定量刑（determinate sentence）」や「混合量刑（blended sentence）」の位置づけが，近年では大きな関心事となっている。混合量刑の導入は，少年に対する処遇のあり方を考える上ではきわめて重要な論点であるが，本書は「少年であること（若年性）」の量刑における位置づけを探るという問題を検討しており，いわば具体的な処遇のあり方の「前段階」の論点を扱うものであることから，この問題はやや遠い問題である。そこで，ここでは，確定的量刑や混合的量刑が登場するに至った背景について，略述しておくにとどめたい。

伝統的には，少年に対する量刑は裁判官の裁量によって定められていたが，近年では特定の刑期の範囲で刑罰を言い渡す確定的量刑がこれに代替してきている。その理由は，①裁判所が恣意的な裁量を行っていること，② 1970 年代からの適正手続思想の台頭，③ 1990 年代以降の厳罰化要求，にあるとされている。

2000 年代以降においても，混合的量刑に対する実務家の関心は高い。特に，裁判官の関心事は混合的量刑等の「規準が少年裁判所の哲学や構造に対して攻撃を加えるものであり，また，裁判官の権限を制限するというところにある。裁判官は，この標準化の背後にある厳格な規準の影響を認識し，少年の必要性がおざなりにされていると感じている」ところにある，とされている。

以上につき，Clemens Bartollas, Frank Schmalleger, Juvenile Justice（11th ed. 2011），354-355。

[116] 各種刑罰を科すことのできる年齢は州によって異なる。この点については，後掲のRoper 事件の Appendix A および Graham 事件の Appendix に各州の規定がまとめられている。

どのような影響を与えるかという本章の問題関心に応えうるからである。

　以上のアメリカにおける判決が日本法の解釈において参考になるかは一つの問題である。第一に，アメリカの判例は，およそ「少年」というカテゴリーに属する行為者に対して死刑や仮釈放の可能性のない無期刑を科すことを可能とする立法自体を禁じたものであって，「少年」というカテゴリーの一部（18，19歳）に死刑・無期刑を認めている日本法とはその前提を異にしているのではないだろうか。第二に，アメリカの判例は少年に対する死刑・仮釈放の可能性のない無期刑を違憲無効としたものであって，少年に死刑・無期刑が合憲であることを前提としてその量定基準を問題としている日本法にその議論を直接的には導入できないのではないだろうか。

　しかし，アメリカの連邦最高裁判例において展開されている「年齢」「若年性」によって死刑・無期刑が禁じられる論理は，少年に対して死刑・無期刑の量刑を行うに当たって十分に参考になる。なぜなら，死刑・無期刑を禁じる法廷意見に対する反対意見がそれらの刑罰が許される理由を展開しているが，それらの意見は「少年」というカテゴリーに属することを理由として一律に死刑・無期刑を禁ずることに反対しており，少年に対する死刑・無期刑を禁じる理由として挙げられている要素（判断の未熟さ・更生可能性の高さ等）を考慮すること自体には異論を唱えていないからである。また，少年年齢がアメリカと日本では異なっている点については，確かに 18，19 歳の者は日本では少年でありアメリカでは成年であるが，「若年」である点においては共通しているといえ，アメリカにおける議論との比較を不可能にする事情とまではいえないと思われる。

　以下では，それぞれの判決内容を概観し（第 2，3，4 款）[117]，日本法に対する示唆を得るために，若干の考察を行うこととしたい（第 5 款）。

117）　小早川義則『デュー・プロセスと合衆国最高裁 I ——残虐で異常な刑罰，公平な陪審裁判——』（2006 年）155 頁以下において，Thompson, Stanford, Roper 事件の各判決が要約されているが，同書は判決を客観的かつ簡潔に紹介しており極めて有用であるものの，その反面，個別の論点にはあまり立ち入っていない。本節においては，少年に対する死刑，無期刑について，ある程度詳細に判決文を検討するが，それ以外の論点については，同書を参照されたい。

第2款　少年に対する死刑の絶対的禁止に関する連邦最高裁判決の変遷

1　Thompson 事件以前の州裁判所における少年の死刑事件に関する判断

　本款においては，一連の連邦最高裁判例が出される以前に，州の裁判所が被告人の若年性を死刑事件においてどのように考慮したかについて，若干の判例を取り上げて概観する。

　アメリカの州法上は，死刑事件における減軽事由を定めた制定法において，2州を除いて，列挙された減軽事由の中に被告人の「年齢」「若年」を含めている[118]。しかし，「若年性」が，なぜ減軽事由として考慮されなければならないのかについては，統一された見解が主張されていたわけではない。すなわち，被告人の若年性が被告人の有責性に関連するものなのか，少年の更生可能性に関連するものなのか，という点について，後にみる連邦最高裁判例とは異なり，議論が未整理の状況にあった。

　(1)　Valencia 事件（1982 年）[119]

　本件は，被告人 Frank Valencia（行為当時16歳）が，強盗をする目的で駐車場である女性を待ち伏せし射殺したとして，第1級謀殺罪で有罪とされた事件である。被告人は，射殺現場において他の被害者を，誘拐，強盗，強姦したとして有罪とされ，死刑を宣告された。事実審の裁判官によって（アリゾナ州では陪審は死刑事件の量刑に関与しない）科された死刑は，アリゾナ州最高裁によって二度破棄され，本件は再度量刑が行われることとなり，三度目の死刑が別の裁判官によって言い渡された。最終的に，三度目の上訴で，アリゾナ州最高裁は死刑の量刑を破棄し，被告人の年齢は寛大な取り扱いを要求するのに「十分なほど重要な」減軽事由であると判示した。これが本判決である。

　アリゾナ州最高裁は，年齢が量刑において持つ意味について，「われわれは，第1級謀殺罪の全事件において，年齢が単独で死刑の量刑を阻害する事由には必ずしもならないと判断しているが，一方で，年齢は大きな意味を与えられなければならない重要かつ関連する要素なのである」と判示し[120]，年齢は「単

---

[118]　See, Richard J. Bonnie, et. al., Criminal Law（3rd ed. 2010）1119.

[119]　State v. Valencia, 645 P.2d 239（1982）.

独で」は死刑を阻止する理由にはならず,あくまで量刑事情の一要素であると位置付けている。本判決は,年齢が量刑事情において持つ意味について言及している点においては重要な意義を有するものの,それがなぜ刑を減軽する「重要且つ関連する要素」なのかについて論じていない点において不十分であると評価することができる。

(2) Trimble 事件(1984 年)[121]

Valencia 事件に対して,本件においては少年に対する死刑の量刑が是認された。本件の被告人である Trimble(行為時 17 歳)は,被害者を強姦し,野球バットで暴行を加え,被害者ののどを切り裂いて殺害した。検察官と弁護人が証人として申請した精神医学の専門家は,被告人が反社会的な人格欠陥の状態にあり,かなりの虐待歴を持ち,中度の精神遅滞(IQ64)がある,ということについて合意した。弁護人の証人は,被告人が薬物使用のために,一時的な精神気質病を発症したことはありうると証言した[122]。

しかし,被告人の精神状態に上記の問題があることを認めつつも,事実審裁判官は,彼を死刑に処し,それに引き続く控訴審においても量刑が是認され,被告人に対して死刑が言い渡されることとなった。本判決は,控訴審判決であるが,被告人の年齢・精神状態について,次のように判示している。

まず,刑罰の目的と被告人が少年であることの関係について,本判決は死刑という刑罰の目的(の一つ)が応報にあるとしつつ,「応報に内在する社会の利益が主として犯罪に向けられたものであり,被告人に向けられたものではないとしても,われわれは被告人の年齢を考慮することが無関係であるとは考えない」とする。その理由は,「社会の「道徳的激高(moral outrage)」は行為者の若年によって,いくらかは,和らげられる。したがって,少年システムにおける処遇という代替的な「対応」がとられることとなる」からである[123]。ここでいう「応報」という刑罰目的は,年齢とは直接には関係しないものの,年齢が社会の処罰要求を和らげた結果,応報の必要性が低下するという形で間接

---

120) Valencia, 645 P.2d at 241.
121) Trimble v. State, 478 A.2d 1143 (1984).
122) Trimble, 478 A.2d at 1147.
123) Trimble, 478 A.2d at 1163.

的に影響するとされている。

　このような前提に立ちつつも，本判決は行為者が少年であることを絶対視するわけではない。本判決は，被告人が若年であることに考慮を払うべきとしつつ「応報に内在する社会の利益は，少年事件においてまったく適用できないというわけでは決してない」とし，「極限的な事件においては，少年システムの穏やかな目的は，応報に内在するより広範に基礎付けられた，かつ，直接的な利益に従属することとな（り）……特別に悪質な行為は，少年を少年システムという保護の傘（the protective umbrella of the juvenile system）の外へと追いやる」と述べ，Valencia 事件と同様に，年齢をあくまで量刑事情の一要素として位置づける[124]。

　その上で，本判決は，被告人の犯行に照らすと，本件被告人に対してはもはや保護的な取り扱いをすることはできず，応報の必要性が年齢による寛大な取り扱いの必要性を上回ると評価する。すなわち，被告人の犯罪は「冷酷かつ残酷な反復的かつサディスティックな暴力であ」り，一審の裁判官が提示した心理学的レポートによって被告人の更生可能性がないことが認められる[125]。このような状況においては，「社会の正当化しうる道徳的激高を和らげる要素は，明らかに存在しておらず……行為者が18歳まで4ヶ月を残しているということだけを理由として，死刑が正当化できない対応であるとは言えないのである」として死刑の量刑を維持している[126]。

　さらに本判決は，被告人の精神的問題についても次のように述べ，それは死刑回避の理由とはならないと主張している。

「犯罪者が若年であることは減軽事由であるが，刑の量定手続は年齢に尽きるものではない。本件の場合，量刑担当者は，Trimble の性格に関する大量の情報を持っている。Trimble は，数度の留年の後，第10学年で学校をやめている。犯行時，彼は空港で7ヶ月間安定的に働いていた。彼は，ガールフレンドと安定的な関係を維持していた。彼の低い知性に加えて，彼は，反

---

124)　Trimble, 478 A.2d at 1163.
125)　Trimble, 478 A.2d at 1164.
126)　Trimble, 478 A.2d at 1163-64.

社会的人格，潜在的な一時的気質精神病，潜在的な統合失調症を罹患していたが，それにもかかわらず，刑事責任能力を有していた。Trimble の有するこれらの性格は，薬物・アルコール乱用によってさらに悪化した。精神医学上の証言によると，彼の犯罪的行動は，彼の生活スタイルの一部分をなしており，さらに，彼の選択の帰結でもあった。Trimble は，10 件の侵入窃盗犯罪，銃の不法所持，暴行，薬物事犯に，自由な意思に基づいて関与した。彼は，さらに，ガールフレンドと動物に対して，一連のサディスティックな振る舞いを行った。精神医学者は，Trimble は他者の権利を全く尊敬していないので，更生する見通しはまったくないと判断した。Trimble を死刑に処した事実審裁判官は，Trimble は手当てを必要とする少年ではなく，回復の域を超えている成人であると合理的に結論付けることができた，とわれわれは考える」[127]。

以上紹介した二つの州裁判所の判決は，少年の年齢を量刑要素として考慮するものとして，重要である。しかし，若年がなぜ減軽事由となり得るのかということ，および，若年であることと刑罰目的の関係についての論証が不十分であり，また，年齢という画一的な線でなぜ死刑の可否が左右されるのかという点について言及がない点においても不十分である。次に紹介する連邦最高裁の判例は，これらの疑問に答えるものである。

2 Thompson 事件（1988 年）[128]

本件は，犯行時 15 歳の少年に対する死刑が，連邦憲法第 8 修正違反とされた事案である。法廷意見執筆者は Stevens 裁判官であり，評議は 5 対 3（Kennedy 裁判官が関与せず）の結果となった。本件は，アメリカにおいて，少年に対する死刑の合憲性について連邦最高裁が初めて判断したものであること，および，その後の少年に対する死刑の合憲性に関する最高裁の判断枠組みを形成したという意義を有する。

本件の事案の概要は次のとおりである。Thompson（犯行時 15 歳）は，元義

---

127) Trimble, 478 A.2d at 1167.
128) Thompson v. Oklahoma, 487 U.S. 815 (1988).

理の兄弟を残虐な態様で謀殺した。事実審に提出された証拠によると，被害者は拳銃で2発撃たれ，のど，胸部，腹部を切り裂かれ，足を骨折させられていた上に，その遺体はコンクリートブロックに鎖でつながれ，川に投げ込まれていた。Thompson ら共犯者4名の審理は分離して行われ，いずれも死刑判決が下された。オクラホマ州の事実審および控訴審は，共に Thompson に対して死刑を言い渡し，Thompson が上告した。

連邦最高裁は，行為時に15歳の少年に対して死刑を科すことのできるオクラホマ州法は，連邦憲法第8修正の禁止する「残虐で異常な刑罰」に当たるとして，オクラホマ州控訴審の死刑の量刑を破棄して，事件を同裁判所に差し戻した[129]。

(1) 法廷意見の概要

法廷意見を執筆した Stevens 裁判官は前提として，連邦憲法第8修正が禁ずる「残虐で異常な刑罰」について，法廷意見は「成熟社会の進歩を示す品位の発展的基準 (the evolving standard of decency that mark the progress of a maturing society)」[130] が解釈の指針となる，と述べる。同基準を用いて解釈を行う際，連邦最高裁は，州の立法府や陪審の量刑動向を精査してきたため，Stevens 裁判官は，本判決においても，州の立法動向を精査し，陪審の判断に言及し，それらを踏まえて，本件の上告人である Thompson に死刑を科すことが，「成熟社会の進歩を示す品位の発展的基準」に照らして，「残虐で異常な刑罰」に当たるかどうかを判断している。このうち，本書の問題意識との関係においては最後の点が重要であるので，以下ではこの点を中心に本判決を紹介する。

(2) 法廷意見

法廷意見を執筆した Stevens 裁判官は，第8修正の判断基準[131]，少年に対する死刑に関する各州の動向を示した上で[132]，少年の特性および死刑の刑罰目的という二点を考慮して，Thompson に対する死刑を違憲であると判断した。すなわち，法廷意見は「まず少年の有責性は成人のそれと同一の基準によって

---

129) Thompson, 487 U.S. at 838.
130) Trop v. Dulles, 356 U.S. 86 (1958).
131) Thompson, 487 U.S. at 822.
132) Thompson, 487 U.S. at 827 footnote 24.

論定されるべきかが問題となり，次いで，死刑を少年というカテゴリーに属する犯罪者に適用することが死刑の目的に少なからず貢献するか」を判断する，と述べている[133]。後述するように，少年の特性と刑罰目的から，少年に対する刑罰の合憲性を判断する方法は，少年に対する死刑および無期刑の合憲性が争われたこれ以降の連邦最高裁の判例においても引き継がれることから，Thompson 判決の意義は大きい。

　少年の特性について，法廷意見は，「刑罰が刑事被告人の個人的有責性と直接的に関連するべきである」ことは一般的に承認されている」と述べた上で[134]，少年は類型的に成人より未熟であり，かつ，有責性も低いことも広範に同意されていると指摘し（less mature and responsible），死刑事案については，この点が特に考慮されなければならない，という判断を下している[135]。さらに，「当裁判所は，未成年者の犯罪に対しては成人による類似の犯罪に対する刑罰よりも低い有責性が認められるべきであるとしてきた」と述べ，未成年者一般について，その有責性は低いと判断している。

　ついで，刑罰目的との関係については，確かに死刑は応報（retribution）と抑止（deterrence）という刑罰目的を達成するものである，との一般論をはじめに述べた上で，少年に対する死刑については特別の考慮が必要であるとする。すなわち，少年の低い有責性，10 代の少年の成長能力，少年に対する社会の受託義務に鑑みると，15 歳の少年に対する死刑は，応報の観点からは正当化されない。さらに，10 代の少年が死刑に科される可能性があるからといって犯行を思いとどまっていることを示す分析は存在していないこと，仮に，極めて冷静な 10 代の少年がいて，死刑の意味を理解しているとしても，そもそも少年が死刑に処される数は少ないのであるから，犯罪抑止に役立つとまでは到底いえない。したがって，抑止の観点から見ても，行為時に 16 歳未満の者に対する死刑を科すことは正当化されない，とした[136]。

　以上の 2 点，すなわち，少年の責任と刑罰目的を考慮する手法は，その後の

---

133) Thompson, 487 U.S. at 833.
134) Thompson, 487 U.S. at 834.
135) Thompson, 487 U.S. at 834.
136) Thompson, 487 U.S. at 835.

最高裁の判断（Roper 事件と Graham 事件）においても，継承されている。この意味で，Thompson 判決は，重要な先例的意味を持っている。

3 Stanford 事件（1989 年）[137]

本件は，犯行時 16 歳ないし 17 歳の少年に対する死刑が，第 8 修正に違反しないとされた事案である。相対多数意見（plurality opinion）執筆は Scalia 裁判官である。

本件においては，Stanford（犯行時 17 歳）と Wilkins（犯行時 16 歳）の事件について，争点が類似する事件として併合審理されている。Stanford は共犯者 2 名と共に被害者に対して強盗・強姦を行った上，射殺して謀殺したという罪で訴追され，Wilkins は共犯者と共に被害者に対して強盗を行った上，刺殺して謀殺した罪で訴追された。両名とも，州最高裁において，死刑判決を言い渡され，これに対して連邦最高裁に上告したものである。

連邦最高裁は，Stanford と Wilkins に対する死刑判決は，連邦憲法第 8 修正に違反しないと判示した。Scalia 裁判官による相対多数意見においては，第 8 修正の判断基準とその認定方法がその大部分を占めているが[138]，本書の問題関心である，少年の年齢（若年性）が少年に対する死刑においていかなる意味を持つかについても言及されているので，この点を中心に判旨を概観する。

(1) 相対多数意見

本判決の相対多数意見（plurality opinion）の論理が Thompson 事件の多数意見と大きく違う点は，本判決は少年の特性に照らして少年に対する死刑の違憲性を判断するのは，そもそも最高裁の役割ではないとしている点である[139]。この点，Scalia 裁判官は，少年の認識能力が成人より劣っていることから抑止効果が低く，少年が未成熟であることからその道徳的有責性も成人より劣ってい

---

137) Stanford v. Kentucky, 492 U.S. 361（1989）.

138) Scalia 裁判官は，死刑存置州の多くが行為時に 16 歳以上の者に対する死刑を許容しているが，現実の実務では死刑が科されることは稀である。この事実は，陪審が「若年」を刑罰減軽事由として適切に考慮しているということを示しており，少年に対する死刑がカテゴリカルに許されないとは言えない，としている。Stanford, 492 U.S. at 403.

139) Stanford, 492 U.S. at 377–379.

るために，少年に対する死刑には刑罰目的に照らして妥当でないという上告人の意見について，「もし少年の特性に関するそのような証拠によって，抑止効果や少年の道徳的有責性が欠けることが完全に証明された場合，第 8 修正をわざわざ考慮する必要はなくなり，平等条項である第 14 修正によって当該刑罰は合理的根拠を欠き違憲となるだけである」と述べ，少年の特性が少年の死刑事件においていかなる影響を与えるかを判断するのは裁判所の役割ではないとする。すなわち，少年が上告人の主張するような特性を有しているか，それがどのような意味を持つかについての「判断主体は連邦最高裁ではなく，合衆国の市民である……連邦最高裁の任務は第 8 修正の解釈である「進展する品位の基準」を認識すること，すなわち，その基準がどうあるべきかを判断することではなく，どうあるかを判断すること（not what they should be, but what they are）なのである」とする[140]。

さらに，Scalia 裁判官は，被告人の有責性と被告人に対して科される刑罰との比較を行う比例原則に基づく分析（proportionality analysis）そのものを否定はしないものの，連邦最高裁がこの分析の結果のみに依拠して刑罰の違憲性を判断したことはなく，州の立法者および個々の陪審の判断を通じて，社会の合意が示されていると述べている[141]。つまり，少年の特性を理由にして少年に対する死刑の合憲性を判断するアプローチは妥当ではなく，少年に対する死刑が憲法上許されるかどうかは，最終的に立法者と個々の事件の陪審に委ねられているというのである。

(2) 反対意見

法廷意見に対して，精神遅滞を持つ犯罪者に対する死刑を認めた Penry 事件で反対意見を書いた Brenann 裁判官は，下記のように判示し，本件においても反対意見を述べた（Marshal, Stevens, Blackmun 各裁判官が同調）[142]。法廷意見が少年の特性に照らして死刑の合憲性を判断するのは裁判所の役割ではないとしているのに対して，反対意見は，Thompson 事件の法廷意見を踏襲して，少年の特性・刑罰目的の二つの点から，法廷意見に対して厳しい批判を加えてい

---

140) Stanford, 492 U.S. at 378.
141) Stanford, 492 U.S. at 379.
142) Stanford, 492 U.S. at 382.

る。Brenann 裁判官の反対意見は，Thompson 事件における Stevens 裁判官の反対意見よりも踏み込んだ内容となっていることから，その内容をやや詳細に紹介することとしたい。

まず，Brenann 裁判官は，次のように自らの意見を要約する。すなわち，「判断の拠り所になる経験が乏しいにもかかわらず，仲間よりも早く成熟し，18歳未満であるのに自分の行為について完全に責任を有すると考えられる，例外的な個人は存在しうる。しかしながら，私の見解では，そうした例外的事情によっては，個々の少年の有責性は少年裁判所から成人裁判所への移送決定において考慮に入れられることや，死刑の量刑を行う陪審は若年性やその他の減軽事由を考慮に入れるよう説示されることを否定するのに十分ではない。第八修正は，成人同様の有責性を各行為者に死刑を科さないことを要求していると私は信じる。ゆえに，少年犯罪者の有責性の程度を，裁判官または陪審が責任阻却を否定しうるその他の要素と同列に考慮に入れることは，憲法上は，不適当である」，と [143]。この要約から読み取れることは，少年犯罪者の有責性が，応報の必要性といったその他の量刑要素と並列的に考慮されるのは不当であるという立場を反対意見が採用しているということである。Thompson 判決においては，少年の有責性がなぜ考慮されなければならないかが理論的に示されていたとは言い難かったことから，この点に関する Brenann 裁判官の論述は示唆的である。

さて，少年の有責性を考慮することの重要性について，Brenann 裁判官は，まず少年事件の刑事裁判所への移送制度を参照しながら次のように述べる。すなわち，「不均衡な死刑を禁じるものとして憲法的に機能すべき未成熟さは，未成年が成人の裁判所に移送されないことを保障するものではない。少年犯罪者の移送決定において最も重要な考慮要素は，犯罪の重要性，非行歴の程度，少年司法システムのなかでの処遇歴である。少年犯罪者の心理的・知的その他の個人的性格は，移送段階ではほとんど注目されず，移送された少年とされなかった少年との区別を説明することはできない」，と [144]。この論述は，少年の有責性が移送の段階では殆ど考慮が払われないことを示している。

---

143) Stanford, 492 U.S. at 396-397.
144) Stanford, 492 U.S. at 397.

これに続いて，Brenann 裁判官は，量刑の段階においても少年の有責性の低さは「その他の量刑要素」と並んだ一要素に過ぎないため，少年に対して死刑が科されることを防ぐ基準にはなっていないと評価する。

「少年が完全な責任を欠いていることだけが，量刑段階において死刑を絶対に禁止する要素なのではない。陪審は，少年犯罪者の若年性と完全な責任の欠如を，犯罪の重大性とその他の加重事由と自由に衡量することができる。そして，加重事由をより重く評価すれば，最も未成熟な16歳，17歳の者に死刑判決が下されるのである。……このため，移送と量刑における個別化された考慮が，実際には成人と同様の責任を欠いている少年犯罪者が死刑に処されないことを保障しないのは，驚くべきことではない。事情は，真逆である」，と[145]。

Brenann 裁判官の主張の趣旨は，死刑判決を受けた少年は，判断能力を損なっており，死刑を科される程度の有責性を有していないと評価されるにもかかわらず，少年の有責性が量刑判断の一要素に留まるのならば，少年の有責性の低さが適切に考慮されなくなるということである。つまり，「少年はほとんど全ての場合，死刑に値する程度の非難可能性，すなわち，私の見解によれば第8修正に基づく均衡性原則を考慮する当法廷の先例の下では死刑を科する憲法的前提を欠いている。移送と量刑判断において少年の若年性と有責性を個別的に考慮したところで，同年者よりも責任の程度が発達した特別の個人だけが死刑を言い渡される保障はない」のであるから，少年は完全責任を有するほどに成熟していない類型であるとみなすことこそが，少年に対する死刑の問題を考える上での重要な姿勢であるとするのである[146]。

また，死刑の刑罰目的については，Brenann 裁判官は Thompson 事件を超えることは述べておらず，「刑罰目的に対して相当程度の（measurably）貢献をしているか」を当該刑罰の賦課を正当化する基準（第8修正違反とならないための基準）として用い，少年の未熟性に鑑みると，抑止目的も達成されているとはいえないとしている[147]。また，少年は，成人と比べて長い目で見る能力，結果を注意深く評価する能力，行動の前に結果を予測する能力が高度に欠けてい

---

145) Stanford, 492 U.S. at 398.
146) Stanford, 492 U.S. at 402-403.
147) Stanford, 492 U.S. at 405.

第4章　少年に対する刑罰

る，という少年の特性に関する把握の点においても，Thompson 事件と同一の内容となっている。

(3) 同調意見

同調意見を執筆した O'Connor 裁判官は，相対多数意見が「16歳又は17歳の少年に死刑を科することを禁じる全米的合意は存在していない」と判断したことには同意したが，相対多数意見が当該結論により憲法的検討が終わったとしたことには同意していない。O'Connor 裁判官は，「私の観点からは，当法廷は比例原則に関する分析を行う憲法上の義務を有する」としている。それにもかかわらず，均衡性に関する分析の適用において，O'Connor 裁判官は，別個の法的取り扱いに内在する少年の特別な性質は，同年の個人の間でも多岐にわたっていると結論づけ，さらに，「私は当法廷が不可避的に行う，死刑事案において線を引く際の最適な年齢に関する主観的判断を，全国の立法者の判断に代替させることはしない」とした[148]。

O'Connor 裁判官の同調意見の意義は，「少年がどのような性質を有する存在であるかを認識すること」と，「少年の特性をどのように考慮するかということ」とが，区別された問題であることを明示している点にある。反対意見が，少年の特性を類型的・カテゴリカルに考慮すべきであるとしているのに対して，O'Connor 裁判官の意見は，これを個別的に裁判所が考慮すべきであるとしているのである。

(4) 本判決の意義

Stanford 事件の相対多数意見は，少年の特性が少年の刑罰に対していかなる根拠づけを提供するかという視点ではなく，そもそも少年の特性は，少年に対する死刑の合憲性の判断においては問題とすべきではないとするものである。したがって，少年の年齢（若年性）が少年に対する刑罰においていかなる意義を有するかを明らかにするという本書の問題関心からは，本判決の多数意見から得られる示唆はそれほどないであろう。しかし，少年に対する刑罰の是非は，少年に対する刑罰目的から論理的に定まるものではなく，あくまで，個々の立法や裁判において定められるべきであるとしている点は，参考になる。また，

---

148) Stanford, 492 U.S. at 382.

第3節　アメリカにおける少年に対する刑罰の特則

Brenann 裁判官による反対意見は，Thompson 事件の判断枠組みを踏襲しているという点において参考になるのみならず，少年の有責性の低さを何故カテゴリカルに考慮しなくてはならないのかという点について，詳細な理由を述べている点が，極めて示唆に富む。この論点が重要な理由は，少年の有責性が低いとしても，それに対してどのような効果を与えるか（すなわち，個別的に考慮するか，類型的に考慮するか）については別の問題であるところ，なぜ少年という存在を一律に保護しなければならないのかについて，実質的に説明しているからである。この点については，次の Roper 事件および Graham 事件において，それぞれ法廷意見を執筆した Kennedy 裁判官も言及している。

4　Roper 事件（2005 年）[149]

本件は，Stanford 事件判決を判例変更し，犯行時 18 歳未満の少年に対する死刑が，連邦憲法第 8 修正に違反するとした。法廷意見執筆者は Kennedy 裁判官であり，5 対 4 の僅差となった。本件が，現在のところ，アメリカにおける少年に対する死刑判決の「先例」であり，アメリカにおいては少年に対する死刑を認めた立法は，連邦最高裁が判例変更を行わない限り，違憲無効と判断されることになる。本判決についても，法廷意見と反対意見の関連する箇所について検討を加える。

(1)　法廷意見

本判決の判断枠組みは，Thompson 事件判決と同じである。すなわち，連邦憲法第 8 修正の解釈に際しては，まず少年の特性について考慮したうえで，それを踏まえて死刑という刑罰の持つ目的に照らして少年に対する死刑が正当化し得るかを検討するという二段階の判断を行っている。

法廷意見は少年の特性について，次の 3 点を指摘する。すなわち，①少年は未成熟であるため，衝動的で思慮不足の行動や判断を行う，②少年は友人等による外部的影響を受けやすく，犯罪を誘発するような環境から自ら抜け出す自由がない，③少年の人格はいまだ形成途上である，という三点を指摘して，成

---

149)　Roper v. Simmons, 543 U.S. 551 (2005). Simmons が犯人のため，事件名としては「Simmons 事件」と記す方が適切であろうが，アメリカの判例引用の一般的な規則に従い，最初に記載された当事者名を略称として用いる。

人とは異なった存在であるというのである[150]。①からは少年は未熟で有責性が無い存在であることから，少年の行動は成人よりも道徳的な非難可能性が低いことが，②からは少年が環境的に起因する悪い影響から自由でないのであれば，成人よりも宥恕されるべき事情があることが，そして，③からは少年が凶悪犯罪を犯したとしてもその性格は回復が不能なものではなく，一過性（fleeting）なものであることが，それぞれ導かれる。

　法廷意見は，少年の性格を以上のように定義した上で，応報（retribution）と抑止（deterrence）という死刑の刑罰目的に照らしつつ，少年に対する死刑の妥当性について検討を加える。応報については，上記少年の特性①と②を指摘しつつ，少年が未成熟であるからその有責性・非難可能性が減少しており，少なくとも最も峻厳な死刑に相当するほどの非難可能性は少年には無いとの説明がなされる[151]。ついで，抑止に関しては，上記少年の特性①②③の全てを援用して，衝動的な行動に出ることが多い少年に対しては，死刑による威嚇効果は低く，その目的を達成することができないとしている[152]。

(2) 反対意見

　以上のような法廷意見に対して，O'Connor 裁判官と Scalia 裁判官がそれぞれ反対意見を執筆している。両裁判官は，18 歳という「年齢」で死刑を絶対に禁止するという法廷意見に対して，少年の特性は事案に応じて個別的に判断されるべきであるという批判を加えている。

　O'Connor 裁判官は，法廷意見が指摘した少年の特性自体には賛成しつつ，その考慮の方法について次のように述べる。すなわち，「法廷意見は死刑について 17 歳の少年にとって均衡を失した重大な刑罰であるとしている。私はこの判断について異議を唱えるものではない。**類型としての少年**（原文斜字体）は，成人と比較した場合，より未成熟であるが故に自らの違法行為に対する有責性はより低い。しかし，法廷意見は，多数の州の立法者が到達した結論を否定す

---

[150] Roper, 543 U.S. at 570. Roper 事件判決が示したこのような判断方法を，「軽減された応報モデル（diminished-retribution model）と呼ぶ見解として，Christopher Slobogin & Mark R. Fondacaro, Juvenile Justice: The Fourth Opinion, 95 Iowa L. Rev. 1 (2009), 35.

[151] Roper, 543 U.S. at 571-572.

[152] Roper, 543 U.S. at 572.

第3節 アメリカにおける少年に対する刑罰の特則

る証拠を示していない。すなわち，17歳の少年の中には一定の場合には死刑に相当する程度に成熟しているという結論を否定する証拠が何ら示されていないのである。同時に，死刑相当事件における陪審が，若年被告人の成熟性を正確に判断する能力を欠き，もしくは，若年であることを減軽事由として適切に考慮するということを性格に判断する能力を欠いているという証拠も，何ら示されていない」，と153)。このような状況においては，「18歳未満の少年には死刑を絶対に科さない」というカテゴリカルな死刑の排除（categorically exempted from capital punishment）は正当化されない154)。死刑が相当な程度に成熟した17歳はいないことが証明されない以上は，死刑を絶対的に禁止する明確な一線（bright-line）を引くことはできないのである155)。

同じく反対意見を執筆したScalia裁判官は，少年に対する死刑を許容していた各州の立法者の判断および個々の事件における陪審の判断を尊重すべきであるという立場から，次のように述べる。すなわち，「刑事司法システムにおいては……それぞれの被告人に対する個別的な考慮が行われている。死刑事件においては，連邦最高裁は量刑を行うものに対して個別的な判断を行うことを求めており，刑の量定を行う者は，加重事由と減軽事由（若年など）とを比較することになるのであ」り156)，「実際18歳未満の者に対する死刑判決はこれまで稀であったが，このことはとりもなおさず，陪審が行為者の若年性の考慮を真剣に行っていることを示唆しているのである」，と157)。また，Scalia裁判官はO'Connor裁判官の指摘と同様に，裁判所が少年の特性を考慮して死刑の合憲性を判断する点について，「多数意見は応報と抑止が18歳未満の少年に対しては役立たないことを示して結論を導いているが，これは誤りである。……若

---

153) Roper, 543 U.S. at 588.
154) Roper, 543 U.S. at 598.
155) Roper, 543 U.S. at 601.
156) Roper, 543 U.S. at 620.
157) Roper, 543 U.S. at 620-621. Scalia裁判官は，この点について，Roper事件の口頭弁論においても，「（少年に対する死刑執行が稀であることは）まさに陪審員が被告人の若年性を減軽事由として適切に考慮していることを示しているにすぎず，何ら驚くべきことではない。問題は，陪審に対して，行為者の若年性の評価を委ねるかなのである」としている（http://www.oyez.org/cases/2000-2009/2004/2004_03_633）。

249

年性が<u>常に</u>責任を減少させるというのは誤った一般化である」（下線は筆者）とも指摘している[158]。

O'Connor 裁判官と Scalia 裁判官はともに，死刑の適用において刑罰の目的に照らして刑の量定がなされることは否定していないが，法廷意見のように「18 歳」という年齢で「一律に」死刑の適用を排斥する点について厳しい批判を加えている。この死刑の絶対的禁止に対する批判について，Roper 事件の法廷意見は十分な反論を展開できていないが，この点については，後にみる Graham 事件において法廷意見の側からの反論がなされているので，次款において検討を加えることとしたい。

5　小　括

以上，少年に対する死刑の合憲性に関するアメリカ連邦最高裁の一連の判断を概観したところから，次のことが明らかになった。まず，Roper 判決以降の連邦最高裁の判例上，アメリカにおいては，少年に対する死刑判決は一切の例外なく「一律に」排除される。その理由としては，判断能力の未熟なために有責性が低いといった少年の特性を前提として考えると，応報と抑止という死刑の刑罰目的から死刑が正当化されないことが挙げられている。これに対しては，反対意見の側から，「一律に」死刑を排除することの不当性が指摘されている。

このように，少年の特性と刑罰目的を踏まえて当該刑罰の合憲性を判断するという手法は，次に検討する少年に対する仮釈放無しの無期刑においても同様に用いられているが，そこでは，いくつかの点で議論に進展が見られる。そこで次に，これらの点を意識しながら，少年に対する仮釈放無しの無期刑を違憲とした連邦最高裁の判例について検討する。

第 3 款　非死亡事件を犯した少年に対する仮釈放なしの無期刑の禁止に関する連邦最高裁の判断――Graham 事件（2010 年）[159]

1　事案の概要と問題の所在

本判決は，被害者が死亡していない犯罪（nonhomicide crime）を犯した少年

---

158) Roper, 543 U.S. at 621.
159) Graham v. Florida, 130 S. Ct. 2011 (2010).

第 3 節　アメリカにおける少年に対する刑罰の特則

に対して，仮釈放なしの無期刑を科すことが「残酷で異常な刑罰」を禁止する第 8 修正に違反するとされた事例である。

被告人 Graham（当時 16 歳）は，3 人の同年代の少年とともにレストランに強盗に押し入り，金員を奪うことには失敗したものの，経営者に怪我を負わせた。被告人は刑事裁判所に訴追され，最長で仮釈放なしの終身拘禁刑が規定されている 3 つの犯罪によって起訴されることとなったが，有罪答弁を行った結果，3 年間の保護観察処分が言い渡され，最初の 12 ヶ月をカウンティのジェイルで過ごした後の 2004 年 7 月 25 日，Graham は釈放された。

しかし，被告人はその 6 ヶ月後の 2004 年 12 月 2 日，強盗罪を犯したとして再び逮捕された（この時点で，Graham は 17 歳であり，18 歳になる 34 日前であった）。Graham は強盗を行ったことを否定したが，逮捕される直前に警察から逃走したことが保護観察の遵守事項に違反するものであったことから，仮釈放なしの終身拘禁刑が科される可能性が生ずることとなった。事実審は強盗についても Graham を有罪とし，武装強盗について終身拘禁刑が言い渡された。そして，フロリダ州法においては仮釈放（パロール）は廃止されていたため，終身拘禁刑の言い渡しは，仮釈放なしの終身拘禁刑を言い渡されることを意味していた。

これに対して，Graham は第 8 修正違反を理由として控訴を行ったが，フロリダ州控訴裁判所は，Graham の犯罪に対して仮釈放の可能性の無い終身刑を言い渡すことには，罪刑の著しい不均衡が存在しないという判断を下した[160]。その理由としては，武装強盗という犯罪そのものの性質のほか，Graham が成人年齢である 19 歳に近い 17 歳であること，さらに，更生の可能性がないことが挙げられた。Graham は連邦最高裁に上告し，上告は受理された。結論としては，評議 6 対 3 で上告人である被告人の申し立てが認められ，仮釈放無しの無期刑は取り消され，事件はフロリダ州控訴裁判所に差し戻された。

連邦最高裁において問題とされた論点は多岐にわたるが，本書の問題関心からは，①仮釈放なしの終身刑が少年に対して正当化されるかどうか，②「少年」というカテゴリカルな減軽事由を定めるルールの当否とそれに代替する

160）　Graham v. Florida, 982 So. 2d 43（2008）.

ルールの検討の二点が重要であるので、以下ではこの点を中心に、本判決において展開されている法廷意見、同調意見、反対意見の論理をそれぞれ追う。

2 法廷意見

法廷意見を執筆したのは、Roper 事件において法廷意見を執筆した Kennedy 裁判官である。Kennedy 裁判官は、犯行時 18 歳未満の少年に対する死刑を違憲とした Roper 事件に続いて法廷意見を執筆したこともあり、本判決でも Roper 事件と類似の議論が展開されている。

第一の争点である、仮釈放なしの終身刑を少年に対して言い渡すことは正当化されるかという点について、Kennedy 裁判官は、①当該少年の有責性、②科される刑罰の重大性、③刑罰目的の観点からの正当性、の三点を基礎に判断されるべきであるとした。

まず、①については、「Roper 判決が示したように、少年犯罪者は低い有責性しか持っていないので、最も重い刑罰を科されるべき存在ではない。成人と比較した場合、少年は「成熟性に乏しく、責任の感覚 (sense of responsibility) も発展途上である。従って、少年犯罪者を（死刑を科されるべき）最悪の犯罪者 (among the worst of offenders) として位置づけることはできない」とした上で、「謀殺と強盗や強姦といった犯罪の決定的な違いは、被害者の生命が奪われているかどうかである。このため、強盗や強姦は、重い刑罰を受けるべき重大な犯罪であることには変わりが無いが、殺人罪 (homicide crimes) とは道徳的な意味において異なる」のであって、「成人の謀殺犯人と比較した場合、人を殺していない、もしくは、殺す意思を持っていない少年犯罪者は、二重の意味で（すなわち、少年であるということとその犯罪行為が致死の結果と関連するものではない、という二重の意味で）減弱した道徳的有責性しか持っていない」と結論づけている[161]。

次いで、②については、「仮釈放無しの無期刑は、法定された刑罰の中で 2 番目に重いものである。死刑それ自体は特異な性格を持った刑罰であるが、仮釈放無しの無期刑にも、受刑者の自由を恒久的に奪うといった点などにおいて、

---

161) Graham, 130 S. Ct. at 2038.

死刑との共通性が認められる。とりわけ,「仮釈放がない」ということが,当該刑罰の重さをいっそう高めている」との一般論を述べた上で,「少年に対して仮釈放無しの無期刑を科す場合には,刑の言い渡し後に当該少年が刑事施設の中で過ごす平均の期間が,他の同様の受刑者と比べると長いという事実も無視することはできない。たとえば,仮釈放無しの無期刑を言い渡されたのが16歳の少年であった場合と,75歳の老人であった場合は,言い渡された刑罰は「同じ」であるが,その意味は「違う」といわなければならない」として,「少年に対する」仮釈放無しの無期刑は,特に重いものであると述べている[162]。

最後に,③については「合理的な刑事学的正当化事由（legitimate penological justification）を全く持たない刑罰は,それ自体,犯罪との均衡性を欠いて」おり,「非致死犯罪を犯した少年犯罪者に対する仮釈放なしの無期刑についていうと,それは,合理的であると認められている刑事制裁の目的―すなわち,応報,抑止,隔離,更生―のどれに照らしても正当化されない」としている[163]。

個別的に見ると,第一に,応報（retribution）の観点については,「社会は,非致死事件を犯した少年に対して重い刑罰を科すことによって,犯罪に対する非難を加え,犯罪によって引き起こされた道徳的不均衡状態を回復しようとする権利を有する。しかし,応報論（retribution rationale）の核心は,少年犯罪者の個人的な有責性と直接的に関連するものでなければならない。そして,Roper事件において示されたように,そうした社会の非難は,少年事件においては,成人ほど強くは無い」と述べる。第二に,抑止（deterrence）との関係においても,「少年は未熟な存在であり,責任の感覚も発達途上であることから,通常では考えられないような行動を取ることがある」ことから,有効性を欠き,正当化されないとした。第三に,隔離（incapacitation）との関係についても,「少年に改善の可能性があることに照らすと,仮釈放なしの終身刑を認めるにあたって,隔離もまた,適切な正当化事由にはならないのである」と結論づけた。最後に更生（rehabilitation）との関係についても,「仮釈放無しの無期刑の場合,更生の可能性が閉ざされることもありうるので,更生目的も果た

---

162) Graham, 130 S. Ct. at 2028.
163) Graham, 130 S. Ct. at 2028-2030.

されるとは言いがたい」とした[164]。

　以上から，法廷意見は「非致死事件を行った少年に対して仮釈放無しの無期刑を言い渡すことには，いかなる刑罰目的との合理的関連も認められ」ず，当該刑罰は「残虐で異常な」刑罰である，との結論を導いた。

　第二の争点である「少年」であることにより一律の減軽を認めることがルールとして適当かという点については，①検察官が適切に訴追を行うとしても，フロリダ州法には，非致死犯罪を犯した少年に対する仮釈放無しの無期刑を防止する手立てはなにもないことから，憲法の要求を満たすとはいえないこと，②犯罪の重大性や行為者の性格に照らして，事件ごとの均衡性判断を行うアプローチを採用したとしても，全ての事例の中から，特に重く処罰すべき少年を選び出すことは不可能であり，少年の弁護人の困難性を考えても，個別アプローチは不適切であるとして，これを適当であると判断した[165]。結局，最高裁は，一律減軽というカテゴリカルなルールは，少年に成熟と改革の機会を与えるという特長を有している，としてこれを積極的に捉えているのである。

3　同調意見

　法廷意見に対して結論においては賛成しつつも，その射程をより限定されたものにするという問題意識から，Roberts長官は同調意見を執筆している。Roberts長官は，本件における被告人Grahamが犯した犯罪に対して科す刑罰としては，仮釈放の可能性が無い無期刑を科すことは第8修正に違反し違憲であるとしており，およそ少年に対する仮釈放の可能性の無い無期刑が違憲であるとすることには反対する。この点において法廷意見とその理由づけを異にするのである。

　Roberts長官は，自らの判断基準を「狭い比例原則テスト（narrow proportionality test）」と名付ける[166]。長官のテストには2つの要素が含まれる。第1に，裁判所は「当該事件における犯罪の重大性と刑罰の厳しさ」とを比較する。そして，第2に，第1の比較はその刑罰の適用が問題となっている法域

---

164)　Graham, 130 S. Ct. at 2030.
165)　Graham, 130 S. Ct. at 2032.
166)　Graham, 130 S. Ct. at 2037.

（州）の内部における比較（intrajurisdictional comparison）と法域（州）相互の比較（interjurisdictional comparison）のみに限って行われ，その比較の結果「著しい不均衡（grossly disproportionate）」があるかどうかが審査される[167]。

そして，本件の場合，第1に Graham の犯した犯罪は「謀殺罪や強姦罪よりは明らかに重大ではな」く，被告人の若さと併せて考えると，刑罰と犯罪の重大性は不均衡であること，そして，第2に法域内部・法域相互の比較からも，当該刑罰は著しい不均衡があることから，今回の Graham に対する刑罰については第8修正に違反して違憲であるという結論を導いている[168]。

また，Roberts 長官の同調意見が，法廷意見と最も異なるのは，Roper 事件の先例としての理解である。すなわち，本件において「非致死犯罪を犯した18歳未満の少年に対して仮釈放の可能性の無い無期刑を言い渡すことが，カテゴリカルに許されない」という結論を導くために，法廷意見が Roper 事件を先例として用いていることには，Roberts 長官は，批判的である[169]。Roberts 長官は，Roper 事件は，あくまで少年に対する死刑についてカテゴリカルに違憲とした判断であって，仮釈放なし無期刑については，当該刑罰が当該犯罪に対して比例しているかどうかの判断に際して，個人的な要素である少年の年齢（若年性）の反映である「少年犯罪者の有責性」を考慮に入れることは，「狭い比例原則テスト」の下においてのみ許される，とする[170]。

このように Roberts 長官の同調意見は，少年の若年性を考慮に入れる点においては法廷意見と同一であるが，Roper 事件の法廷意見の射程をより限定的に理解するものである。

4 反対意見

Kennedy 裁判官の法廷意見に対して，Thomas 裁判官と Alito 裁判官がそれぞれ反対意見を執筆しており，Thomas 裁判官の反対意見には Scalia 裁判官と Alito 裁判官が一部同調している。このうち，Thomas 裁判官は法廷意見に対し

---

167) Graham, 130 S. Ct. at 2040-2041.
168) Graham, 130 S. Ct. at 2041.
169) Graham, 130 S. Ct. at 2041-2042.
170) Graham, 130 S. Ct. at 2042.

第4章　少年に対する刑罰

て実質的な反論を加えているので，ここでは，その内容を概観する。

　Thomas 裁判官の反対意見は，第8修正の解釈に関する部分が大部分を占めているが，法廷意見が少年であることを理由にカテゴリカルに仮釈放の可能性の無い無期刑を違憲としている点についても，批判がなされている。

　Thomas 裁判官は法廷意見が掲げる4つの刑罰目的のうち，隔離・抑止・更生の三点については，本質的な理由にならないという。なぜなら，法廷意見が認めているように，これらの刑罰目的は少年に対する仮釈放の可能性の無い無期刑を根拠づけるには「適切でない（inadequate）」もしくは「十分ではない（not enough）」であるに過ぎず，当該刑罰を絶対的に排斥する理由にはならないからである。とすれば，法廷意見の理由づけとして最も重要な刑罰目的は，応報であるということになり，Thomas 裁判官の立場からは多数意見の当否をこの観点から分析することが必要となる 171)。

　この点，Thomas 裁判官は，法廷意見が「全ての少年」を一般化して扱っていることについて，「いま問題なのは，平均的な少年（average juvenile）ではない。ここでの問題は，当該少年が永久的な隔離に値する程の道徳的悪性と矯正不可能性を有していると裁判官と陪審が結論づけることを，憲法が**およそ**（強調原文）禁じているか，ということである」とする 172)。そして，「心理学的データ，社会学的データは，**全ての**（強調原文）事案において少年の有責性が減少しているという，裁判所の「道徳的」結論を導くには十分でない」とした上で，法廷意見が無期刑の一律禁止の理由として裁判官と陪審の判断の過誤をなくすという点を挙げている点について，「我々の刑事司法システムは市民の能力に依拠した」ものであり，誤りが含まれることは当然許容されている，と反論している 173)。

---

171)　Graham, 130 S. Ct. at 2054.
172)　Graham, 130 S. Ct. at 2054.
173)　Graham, 130 S. Ct. at 2055.

第3節　アメリカにおける少年に対する刑罰の特則

第4款　死亡事件を犯した少年に対する仮釈放なしの無期刑を必要的に科すことの合憲性に関する連邦最高裁の判断——Miller 事件（2012年）[174]

1　事実の概要と問題の所在

連邦最高裁による本件判決は，アーカンソー州での事件[175]とアラバマ州[176]で起きた事件とを併合審理したものである[177]。

本件の事実の概要は，次のとおりである。前者の事件の被告人は Jackson（犯行当時14歳）である。1999年11月，Jackson は共犯者2名とともに，店舗に押し入り，被害者（Laurie Troup）に金銭を要求したところ拒まれたので，共犯者の一人がショットガンを発砲して被害者を殺害した。殺害後，3人の犯人は何もとらずに逃走した。アーカンソー州の法律では，一定の重大犯罪を犯した場合には，14歳の少年を成人として起訴することが可能であり，検察官は Jackson 達を加重強盗罪で訴追した。第一審で Jackson は有罪とされたが，同州の法律はテロ，強姦，強盗等の重大犯罪を遂行する過程で人を殺した場合は，必要的に仮釈放の可能性のない無期刑を言い渡される旨規定していたため，Jackson にもその刑罰が科された[178]。

一方，後者の事件の被告人である Miller も Jackson と同じく犯行当時14歳

174）　Miller v. Alabama, 132 S.Ct. 2455（2012）. 本件の法廷意見の紹介として，本庄武『少年に対する刑事処分』（2014年）358頁以下。また，本件を素材に少年の量刑を論じている文献として，新倉修「少年の刑事事件における量刑——アメリカ連邦最高裁判所 Miller 判決をめぐって」浅田和茂ほか編『刑事法理論の探求と発見（斉藤豊治先生古稀祝賀論文集）』（2012年）603頁。

175）　アーカンソー州最高裁の判断について，Jackson v. Norris, 378 S.W.3d 103（2011）.

176）　アラバマ州控訴審裁判所の判断について，Miller v. Alabama, 63 So.3d 676（2010）. Miller の事件は，アラバマ州控訴審裁判所（Court of Appeals of Alabama）から直接連邦最高裁に上訴されている。

177）　Miller の事件（アラバマ州）と Jackson の事件（アーカンソー州）それぞれの certiorari（132 S.Ct. 548），および，連邦最高裁の判決文（132 S.Ct. 2460の法廷意見冒頭部分）を参照。なお，連邦最高裁においては，2012年3月20日に Miller（2012 WL 928359（U.S.），3）の口頭弁論が，引き続いて，Jackson（2012 WL 928360（U.S.），3）の口頭弁論が，それぞれ別々に開かれている。

178）　Miller, 132 S.Ct. at 2461.

の少年であった。母親がアルコールおよび薬物の中毒者であった Miller は，自分もそれらの常習者であり，自殺を試みたことが何度もあった。2003 年のある夜，Miller は，自分の母親のところに薬物取引をしにきた被害者（Cole Cannon）の財布から現金を抜き取ったところ，被害者に気付かれて争いになった。被害者が Miller の首を絞めているのを見た共犯者は，野球用バットで被害者を殴り，ついで，Miller が被害者の頭部を殴打した。Miller と共犯者は，証拠を隠滅するため，被害者をトレイラーに放り込み火を放った。被害者は，頭部の負傷と煙の吸引によって死亡した。アラバマ州法により，Miller は当初少年として起訴されたものの，少年裁判所の管轄権放棄手続がとられ，成人として訴追されることとなった[179]。陪審は Miller を有罪とし，仮釈放の可能性のない無期刑を言い渡した。なお，アラバマ州法においては，アーカンソー州の規定と同様に，放火等の重大犯罪によって人を殺害した場合の量刑の下限は，仮釈放の可能性のない無期刑であった[180]。

本件における争点は，殺人を犯した 14 歳の少年に対して，仮釈放の可能性のない無期刑を言い渡すことが，連邦憲法修正第 8 条に違反するかである。連邦最高裁は，5 対 4 で Jackson と Miller に対する仮釈放の可能性のない無期刑は違憲であると判示，アーカンソー州とアラバマ州の裁判所の判断を破棄して，事件を州裁判所に差し戻した。本件には，Breyer 裁判官の同調意見のほか，Roberts 長官，Thomas 裁判官，Alito 裁判官の反対意見が付されているので，以下でその内容を概観する。

2 法廷意見

Roper 事件判決と Graham 事件判決では Kennedy 裁判官が法廷意見を執筆したが，本判決で法廷意見を執筆したのは 2010 年から連邦最高裁裁判官に就任した Kagan 裁判官である。法廷意見には，Kennedy，Ginsburg，Breyer，Sotomayor の各裁判官が加わった。

本判決の法廷意見の特徴は，Roper 事件と Graham 事件という二つの先例を敷衍しながら，議論を展開している点である。すなわち，法廷意見は，この二

---

179) Miller, 132 S.Ct. at 2462.
180) Miller, 132 S.Ct. at 2463.

つの先例が，「少年は，量刑の目的上，成人と異なると憲法上位置づけられる」のは，①未成熟かつ責任の観念が発達していないこと，②少年は成人に比べて悪影響や外部の圧力に脆弱であること，③少年の性格が成人ほどには確立したものではないこと，を理由としていることを指摘する[181]。そして，かかる少年の特性に鑑みれば，たとえきわめて重大な犯罪を行ったとしても，少年に対して最高刑を科すことは，応報，抑止，隔離，更生という刑罰目的の観点から正当化されない[182]。

Roper 事件判決と Graham 事件判決を前提にする本判決は，アーカンソー州とアラバマ州の裁量の余地がない必要的量刑規定（mandatory penalty）は，量刑を行うに際して，行為者の若年性を考慮に入れることを不可能にするものであり，両判決において示された基本原則（州のもっとも厳しい刑罰を少年に科す際は，彼らを少年でないかのように扱ってはならないという原則）に違反すると述べる[183]。すなわち，両判決においては，量刑を行う者は，「若年性の減軽的性質」を考慮に入れる能力を有しているということが前提とされているのであるが[184]，必要的量刑規定は，①その性質上，量刑担当者が犯人の年齢，多様な性格，それらに付随する事情を考慮できなくし，②すべての少年が，その年齢，犯罪への関与形態を問わずに等しく処罰できることになり，③各々の少年が，同様の犯罪を犯した成人と同じ刑罰を受けることになり，Graham 事件判決と Roper 事件判決が示した原則に明白に違反することになる[185]。

Miller 事件判決が興味深いのは，少年裁判所の管轄権放棄と少年に対する刑罰との関係に触れている点である。法廷意見によれば，「アラバマ州およびアーカンソー州（および反対意見）は……個別的な事情は少年犯罪者を成人として審理してよいかを決定する際に考慮されるため，法廷意見のような規範は不要なのだとするが……それは誤っていると考える」とした上で[186]，その理

---

181) Miller, 132 S.Ct. at 2464.
182) Miller, 132 S.Ct. at 2465.
183) Miller, 132 S.Ct. at 2466.
184) Miller, 132 S.Ct. at 2467.
185) Miller, 132 S.Ct. at 2467-2468.
186) Miller, 132 S.Ct. at 2470.

由を次のように述べる。すなわち，①多くの州では特定の罪を犯した少年を個別的な状況の如何を問わずに成人裁判所へと移送していること，そして，仮に裁判官の裁量が反映される司法的移送制度を採用したとしても，②公判前の段階（pretrial stage）において裁判官は限られた情報しか持っていないことが通常である。さらにより重要なことには，③移送審理の結果として少年として処分を受けるのか，成人として刑罰を科されるのかは大きく異なるが，裁判官が少年の処分ではもはや不十分だと考えた場合には，たとえその裁判官が仮釈放の可能性のない無期刑が適切ではないと考えていた場合でさえ，刑事裁判所へ移送されるケースは十分に想像できるところである[187]，と。

　法廷意見は，自らの量刑判断を「個別的事情を考慮した量刑（individualized sentencing）」と名付け，こうした量刑方法の下では，裁判官や陪審員は，少年に対して最も厳しい刑を科すのに先だって，減軽事由を考慮する機会を与えられなければならず，少年の年齢，年齢と関連する性格，犯罪の性質を考慮することなく言い渡される必要的量刑は，比例原則（principle of proportionality）に違反し，それゆえに残虐で異常な刑罰を禁止する連邦憲法修正第8条に違反するのである，と結論づけている[188]。

3　同調意見

　法廷意見への同調意見を執筆したのはBreyer裁判官であり，Sotomayor裁判官が加わっている。Breyer裁判官の同調意見は，法廷意見に全て（in full）同意するとした上で，もし州が少年に対して仮釈放の可能性のない無期刑を言い渡すことを模索するならば，被害者を「殺害し，もしくは，殺害を意図した」ことが明らかにされなければならないとしている[189]。Breyer裁判官によれば，Graham事件判決の理由づけを前提にすると，少年が人を殺した故殺事件の場合であっても，殺害を意図したという事情がなければ，仮釈放の可能性がない終身刑を科すことは許されない。なぜなら，殺害を意図していない少年は，少年であるということ，および，殺害意図がないということで，いわば

---

187)　Miller, 132 S.Ct. at 2474-2475.
188)　Miller, 132 S.Ct. at 2475.
189)　Miller, 132 S.Ct. at 2475.

「二重に減軽された（twice diminished）」責任能力しか有していないからである[190]。

こうしたBreyer裁判官の同調意見の意図は，Graham事件判決の射程を同裁判官の理解するところに従って明らかにすることと，殺害の意図の認定なしに仮釈放の可能性のない無期刑を科している州の立場への批判を述べること，にあると考えられる[191]。

4　反対意見

本件で反対意見を執筆しているのは，Roberts長官（Scalia裁判官，Thomas裁判官，Alito裁判官が同調）[192]，Thomas裁判官（Scalia裁判官が同調）[193]，Alito裁判官（Scalia裁判官が同調）[194]の3名の裁判官である。これらの意見のうち，法廷意見に対応する部分を概観しよう。

Roberts長官の反対意見においては，Roper事件判決と本件との関係について分析した箇所が注目される。Roberts長官によれば，Roper事件判決は，死刑が少年犯罪を抑止しないことの理由の一つとして，仮釈放の可能性のない無期刑が適用可能であることを示しておきながら，本件においては，残虐な殺人を犯した者に仮釈放の可能性のない無期刑を科しても彼が再犯を犯さない保証

---

[190]　Miller, 132 S.Ct. at 2475-2476. 先に見たように，Graham事件の法廷意見について，Kennedy裁判官は少年であることと犯罪行為が致死結果と関連するものではないという二重の意味で減弱した有責性しか有しないと述べていたが，Breyer裁判官のこの意見は，そうしたGraham事件判決の法廷意見に対応するものである。なお，Breyer裁判官は，この論述に引き続いて，felony-murderケースの場合や，transferred intentの問題を検討しているが，要するに，当該少年の主観的犯罪成立要件（mens rea）を子細に検討し，それが最も高いレベルで認定されなければ，重い刑罰を科すことができない，というのがその論旨である。

[191]　Breyer裁判官は，法廷意見に「全て」同意し，殺害意図があった場合も責任減少は認められる（単に「二重の」減軽ではなくなるだけである）ことは認めている。したがって，殺害意図があれば，仮釈放の可能性のない無期刑を科すこともありうるという判断を示すものではないことに注意が必要である。

[192]　Miller, 132 S.Ct. at 2477.

[193]　Miller, 132 S.Ct. at 2482.

[194]　Miller, 132 S.Ct. at 2487.

はないと法廷意見が主張するのは，古典的なおとり広告（a classic bait and switch）である[195]。要するに，Roberts長官は，法廷意見はRoper事件判決とGraham事件判決に依拠するとしているものの，矛盾を犯しているということを指摘しているのである。

Thomas裁判官の反対意見は，法廷意見が必要的量刑は個別的考慮を阻害し妥当でないとしている点を批判し，修正第8条の元々の理解は「拷問的な**手段**による刑罰」を禁止しているのであり，裁量的枠組みか，必要的枠組みかのいずれの形式を採用しているかとは関係ないとする[196]。

第5款　アメリカの議論の小括

前款まで，少年に対する死刑と仮釈放無しの無期刑に関する，アメリカ連邦最高裁の一連の判例を概観した。ここで，アメリカにおける議論を整理するが，ここでは死刑・無期刑に関する判例を同時に扱う。というのは，両者ともに，連邦憲法第8修正の解釈と，少年の年齢を同条文の解釈においていかに考慮するという点が問題とされており，議論されている実質は同じだからである。

アメリカの議論で注目されるのは，少年の特性に関する分析，少年の特性と関連づけられた刑罰の目的，「少年」というカテゴリーであることを理由とした一律な取り扱いの是非，といった3点である。

まず，少年の特性については，①少年は未成熟であるため，衝動的で思慮不足の行動や判断を行う，②少年は友人等による外部的影響を受けやすく，犯罪を誘発するような環境から自ら抜け出す自由がない，③少年の人格はいまだ形成途上である，ということから，少年の有する有責性（responsibility; blameworthiness）は低いというのが，判例上の立場である。

次に，刑罰目的については，応報・抑止・隔離・更生という4点が考慮され，少年の持つ上記の特性に照らした場合，これらの刑罰目的が当該刑罰（死刑・無期刑）において達成されうるかが検討されている。判例上は，死刑の刑罰目的としては応報と抑止が，無期刑の刑罰目的としては4つ全部が考慮に入れられている。

---

195) Miller, 132 S.Ct. at 2481.
196) Miller, 132 S.Ct. at 2484.

最後に,「少年(アメリカにおいては18歳未満)」というカテゴリーによって,「一律に」死刑や無期刑の合憲性を判断しうるかという問題がある。この点については,判例上はカテゴリカルな考慮が許容されているが,反対意見は,例外的に成人同様に成熟した少年に対してまで死刑や無期刑を排斥するような法廷意見の結論は不当であり,むしろ,少年に対して死刑や無期刑がふさわしいかについては,個々の事件におけるそれぞれの少年について,裁判官・陪審員の判断に委ねるべきであると主張している。

以上のようにまとめられるアメリカ法は,日本における少年に対する刑罰の解釈においていかなる示唆をもたらすことになるのであろうか。次に節を改めて,本章第1節における問題提起と対応させる形で,少年に対する刑罰の意義について考察を加える。

第4節　モデル論の見地からの少年に対する刑罰の特則についての考察

第1款　刑罰における「少年」であることの意義

1　刑罰の目的と少年の健全育成

本章第2節第1款で検討を加えたように,少年に対する刑罰の目的については,成人の刑罰目的と異ならないとする見解と少年の成長発達に資する場合にのみ刑罰を科すことが許されるとする見解とが対立しており,いずれの見解も少年の年齢(若年性)が刑罰にどのように作用するかについての検討が不十分であるという問題点があった。すなわち,前者の見解は,少年に対して刑罰を科す際に特別扱いを認めている現行法の立場を説明することができず,後者の見解は「少年の成長発達」という少年側の事情を主として考慮し,応報や一般予防の要請をどのように考慮するか明らかでない点において不十分さが認められる。また,少年であることがなぜ減軽事由となるのかについて,わが国の学説においては必ずしも十分な検討が加えられているとはいえない状況であった。このように,わが国の学説は,少年の特性に関する考察・少年に対する刑罰目的に関する考察・少年の特性と少年に対する刑罰目的との関係に関する考察の

点において，不十分であった。

　これに対して，少年に対する死刑・無期刑の可否を検討した一連のアメリカ連邦最高裁判決においては，少年に対する刑罰目的が，少年の属性と関連づけて検討されている点が示唆的である。連邦最高裁判決において刑罰目的として掲げられているのは，死刑の場合は応報と抑止，無期刑の場合はこれに加えて隔離（無害化）・更生という4つの刑罰目的であった。そこで，本項において，少年の刑罰目的としては何が望ましいかについて，若干の検討を加えることとしたい。

　先に述べたように，少年に対する刑罰の目的は成人に対する刑罰目的とは異なっていると解さざるを得ない[197]。なぜなら，少年に対しては，行為時に18歳未満に対する死刑や，少年一般に対する20年を超える定期刑といった，「絶対的に」科すことのできない刑罰が存在していることから，成人に対する刑罰目的と異なる目的が存在していると解さなければ，少年刑独自の意義を説明することは不可能だからである。

　次に問題となるのは，少年と成人の刑罰目的が異なるとしても，それが「どのように」異なるかである。この点，少年に対する刑罰目的において考慮される要素そのものは，成人に対するそれと基本的に同一であると考えるべきであると思われる。というのは，少年に対する刑罰目的においても，「更生」という少年側の事情のみを考慮することはバランスを欠いた考え方であり，「応報」「予防」といった要請も考慮にいれられるべきであるからである。確かに，現行少年法は保護処分を原則とし，少年に対する刑罰には厳しい制約を科すものである。もっぱら「更生」の有効性という観点から，保護処分と刑罰のいずれかを選択し，刑罰も「更生」に資する範囲でこれを科すことが正当化されると考えることは不可能とまではいえない。しかし，現行少年法においても，行為時に18歳以上であれば死刑を科すことは可能であるし，18歳未満の者に対して無期刑を科すことも可能であることからすると，「更生」という観点のみならず，「応報」や「予防」の観点をも踏まえて刑罰の量が定められていると解するべきであるように思われる。

197）　本章第2節第1款。

しかし，このように考えたとしても，「応報」「予防」の観点を成人と同様に考慮できるわけではない。極めて凶悪な犯罪を犯し，成人であれば死刑しか選択し得ないような事件を犯したとしても，行為時に18歳未満であれば死刑を科すことは絶対に不可能だからである。その意味で，「応報」「予防」の要請は，少年に対する刑罰においては，完全に消滅することはないものの，後退していると解さざるを得ない。

こうした刑罰目的の「後退」がなぜ起こるのかについては終章第1節第2款において検討する。

2 刑罰において「少年」というカテゴリーを設定することの意味

以上の議論は，少年に対する刑罰をなぜ成人とは区別して扱わなければならないのかといういわば「実質面」に関する議論であった。これに対して，「年齢」という画一的なカテゴリーによって，成人と少年がなぜ「絶対的に」区別されなければならないのかという，いわば「形式面」に関する議論は，先に本章第3節で概観したように，アメリカの一連の連邦最高裁判決においては一貫して争われてきた争点であるものの，日本においては皆無と言って良い。したがって，この点についても，アメリカにおける議論を参考にしつつ，年齢という線で区切ることの妥当性について検討を加えたい。

Roper事件およびGraham事件におけるScalia裁判官らの反対意見が主張するように，「少年」というカテゴリーに属することを理由として，一律に一定の刑罰を禁止することは，刑罰目的の観点からは正当化し難いように思われる。なぜなら，Thomas裁判官らが主張するように[198]，例外的に成熟した少年が存在する可能性を考えると，全てのケースにおいて，応報や抑止といった刑罰目的が達成されないと断言することは不可能であるからである。このことは，Stanford事件判決において少年に対する死刑は違憲であり，カテゴリカルに禁じられるべきであると判示したBrenann裁判官の反対意見においても，認められていた[199]。

他方で，Graham事件における法廷意見が主張するように[200]，立証の困難

---

198) 本章第3節第3款参照。
199) 本章第3節第2巻3参照。

性等の実際的な不都合性のみから、カテゴリカルな取り扱いを正当化することも、論証が不足しているように思われる。なぜなら、カテゴリカルな死刑・無期刑排斥という方法によると、刑罰目的との関係において、当該少年に死刑や無期刑を科すことが十分に可能であることが証明された場合まで、刑罰目的を達成しうるにかかわらず、刑罰を科すことができなくなるからである。

以上概観したように、ここで問題となっている争点は、「刑罰目的に照らして当該少年にある刑罰（死刑・無期刑など）を科すことが正当化される場合にまで、年齢という画一的な基準である刑罰を科すことが絶対的に排斥される理由はどこにあるのか」ということである。この点について、どのように考えるべきであろうか。

結論から述べると、この問題を「少年の有責性」や「少年の更生可能性」といった理論的側面のみから解決することは不可能であると考える。なぜなら、上記で述べたように、少年の有責性が十分に高く、更生可能性も認められない事例の存在を否定することはできず、仮にそのような事例に直面した場合、年齢で一律に刑罰を科すことを否定する現行法を説明することはできないからである。

そこで、この問題の解決の方向性としては、刑罰目的よりも上位にある「刑事政策的な理由」により、刑罰目的が少年に対する死刑や無期刑については後退していると解することが考えられる。すなわち、類型として少年の有責性の低さがある程度証明できるのであれば、大部分の少年に対して不当な刑罰を科さないことが重要であり、例外的に成熟した少年について妥当な処罰がなされなくなる可能性については敢えて見過ごす、という刑事政策的考慮も考え得る。一定の年齢を超えた場合は、もはやこのような類型的・一律の考慮は許されず、個別的考慮が妥当するのである。このように考えなければ、少年に対する刑罰の「絶対的」禁止規定については、説明することが不可能であるように思われる。こうした「刑事政策的な理由」の内容については終章第1節第2款において検討する。

---

200)　本章第3節第3款参照。

第2款　モデル論の見地からの少年に対する刑罰の意義に関する考察

　第1款では，少年に対する刑罰の目的と年齢という画一的な線で区切ることの根拠について検討してきた。引き続いて，本款では，モデル論の見地から少年に対する刑罰の意義について考察する。第1章において述べたように，本書は，均衡のとれた修復的正義モデルを妥当であると考えているが，少年に対する刑罰の意義を考察するに際しては，更生モデル，公正モデル，犯罪統制モデルの考え方はそれぞれ参考になる。そこで，本章においては，各モデルの見地から検討を加える。

1　各モデル論からの少年に対する刑罰の位置づけ
(1)　更生モデル
　更生モデルとは，少年犯罪者の性格，態度，行動を変化させ，犯罪を行う可能性を減少させることを目的とするモデルである[201]。更生モデルが有力であった当時の文脈においては，更生モデルは刑罰を抑制することをねらって主張されたものであって，少年に対して矯正施設での教育を行うことを主たる目的としているから，刑事施設において処遇することは想定されていなかった。
　更生モデルは，その運用が適正手続の原理にそぐわないこと，更生手段の有用性が疑わしいという批判を受けて，1970年代以降力を失っていった。しかし，有効な更生プログラムを提示できるのであれば，それ自体捨て去られるべき過去の議論とはいえない。刑罰においても更生が重視されるのならば，少年にとって保護処分よりも刑罰がその更生に有効であると判断される限りにおいて，刑罰を積極的に科すことも可能である。わが国の少年法の目的が少年の健全育成にあることに照らすと，一つの合理的な考え方であるといえよう。
　このように，更生モデル自体には基本的に妥当性が認められるものの，問題点がないわけではない。更生モデルの問題点は，「少年の更生」という少年側の事情のみを考慮に入れているところにある。応報や予防を刑罰の目的から一切排除するというのであれば別であるが，現在の通説的見解である相対的応報

---
[201]　第1章第2節第2款1。

刑論からは本モデルのみに依拠することは難しいように思われる。

(2) 犯罪統制モデル

犯罪統制モデルとは，少年司法の目的を，少年の再犯を防止し社会を防衛することに求め，刑罰という手段を用いてその目的を達成する観点から少年司法政策を基礎づけるものである[202]。第1章において概観したように，犯罪統制モデルは，1990年代のアメリカで主張された厳格な対応政策（get tough on crime）とは異なり，社会の処罰欲求を充足するために刑罰を用いるものではない。犯罪統制モデルは，「刑罰は教育的かつ道徳的性格を持つものであるから，本質的には利益的処分である」という認識を前提として，「少年犯罪者はさらなる犯罪を行わないように教育される一方で，一般市民は違法行為を行ったときに何が起こるかについての実例を学ぶ」ことができるから刑罰を用いるとするからである。犯罪統制モデルは，犯罪の原因を少年の性格の欠陥にあると考えており，その欠陥は刑罰によって矯正することができるから刑罰を用いるとしている[203]。少年にとっての有効な処遇を定めるという観点から刑罰という手段を選択している点において，犯罪統制モデルは本質的には更生モデルと同一の視点に立っている。犯罪統制モデルは，応報と予防という，更生モデルにおいては考慮されなかった視点を導入している点においては妥当であると評価できる。しかし，更生モデルに対する批判と同様に，少年の更生という少年側の事情について考慮に入れられておらず，やはりバランスを欠くという問題点を有しているといえる。

(3) 公正モデル

公正モデルは，実体法的・手続法的側面において「公正な報い（just deserts）」を少年に与えるという観点から，実体法的には比例原則を，手続法的には適正手続原則を少年刑事処分に導入する見解である。更生モデルと犯罪統制モデルは，少年矯正の方法に焦点を当てたモデルであるが，公正モデルは少年矯正の限界を定めようとするモデルである。公正モデルは少年に対する刑罰については，裁判官の量刑の権限を制約することや，不定期刑を制限し定期刑を原則とすること，量刑にも比例原則を導入すること，処遇を人道化するこ

---

[202] 第1章第2節第2款2。
[203] 第1章第2節第2款3。

と等を主張する。公正モデルが提起するこれらの主張は，少年に対する刑罰を限界づける論理として極めて重要なものである。公正モデルは，少年矯正の限界を定めるところに重点を置いた考え方であるから，少年矯正の内容について検討が加えられていないという問題がある。しかし，公正モデルは更生モデルや犯罪統制モデルと両立可能な考え方であるほか，発達モデルにおいてはその主張が取り入れられているし，均衡のとれた修復的正義モデルにおける「均衡のとれた（balanced）」状態の内容を定めるにあたっても参考になることから，その考え方は全てのモデルの基礎となりうるものである。

(4) 発達モデル

発達モデルとは，心理学的な知見を前提に少年の性質を明らかにした上で，「少年の有責性は成人に比べて減じており刑罰はこれに比例していなければならない」とする比例原則を基礎とした「公正な処罰」と，最小のコストで犯罪防止という利益を最大化するという「社会福祉」の観点から，少年司法を捉える見解のことを言う[204]。

発達モデルは，少年犯罪政策が成功を収めるために必要な条件として，公正な処罰とコストに見合った犯罪減少の二つを掲げ，少年の発達についての知見を踏まえることにより，伝統的な立場や近時の厳罰改革よりも，これらの目的を認識することがより容易になる，と主張する[205]。発達モデルは，伝統的な更生モデルや犯罪統制モデルについて，公正さとコストの最小化というニーズを見落としていると指摘し，その原因を，青少年の発達の性質とその過程についての科学的認識を欠いているところにあるとしている。

発達モデルが青少年の発達に関する科学的知見から導いたのは次の三点であると主張する。第一は，青少年が犯罪行為を選択する際には，未熟な判断力をもたらす発達過程に影響されており，その有責性（culpablity）は成人と比べて低いということ[206]，第二に，発達上の影響を受けていることから，通常の青少年，とくに犯罪率の高い地域で育った青少年は，犯罪行為に関与しうる。ただし，大部分の青少年はそうした制約から成熟することにより離脱していくと

---

[204] 第1章第2節第2款5。

[205] Elizabeth S. Scott & Laurence Steinberg, Rethinking Juvenile Justice (2008), 223.

[206] Scott & Steinberg supra note 205 at 223.

いうこと[207]，最後の第三に青少年の間の発達に関わる不可欠な課題をこなすためには，社会的文脈が大きな役割を果たすことから，社会の少年犯罪に対する対応としての矯正の状況や少年に対する介入は，当該非行少年が成人に移行できるかどうかということについて，影響を及ぼす，という三点である[208]。

それでは，発達モデルは，こうした知見を踏まえて，少年の刑罰についてどのような少年司法政策を主張するのであろうか。発達モデルは，自らの政策を，伝統的な更生モデルとも，現代的な厳格政策とも異なると主張している。発達モデルにおける少年司法政策とは，①少年がその犯罪と比例した制裁を定められた期間（determinate duration）受ける，②地域社会か矯正施設内部かを問わず，少年が健全な大人へと移行することができるような環境を整える，③少年年齢（上限・下限双方）について，従来のシステムとは異なっていること，④刑事裁判所への移送は，重大犯罪によって訴追された再犯者という限られた類型の者についてのみ認められ，裁判官・検察官の移送に関する裁量権はその類型に属する者に限られるべきである，という4つの特徴からなっている[209]。

こうした発達モデルは多くの少年犯罪において妥当な結論を導きうるものであると思われるが，再犯を繰り返すことにより公衆の安全に対する重大な危険を与えるごく少数の少年犯罪者をどのように取り扱うかをめぐって困難な問題がある。なぜなら，発達モデルは社会の福祉をも重視する見解であるが，そうした「難しい事例（hard case）」においては，少年の有責性の低さと社会の福祉とが鋭く対立するからである。

この点につき，発達モデルは，基本的に刑罰ではなく施設内での矯正処遇によって対処すべきであると主張する。すなわち，この類型の少年犯罪者は，犯罪への関与が発達の未熟さによるものではなく，神経学的（neurological），心理学的（psychological），家族的（familial），環境的（environmental）な欠陥のために，犯罪行為へと及ぶのである。これらの少年犯罪者は，ごく若い年齢から犯罪行為に関与し始める。さらに，大部分の標準的な（normative）青少年犯罪者とは異なり，彼らは成人へと移行してもその犯罪行為を繰り返す傾向がある。

---

[207] Id.
[208] Id. at 224.
[209] Id.

この類型に属する若年犯罪者を，効果のある方法で，しかし同時に公正な方法で取り扱うことは，発達モデルから基礎づけられる法体系の安定性と正統性にとって，不可欠なのである，と主張するのである[210]。

以上，発達モデルの主張を要約すると，①少年の有責性と刑罰との比例原則が徹底されるべきであること，②極めて深刻な犯罪性を有する少年については刑罰ではなく積極的な処遇によって対処すべきであること，にまとめられる[211]。特に，①の点については，Roper 事件においても，Kennedy 裁判官が amicus curie として Scott の論文を参照していることもあり，アメリカ少年法に一定のインパクトを与えているといえる[212]。

しかし，発達モデルにも問題がないわけではない。発達モデルを主張する Scott らは，自らの見解について，「成人と少年との間に大きな差異を見いださない保守派からの攻撃を受けることが予想される一方で，積極的な矯正上の介入を行うことからリベラルからも批判される」としているが[213]，より根本的な問題は，そもそも「少年の有責性の低さ」と「社会福祉」の比較をいかに行うかという点であろう。少年の特性が少年の有責性の低さにつながると主張する発達モデルの立場からは，そうした少年が重大な犯罪を行った場合には，軽い処罰にとどまる。発達モデルのいう社会福祉とは最小のコストで犯罪防止を図り社会の利益を最大化するという意味であるが，このような場合には社会福祉の観点は後退していることになろう。発達モデルは極めて深刻な犯罪性を有する少年について，刑罰ではなく，施設内処遇を行うと主張する。確かに，当該少年を更生させ，無害な人間として社会に復帰させるという観点からは合理的な処遇であろう。しかし，刑罰の目的として，一般予防を考慮する場合には，重大犯罪を犯した少年を刑事施設に収容せずに治療のみを行うことで足りず，「社会福祉」の観点からは問題が残るように思われる。もちろん，発達モデルの主張する「社会福祉」とは最小のコストで社会の安全を図ることであり，一般予防がその対象として含まれないと考えることも可能である。しかし，刑罰

---

210) Id.
211) Id at 263.
212) Roper, 543 U.S. at 569.
213) Scott, supra note 205 at 263.

目的として一般予防を全く排除してしまうことが妥当であるとは思われず，この点が発達モデルの問題点として残るのではないだろうか。

(5) 均衡のとれた修復的正義モデル

ここまで取り上げたモデル論のうち，更生モデル，犯罪統制モデル，公正モデルはそれぞれ単一の目的を追求し，「更生か刑罰か」といういわば二分法的なアプローチを採用していた点に不十分さが残る。また，発達モデルは少年の特性と社会福祉（public welfare）という二つの要請を考慮して少年司法政策を展開するものであるが，その基本的発想は少年の特性を心理学的・精神医学的知見に基づいた政策を立案するというところにあり，社会福祉とのバランスをどのように取るかについてはあまり明確ではないという問題があった。

これに対して，均衡のとれた修復的正義モデルは，少年の帰責能力，少年の適応能力，地域社会の安全にバランスを調整することを目的とするモデルであるから，少年司法において問題となり得る様々な利益を調整すること自体を目的とするものである[214]。均衡のとれた修復的正義モデルにおいて，刑罰がどのように用いられるかは明示されていないが，少年・被害者・地域社会といった当事者の利益を均衡させるという視点から，非行少年の処遇を検討するという方法論そのものは少年に対する刑罰の特則を考える上で示唆に富む。均衡のとれた修復的正義モデルによって少年に対する刑罰の特則がどのように説明できるかについて，節を改めて検討したい。

2 均衡のとれた修復的正義モデルから見た少年に対する刑罰の特則の根拠

(1) 複数の刑罰目的を考慮する必要性

少年に対する刑罰の意義を考える際の視点としては，少年の更生（特別予防），一般予防の必要性，応報といった刑罰の目的に関する諸要素が考慮される。更生モデルおよび犯罪統制の検討において述べたように，ある一つの刑罰目的のみから少年に対する刑罰の位置づけを行うことは，均衡を失し不当であるからである。確かに，わが国の少年法は法の目的として「少年の健全な育成」を掲げており（1条），その目的は少年の刑事処分に対しても妥当すると解されてい

---

[214] 第1章第2節第2款4。

るし，少年に対する刑罰の特則に照らすと，成人に対する刑罰の目的として考慮されている応報や一般予防の観点は，少年に対する刑罰の目的においては後退していると解するべきであろう。しかし，少年に対する刑罰の目的において，これらの観点が完全に排除されることが妥当であるとは思われない。第1章において検討したように，少年法制が果たすべき役割としては，「犯罪対策」と「少年の保護教育」とを考える見解が現在有力に主張されており，筆者もこうした視点を妥当であると考えている[215]。

こうした対立しうる要請を調和させつつ，少年に対する刑罰の特則を説明するためには，「均衡のとれた修復的正義モデル」ないし「発達モデル」および制約原理として「公正モデル」の知見を活用することが必要である。本書は，均衡のとれた修復的正義モデルを基本的に妥当であると考えているが，発達モデルと公正モデルの知見をも踏まえて，モデル論の見地から少年に対する刑罰の意義を考察する。

(2) 複数の刑罰目的の調和

前述のように，発達モデルに対しては，比例原則（少年に対する刑罰は少年の責任と比例すべきであるという原則）と社会福祉の促進という二つの要請が果たして調和しうるものであるかという点について疑問があった。この点を措くとしても，発達モデルが，少年の特性という事実的基礎をモデル構築の前提としている点は評価できる。なぜなら，①少年の特性（判断能力の未熟さ，他者による影響の受けやすさ，衝動的な行動）は事実的な問題であるので安定的な判断基盤となりうること，②発達モデルの少年観は「少年」という年齢で画一的に区切られたカテゴリーによって組み立てられた法制度を考察する際の基礎づけにもなりうること，③少年の特性から少年の有責性が低いと説明することによって，犯罪成立要件としての責任論と関連づけた説明が可能になること，④少年に対する応報の要請が後退している（すなわち一定の場合は，死刑や無期刑を科すことが制限される）ことの基礎づけになりうる，といった利点が認められるからである。発達モデルは，少年の特性を考慮することによって，比例原則の観点から，少年に対する刑罰の絶対的制約について基礎づける見解であるとい

---

215) 第1章第3節第2款。

え，少年に対する刑罰排斥機能を根拠づけることも可能である。

　それでは，発達モデルの問題点である，社会福祉の促進と比例原則とはどのような関係に立つと考えるべきであろうか。結論から述べると，比例原則は少年に対して科しうる刑罰の上限を定める機能を有しているのに対して，社会福祉の促進は比例原則の枠内で達成されるべき要請であると位置づけるべきであると思われる。発達モデルは，比例原則と社会福祉の促進について，並列的に扱っていた見解であることから，両者の関係についていずれを優先するかという先述の問題が生じていたが，このように位置づけることによって，両者の関係をより良く説明することが可能であると思われる。もっとも，発達モデルの主張する「社会福祉」の内容は，最小のコストにより犯罪を防止することによって，社会の利益を図るというものであった。予算的な裏付けがなければ法制度を設計することは出来ないのであるから，このように考えること自体は不当ではない。しかし，少年に対する刑罰の目的において述べたように，少年司法においては，一般予防や被害者への配慮についても，少年に対する刑罰制度の設計，刑の量定において考慮することが必要であり，この点については修正が必要であると思われる。

　最後に，本章第1節第2款で示した，現行法における若年性の刑罰軽減機能と刑罰排斥機能と，モデル論との関係について触れておく。若年性の刑罰軽減機能は，発達モデルの観点からは，少年が発達の途上にあることから基礎づけられる。すなわち，発達モデルによれば，少年の責任は幼年者のようにゼロでもなく，成人と同程度のレベルに達してもいないという意味で，「減軽した」ものであると解されていた。刑罰軽減機能は，こうした少年の「減軽された」責任から根拠づけられると言えよう。これに対して，刑罰排斥機能は，発達モデルによれば，比例原則から根拠づけられると解されている。しかし，比例原則によれば，責任の量に応じて刑罰を定めることとなるため，例外的に成熟した少年については，その責任に相応した刑罰を科して良いということになるはずである。「年齢」という画一的な基準によってなぜ死刑・無期刑が禁止されるのかについては，完全な説明を与えることができない。この点については，少年に対する死刑・無期刑をアメリカ連邦最高裁の判例において述べられていたように，少年の有責性を適切に考慮することは難しいため，有責性の判断を

第4節　モデル論の見地からの少年に対する刑罰の特則についての考察

誤って未熟な少年に対して死刑・無期刑といった重大な刑罰を言い渡すことのないように，少年保護の観点から設けられた刑事政策的規定であると解するべきである。このように，発達モデルからは，刑罰排斥機能を基礎づけることは困難である。

　これに対して，均衡のとれた修復的正義モデルが示す三つの考慮要素から少年に対する刑罰はどのように捉えられるであろうか。まず，少年の帰責能力（accountability）は少年が犯罪に対する責任・被害者に対する責任を負うための制裁手続を受ける能力を持っていることを意味するが，刑罰がそうした手続としてふさわしいかが考慮される。帰責能力については，第2章で検討したように，刑事責任を科すための前提としての機能を持っていると解されるから，刑罰の具体的内容を直接には定めない。もっとも，刑罰排斥機能については，帰責能力の観点から基礎づけられる。すなわち，行為時に14歳未満の少年が絶対に刑罰を科されることがないのと同じく，18歳未満の少年は死刑という制裁を受けるだけの能力を持っていないと説明されることになる。均衡のとれた修復的正義モデルは，発達モデルとは異なり，刑罰排斥機能を基礎づけることは比較的容易であろう。次に，少年の適応能力（competency）は，少年の教育・意思・感情といった能力に照らして当該制裁手続を受け得ることを意味するが，これは刑罰軽減機能と関連する。すなわち，少年の適応能力に照らすと，成人同様の刑罰を受ける能力はないことから，無期刑の必要的減軽や不定期刑制度が基礎づけられることになる。最後に地域社会の安全（community safety）とは，少年が責任のある市民として成熟したことによって地域社会の安全が図られることを意味するが，地域社会の安全が図られるために最も効率的な制裁を選択することになるため，刑罰軽減機能と関連する。

終　章　モデル論に基づく少年刑事事件の特則の理論的基礎づけ

　前章までは，第1章で検討したモデル論の見地から，少年の刑事処分について，その手続の流れに即して，少年刑事事件の特則がどのように説明できるのかを検討してきた。第2章から第4章までの検討成果を踏まえて，少年刑事事件の特則の基礎づけについて，本書なりの理解を提示することとしたい。はじめに，少年刑事事件の理論的基礎づけについて整理したうえで（第1節），モデル論の観点から見たそれぞれの特則についての基礎づけについて検討する（第2節）。

第1節　少年刑事事件の理論的基礎

第1款　わが国における少年刑事事件の理論的基礎の再検討

　わが国の少年法は，非行少年への対処として保護的措置を優先する「保護優先主義」を採用している[1]。こうした保護優先主義の下において，わが国においては，正当なパターナリズムの立場，教育刑論による基礎づけ，非行少年に対する介入原理の検討，といったそれぞれの立場から，少年の刑事処分についての特則が説明されている。これらの見解についてはすでに検討を加えたが[2]，ここでその要点を概観しておこう。

　これらの見解に共通しているのは，少年の改善更生という理念を少年に対する刑罰の目的として承認している点である。まず，正当なパターナリズムの立場からみた少年刑事事件の基礎づけであるが，この見解は，保護処分も刑罰も，

1）　序章第1節第1款。最判平成9・9・18刑集51巻8号571頁。
2）　第1章第3節第1款。

終　章　モデル論に基づく少年刑事事件の特則の理論的基礎づけ

正当化根拠には差はなく，罪を犯した少年がいずれの処分に付されるかは，処遇を受ける少年の処遇適合性によって決まるとしている。教育刑論は，保護処分と刑罰の同質性をより強調し，少年の改善更生という点で両者に差異はないと主張するだけでなく，保護処分における教育理念をむしろ刑罰の目的としても援用すべきであるとするのである。また，非行少年に対する介入原理の観点から保護処分と刑罰の正当化根拠を検討する見解も，保護処分と刑罰を含めた「改善更生モデル」を擁護するという実践的な視点から，刑罰も保護処分も制裁としての性格と処分対象者の改善更生を目的としている点において共通しているとしている。

刑罰目的の一つとして，犯罪者の改善更生，すなわち，特別予防が含まれることを否定することは妥当でないとすれば，上記の見解はいずれも正当である。しかし，これらの見解の問題点は，保護処分と刑罰とを振り分ける基準が十分に示されていない点である。もちろん，保護処分か刑罰かは，少年の責任と処遇の適合性[3]，ないし，少年の自己決定能力（実質的な責任能力）から決定される[4]，という基準は示されているが，少年側の事情のみを考えている点が不十分であるし，また，その内容をどのような基準から判断するかについては，さらなる具体化が必要であろう。この点，「犯罪対策」と「少年の保護教育」の要請の調和，合理的な範囲での応報や一般予防の実現といった視点は，少年法制に求められる多様な要請を調整するという発想に基づくもので妥当であるが[5]，その調整をどのような視点から行うかが重要であると思われる。そして，そのためには，少年司法モデル論による基礎づけが有効なのである。

第2款　事実的基礎としての少年の特性

1　少年の特性

少年刑事事件の特則の理論的基礎づけを検討する前提としては，「少年」にはいかなる特性が認められるのかがその事実的な基礎になる。対象となる少年

---

[3]　佐伯仁志「少年法の理念──保護処分と責任」猪瀬慎一郎ほか編『少年法のあらたな展開──理論・手続・処遇』（2001年）51頁。

[4]　澤登俊雄『少年法入門（第5版）』（2011年）241頁。

[5]　第1章第3節第1款。

の特性を踏まえずに，理論的な基礎づけを行うことは，根拠に基づかない議論を展開することになり妥当でない。このような考え方は，わが国の少年法が，少年の刑事事件についても科学調査主義（少年法9条）を採用している（少年法50条）ことからも，裏付けられよう。したがって，少年刑事事件の特則の意義をどのように捉えるとしても，少年という行為者の属性に検討を加える必要があろう。また，一般に，わが国における少年刑事事件の特則を基礎づける際には，少年に可塑性が認められることが根拠の一つとして掲げられていたことは，先に見たとおりである[6]。

もっとも，少年という行為者の特性を明らかにするのは一義的には精神医学や心理学等の科学の任務であって，そうした知見を踏まえることは極めて重要であるものの筆者にはそうした議論を検証する能力はないため，本書においては科学的見地からの検討は行うことができない[7]。この点で本書が参考にできるのは，Thompson事件以降の，一連のアメリカ連邦最高裁において示された見解である。すなわち，Thompson事件においては，①少年は類型的に成人より未熟でありかつ有責性も低いこと，②10代の経験，教育，知性は成人よりも劣っているために行動の結果を理解できないと同時に，③成人に比べて単なる感情，仲間の圧力により行動してしまいがちである，という少年の特性が指摘されている[8]。Roper事件の法廷意見も，Thompson事件の法廷意見を引用しつつ，少年の特性を①少年は未成熟であるために衝動的で思慮不足の行動や判断を行う，②少年は友人などの外部からの影響を受けやすく，犯罪に陥るよ

---

[6] 第1章第1節第1款1。

[7] この点に関する議論として，武内謙治（編著）『少年事件の裁判員裁判』（2014年）378頁以下の議論が参考になる。また英語文献として，see, Elizabeth S. Scott & Laurence Steinberg, Rethinking Juvenile Justice（2008），Ch.2, Staci A. Gruber & Deborah A. Yurgelun-Todd, Neurobiology and the Law: A Role in Juvenile Justice?（Symposium: The Mind of a Child : The Relationship between Brain Development, Cognitive Functioning, and Accountability under the Law), 3 Ohio. St. J. Crim. L. 321（2006），Stephen J. Morse, Brain Overclaim Syndrome and Criminal Responsibility: A Diagnostic Note（Symposium: The Mind of a Child : The Relationship between Brain Development, Cognitive Functioning, and Accountability under the Law), 3 Ohio. St. J. Crim. L. 397（2006）。

[8] Thompson v. Oklahoma, 487 U.S. 815（1988），835。

うな環境から自ら抜け出す自由がない，③少年の人格はいまだ形成途上である，ことを指摘している[9]。こうした少年の特性の把握は，後に続く Graham 事件[10]や Miller 事件[11]においても受け継がれていることは，第4章で紹介したとおりである。

このような少年の特性の把握が，科学的に妥当なものであるかどうかは筆者は検証できない。科学の発展によって，こうした少年の特性について，より明確な証明がなされるかもしれないが，さしあたり，少年は上記のような特性を有する存在であると擬制したうえで，わが国において用いられている「可塑性」という概念を，連邦最高裁の上に紹介した判示を参照することにより具体化することが有用であろう。なぜならば，そのことによって，各制度との結びつきを，より実質的に考察できるようになるからである。

2 「少年」というカテゴリーの設定

(1) 年齢による一律取り扱いの基礎づけ

ある行為者が「少年」に属するかどうかは年齢という形式的基準によって定められる（少年法2条）。また，「少年」の内部でも，年齢という形式的基準による区分が重要な意義をもっている。たとえば，14歳未満の者は責任無能力とみなされ（刑法41条），行為時に18歳未満の者には死刑を絶対に科すことができず（少年法51条1項），行為時に16歳未満の者は原則逆送の対象とならない（少年法20条2項）。これらの規定においては，少年法ないし刑法は，個別の少年についてその特性を具体的に判断することなく，年齢という基準で一律に取り扱うことが認められている。

少年が前項で見たような特性を有することが，少年刑事事件の特則の事実的基礎であるとした場合，年齢によって「少年」というカテゴリーを設定し，年齢に応じて一律な取り扱いを行う法制度のあり方が問題になり得る。たとえば，刑事責任年齢制度は少年に可塑性が認められることによって，刑罰を科すことを政策的に差し控えたものであるという理解という立場を採用したとしよう。

---

9) Roper v. Simmons, 543 U.S. 551 (2005), 570.

10) Graham v. Florida, 130 S.Ct. 2011 (2010).

11) Miller v. Alabama, 132 S.Ct. 2455 (2012).

この立場においては、少年に可塑性が認められることが、刑罰を控えることの根拠になっているのであるから、論理的に考えれば、少年に可塑性がない場合は刑罰を控える根拠を欠くと解することになろう。そうすると、年齢という形式的基準によってではなく、可塑性が認められるか否かという実質的基準によって、刑を差し控えるかどうかを決定するということになる。つまり、年齢によって取り扱いを異にするという観点が導出できないのではないかが、問題となるのである。

　この点、「少年」というカテゴリーを設定し、年齢という形式的基準によって一律の取り扱いを施すことは、①大量・一括処理の合理性を追求するという手続的要請[12]、②判断の実際上の困難さから少年に有利な取り扱いを与えるという政策的要請[13]、の二点を理由に正当化されてきた。このうち①も重要な理由である。限られた少年司法の資源を有効に活用し、より問題性の大きい少年に効果的な処遇を行って更生させ、社会の安全を維持するためには、全ての事件を一件ずつ個別的に審理するよりは、一律判断の方に大きな利点があるからである。一方で①については、そのような一律判断の基礎づけを明らかにする必要があり[14]、そのためには②を検討することが重要である。そこで、この点に関する議論を概観し、一律取り扱いがなぜ正当化されるのかを見てみよう。

　少年というカテゴリー設定の妥当性に関する議論は、少年に対する死刑、無期刑の合憲性をめぐる、アメリカ連邦最高裁の判例中に見いだすことができる。Roper事件の反対意見において、O'Connor裁判官は、少年の特性を考慮した上で少年に対する死刑の合憲性を検討すること自体には賛成しつつ、少年というカテゴリー設定に基づいた形式的考慮について、①一定の場合には死刑に相当する程度に成熟している者がいることを否定する証拠が示されていない、②陪審員が被告人の若年性を正確に判断できないという証拠が提示されていないことに鑑みると、死刑を絶対的に禁止する明確な一線を引くことはできず、「少年であること」を理由とした死刑のカテゴリカルな排除は正当化し得な

---

12) 第2章第1節第4款2(2)で挙げた「刑事政策的観点④（一律取り扱いの合理性）」。
13) 第4章第3節第3款のGraham事件法廷意見。
14) なお、本庄武『少年に対する刑事処分』（2014年）46頁。

終　章　モデル論に基づく少年刑事事件の特則の理論的基礎づけ

いと判示していた[15]。Graham 事件における Thomas 裁判官の反対意見も同様に，①全ての少年を一般化して扱うのではなく，「その」少年が永久的隔離に値するだけの矯正不可能性を有しているかどうかを判断すべきであること，②心理学・社会学的知見を基礎としても「全ての」事案において少年の有責性が減少していることは証明されていないことから，「平均的少年の特性」に基づいて無期刑の違憲性を導くことはできない，と批判している[16]。こうした問題提起は，それぞれ理由のあるものであろう。

　この問題について，Roper 事件の法廷意見は反対意見に対して十分に回答しなかったが，Kennedy 裁判官は，Graham 事件の法廷意見においては詳細な反論を行った。Kennedy 裁判官は，①犯罪の重大性や行為者の性格を考慮しつつ，個別の事件ごとに少年の責任を考慮するアプローチを採用した場合であっても，すべての事例の中から，特に重く処罰すべき少年を適切に選び出すことは不可能であること，②そのような個別的アプローチを採用した場合には少年の弁護が著しく困難になることを挙げて，個別的アプローチを採用しなかった[17]。

　この Kennedy 裁判官の反論は，年齢という画一的な基準で取り扱いを異にする理由として説得力があると思われる。理論的には，O'Connor 裁判官や Thomas 裁判官が述べるように，個々の少年についての成熟性を判定し，それぞれに応じた取り扱いを与えることが一貫しているであろう。しかし，運用上，そのような判定は困難であることが多いであろうし，そもそも個々の少年がどの程度成熟していれば成人と同程度の取り扱いを認めるのかの基準をたてること自体も難しいであろう。むしろ逆に，このことから，Graham 事件の反対意見において，Thomas 裁判官は，「我々の刑事司法システムは，市民の能力，すなわち，被告人と激怒した公衆の間に立ち，被告人の罪責および適切な量刑を証拠に基づいて冷静に判断するという能力によって成り立っている。こうした手続においては，人的なミス（human error）は不可避である。しかし，我々裁判官が関与する裁判手続においても，それは同様なのである……わが国の市民が異なる取り扱いが要求されるまれな事例を見抜く能力がないと当裁判所が

---

15) Roper, 543 U.S. at 620-621.
16) Graham, 132 S.Ct. at 2054.
17) Graham, 132 S.Ct. at 2032.

結論づけることは，私にはまさに「受け入れがたい」ことである」と述べ[18]，一定の誤りは司法制度に内在するミスとして受け入れるべきであると判示している。

確かに，Thomas 裁判官がいうように，裁判官であれ，裁判員であれ，人間が運用する制度である以上，いかに慎重を期したとしても，一定の誤りが介在する「可能性」が存在することは原理的に否定できないが，誤りがある可能性があるのでおよそ裁判を行わず処罰もしないという極端な結論は妥当ではないであろう。しかし，もし，裁判官も市民も誤りうるのであれば，そうした誤りが重大で，刑事政策的観点からは承認しがたい場合（刑事責任年齢制度や死刑の絶対的禁止など）には，少年に有利な取り扱いを採用する方が，保護優先主義をとるわが少年法の立場からは妥当であるといえよう。年齢という形式的，画一的基準で「少年」というカテゴリーを設定し，一律の取り扱い（刑事責任年齢，死刑の絶対的禁止）を施すというわが国の刑法・少年法の立場は，このような理由で正当化することが可能であると思われる。

(2) 若年成人層の設定可能性

年齢という区分で一律に取り扱いを異にする少年司法制度が妥当であるとしても，その「区切り方」をどのように行うかは，別個の問題である。発達モデルの論者は，成人と少年とを別個の存在として，両者の取り扱いを「処罰か不処罰か」のように画一的に区別する法制度を「成人・少年二分論（binary approach）」と呼んで批判した上で，幼児（infant），少年（青年：adolescence），成人（adult）という段階的な発達に即した取り扱いを与えるべきであると主張した[19]。この考え方をさらに推し進めれば，少年の上に「若年成人（young adult）」層を設定して，少年法の理念を踏まえた処遇を一部適用するという法制度も構想しうるところである。年齢区分をどのように行うかは，立法政策の問題であり，後述するモデル論の立場から正当化されるのであれば，こうした方向性も検討するに値するといえよう。本書においては，こうした検討を行うことはできないが，問題点としてここで指摘しておくこととしたい。

---

18) Graham, 132 S.Ct. at 2055.
19) 第1章第2節第2款5(3)。

終　章　モデル論に基づく少年刑事事件の特則の理論的基礎づけ

3　少年という行為者属性の有する機能

　少年というカテゴリーを設定して，一律な取り扱いをするといっても，その具体的な態様は様々である。少年の年齢（若年性）には，刑罰排斥機能と刑罰軽減機能があることを指摘したが[20]，刑罰排斥機能に関連する法制度は，刑事責任年齢，刑事処分選択，一定の刑種の絶対的禁止（18歳未満の死刑の絶対的禁止，換刑処分の禁止）である。また，刑罰軽減機能に関連する法制度は，無期刑からの裁量減軽，有期刑の上限の引き下げ，不定期刑制度である。これら2つの機能は，少年司法モデル論の観点から基礎づけられるが，その具体的内容は，次節にて示す。

第3款　モデル論が考慮する諸要素の分析

　上述したとおり，わが国の学説は，保護処分の正当化根拠から刑事処分の性質を議論する点において間接的なものであると言える。これに対して，アメリカにおけるモデル論は，「少年矯正のための戦略ないし基本理念」であり，少年司法政策の理論的基礎について，より直接的・積極的に検討を行うものである。アメリカにおいては，更生モデル，公正モデル，犯罪統制モデル，均衡のとれた修復的正義モデル，発達モデルが主張されている[21]。

　これらのモデルのうち，単一の政策目的しか掲げていないという点において，更生モデル，公正モデル，犯罪統制モデルには問題がある。発達モデルは，少年という行為者属性を踏まえて，責任と制裁の比例という観点から少年司法政策を展開するものであり，示唆に富む見解であるが，同モデルが主張する社会福祉の観点がどのように考慮されるかが明らかではないという問題がある。これに対して，均衡のとれた修復的正義モデルは，少年の帰責能力，少年の適応能力，地域社会の安全といった多様な要請を考慮しつつ，少年司法制度を基礎づけることができる。少年司法においては，少年の利益のみならず，社会の利益を考慮する必要があるから，本書は，こうした均衡のとれた修復的正義モデルの見解は妥当であると考える。

　一方で，均衡のとれた修復的正義モデル以外のモデルにも参考にすべき点は

---

20)　第4章第1節第3款。
21)　それぞれのモデル論の具体的内容については，第1章第2節第2款を参照。

第1節　少年刑事事件の理論的基礎

多い。そこで各モデル論について再検討をした上で，本書の採用するモデル論の内容を簡潔に提示したい。

1　少年の健全育成と少年刑事処分──出発点としての更生モデル

更生モデルとは，少年の非行傾向をより減らすために，犯罪者の性格，態度，行動を変えることを少年矯正の目的とする考え方のことをいう。非行少年の改善更生は，保護処分においても刑罰においても，共にその目的の一つであるとされる。さらに，上記に検討した少年の特性からみたとき，少年の改善更生にとっては，刑罰よりも保護処分の方が有効であると（少なくとも一般には）いえるであろうから，保護優先主義を採用するわが国の少年法とも合致する考え方である。したがって，更生モデルは，少年刑事事件を理論的に基礎づける際の，出発点となるべきである[22]。

しかし，更生モデルのみでは，少年刑事事件の理論的基礎づけとしては不十分である。というのは，共に改善更生を目的とする保護処分と刑罰とをどのように割り振るのかが，更生モデルからは基準が導出しがたいからである。もちろん，更生モデルからすれば，保護処分と刑罰とのうち，より少年にとって更生可能性の高い方を選択するということにはなる。しかし，少年側の事情のみを考慮して，少年の刑事処分を考えることは妥当でないであろう。もちろん，教育刑論が主張するように，少年と成人の刑罰目的を教育の観点から統合するということも，一つの理想であろう。しかし，刑罰を科すことの目的として，応報や一般予防の視点を全く排除するということは，現状の刑罰論からは受け入れられないであろう。更生は刑罰目的の一つとして必ず考慮しなくてはならないが，十分条件とまではいえないと思われる。

更生モデルの今ひとつの難点は，責任と制裁の比例という観点がないことである。実際上はともかく，少なくとも理論的には，更生目的を達成するため，すなわち，犯罪者の性格，態度，行動が改善するまでは，刑罰を科すことが正当化されることになろう。こうした更生モデルの欠点を克服するためには，一定の制約原理が必要であろう[23]。

---

22)　第1章第2節第2款1。
23)　第1章第3節第3款1。

2 責任と制裁の比例——制約原理としての公正モデルと発達モデル

公正モデルと発達モデルはともに，責任と制裁の比例という観点を，少年司法においても導入しようとするものであり，更生モデルの外在的制約となりうる考え方である。公正モデルとは，デュー・プロセス（アメリカ連邦憲法修正第14条）の観点を少年司法にも適用する考え方であり，少年に対する公正な報い（just deserts）を与えることを目的とする[24]。公正モデルの下においては，少年が受けるべき刑罰は犯罪の重大性と比例しなくてはならないが，それをどのような観点から判定するかは必ずしも明らかではない。

これに対して，発達モデルは少年の特性を踏まえた上で，「減軽（mitigation）アプローチ」を採用する。これは，少年には低い有責性しか認められないのであるから，科しうる刑罰もそれに対応して減軽されるべきである，という考え方である[25]。わが国においても，佐伯仁志教授が，「刑事責任能力を有する少年であっても，その責任は成人よりも一般的に減少していることは否定できない」としたうえで，「応報の観点からは，少年に成人よりも軽い制裁を科すことが要請される」と述べておられるが[26]，発達モデルと同種の考え方であるといえる。

これらの考え方は，少年の責任を正しく評価し，適正な処罰を行うための理論的枠組みとして，犯罪成立要件としての責任概念を媒介として，理論的に基礎づけている点は妥当である。一方で，少年の事情以外をどのように考えるかが明らかではない点が問題である。この意味で，以下で見る均衡のとれた修復的正義モデルの視点が導入されるべきである。

3 均衡のとれた修復的正義モデルの考慮要素と各モデル論の相互関係

均衡のとれた修復的正義モデルの第一の要素である少年の帰責能力は，公正モデルおよび発達モデルの観点から基礎づけることが出来る。すなわち，少年に刑罰を受けるという形で責任を果たす能力がないにもかかわらず，刑罰を科

---

24) 第1章第2節第2款3。
25) 第1章第2節第2款5。
26) 佐伯仁志「少年法の理念——保護処分と責任」猪瀬慎一郎ほか編『少年法のあらたな展開——理論・手続・処遇』（2001年）51頁。

すことは公正な報い（just deserts）を与えるという公正モデルの見地からは正当化されないし，未熟な存在である少年の責任に比例した責任しか認められないとする発達モデルからも正当化することはできない。

　第二の要素である処遇への適応能力は，公正モデルのほか，更生モデルと犯罪統制モデルの見地から基礎づけられる。更生モデルと犯罪統制モデルは，用いる手段が刑罰であるか否かの違いはあるものの，少年の改善更生を目指すという目的においては共通している。刑事処分を受ける少年側にそうした処分を受けるだけの教育的，意思的，感情的，社会的な能力が備わっていなければ，改善更生は不可能であるからである。また，公正モデルの見地からも，少年が刑事処分をうけることが出来ないほど未熟である場合は，適正手続の見地から刑事処分を受けさせることは妥当ではないと考えられよう。

　最後に，第三の要素である地域社会の安全確保についてであるが，犯罪統制モデルと発達モデルからの基礎づけが可能である。犯罪統制モデルは，刑罰による少年の矯正を目的とする一方で，一般人の生命と財産を守ることを司法の目的としており，地域社会の安全確保という目的と一致する。また，発達モデルも，その位置づけは二次的であるものの，最小のコストで効果的に犯罪を減少させることによって，社会福祉（public welfare）を図るとしていることから，均衡のとれた修復的正義モデルの地域社会の安全確保という目的を基礎づける。

　以上示したように，均衡のとれた修復的正義モデルは，それ以外のモデル論をも取り込みつつ，採用することが可能である。次節では，こうした均衡のとれた修復的正義モデルの観点から，少年の刑事処分の基礎づけについて，手続の流れに即して見ていくこととする。

第2節　モデル論に基づく少年刑事事件の理論的基礎づけ

第1款　刑事責任年齢制度

　第2章で見たように，刑事責任年齢制度は管轄権確定機能を有するほか，刑事政策的要請がその背景にある。均衡のとれた修復的正義モデルは，少年が被害者に対して責任を果たす能力を持っていること（accountable）が必要である

とする。逆に言うと，少年がそうした意味での能力を有していない場合には，そもそも少年司法手続の対象にならない。この観点からは，刑事責任年齢制度は，少年が刑事責任を負うだけの能力を有していることを推定させるという意味で，管轄権的な機能を有しているといえる。

また，一定の年齢を超えた少年について少年裁判所が優先的に管轄権を持つのかを基礎づけるのが，刑事政策的観点であるが，均衡のとれた修復的正義モデルの観点からは，少年が自らの犯罪および被害者に生じた法益侵害について責任を受け入れる地位に立つことを意味していることから，説明が可能である。少年が刑事責任を負う場合は，少年は刑罰という形で「責任を受け入れる地位に立つ」こととなるが，刑事責任年齢制度は，まさにこうした地位に立つ能力が少年に認められるための限界線を画するために設けられた制度であると位置づけられる。刑事責任年齢を下回る少年については，そもそも刑罰によって責任を負う地位に立つことが不可能であって，刑罰を科すことによる少年の改善更生や地域社会の安全保護といった刑事政策的目的が達成されないと推定される。もし，少年が「完全に無能力でもないが完全に能力を有してもいない」といういわば中間的な少年として位置づけるのであるならば，刑事責任年齢に達していない少年は，そもそも責任を問うことができず，刑罰を受け入れ，被害者に対して責任を負うことはできないと考えられる。こうして，刑事責任年齢に満たない少年が絶対的に責任無能力とされることは，均衡のとれた修復的正義モデルのいう帰責能力の観点から基礎づけられる。

　　第2款　刑事処分選択

刑事処分相当性の判断においては，均衡のとれた修復的正義モデルの三つの構成要素のそれぞれが関係する。まず，帰責能力については，少年が犯罪と被害者に対して生じさせた侵害について責任を受け入れることができる能力のことを意味するが，刑事処分と保護処分のそれぞれの性質に照らして，いずれの処分によって少年が責任を取ることができるかが判断される。第二の要素である適応能力は，少年が教育・職業・感情の制御・社会適応能力等の自らの能力を向上させることにより，責任ある成人として地域社会で生活しうる存在になる能力を有していることを意味するが，そうした能力を養うために保護処分と

刑事処分のいずれが適しているかという視点が得られる。最後の要素である地域社会の安全については，住民が犯罪を予防し，紛争を解決する能力を持っていることが前提となるが，保護処分（とりわけ保護観察）によってはもはや地域社会の安全が保たれない事情がある場合は刑事処分が選択されることになる。

第3款　少年に対する刑罰

　少年に対する刑罰目的としては，少年の更生（特別予防），一般予防の必要性，応報といった刑罰の目的に関する諸要素が考慮される。第1章において検討したように，少年法制が果たすべき役割としては，「犯罪対策」と「少年の保護教育」とを考える見解が現在有力に主張されており，筆者もこうした視点を妥当であると考えている[27]。こうした対立する要請を調和させつつ，少年に対する刑罰の意義を考えるためには，「均衡のとれた修復的正義モデル」をないし「発達モデル」および制約原理として「公正モデル」の知見を活用することが必要である。

　均衡のとれた修復的正義モデルが示す三つの考慮要素から少年に対する刑罰はどのように捉えられるであろうか。まず，少年の帰責能力は少年が犯罪に対する責任・被害者に対する責任を負うための制裁手続を受ける能力を持っていることを意味するが，刑罰がそうした制裁としてふさわしいかが考慮される。帰責能力については，第2章で検討したように，刑事責任を科すための前提としての機能を持っていると解されるから，刑罰の具体的内容を直接には定めない。もっとも，刑罰排斥機能については，帰責能力の観点から基礎づけられる。すなわち，行為時に14歳未満の少年が絶対に刑罰を科されることがないのと同じく，18歳未満の少年は死刑という制裁を受けるだけの能力を持っていないと説明されることになる。均衡のとれた修復的正義モデルは，発達モデルとは異なり，刑罰排斥機能を基礎づけることは比較的容易であろう。

　次に，少年の適応能力は，少年の教育・意思・感情といった能力に照らして当該制裁手続を受け得ることを意味するが，これは刑罰軽減機能と関連する。すなわち，少年の適応能力に照らすと，成人同様の刑罰を受ける能力はないこ

---

[27]　第1章第2節第4款2。

とから，無期刑の必要的減軽や不定期刑制度が基礎づけられることになる。

　最後に地域社会の安全とは，少年が責任のある市民として成熟したことによって地域社会の安全が図られることを意味するが，地域社会の安全が図られるために最も効率的な制裁を選択することになるため，刑罰軽減機能と関連する。少年に対する具体的な刑の量定に際しては，少年の帰責能力・適応能力・地域社会の安全という三つの観点が考慮されるが，刑罰軽減機能が働くのはこれら三つの事情に照らして成人同様の刑罰を科すことが妥当でないと考えられる場合である。

結　語

　本書は，少年の刑事処分に関する従来の議論においては，刑事手続の全体を横断した検討が不足しており，刑事処分に関する理論的な基礎づけがなされていないという問題意識に基づき，アメリカにおけるモデル論を少年刑事事件の理論的基礎として，犯罪の成立・刑事処分の選択・刑罰についてその意義や解釈基準について検討を行った。本書の表題である「少年刑事事件の基礎理論」とは，一定の基礎理論に基づいて少年刑事事件に関する各種の特則を説明するという趣旨を表している。本書を閉じるにあたって，各章での検討の結論を簡潔にまとめた上で，今後の重要な課題について指摘する。

　非行少年に対する原則的な処分は保護処分であり，刑事処分は例外であるというのがわが国の少年法の立場である[1]。14 歳未満の少年は責任無能力者として処罰されることはなく（刑法 41 条），14 歳以上の少年であっても刑事処分に付されるのはそれが相当と認められる場合であり（少年法 20 条），刑事処分が選択されても少年に対する刑罰には死刑の禁止や不定期刑等の種々の特則がある（少年法 51 条，52 条）。伝統的には，少年に可塑性・更生可能性があることが，これらの特則の理論的な根拠とされてきた。しかし，少年の刑事処分の基礎づけとして，可塑性概念は実践的ではない。なぜなら，①少年に可塑性があるということと可塑性が認められる少年に対してどのような法制度が適当であるかは別個の問題であること，②少年に可塑性が認められることは行為者側の事情であるが非行事件においては行為態様や結果の重大性という行為に関わる事情も考慮しなくてはならないこと，③刑事責任年齢・刑事処分選択・刑罰という別個の法制度が少年に可塑性があるという一つの事実のみで基礎づけら

---

1) 序 1 参照。

結　語

れるかという疑問があるからである[2]。

　近時のわが国においては、保護処分と刑事処分の関係をどのように捉えるかという問題に関する議論が見られるものの、両処分を振り分ける理論的基礎についてはいまだ議論が深まっていない[3]。この点、アメリカの少年法学においては、非行少年の矯正を目的とする少年司法政策の理論的基礎づけとして、様々な理論モデルが主張されている。本書はこの理論モデルを少年刑事処分の理論的基礎として用いることによって、わが国における上述の問題点を解消することを試みた。少年司法の目的が犯罪対策と少年の保護教育の調和にあるという観点からは、「犯罪被害者に対する責任が確実に履行され、少年犯罪者がこうした責任履行のための能力を発達させ、地域社会の安全を確実に図る」ことを少年法の目的とする「均衡のとれた修復的正義モデル」が少年刑事処分の理論的基礎としては妥当であると解される[4]。

　本書は、少年に対する刑事手続の流れ、すなわち、刑事責任年齢、刑事処分選択、刑罰の量定という順序に従って、それぞれの制度の趣旨および解釈について均衡のとれた修復的正義モデルの観点から、検討を行った。まず、刑事責任年齢制度は少年の帰責能力（accountability）の観点から基礎づけられる。少年が自らの犯罪および被害者に生じた法益侵害について責任を受け入れることのできる地位に立つためには、一定の能力を有していなくてはならない。刑事責任年齢は、一定の年齢を下回る少年はこうした帰責能力がないとみなすという刑事政策的観点から設けられた、家庭裁判所と（通常の）刑事裁判所とを分かつ管轄権設定機能を有している[5]。次いで、刑事処分選択においては、帰責能力と犯人の能力開発（competency）の観点から、当該少年に刑事処分を科すことが妥当かという実質的な判断が行われる。その際は、少年の更生可能性という少年側の事情のみならず、行為態様・結果の重大性という客観的側面も判断対象に含まれる[6]。最後に、少年に対する死刑の絶対的禁止や不定期刑と

---

2) 第1章第1節第1款、第2款参照。
3) 第1章第1節第3款。
4) 第1章第3節第2款。なお、同所において述べたように、本書は、均衡のとれた修復的正義モデルに適正手続と比例原則の観点から修正を加えるべきであると考えている。
5) 第2章第3節。

いった刑罰の種々の特則において少年であることという行為者の属性は，刑罰排斥機能と刑罰軽減機能を有する。前者については，刑事責任年齢制度と同様に一定の刑罰については少年に制裁を受けるだけの能力がないという帰責能力の観点から基礎づけられ，後者は少年の教育・感情に照らして当該制裁を受けることが妥当かという能力開発の観点から基礎づけられる。少年に対して言い渡される具体的な刑罰は，少年に対する少年の更生（特別予防），一般予防の必要性，応報といった複数の刑罰目的を考慮しつつ，当該刑罰が地域社会の安全（community safety）という観点から正当化されるかによって判断される[7]。

以上が本書の概要であるが，最後に本書において検討できなかった課題を指摘しておきたい。

第一に，本書はわが国少年法の具体的な解釈論を展開できていないという点において不十分である。本書では，少年の刑事処分に関する理論的基礎づけの重要性とその観点から見た各制度の趣旨・解釈の方向性を示すことはできたと思われるが，一方で，わが国少年法における刑事処分関連の条文の解釈論を展開できていない。とりわけ，少年に対する量刑基準については，死刑・無期刑・有期刑（定期刑と不定期刑）といった刑種ごとに，裁判例の詳細な分析を踏まえた上で，本書において示した少年刑事処分の理論的基礎に基づく解釈論を展開する必要がある。

第二に，本書の検討対象は刑事処分に限定されており，保護処分についての検討が全く加えられていないという問題がある。本書は，少年刑事事件の理論的基礎づけが保護処分に比べて不十分であるという問題意識から出発しているので，保護処分が検討対象から外されることは当然である。しかし，非行少年に対する処分としては保護処分が原則であることは事実であること，少年刑事処分を検討する際には保護処分との関係をどのように捉えるかが重要な視点となることに鑑みると，保護処分の意義・解釈を明らかにすることが今後の課題となる。とりわけ，非行少年のうちでも特殊な類型である虞犯少年について，その本質をどのように捉えるかについて十分な検討が必要である。本書が基礎とした均衡のとれた修復的正義モデルを保護処分に適用できるか，適用した場

---

6) 第 3 章第 3 節。
7) 第 4 章第 4 節。

結　語

合に具体的にどのような結論が導かれるかについても，検討を加えなくてはならない[8]。また，保護処分と刑事処分とがその内容において隔絶しており，両者の中間的処分がないことの問題性に鑑みると，少年の更生のためのより実効的プログラムを提示するためにも，両者の中間的処分について検討を加える必要がある。

　第三に，本書において少年刑事処分の理論的基礎としたモデル論自体についても，さらなる検討が必要である。まず，モデル論に基づく少年司法の政策的妥当性について検討する必要がある。少年司法政策も国家の施策の一つであるから，その実施に当たっては物的・人的な裏付けがなければならないことは当然である。発達モデルは，科学的知識に基づいた政策によって，最小のコストで社会の利益を最大化することができると主張していたが[9]，本書はコストの観点からの検討を行いえなかった[10]。また，アメリカにおいて展開されたモデル論が，アメリカにおいてどのように運用されているかについても紹介することができなかった。わが国の少年刑事処分の理論的基礎としてモデル論を用いる際には，それが実際に運用可能なものであることを示す必要がある。修復的司法の採用可能性についても，留保したままである。したがって，アメリカにおける少年司法の運用について同国の制度・立法を踏まえた詳細な研究を行うことを，今後の筆者の課題としたい。

　「犯罪対策」と「少年保護」の調和という困難な少年法の課題の解決策には，唯一絶対の正解などは存在しない。本書で検討を加えた少年刑事事件の根拠についての検討を1つの手がかりに，これまでのわが国における少年法実務・研究の蓄積を踏まえながら，少年法全体の理論化・体系化を進めるべく研究を進めることの重要性を銘記して，本書を閉じることとしたい。

---

8) 　第1章第2節第1款で論じたように，アメリカにおけるモデル論は，刑事処分のみを対象としたものではなく，保護処分をも含んだ，少年司法政策全体に適用される「少年矯正のための戦略・基本理念」である。

9) 　Scott & Steinberg, Rethinking Juvenile Justice (2008), 19-21.

10) 　刑事司法における基本法規と政治力学との関係について詳論した論文として，William J. Stuntz, The Political Constitution of Criminal Justice, 119 Harv. L. Rev. 781 (2006) が示唆に富む。コストについては，Christopher Slobogin & Mark R. Fondacaro, Juvenile Justice: The Fourth Opinion, 95 Iowa L. Rev. 1 (2009), 60 も参照。

参考文献一覧

＊文献の配列は50音順（日本語文献）・アルファベット順（英語文献）による。

1　日本語文献

(1)　教科書・研究書・注釈書・立法資料

【教科書】
岩村通世『少年法』（1928年）
草刈融（山岡萬之助校閲）『少年法詳解』（1936年）
澤登俊雄『少年法入門（第5版）』（2011年）
平場安治『少年法（新版）』（1987年）
廣瀬健二『子どもの法律入門（改訂版）』（2013年）
丸山雅夫『少年法講義（第2版）』（2012年）
森山武一郎『少年法』（1939年）
守山正＝後藤弘子編著『ビギナーズ少年法（第2版補訂版）』（2005年）

【研究書】
猪瀬慎一郎＝森田明＝佐伯仁志編『少年法のあらたな展開』（2001年）
小川滋次郎『未成年犯罪者ノ処遇』（1903年）
葛野尋之『少年司法の再構築』（2003年）
葛野尋之『少年司法改革の検証と展望』（2006年）
葛野尋之『少年司法における参加と修復』（2009年）
澤登俊雄＝高内寿夫編著『少年法の理念』（2010年）
司法研修所（編）『改正少年法の運用に関する研究』（2006年）
武内謙治『少年司法における保護の構造』（2014年）
武内謙治（編著）『少年事件の裁判員裁判』（2014年）
中島九八郎『少年犯罪論』（1921年）
永田憲史『死刑選択基準の研究』（2010年）
服部朗『少年法における司法福祉の展開』（2006年）
本庄武『少年に対する刑事処分』（2014年）
牧野英一『刑法改正の諸問題』（1934年）
森田明『少年法の歴史的展開』（2005年）
山口直也『少年司法と国際人権』（2013年）
渡邊一弘『少年の刑事責任――年齢と刑事責任能力の視点から』（2006年）

参考文献一覧

【注釈書】
田宮裕＝廣瀬健二『注釈少年法（初版）』（1998 年）
田宮裕＝廣瀬健二編『注釈少年法（改訂版）』（2001 年）
田宮裕＝廣瀬健二編『注釈少年法（第 3 版）』（2009 年）
廣瀬健二編『少年事件重要判決 50 選』（2010 年）
廣瀬健二編著『裁判例コンメンタール少年法』（2011 年）
西田典之＝山口厚＝佐伯仁志『注釈刑法（第 1 巻）総論 §§1〜72』（2010 年）
守屋克彦＝斉藤豊治編『コンメンタール少年法』（2012 年）

【立法資料】
内田文昭・山火正則・吉井蒼生夫編著『刑法〔明治 40 年〕(1) I』（1999 年）
内田文昭・山火正則・吉井蒼生夫編著『刑法〔明治 40 年〕(1) III』（2009 年）
内田文昭・山火正則・吉井蒼生夫編著『刑法〔明治 40 年〕(2)』（1993 年）
内田文昭・山火正則・吉井蒼生夫編著『刑法〔明治 40 年〕(3) I』（1994 年）
内田文昭・山火正則・吉井蒼生夫編著『刑法〔明治 40 年〕(3) II』（1994 年）
内田文昭・山火正則・吉井蒼生夫編著『刑法〔明治 40 年〕(4)』（1995 年）
内田文昭・山火正則・吉井蒼生夫編著『刑法〔明治 40 年〕(5)』（1995 年）
内田文昭・山火正則・吉井蒼生夫編著『刑法〔明治 40 年〕(6)』（1995 年）
内田文昭・山火正則・吉井蒼生夫編著『刑法〔明治 40 年〕(7)』（1996 年）
甲斐行夫ほか著『Q&A 改正少年法』（2001 年）
甲斐行夫ほか著『少年法の一部を改正する法律および少年審判規則等の一部を改正する規則の解説』（2004 年）
中島晋治・大澤唯治郎『現行刑法対比 改正刑法草案理由』（1898 年）
南雲庄之助編『刑法修正理由 完』（1907 年）
西原春夫・吉井蒼生夫・藤田正・新倉修編著『旧刑法〔明治 13 年〕(1)』（1994 年）
西原春夫・吉井蒼生夫・藤田正・新倉修編著『旧刑法〔明治 13 年〕(2) I』（1995 年）
西原春夫・吉井蒼生夫・藤田正・新倉修編著『旧刑法〔明治 13 年〕(2) II』（1995 年）
ボアソナード『刑法草案註釈（上巻）』（1886 年，1988 年復刻版）
森田明編著『大正少年法（上）』（1993 年）
森田明編著『大正少年法（下）』（1994 年）
吉井蒼生夫・藤田正・新倉修編著『刑法草按注解 上』（1992 年）
早稲田大学鶴田文書研究会編『日本刑法草案会議筆記 第 I 分冊』（1976 年）

(2) 論文
朝倉京一「少年に対する刑罰の問題」専修大学法学研究所所報 24 号（2001 年）7 頁
朝倉京一「少年刑法の現代的課題」森下忠ほか編『日本刑事法の理論と展望 佐藤司先生古希祝賀（下巻）』（2002 年）179 頁
浅田和茂「責任能力論」芝原邦爾ほか編『刑法理論の現代的展開・総論 I』（1996 年）

204 頁
朝比奈仙三「少年非行と少年法（特集・少年法改正構想をめぐって）」警察学論集 19 巻 7 号（1966 年）1 頁
朝比奈仙三「少年法改正に関する警察意見の背景について」警察学論集 20 巻 4 号（1967 年）1 頁
阿部純二「保護と刑罰——一つの概観——」刑法雑誌 18 巻 3・4 号（1972 年）218 頁
阿部純二「責任論と刑事責任能力」現代刑事法 36 号（2002 年）29 頁
鮎田実「アメリカ合衆国における修復的司法の現状と問題点：各州の制定法における被害者・加害者調停を中心に」藤本哲也（編著）『諸外国の修復的司法』（2004 年）363 頁
荒木伸怡「いわゆる女子高生監禁殺人事件控訴審判決における量刑判断」判例評論 399 号（1992 年）189 頁
飯島泰「少年法の一部を改正する法律の概要（特集・第 169 回国会主要成立法律）」ジュリスト 1364 号（2008 年）76 頁
飯島泰ほか「「少年法の一部を改正する法律（平成 20 年法律第 71 号）の解説」法曹時報 60 巻 12 号（2008 年）47 頁
飯野海彦「少年保護事件における審判能力について」寺崎嘉博ほか編『激動期の刑事法学——能勢弘之先生追悼論集——』（2003 年）511 頁
今崎幸彦「裁判員裁判における審理及び制度運営上の課題」判例タイムズ 1255 号（2008 年）9 頁
市川秀雄「未成年者，年少成年者（青年）及び成年者の犯罪者の法律上の地位及び処遇における相違を正当化する程度」法学新報 69 巻 11 号（1962 年）1 頁
市橋清美「改正少年法と刑事責任年齢の検証」名城法学論集 31 集（2003 年）89 頁
猪瀬慎一郎「少年審判手続と不利益変更禁止の原則」ジュリスト 1135 号（平成 9 年度重要判例解説）（1997 年）195 頁
岩井宜子「少年犯罪と刑事責任能力」現代刑事法 36 号（2002 年）68 頁
岩井宜子「犯罪少年と責任能力」廣瀬健二ほか編『田宮裕博士追悼論集（下巻）』（2003 年）671 頁
岩田太「従来の判例を覆し，17 歳以下の少年に対する死刑が合衆国憲法第 8 修正の禁止する「残酷かつ異常な」刑罰に当たるとした事例」アメリカ法 2005 年−1（2005 年）368 頁
上冨敏伸・小野正典・河本雅也・酒巻匡「本格始動した裁判員裁判と見えてきた課題（座談会・法曹三者が語り合う）」法律のひろば 63 巻 1 号（2010 年）24 頁（酒巻匡発言）
上野芳久「少年に対する死刑」澤登俊雄編著『世界諸国の少年法制』（1994 年）77 頁
植松正「少年の刑事責任（刑法の話題(9))」時の法令 1175 号（1983 年）35 頁
植村立郎「少年刑事被告事件における刑罰法規の問題状況に関する若干の考察」同『少年事件の実務と法理——実務「現代」刑事法』（2010 年）347 頁

参考文献一覧

大場茂馬「刑法上ノ負責能力（Zurechnungsfähigkeit）ヲ論ス（承前）」法学新報 23 巻 4 号（1913 年）1 頁

大場茂馬「刑法上ノ負責能力（Zurechnungsfähigkeit）ヲ論ス（承前）」法学新報 23 巻 5 号（1913 年）20 頁

大森政輔「少年に対する刑罰処遇について――刑事処分の選択基準とそれをめぐる審理手続――」家庭裁判月報 28 巻 4 号（1974 年）1 頁

大森政輔「少年の権利保障強化のための手続改善について」家庭裁判月報 29 巻 9 号（1977 年）1 頁

岡田行雄「改正少年法における社会調査――少年調査票の刑事裁判での扱いを踏まえて」葛野尋之『少年司法改革の検証と展望』（2006 年）49 頁

小澤真嗣「アメリカ合衆国オレゴン州における少年司法の実際――少年・被害者・地域社会のニーズのバランスを目指して――」家庭裁判月報 53 巻 10 号（2001 年）137 頁

小野清一郎「最近の少年犯罪現象」同『刑の執行猶予と有罪判決の宣告猶予及び其の他』（1931 年）299 頁

小野清一郎「少年法の哲学的考察」司法保護研究所（編）『少年法全国施行記念　少年保護論集』（1943 年）3 頁

柏木千秋「少年法改正に関する法務省の「構想」について（特集・少年法改正構想をめぐって）」警察学論集 19 巻 7 号（1966 年）8 頁

柏木千秋「少年法の位置づけについて（特集(1)「少年法改正をめぐる諸問題」）」刑法雑誌 18 巻 3・4 号（1972 年）212 頁

勝田卓也「18 歳未満の少年を死刑に処することが第 8 修正に違反するとした米国最高裁判決―― Roper v. Simmons, 543 U.S. 551（2005）――」法学雑誌（大阪市立大学）52 巻 4 号（2006 年）824 頁

加藤学「終局決定(1)――検察官送致決定」廣瀬健二（編）『少年事件重要判決 50 選』（2010 年）189 頁

加藤学「保護処分相当性と社会記録の取り扱い――家裁移送が争われる事案を念頭に――」『植村立郎判事退官記念論文集　現代刑事法の諸問題（第 1 巻第 1 編　理論編・少年法編）』（2011 年）473 頁

門田成人「「進展する品位の水準」原理と修正第 8 条(1)―― Roper v. Simmons 事件判決をめぐって――」神戸学院法学 35 巻 3 号（2005 年）51 頁

川出敏裕「ドイツにおける少年法制の動向」ジュリスト 1087 号（1996 年）86 頁

川出敏裕「処分の見直しと少年審判」斉藤豊治＝守屋克彦編著『少年法の課題と展望　第 1 巻』（2005 年）160 頁

川出敏裕「終局決定(1)」法学教室 348 号（2009 年）80 頁

川出敏裕「少年非行・少年犯罪（特集・刑法典の百年）」ジュリスト 1348 号（2008 年）152 頁

川出敏裕「少年法の概要と基本理念」法学教室 331 号（2008 年）146 頁

川出敏裕「少年法改正の意義と今後の実務への期待」家月 61 巻 1 号（2009 年）103 頁

川出敏裕「少年の刑事裁判」法学教室 353 号（2010 年）106 頁

川出敏裕「少年法改正問題と今後の課題」廣瀬健二（編）『少年事件重要判決 50 選』（2010 年）265 頁

河上和雄「少年の保護処分は，刑事責任の追及を排除するか」判例評論 478 号（1998 年）181 頁

河原俊也「少年の健全な育成──保護原理と侵害原理とのバランス──」『植村立郎判事退官記念論文集　現代刑事法の諸問題（第 1 巻第 1 編　理論編・少年法編）』（2011 年）413 頁

神田宏「ドイツ少年裁判所法第 3 条と禁止の錯誤──少年の刑事責任序説──」近畿大学法学 45 巻 3・4 号（1998 年）105 頁

北村和「検察官送致決定を巡る諸問題」家庭裁判月報 56 巻 7 号（2004 年）49 頁

木村亀二「少年犯罪の特質・原因及び対策」同『刑事政策の基礎理論』（1942 年）206 頁

木村裕三「米国の少年裁判制度史」名城法学 37 巻別冊（1988 年）449 頁

木村裕三「少年司法と修復的司法の可能性」森下忠ほか編『日本刑事法の理論と展望　佐藤司先生古稀祝賀（下巻）』（2002 年）313 頁

木村裕三「少年の刑事責任に関する小論」名城法学 60 巻別冊（2010 年）149 頁

草野隆一「法務省の少年法改正構想について（特集・少年法改正構想をめぐって）」警察学論集 19 巻 7 号（1966 年）53 頁

草野隆一「少年審判の司法的性格」最高裁判所事務総局家庭局編『家庭裁判所の諸問題（下巻）』（1970 年）63 頁

葛野尋之「刑事処分相当性と検察官送致決定」前野育三ほか編『量刑法の総合的検討（松岡正章先生古稀祝賀）』（2005 年）269 頁

葛野尋之「少年法の歴史と理念」法学セミナー714 号（2014 年）12 頁

久禮田益喜「刑事責任の変遷について(1)」法学新報 48 巻 7 号（1938 年）1 頁

久禮田益喜「刑事責任の変遷について(2)」法学新報 48 巻 7 号（1938 年）19 頁

後藤弘子「少年法の理念と社会感情」新倉修ほか編『少年法の展望（澤登俊雄先生古稀祝賀論文集）』（2000 年）121 頁

後藤弘子「刑事処分の範囲の拡大とその課題（特集・少年法改正）」ジュリスト 1195 号（2001 年）10 頁

小早川義則「デュープロセスと少年犯罪者への死刑」名城ロースクール・レビュー 2 号（2005 年）1 頁

小林充「少年に対する不定期刑の言渡基準について」家月 25 巻 12 号（1973 年）1 頁

最高裁判所事務総局家庭局「「諸外国の少年法制・少年事件処理の状況」について」家月 60 巻 10 号（2008 年）2 頁

斉藤豊治「少年に対する死刑判決への疑問」法律時報 63 巻 3 号（1990 年）

参考文献一覧

斉藤豊治「少年司法の歴史とサイクル」岡本勝ほか編『刑事法学の現代的課題（阿部純二先生古稀祝賀論文集）』(2004 年) 397 頁

斉藤豊治「要保護性の判断と検察官逆送規定」前野育三ほか編『量刑法の総合的検討（松岡正章先生古稀祝賀）』(2005 年) 235 頁

斉藤豊治「少年事件における非行事実と要保護性――要保護性に関する試論――」三井誠ほか編『鈴木茂嗣先生古稀祝賀論文集（上巻）』(2007 年) 693 頁

斉藤豊治「少年法における要保護性と責任」澤登俊雄・髙内寿夫編『少年法の理念』(2010 年) 62 頁

斉藤豊治「日本における少年司法の形成とサイクル」甲南法学 50 巻 4 号（2010 年）291 頁

斉藤豊治「裁判員裁判と少年の死刑判決」浅田和茂ほか編『人権の刑事法学（村井敏邦先生古稀記念論文集）』(2011 年) 797 頁

三枝有「死刑選択の基準――永山事件判決より――」中京法学 21 巻 2 号（1987 年）139 頁

佐伯仁志「アメリカにおける少年司法制度の動向」ジュリスト 1087 号（1996 年）76 頁

佐伯仁志「アメリカ少年司法制度の現状と将来」法律のひろば 52 巻 1 号（1999 年）54 頁

佐伯仁志「少年法の理念――保護処分と責任」猪瀬愼一郎ほか編著『少年法のあらたな展開――理論・手続・処遇』(2001 年) 35 頁

佐伯仁志「少年法における責任能力――アメリカ合衆国での議論を中心として」中谷陽二ほか編『精神科医療と法』(2008 年) 63 頁

佐伯仁志「裁判員裁判と刑法の難解概念」法曹時報 61 巻 8 号（2009 年）1 頁

佐伯仁志ほか「少年非行（刑事政策研究会・座談会 9）」論究ジュリスト 8 号（2014 年）155 頁

佐伯仁志＝酒巻匡＝村瀬均＝河本雅也＝三村三緒＝駒田秀和「難解な法律概念と裁判員裁判」司法研究報告書 61 集 1 号（2009 年）59 頁以下

酒巻匡「少年法等の一部を改正する法律（下）」法学教室 249 号（2001 年）74 頁

佐藤弘規「少年法の観点から刑法 66 条の酌量減軽の可否が問題とされた事例――札幌高判平成 14.1.17 判タ 1106.280.（確定）――」研修 658 号（2003 年）31 頁

佐藤昌彦「少年非行処理の基本問題」家庭裁判月報 18 巻 5 号（1966 年）1 頁

佐藤昌彦「青年層取扱いの構想について（特集・少年法改正構想をめぐって）」警察学論集 19 巻 7 号（1966 年）38 頁

佐藤昌彦「少年法と刑法」警察研究 54 巻 2 号（1983 年）24 頁

佐藤康憲＝谷口康二「【諸外国の少年法制・少年事件処理の状況(6)】アメリカ合衆国イリノイ州及びニュージャージー州の少年法制」家月 62 巻 12 号（2010 年）1 頁

澤登俊雄「少年審判における処分決定の基準」福田雅章ほか編『刑事法学の総合的検討（上）福田平・大塚仁先生古稀祝賀論文集』(1993 年) 727 頁

澤登俊雄「少年法制のあり方(1)――刑罰・刑事裁判の刑事政策的効果――」国学院法

学 9 巻 3 号（1972 年）1 頁
澤登俊雄「少年法制のあり方(2)――刑罰・刑事裁判の刑事政策的効果――」国学院法学 9 巻 4 号（1972 年）25 頁
澤登俊雄「年齢層の設定について（特集(1)「少年法改正をめぐる諸問題」）」刑法雑誌 18 巻 3・4 号（1972 年）278 頁
澤登俊雄「保護処分と責任の要件」平場安治ほか編『団藤重光博士古稀祝賀論文集（第 3 巻）』（1984 年）153 頁
椎橋隆幸「少年事件における犯罪被害者の権利利益の保障（上）」法曹時報 62 巻 9 号（2010 年）1 頁
椎橋隆幸「少年事件における犯罪被害者の権利利益の保障（下）」法曹時報 62 巻 12 号（2010 年）1 頁
塩盛俊明「刑事責任能力と答責性概念――ドイツにおける刑法と少年刑法の交錯――」広島法学 30 巻 1 号（2006 年）157 頁
塩盛俊明「刑事責任能力の体系的位置づけ」広島法学 32 巻 3 号（2009 年）105 頁
柴田雅司「犯罪少年と責任能力の要否についての一考察――医療観察法と関連付けて――」『植村立郎判事退官記念論文集　現代刑事法の諸問題（第 1 巻第 1 編　理論編・少年法編）』（2011 年）431 頁
篠清「少年保護事件と上訴の利益」別冊判例タイムズ 6 号（1979 年）205 頁
鈴木茂嗣「少年審判と適正手続（特集(1)「少年法改正をめぐる諸問題」）」刑法雑誌 18 巻 3・4 号（1972 年）237 頁
墨谷葵「責任能力」阿部純二ほか編『刑法基本講座（第 3 巻）――違法論，責任論』（1994 年）234 頁
荘子邦雄「少年法の理念と国親思想（特集(1)「少年法改正をめぐる諸問題」）」刑法雑誌 18 巻 3・4 号（1972 年）250 頁
城下裕二「最近の判例における死刑と無期懲役の限界」ジュリスト 1176 号（2000 年）66 頁
城下裕二「犯行時 17 歳の少年が，好意を寄せていた元同級生の女子高生に付きまとった挙句に，登校途中にナイフで殺害したという事案において，懲役 5 年以上 10 年以下の不定期刑が言い渡された事例」判例評論 512 号（2001 年）229 頁
城下裕二「少年に対する不定期刑の量刑基準について」寺崎嘉博ほか編『激動期の刑事法学――能勢弘之先生追悼論集――』（2003 年）531 頁
墨谷葵「死刑選択の許される基準」ジュリスト 815 号（1983 年）152 頁
瀬川晃「少年法改正と保護処分の見直し」三井誠ほか編『鈴木茂嗣先生古稀祝賀論文集（上巻）』（2007 年）673 頁
園部直子「アメリカの少年司法における近年の制度改革とその問題点」判例タイムズ 1173 号（2005 年）29 頁
高内寿夫「現行少年法における『責任』概念について」法政理論（新潟大学）35 巻 4 号（2003 年）74 頁

参考文献一覧

瀧川幸辰「帰責能力の本質」法学志林23巻10号（1922年）33頁
田口敬也「法51条の意義」田宮裕編『少年法判例百選（別冊ジュリスト147号）』（1998年）226頁
武内謙治「「原則逆送」再考」法政研究78巻3号（2011年）1072頁
武内謙治「国際人権法と少年法」法学セミナー690号（2012年）135頁
武内謙治「少年の「保護」と「健全育成」」法学セミナー692号（2012年）120頁
武内謙治「検察官送致と家庭裁判所移送」法学セミナー708号（2014年）113頁
武内謙治「少年に対する刑事処分(2)，推知報道の禁止」法学セミナー710号（2014年）94頁
田代則寿「最近における少年非行の現況と少年法改正──最高裁判所の「少年法改正に関する意見」に対する批判的考察──」警察学論集20巻5号（1967年）16頁
多田元「問題の解決にならない死刑判決」法学セミナー431号（1990年）70頁
田宮裕「青少年の処遇(1)──審判制度──」宮澤浩一ほか編『刑事政策講座（第3巻）保安処分』（1972年）259頁
団藤重光「適正手続の理念について（特集(1)「少年法改正をめぐる諸問題」）」刑法雑誌18巻3・4号（1972年）230頁
辻脇葉子「少年の「責任」概念の形成──「青年期」の社会的構成とアメリカ少年司法の変容──」情報コミュニケーション学研究1号（2005年）26頁
土本武司「少年法の法理と改正の方向性」森下忠ほか編『日本刑事法の理論と展望　佐藤司先生古稀祝賀（下巻）』（2002年）299頁
角田正紀「少年刑事事件を巡る諸問題」家月58巻6号（2006年）1頁
手﨑政人「少年の裁判員裁判について」判例タイムズ1353号（2011年）42頁
所一彦「少年保護再論──刑罰と保護──」新倉修＝横山実編『少年法の展望（澤登俊雄先生古稀祝賀論文集）』（2000年）3頁
富井政章「刑法改正意見」法律新聞19号（1901年）1頁
中山研一＝浅田和茂＝松宮孝明『レヴィジオン刑法3　構成要件・違法性・責任』（2009年）239頁
成田秀樹「犯行当時16歳未満の者に死刑を科すことは合衆国憲法第8修正および第14修正に違反すると判示された事例」比較法雑誌23巻4号（1990年）82頁
新倉修「少年の刑事事件における量刑──アメリカ連邦最高裁判所Miller判決をめぐって──」浅田和茂ほか編集『刑事法理論の探求と発見（斉藤豊治先生古稀祝賀論文集）』（2012年）603頁
西尾憲子「オーストラリアにおける修復的司法」藤本哲也（編著）『諸外国の修復的司法』（2004年）169頁
西山富夫「少年法と刑事政策」名城法学16巻3・4号（1967年）90頁
花井卓蔵「犯罪ノ責任格」法学新報22巻2号（1912年）67頁
早川義郎「少年の刑事被告事件の取扱について」家月25巻8号（1973年）1頁
原田國男「いわゆる光市母子殺害事件第一次上告審判決」原田國男『裁判員裁判と量

刑法』（2011 年）231 頁
原田國男「裁判員裁判と死刑適用基準」原田國男『裁判員裁判と量刑法』（2011 年）135 頁
原田國男「裁判員裁判と量刑評議――模擬裁判を傍聴して――」原田國男『裁判員裁判と量刑法』（2011 年）113 頁
一木轍太郎「刑法上の責任能力」法学志林 21 巻 6 号（1919 年）78 頁
平川宗信「永山事件」法学教室 350 号（2009 年）9 頁
平川宗信「光市母子殺害事件上告審判決」ジュリスト 1332 号（2007 年）161 頁
平良木登規男「調布駅前事件について」法学教室 208 号（1998 年）39 頁
平野泰樹「少年と刑罰」新倉修＝横山実編『少年法の展望（澤登俊雄先生古稀祝賀論文集）』（2000 年）311 頁
平場安治「責任の概念要素と刑事責任論の根底」平場安治ほか編『団藤重光博士古稀祝賀論文集（第 2 巻）』（1984 年）34 頁
廣瀬健二「保護処分相当性と刑事処分相当性――移送裁判例（少年法 55 条）の研究――」家庭裁判月報 41 巻 9 号（1989 年）1 頁
廣瀬健二「少年法制の立法的改革――非行事実認定手続を中心として――」廣瀬健二ほか編『田宮裕博士追悼論集（下巻）』（2003 年）689 頁
廣瀬健二「少年責任の研究についての覚書」龍岡資晃ほか編『小林充先生・佐藤文哉先生古稀祝賀論文集（上巻）』（2006 年）610 頁
廣瀬健二「少年法改正の意義と展望――実務少年法入門――」立教法務研究 1 号（2008 年）145 頁
廣瀬健二「審判に付すべき少年(2)――虞犯少年」廣瀬健二編『少年事件重要判決 50 選』（2010 年）113 頁
廣瀬健二「少年法の基本理念・手続の概要等」廣瀬健二編『少年事件重要判決 50 選』（2010 年）1 頁
廣瀬健二「我が国少年法制における非刑罰的措置について」立教法学 79 号（2010 年）30 頁
廣瀬健二「少年法の基本理念――法改正との関係を中心に」澤登俊雄＝高内寿夫編著『少年法の理念』（2010 年）30 頁
廣瀬健二「少年法制の現状と展望」立教法務研究 4 号（2011 年）85 頁
廣瀬健二「少年刑事事件の課題と展望」岩瀬徹・中森喜彦・西田典之（編集代表）『刑事法・医事法の新たな展開・下巻（町野朔先生古稀記念）』（2014 年）411 頁
渕野貴生「逆送後の刑事手続と少年の刑事手続」葛野尋之『少年司法改革の検証と展望』（2006 年）105 頁
福田雅章「なぜこんな「残虐な行為」をしたのか」法学セミナー 431 号（1990 年）72 頁
福田雅章＝黒岩哲彦「女子高校生監禁死亡事件」法律時報 65 巻 1 号（1993 年）95 頁
藤木英雄「青年裁判所構想についての感想（特集・少年法改正構想をめぐって）」警察学論集 19 巻 7 号（1966 年）19 頁

参考文献一覧

藤本哲也「修復的司法の批判的考察：アメリカの議論を中心として」藤本哲也（編著）『諸外国の修復的司法』（2004年）399頁
藤吉和史「少年への死刑適用基準の変遷」法学研究論集（朝日大学大学院）9号（2009年）89頁
本庄武「刑事司法の中での少年法の理念」法学セミナー714号（2014年）21頁
本庄武「死刑事件の上訴審における審査のあり方——アメリカ法における比較均衡審査を参考に」浅田和茂ほか編『人権の刑事法学（村井敏邦先生古稀記念論文集）』（2011年）720頁
本庄武「少年刑事裁判における55条移送決定と量刑」葛野尋之編『少年司法改革の検証と展望』（2006年）133頁
本間榮一「保護観察処分少年に対する保護観察及び施設送致申請事件について」『植村立郎判事退官記念論文集　現代刑事法の諸問題（第1巻第1編　理論編・少年法編）』（2011年）495頁
前野育三「ニュージーランド1989年少年法におけるFGCと裁判所の関係」浅田和茂ほか編『刑事・少年司法の再生（梶田英雄判事・守屋克彦判事退官記念論文集）』（2000年）589頁
前野育三「保護処分と保護的措置——少年法の「保護主義」を考える——」澤登俊雄ほか編『吉川経夫先生古稀祝賀論文集　刑事法学の歴史と課題』（1994年）553頁
前田忠弘「少年に対する死刑適用の是非」田宮裕編『少年法判例百選（別冊ジュリスト147号）』（1998年）224頁
前田忠弘「少年刑事事件の量刑」前野育三ほか編『量刑法の総合的検討　松岡正章先生古稀祝賀』（2005年）297頁
前田雅英「死刑と無期の限界（上）——5件の最高裁判例の意味」判例評論506号（2001年）162頁
前田雅英「死刑と無期の限界（下）——5件の最高裁判例の意味」判例評論507号（2001年）164頁
前田雅英「死刑と無期刑との限界」原田國男判事退官記念論文集刊行会編『新しい時代の刑事裁判（原田國男判事退官記念論文集）』（2010年）22頁
牧野英一「少年法の成立——法律に於ける原則と例外——」法学志林24巻6号（1922年）99頁
牧野英一「刑事政策と主体的考察」同『刑事司法と刑事政策（刑法研究第13巻）』（1950年）127頁
牧野英一「少年法の運営——刑務における勇気，情熱，忍耐及び工夫」同『理論刑法と実践刑法（刑法研究第14巻）』（1952年）296頁
牧野英一「少年法に関する理論問題」同『理論刑法と実践刑法（刑法研究第14巻）』（1952年）309頁
牧野英一「少年法に関する若干の考察」同『刑法の国際化（刑法研究第15巻）』（1956年）305頁

牧野英一「少年問題と国際刑法及刑務会議——第 12 回国際刑法及刑務会議についての記事の 6」同『刑法の国際化（刑法研究第 15 巻）』（1956 年）201 頁

正木祐史「少年司法の再生——少年司法の市民的構築に向けて」葛野尋之『少年司法改革の検証と展望』（2006 年）391 頁

正木祐史「20 条 2 項送致の要件と手続」葛野尋之『少年司法改革の検証と展望』（2006 年）23 頁

町野朔「保護処分と精神医療」猪瀬慎一郎ほか編著『少年法のあらたな展開——理論・手続・処遇』（2001 年）85 頁

松岡正章「年長少年の刑事事件と量刑——いわゆる栃木リンチ殺人事件判決における量刑判断」判例評論 513 号（2001 年）211 頁

松尾浩也「少年——戦後 60 年の推移」家月 61 巻 1 号（2009 年）87 頁

円井正夫「非行少年に対する保護処分と刑事処分」最高裁判所事務総局家庭局編『家庭裁判所の諸問題（下巻）』（1970 年）43 頁

丸山雅夫「少年に対する保護処分と責任要件——裁判例の分析を中心として——」南山法学 32 巻 1 号（2008 年）31 頁

丸山雅夫「少年犯罪と少年法をめぐる動向」ジュリスト 1414 号（2011 年）126 頁

丸山雅夫「少年法における保護処分と責任要件」中谷陽二ほか編『精神科医療と法』（2008 年）85 頁

丸山雅夫「少年法の理念と現状——保護主義と厳罰化論のはざまで」南山法学 34 巻 1 号（2010 年）207 頁

丸山雅夫「審判に付すべき少年(1)——犯罪少年，触法少年」廣瀬健二編『少年事件重要判決 50 選』（2010 年）97 頁

三浦透「虞犯の機能に関する覚書」『植村立郎判事退官記念論文集　現代刑事法の諸問題（第 1 巻第 1 編　理論編・少年法編)』（2011 年）451 頁

緑川徹「少年院の現代史——昭和 52 年通達まで——」比較法制研究 30 号（2007 年）115 頁

宮川義博「少年刑務所における処遇の実情——改正少年法下の取組を中心に——」家月 57 巻 4 号（2005 年）1 頁

宮坂果麻理「少年と死刑」三原憲三先生古稀祝賀論文集編集委員会『三原憲三先生古稀祝賀論文集』（2002 年）95 頁

宮澤浩一「少年の刑事事件における量刑——女子高生監禁殺人事件」田宮裕編『少年法判例百選（別冊ジュリスト 147 号)』（1998 年）222 頁

村井敏邦「少年司法における裁判官の役割」浅田和茂ほか編『刑事・少年司法の再生（梶田英雄判事・守屋克彦判事退官記念論文集)』（2000 年）571 頁

泉二新熊「刑法改正案ニ於ケル未成年者ノ刑事責任」法学新報 17 巻 3 号（1907 年）26 頁

泉二新熊（校訂）宍戸深蔵（翻訳）「刑法上幼者の取扱に関する問題（「ゲリヒツザール」65 巻 133 頁以下所載アインゲル博士報告)」法学新報 15 巻 4 号（1905 年）

43 頁
泉二新熊「新刑法施行後ノ十年」杉山直治郎（編）『富井先生還暦祝賀法律論文集』（1918 年）313 頁
泉二新熊「不定期刑トハ何ゾ」法学新報 29 巻 10 号（1919 年）53 頁
森健二「アメリカ合衆国における少年事件手続の実情──ジョージア州，ニューヨーク州及びカリフォルニア州の制度を中心として──」家月 61 巻 6 号（2009 年）1 頁
八木正一「少年の刑事処分に関する立法論的覚書──裁判員裁判に備えて」龍岡資晃ほか編『小林充先生・佐藤文哉先生古稀祝賀論文集（上巻）』（2006 年）632 頁
八木正一「裁判員裁判における少年法 55 条による移送の主張について」原田國男判事退官記念論文集刊行会編『新しい時代の刑事裁判（原田國男判事退官記念論文集）』（2010 年）15 頁
安田拓人「責任能力の判断基準について」現代刑事法 36 号（2002 年）34 頁
箭野章五郎「刑法 39 条と刑法 41 条のそれぞれの責任能力──一般的な能力か，個々の行為についての能力か──」法学新報 117 巻 5・6 号（2011 年）145 頁
山岡萬之助「刑事未成年者ヲ論ス」法学志林 21 巻 7 号（1919 年）47 頁
山崎俊恵「少年の訴訟能力と審判能力」法学 69 巻 5 号（2006 年）67 頁
横山実「少年院における処遇の展開」森下忠ほか編『日本刑事法の理論と展望 佐藤司先生古希祝賀（下巻）』（2002 年）401 頁
吉田常次郎「責任能力と贖罪理念」法学新報 73 巻 2・3 号（1966 年）1 頁
吉中信人「少年刑法における責任概念」岩瀬徹・中森喜彦・西田典之（編集代表）『刑事法・医事法の新たな展開・下巻（町野朔先生古稀記念）』（2014 年）429 頁
吉中信人「パレンス・パトリエ思想の淵源」広島法学 30 巻 1 号（2006 年）29 頁
米山正明「被告人の属性と量刑」大阪刑事実務研究会『量刑実務大系（第 3 巻）一般情状に関する諸問題』（2011 年）78 頁
渡邊一弘「死刑の適用基準をめぐる最近の動向」刑事法ジャーナル 14 号（2009 年）53 頁
渡邊一弘「刑法と少年法の関係──責任の要件をめぐって」澤登俊雄・高内寿夫編『少年法の理念』（2010 年）102 頁
渡部信吾「米国ネブラスカ州の少年司法について（上）」家月 62 巻 5 号（2010 年）1 頁
渡部信吾「米国ネブラスカ州の少年司法について（下）」家月 62 巻 6 号（2010 年）1 頁

2　英語文献

(1)　教科書・研究書・注釈書
【教科書】
Clemens Bartollas & Stuart J. Miller, Juvenile Justice in America（4th ed., 2005）
Clemens Bartollas & Frank Schmalleger, Juvenile Justice（11th ed. 2011）

Harry Best, Crime and the Criminal Law in the United States（1930）
Joel Prentiss Bishop, A Treatise on Criminal Law vol.1（9th ed. 1923）
Richard J. Bonnie, et.al., Criminal Law（3rd ed. 2010）
WN. L. Burdick, The Law of Crime vol.1（1946）
William Clark, William Marshall & James J. Kearney, A Treatise on the Law of Crimes（4th ed. 1940）
Mary J. Clement, The Juvenile Justice System: Law and Process（2nd ed. 2002）
Paul E. Dow, Criminal Law（1985）
Joshua Dressler, Criminal Law（4th ed. 2007）
Joshua Dressler, Understanding Criminal Law（5th ed. 2009）
Martin R. Gardner, Understanding Juvenile Law（3rd ed. 2009）
Thomas J. Gardner & Terry M. Anderson, Criminal Law（9th ed. 2006）
James Houston & Shannon M. Barton, Juvenile Justice（2005）
Markus D. Dubber & Mark G. Kelman, American Criminal Law（2nd ed. 2009）
John C. Klotter, Criminal Law（1983）
Wayne R. LaFave, Criminal Law（5th ed. 2010）
Wayne R. LaFave, Modern Criminal Law（3rd ed. 2001）
Arnold H. Loewy, Criminal Law（5th ed. 2009）
Frank W. Miller, et.al., The Juvenile Justice Process（4th ed. 2000）
Robert H. Mnookin & D. Kelly Weisberg, Child, Family, and State（5th ed. 2005）
Paul H. Robinson, Fundamentals of Criminal Law（2nd ed. 1995）
Rollin M. Perkins, Ronald N. Boyce, Criminal Law（3rd ed. 1982）
Sue Titus Reid, Criminal Law（6th ed. 2004）
Joel Samaha, Criminal Law（1983）
John M. Scheb & John M. Sheb II, Criminal Law and Procedure（2nd ed. 1994）
Richard G. Singer & John Q. LaFond, Criminal Law（4th ed. 2007）
Charles E. Torcia, Wharton's Criminal Law vol.1（15th ed. 1993）
Charles E. Torcia, Wharton's Criminal Law（15th ed.）: 2008-2009 Supplement（2008）
Gennaro F. Vito & Clifford E. Simonsen, Juvenile Justice Today（4th ed. 2004）
Kenneth M. Wells & Paul B. Weston, Criminal Law（1978）

【研究書・注釈書】
The American Law Institute, Model Penal Code and Commentaries（Official Draft and Revised Comments）Part.I General Provisions（1985）
Markus D. Dubber, Criminal Law: Model Penal Code（2002）
George P. Fletcher, Rethinking Criminal Law（1978）
David A. Jones, Crime and Criminal Responsibility（1978）
Jerome Hall, General Principles of Criminal Law（2d ed. 1960）

参考文献一覧

OJJDP, Balance and Restorative Justice: Program Summary（1994）
OJJDP, Balanced and Restorative Justice for Juveniles: A Framework for Juvenile Justice in the 21st Century（1997）
Elizabeth S. Scott & Laurence Steinberg, Rethinking Juvenile Justice（2008）

(2) 論文

Janet E. Ainsworth, Re-imaging childhood and reconstructing the legal order: The case for Abolishing the Juvenile Court, 69 N.C.L.Rev. 1083（1991）
Neelum Ayra, Using Graham v. Florida to Challenge Juvenile Transfer Laws, 71 La. L. Rev. 99（2010）
Henry W. Ballantine, Criminal Responsibility of the Insane and Feeble Minded, 4 J. Am. Inst. Crim. L. Criminology 485（1919）
David L. Bazelon, The Dilemma of Criminal Responsibility, 72 Ky. L.J. 263（1983）
Gordon Bazemore, What's "New" about the Balanced Approach?, 48（1）Juv. & Fam.Ct.J. 1（1997）
Charlyn Bohland, No Longer a Child: Juvenile Incarceration in America, 39 Cap. U.L. Rev. 193（2011）
Barbara Boland & James Q. Wilson, Age, crime and punishment, in Nathan Glazer, The Public Interest on Crime and Punishment（1984）171
Allison Boyce, Notes: Choosing the Forum: Prosecutorial Discretion and Walker v. State, 46 Ark. L. Rev. 985（1994）
Mitchel Brim, A sneak preview into how the court took away a state's right to execute sixteen and seventeen year old juveniles: The threat of execution will no longer save an innocent victim's life, 82 Denv. U.L. Rev. 739（2005）
Andrew M. Carter, Age Matters: The Case for a Constitutionalized Infancy Defense, 54 Kan. L. Rev. 687（2006）
Joshua Dressler, Propter Honoris Respectum: Kent Greenawalt, Criminal Responsibility, and the Supreme Court: How a Moderate Scholar can Appear Immoderate thirty years Later, 74 Notre Dame L. Rev. 1507（1999）
Jill M. D'Angelo, Juvenile Court Judges' Perceptions of What Factors Affect Juvenile Offenders' Likelihood of Rehabilitation, 53（3）Juv. & Fam.Ct.J. 43（2002）
Markus D.Dubber, Theories of Crime and Punishment in German Criminal Law, 53 Am. J. Comp. L. 679（2005）
R.A. Duff, Choice, Character, and Criminal Liability, 12 Law and Philosophy 345（1993）
Leonard P. Edwards, The Role of the Juvenile Court Judge Revisited, 56（1）Juv. & Fam. Ct.J. 33（2005）
Jeffrey Fagan & Valerie West, The decline of the juvenile death penalty: Scientific evidence of evolving standards（Symposium: Innocence in capital sentencing）, 95 J. Crim. L. &

Criminology 427 (2005)

Barry C. Feld, Criminal Law: The Juvenile Court Meets the Principle of the Offense: Legislative Changes in Juvenile Waiver Statutes, 78 J. Crim. L. & Criminology 471 (1987)

Barry C. Feld, Unmitigated Punishment: Adolescent criminal responsibility and LWOP sentences, 10 J. L. Fam. Stud. 11 (2007)

Kimberly Kessler Fersan, Review Essay: Act, Agency, and indifference: The Foundations of Criminal Responsibility, 10 New Crim. L. R. 441 (2007)

Eric Fritsch, Craig Hemmens, Juvenile Waiver in the United States 1979-1995: A Comparison and Analysis of State Waiver Statutes, 46 (3) Juv. & Fam.Ct.J. 17 (1995)

Gary S. Green, Peter M. Carlson, Robert E. Colvin, Juvenile Accountability and the Specific Deterrent Effects of Short-Term Confinement, 55 (1) Juv. & Fam.Ct.J. 63 (2004)

Kent Greenawalt, The Perplexing Borders of Justification and Excuse, 84 Colum. L. Rev. 1897 (1984)

Staci A. Gruber & Deborah A. Yurgelun-Todd, Neurobiology and the Law: A Role in Juvenile Justice? (Symposium: The Mind of a Child : The Relationship between Brain Development, Cognitive Functioning, and Accountability under the Law), 3 Ohio. St. J. Crim. L. 321 (2006).

Jeremy Horder, Criminal Culpability: The Possibility of a General Theory, 12 Law and Philosophy 193 (1993)

Sanford H. Kadish, Excusing Crime, 75 Calif. L. Rev. 257 (1987)

Sanford H. Kadish, The Decline of Innocence, 26 Camb. L. J. 273 (1968)

A. W. G. Kean, The History of the Criminal Liability of Children, 240 L. Q. R. 364 (1937)

Frederick J. Ludwig, Considerations Basic to Reform of Juvenile Offender Laws, 29 St. John's L. Rev. 226 (1954-55)

Frederick J. Ludwig, Rational of Responsibility for Young Offenders, 29 Neb. L. Rev. 521 (1949-50)

Julian W. Mack, The Juvenile Court, 23 Harv. L. Rev. 104 (1909)

Eugene A. Moore, Sentencing Opinion: People of the State of Michigan v Nathaniel Abraham, 51 (2) Juv. & Fam.Ct.J. 1 (2000)

Stephen J. Morse, Symposium: Act & Crime: Acts, Choices & Coercion: Culpability and Control, 142 U. Pa. L. Rev. 1587 (1994)

Stephen J. Morse, Brain Overclaim Syndrome and Criminal Responsibility: A Diagnostic Note (Symposium: The Mind of a Child : The Relationship between Brain Development, Cognitive Functioning, and Accountability under the Law), 3 Ohio. St. J. Crim. L. 397 (2006)

Stephen J. Morse, Immaturity and Irresponsibility (Symposium on the Future of the Juvenile Court), 88 J. Crim. L. & Criminology 15 (1997)

Stephen J. Morse, Rationality and Responsibility, 74 S. Cal. L. Rev. 251（2000）

Stephen J. Morse, Toward a Just and Rational Body of Substantive Criminal Law: A Symposium in honor of Sanford H. Kadish, 5 Ohio. St. J. Crim. L. 505（2008）

Benjamin Steiner, Craing Hemmens, Juvenile Waiver 2003: Where are we now?, 54（2）Juv. & Fam.Ct.J. 1（2003）

Lee Ann Osbun & Peter A. Rode, Prosecuting Juveniles as Adults, 22 Criminology 187（1984）

Enrico Pagnanelli, Children as Adults: The Transfer of Juveniles to Adult Courts and the Potential Impact of Roper v. Simmons, 44 Am. Crim. L. Rev. 175（2007）

Emily A. Polachek, Juvenile Transfer: From "Get better" to "Get tough" and where we go from here, 35 Wm. Mitchell L. Rev. 1162（2009）

Christopher Slobogin & Mark R. Fondacaro, Juvenile Justice: The Fourth Opinion, 95 Iowa L. Rev. 1（2009）

Jeffrey Toobin, The Nine: Inside the Secret World of the Supreme Court（2007）

Richard E. Redding, Elizabeth J. Fuller, What do Juvenile Offenders Know about being tried as Adults? Implications for Deterrence, 55（3）Juv. & Fam.Ct.J. 35（2004）

Paul H. Robinson & John M. Darley, The Role of Deterrence in the Formulation of Criminal Law Rules: At its worst when doing its best, 91 Geo. L. J. 949（2003）

Nancy Rodriguez, Youth Transfer Decisions: Exploring County Variations, 54（1）Juv. & Fam.Ct.J. 33（2003）

Julie Rowe, Mourning the Untimely Death of the Juvenile Death Penalty: An Examination of Roper v. Simmons and the Future of the Juvenile Justice System, 42 Cal. W. L. Rev. 287（2006）

Rick Ruddell, et.al., Transferring Juveniles to Adult Courts: Recent Trends and Issues in Canada and the United States, 49（3）Juv. & Fam.Ct.J. 1（1998）

Peggy Sasso, Criminal Responsibility in the age of "Mind-reading", 46 Am. Crim. L. Rev. 1191（2009）

Francis Bowes Sayre, Mens rea, 45 Harv. L. Rev. 969（1932）

Gene Siegel, Rachael Lord, When Systems Collide: Improving Court Practices and Programs in Dual Jurisdiction Cases, 56（2）Juv. & Fam.Ct.J. 39（2005）

Elizabeth S. Scott & Laurence Steinberg, Blaming Youth, 81 Tex. L. Rev. 799（2003）

George Vuoso, Background, Responsibility, and Excuse, 96 Yale L.J. 1661（1987）

Andrew Walkover, The Infancy Defence in the New Juvenile Court, 31 UCLA L. Rev. 503（1984）

Cynthia V. Ward, Punishing Children in the Criminal Law, 82 Notre Dame L. Rev. 429（2006）

Bohsiu Wu, Determinants of Public Opinion Toward Juvenile Waiver Decisions, 51（1）Juv. & Fam.Ct.J. 9（2000）

Moin A. Yahya, Deterring Roper's juveniles: Using a law and economics approach to show that the logic of Roper implies that juveniles require the death penalty more than adults, 111 Penn St. L. Rev. 53 (2006)

事項索引

あ 行

石巻事件　210
一律の取り扱い　280
一般予防　31, 145, 186, 285
応　報　31, 186, 285

か 行

55条移送　150
可塑性　13-17
仮釈放の可能性のない無期刑　251, 258
管轄権放棄　157
　検察官裁量による――　159
　裁判官裁量による――　161
　法律による――　166
帰責能力　42, 63, 121, 130-131, 177
旧刑法　68
旧少年法　197, 221
教育刑　23-26
均衡の取れた修復的正義モデル　40-, 63, 121, 272, 286
国親思想（パレンス・パトリエ）　21-22, 36
虞犯少年　30
刑事処分　133
刑事処分相当性　136
刑事責任年齢　65-
刑罰軽減機能　184, 274-275
刑罰排斥機能　184, 187, 274-275
厳格な対応（get tough on crime）　38, 47, 154
減軽（mitigation）　51, 122-124
健全育成　13, 17-20, 185, 190-, 263
原則逆送　140, 141
公正モデル　38, 61, 286

更生モデル　35-37, 59, 268-267
抗　弁　109
コモン・ロー　105-106

さ 行

死　刑　195
社会内処遇　233
若年成人　283
処断刑　216
侵害原理　28
制　裁　26
成人・少年二分論　29, 49, 283
成長発達権　20
責任能力　65, 96
絶対的責任年齢　65
相対的責任年齢　65, 73, 77-78, 90, 113

た 行

地域社会の安全　44, 177, 177
懲　治　83
道徳的恐慌状態（モラル・パニック）　47, 50

な 行

永山事件　203
能力開発　43, 177

は 行

パターナリズム　22, 49
発達モデル　29, 46-, 61-62, 121-122, 269, 286
犯罪統制モデル　39
犯情説　148
光市母子殺害事件　208
不定期刑　219

xviii

分離・累積モデル　　32-33
保護原理　　28
保護処分　　134
保護不適　　137, 139
保護不能　　137, 138
保護優先主義　　2, 29, 171

ま　行

無期刑　　215
免　責　　109, 110-111
モデル論　　33
模範刑法典　　106-107, 116

判例索引

(1) 日本
大判昭和 8 年 11 月 6 日刑集 12 巻 16 号 1471 頁　　217
最判昭和 24 年 8 月 18 日刑集 3 巻 9 号 1489 頁　　143
札幌高判昭和 31 年 8 月 7 日家月 8 巻 6 号 67 頁　　202
札幌地判岩見沢支判昭和 32 年 4 月 26 日家月 9 巻 4 号 89 頁　　202
東京地判昭和 34 年 2 月 27 日下刑集 1 巻 2 号 473 頁　　202
福島地判昭和 34 年 4 月 28 日下刑集 1 巻 4 号 1126 頁　　228
福島地判昭和 34 年 9 月 15 日下刑集 1 巻 9 号 2012 頁　　228
最判昭和 35 年 3 月 15 日裁集刑 132 号 457 頁　　202
熊本地判昭和 36 年 9 月 28 日下刑集 3 巻 9 ＝ 10 号 916 頁　　202
長崎地判昭和 36 年 12 月 16 日下刑集 3 巻 11 ＝ 12 号 1206 頁　　202
大阪地判昭和 40 年 2 月 26 日下刑集 7 巻 2 号 233 頁　　202
静岡地判昭和 44 年 5 月 16 日刑月 1 巻 5 号 522 頁　　228
東京地判昭和 54 年 7 月 10 日刑集 37 巻 6 号 690 頁　　203
東京高判昭和 56 年 8 月 21 日刑集 37 巻 6 号 733 頁（永山事件控訴審判決）　　203,
　　213
最判昭和 58 年 7 月 8 日刑集 37 巻 6 号 609 頁（永山事件最高裁判決）　　182, 204
東京高判昭和 62 年 3 月 18 日高刑速報昭和 62 年 46 頁　　205
名古屋高判平成元年 6 月 28 日判時 1332 号 36 頁（アベック殺人事件第 1 審判決）
最判平成 2 年 4 月 17 日裁集刑 254 号 357 頁　　205
東京高判平成 3 年 7 月 12 日高刑集 44 巻 2 号 123 頁，判時 1396 号 15 頁（女子高生監
　　禁殺人事件控訴審判決）　　182, 186
千葉地判平成 6 年 8 月 8 日判時 1520 号 56 頁（市川の一家四人殺害事件第 1 審判決）
　　188, 206
横浜地小田原支決平成 8 年 6 月 7 日家月 48 巻 12 号 79 頁
東京高判平成 8 年 7 月 2 日高刑速報平成 8 年 78 頁　　207
最判平成 9 年 9 月 18 日刑集 51 巻 8 号 571 頁（調布駅前事件）　　2, 55, 277
山口地判平成 12 年 3 月 22 日 LEX/DB 25480335　　208
名古屋地判平成 13 年 7 月 9 日 LEX/DB 28065269　　212
最判平成 13 年 12 月 3 日裁集刑 280 号 713 頁　　207
広島高判平成 14 年 3 月 14 日判時 1941 号 45 頁　　209
福島地郡山支判平成 15 年 11 月 20 日 LEX/DB 28095451　　186
名古屋高判平成 17 年 10 月 14 日高刑速報（平成 17 年）270 頁　　212

最判平成 18 年 6 月 20 日判時 1941 号 38 頁（光市母子殺害事件最高裁判決）　188, 209
広島高判平成 20 年 4 月 22 日高刑速報（平成 20 年）201 頁　210
仙台地判平成 22 年 11 月 25 日 LEX/DB 25443083　5, 188, 211
東京地決平成 23 年 6 月 30 日家月 64 巻 1 号 92 頁　5
最判平成 23 年 3 月 10 日裁集刑 303 号 133 頁（連続リンチ殺害事件）　188, 213
最判平成 24 年 2 月 20 日裁判所時報 1550 号 26 頁　210
仙台高判平成 26 年 1 月 31 日 LEX/DB 25503005　211

(2) アメリカ

Commonwealth v. Rogers, 48 Mass. 500（1844）　111
Parsons v. State, 2 So. 854（1887）　111
State v. Monahan 15 N.J. 34（1954）.　111
Trop v. Dulles, 356 U. S. 86（1958）　240
Kent v. United States, 383 U. S. 541（1966）　161
In re Gault, 387 U. S. 1.（1967）　37
US v. Bland, 472 F. 2d 1329（D. C. Cir. 1972）　167
In re Dahl, 278 N.W. 2d 316（Minn., 1979）　163
State v. Dcurlock 593 P.2d 1159（Or. 1979）　156
In re S. V. 296 N. W. 2d 404（Minn. 1980）　156
State v. Valencia, 645 P.2d 239（Ariz., 1982）　236
State v. Leidholm, 334 N.W.2d 811（1983）　110, 111
Trimble v. State, 478 A.2d 1143（Md., 1984）　237
Thompson v. Oklahoma, 487 U.S. 815（1988）　189, 239, 279
Stanford v. Kentucky, 492 U.S. 361（1989）　189, 242
State v. Mohi, 901 P. 2d 991（Utha 1995）　160
People v. Conat 605 N. W. 2d 49（Mich. App 1999）　160
Manduely v Superio Court, 41 P.3d 3（2002）　160
Roper v. Simmons, 543 U.S. 551（2005）　169, 170, 189, 247, 280
Graham v. Florida, 982 So. 2d 43（2008）　251
Graham v. Florida, 130 S.Ct. 2011（2010）　169, 250, 280
Miller v. Alabama, 63 So. 3d 676（2010）　257
Jackson v. Norris, 378 S. W. 3d 103（2011）　257
Miller v. Alabama, 132 S.Ct. 2455（2012）　257, 280

〈著者紹介〉

津 田 雅 也（つだ・まさや）

1979年　仙台市に生まれる
2008年　Duke Law School LL.M. 課程修了
2012年　東北大学大学院法学研究科博士課程単位取得退学
現　在　東北大学大学院法学研究科助教
　　　　博士（法学）

学術選書
141
少年法

✿❋✿

少年刑事事件の基礎理論

2015（平成27）年2月18日　第1版第1刷発行
6741-9：P336　¥7800E-012-050-015

著　者　津　田　雅　也
発行者　今井　貴　渡辺左近
発行所　株式会社　信　山　社
〒113-0033　東京都文京区本郷6-2-9-102
Tel 03-3818-1019　Fax 03-3818-0344
henshu@shinzansha.co.jp
笠間才木支店　〒309-1611　茨城県笠間市笠間515-3
笠間来栖支店　〒309-1625　茨城県笠間市来栖2345-1
Tel 0296-71-0215　Fax 0296-72-5410
出版契約2015-6741-9-01011　Printed in Japan

Ⓒ津田雅也, 2015　印刷・製本／亜細亜印刷・牧製本
ISBN978-4-7972-6741-9 C3332

JCOPY　〈(社)出版者著作権管理機構　委託出版物〉
本書の無断複写は著作権法上での例外を除き禁じられています。複写される場合は、そのつど事前に、(社)出版者著作権管理機構（電話 03-3513-6969, FAX03-3513-6979, e-mail:info@copy.or.jp）の許諾を得てください。

森田　明 編著
大正少年法（日本立法資料全集）　　（上）　　43,689円
　　　　　　　　　　　　　　　　　（下）　　43,689円

森田　明 著
少年法の歴史的展開　　　　　　　　　　　　　7,200円

岡本　勝 著
犯罪論と刑法思想　　　　　　　　　　　　　10,000円

松澤　伸 著
機能主義刑法学の理論　　　　　　　　　　　　6,800円

（本体価格）

―――――― 信 山 社 ――――――

岩瀬徹・中森喜彦・西田典之 編集代表
刑事法・医事法の新たな展開（町野朔先生古稀記念）

　　　　　　　　　　　　　　上巻　　　14,800円
　　　　　　　　　　　　　　下巻　　　14,800円

廣瀬健二・多田辰也 編
田宮裕博士追悼論集

　　　　　　　　　　　　　　上巻　　　15,000円
　　　　　　　　　　　　　　下巻　　　21,000円

　　　　　　　　　　　　　　　　　（本体価格）

──────── 信 山 社 ────────

判例プラクティス・シリーズ

憲法判例研究会 編
（執筆　淺野博宣・尾形健・小島慎司・
宍戸常寿・曽我部真裕・中林暁生・山本龍彦）
判例プラクティス憲法〔増補版〕　　　　3,880円

松本恒雄・潮見佳男 編
判例プラクティス民法Ⅰ　総則・物権　　3,600円
判例プラクティス民法Ⅱ　債権　　　　　3,600円
判例プラクティス民法Ⅲ　親族・相続　　2,800円

成瀬幸典・安田拓人 編
判例プラクティス刑法Ⅰ　総論　　　　　4,000円

成瀬幸典・安田拓人・島田聡一郎 編
判例プラクティス刑法Ⅱ　各論　　　　　4,480円

（本体価格）

――――信 山 社――――